Bernhard Gotto, Anna Ullrich (Hrsg.)
Hoffen – Scheitern – Weiterleben

Quellen und Darstellungen zur Zeitgeschichte

Herausgegeben vom Institut für Zeitgeschichte

Band 125

Bernhard Gotto, Anna Ullrich (Hrsg.)

Hoffen – Scheitern – Weiterleben

Enttäuschung als historische Erfahrung
in Deutschland im 20. Jahrhundert

DE GRUYTER
OLDENBOURG

ISBN 978-3-11-099580-0
E-ISBN (PDF) 978-3-11-069609-7
E-ISBN (EPUB) 978-3-11-069613-4
ISSN 0481-3545

Library of Congress Control Number: 2020941542

Bibliografische Information der Deutschen Nationalbibliothek
Die Deutsche Nationalbibliothek verzeichnet diese Publikation in der Deutschen
Nationalbibliografie; detaillierte bibliografische Daten sind im Internet
über http://dnb.dnb.de abrufbar.

© 2022 Walter de Gruyter GmbH, Berlin/Boston
Dieser Band ist text- und seitenidentisch mit der 2021 erschienenen gebundenen Ausgabe.
Titelbild: © unbekannt (Trotz intensiver Suche konnte der Rechteinhaber des Bildes nicht
ermittelt werden. Sollte der Rechteinhaber gefunden werden, ist das Institut für Zeitgeschichte
München-Berlin umgehend bereit, das Honorar für die Veröffentlichung zu erstatten.)
Satz: Meta Systems Publishing & Printservices GmbH, Wustermark
Druck und Bindung: Hubert & Co. GmbH & Co. KG, Göttingen

www.degruyter.com

Inhalt

Editorial VII

Bernhard Gotto und Anna Ullrich
Einführung: Zum Umgang mit Enttäuschung aus zeitgeschichtlicher
Perspektive 1

Sebastian Rojek
Autobiographie und Historiographie: Geschichtspolitik als Umgang mit
Enttäuschung. Großadmiral Alfred von Tirpitz und die Arbeit
des Marine-Archivs nach 1918/19 13

Anna Ullrich
Alles eine Frage der „Erwartungsdämpfung"? Innerjüdisches Erwartungsmanagement und alltägliche Antisemitismuserfahrung 1918 bis 1933 33

Isabel Heinemann
„Enttäuschung unvermeidlich"? Die Debatten über Ehescheidung,
Abtreibung und das Dispositiv der Kernfamilie in der BRD 55

Belinda Davis
Disappointment and the Emotion of Historical Law and Change 87

Carla Aßmann
Paradise Lost. Utopieverlust und Schuldzuweisungen in der Entwicklung
von Großwohnsiedlungen 109

Matthias Kuhnert
Die Politisierung des „Guten Samariters". Christlicher Humanitarismus in
Großbritannien und die Abkehr vom Neutralitätsideal 137

Christian Helm
„Zwischen Wunsch und Wirklichkeit". Erwartungsmanagement in
den westdeutschen Solidaritätsbewegungen mit Chile und Nicaragua 155

Anna Greithanner
Erwartete Enttäuschungen? Zur Geschichte des Sozialistischen Patientenkollektivs Heidelberg (SPK) 177

Konrad Sziedat
Umbrüche „nach dem Boom" in den Lebenswegen westdeutscher Linker 195

Martin Sabrow
Erich Honecker – vom Hoffnungsträger zum Enttäuschungssymbol 205

Abkürzungsverzeichnis 217

Autorinnen und Autoren 221

Editorial

Die Leibniz Graduate School „Enttäuschung im 20. Jahrhundert. Utopieverlust – Verweigerung – Neuverhandlung" führte zwischen 2012 und 2015 das Institut für Zeitgeschichte München-Berlin und das Historische Seminar der Ludwig-Maximilians-Universität München in einem innovativen zeithistorischen Verbundprojekt zusammen. Sein erfolgreicher Abschluss belegt den wissenschaftlichen Mehrwert einer systematischen Kooperation von universitärer und außeruniversitärer Forschung. Unter der Leitung von Andreas Wirsching und Margit Szöllösi-Janze bot die Graduate School exzellente Rahmenbedingungen, um mit einer komplexen Untersuchungsperspektive geschichtswissenschaftliches Neuland zu betreten. Das Format wies einen vielversprechenden Weg, wie sich die oftmals beklagte Versäulung der deutschen Forschungslandschaft, aber auch die Tendenzen zur Vereinzelung von Promovierenden zum allseitigen Nutzen fruchtbar überwinden lassen.

Die vorliegende Reihe stellt mit dem Konzept der Enttäuschung die für die Zeitgeschichte zwar konstitutive, aber kaum systematisch untersuchte Spannung zwischen pluralisierten Erwartungshorizonten und komplexen Willensbildungs- und Entscheidungsprozessen ins Zentrum. Ziel ist, individuelle und kollektive Erfahrungen von Enttäuschung, ihre Wirkung und Bewältigung mittels eines systematischen Zugriffs exemplarisch zu erforschen. Die Studien fragen danach, welche Muster individueller oder kollektiver Enttäuschung sich in einer gegebenen historischen Konstellation aufbauten und auf die zeitgenössischen Deutungs- und Zuschreibungsmuster in Politik, Gesellschaft und Kultur rückwirkten. Ihr jeweils spezifisch konturierter analytischer Begriff von Enttäuschung eröffnet neue Zugänge zur Analyse politischer, soziokultureller, kommunikativer und emotiver Dissonanzen in modernen Massengesellschaften.

Die Ergebnisse der Studien zeigen, dass Enttäuschung eine eigenständige Kategorie historischer Erfahrung darstellt. Sie unterstreichen nachdrücklich, dass kollektive Erwartungen und der Umgang mit Enttäuschungen – bereits erfahrenen oder zukünftig antizipierten – während des gesamten 20. Jahrhunderts die politische Kultur maßgeblich bestimmten. Damit richtet sich der zeithistorische Blick darauf, wie Individuen und Kollektive Enttäuschungen emotional bewältigen, ihre Erwartungshaltungen modifizieren, ihre Ziele anpassen oder neue Wege beschreiten.

Andreas Wirsching
Margit Szöllösi-Janze

Bernhard Gotto und *Anna Ullrich*
Einführung: Zum Umgang mit Enttäuschung aus zeitgeschichtlicher Perspektive

Das 20. Jahrhundert gilt als Epoche dramatischer Umbrüche und zugespitzter Polarisierungen. Eric Hobsbawms berühmte Formel vom „Zeitalter der Extreme" bringt dies auf den Punkt. Zwei verheerende Weltkriege und damit einhergehende massive Umwälzungen prägen das Jahrhundert ebenso wie die scharfe Konkurrenz zwischen verschiedenen politischen Deutungssystemen. Die damit verbundenen Zäsuren und Umbrüche waren vielfach mit hochfliegenden Erwartungen, aber auch mit bitteren Enttäuschungen verknüpft; jedenfalls ist dies ein gängiges Narrativ.[1] Ähnliches gilt für die drei prägenden Gesellschaftsordnungen des 20. Jahrhunderts Faschismus, Kommunismus und liberale Demokratie, die bei ihren Anhängerinnen und Anhängern immer wieder weitreichende Hoffnungen weckten und tiefgreifende Enttäuschungen hervorriefen.

Enttäuschung lässt sich jedoch nicht nur im Zusammenhang dramatischer Zäsuren oder weltanschaulicher Deutungssysteme beobachten, sondern als ein Signum moderner Gesellschaften schlechthin. Geht man mit Niklas Luhmann davon aus, dass sich moderne Gemeinwesen zunehmend in verschiedene Funktionssysteme ausdifferenzieren und damit die gesellschaftliche Komplexität steigt, so ist auch anzunehmen, dass die Vermittlung zwischen ihnen immer komplexer und damit anfälliger für Enttäuschung wird. Die durch die Ausdifferenzierung gesteigerte Pluralität führt demnach unweigerlich dazu, dass nicht mehr die Interessen aller vorhandenen Teilsysteme in die Willensbildung und Entscheidungsfindung moderner Massengesellschaften einfließen können. Anders formuliert: In einer immer pluraler werdenden Gesellschaft wird es zunehmend schwieriger, die Erwartungen unterschiedlicher Gruppen an das Funktionieren von Politik und Gesellschaft zu befriedigen. Selbst wenn es gelingt, die Vorstellungen und Erwartungen der Mehrheit zu erfüllen, bleiben stets enttäuschte Minderheiten übrig, deren Hoffnungen sich nicht erfüllten. Enttäuschung lässt sich in diesem Sinne als eine notwendige Dissonanz moderner Massengesellschaften fassen.

Es verwundert also nicht, dass Historikerinnen und Historiker immer wieder Momente der Enttäuschung beobachten. Oftmals geschieht das eher en passant, etwa wenn das Aufkommen des Nationalsozialismus mit der Enttäuschung über die Weimarer Republik erklärt wird, oder enttäuschte Hoffnungen bei gescheiterten Planungsprojekten zu konstatieren sind. Nur in Ausnahmefällen wird genauer

---

[1] Vgl. etwa Jörn Leonhard, Politisches Sprechen im Zeitalter der Extreme: Überlegungen zu einer Erfahrungs-geschichte der Moderne, in: ZeitRäume 6 (2010), S. 107–126, hier S. 118; Ulrich Meier/Manfred Papenheim/Willibald Steinmetz, Semantiken des Politischen. Vom Mittelalter bis ins 20. Jahrhundert, Göttingen 2012, S. 109–115; Konrad H. Jarausch, Out of Ashes. A New History of Europe in the Twentieth Century, Princeton 2015, S. 784.

untersucht, worauf die konstatierte Enttäuschung zurückzuführen ist und welche Folgen sie im Detail hatte.

Enttäuschung als analytische Kategorie

Die Beiträge dieses Bandes folgen keinem einheitlichen Konzept. Es wäre unangemessen, den aus sehr heterogenen Gegenstandsbereichen und Forschungszusammenhängen entstammenden Beiträgen im Nachhinein eine gemeinsame Leitkategorie zu verordnen. Die Vielfalt der Perspektiven ist für das explorative Anliegen dieses Bandes ein Gewinn, gerade mit Blick darauf, wo die Grenzen für das Erkenntnispotential des Enttäuschungsbegriffs liegen. Daher zielen die folgenden Überlegungen nicht darauf ab festzulegen, was „Enttäuschung" als zeitgeschichtliche Kategorie „ist", sondern skizzieren einen Rahmen, in dem der Begriff neue Erkenntnisse für die Zeitgeschichtsforschung generieren kann. Dafür ist es sinnvoll, den Begriff zunächst gegenüber den Definitionen zu konturieren, die andere Disziplinen bei der Auseinandersetzung mit Enttäuschung entwickelt haben. Komplementär dazu wird anschließend erörtert, mit welchen Methoden, Gegenstandsbereichen und Fragestellungen der Zeitgeschichtsforschung sich der Begriff in Beziehung setzen lässt.

Mit Enttäuschung haben sich Forscherinnen und Forscher aus den Wirtschaftswissenschaften, der Psychologie, Soziologie, Psychologie, Politologie und Theologie befasst. In dieser Vielfalt spiegelt sich die Vertrautheit mit Enttäuschung als Erfahrung und als Erklärung im Alltag. Doch zugleich verschwimmen in der Vielfalt der Definitionsangebote die Konturen von Enttäuschung zu einem „ambivalenten Phänomen",[2] das sich klaren definitorischen Einhegungen und damit der analytischen Zurichtung zu entziehen scheint. Einfacher verhält es sich mit Modellen, in denen Enttäuschung nicht als das zu Erklärende erscheint, sondern als erklärender Faktor integriert ist. Ein Beispiel dafür ist die Theorie der rationalen Entscheidung, in die der amerikanische Ökonom David Bell die Antizipation von Enttäuschung aufnahm, um Abweichungen von den Vorhersagen des Modells zu erklären.[3] In ähnlicher Weise verortet die Psychoanalyse die „ödipale Enttäuschung" fest in die Kindheitsentwicklung – sie ist die notwendige Voraussetzung für eine Dezentrierungsleistung, durch die das Kind sein libidinöses Begehren von den Eltern ablöst.[4] Auch theologische, philosophische und soziologische Ansätze setzen Enttäuschung voraus, wenn sie diese als unvermeidlichen Bestandteil des menschlichen Lebens auffassen. Im Zentrum steht dabei die Frage des angemesse-

---

[2] Nina Heinsohn/Michael Moxter (Hrsg.), Enttäuschung. Interdisziplinäre Erkundungen zu einem ambivalenten Phänomen, Paderborn 2017.
[3] Vgl. David E. Bell, Disappointment in Decision Making Under Uncertainty, in: Operations Research 33 (1985), S. 1–27.
[4] Vgl. Brigitte Boothe, Die Psychodynamik der Enttäuschung, in: Heinsohn/Moxter (Hrsg.), Enttäuschung, S. 75–94, hier S. 81–84.

nen Umgangs mit Enttäuschungen und dem möglichen Gewinn, der sich daraus ziehen lässt.[5] Vielfach steht dahinter eine epistemologische Konzeption, die Enttäuschung als Funktion von Erkenntnisgewinn begreift. In dieser Perspektive sind gescheiterte Erwartungen der Nährboden, auf dem neues Wissen überhaupt erst entstehen kann. So definierte Peter Furth den Begriff der „Ent-Täuschung" als eine Befreiung von Illusionen und erklärte Enttäuschbarkeit zur Voraussetzung von Aufklärung.[6]

Psychologische Definitionen interessieren sich insbesondere für Bestimmungsfaktoren von Enttäuschung.[7] Sie fragen danach, wie Enttäuschung empfunden wird, untersuchen deren Auswirkung auf Motivation und Handlungsmächtigkeit, und sie setzen ihre Befunde gegen andere Gefühle ab. Zentral für Enttäuschung ist demnach der Vergleich: Ein Individuum misst das Ergebnis eines Handlungsverlaufs mit zuvor gehegten Vorstellungen hinsichtlich des Ergebnisses. Dementsprechend spielen Erwartungen eine zentrale Rolle für Enttäuschung. Der niederländische Psychologe Nico H. Frijda beschrieb in seinem 1986 erschienenen Standardwerk über Gefühle Enttäuschung als „nonachievement of an expected outcome".[8] Menschen, die dieses Gefühl erlebten und es beschreiben sollten, hoben hervor, dass ein enttäuschendes Ereignis unerwartet eintreffe, dass sie sich etwas Angenehmes gewünscht und sich moralisch berechtigt gefühlt hätten, es auch zu erlangen, und dass die Gründe für die Enttäuschung außerhalb ihrer Einflussmöglichkeiten lägen.[9] Enttäuschung ist eine weit verbreitete Regung: Nach Angst und Ärger tritt sie am dritthäufigsten unter den negativen Gefühlen auf und wird am stärksten empfunden.[10] Methodisch zeichnen sich psychologische Herangehensweisen dadurch aus, dass sie durch Befragungen von Probandinnen und Probanden eine empirische Datengrundlage generieren. Auf diese Weise lassen sich Aussagen über die individuelle Wahrnehmung von Enttäuschung zum Zeitpunkt der Datenerhebung statistisch validieren. Die Auswirkungen von Enttäuschung in größeren Formationen und damit deren soziale Funktionen spielen dabei nur eine untergeordnete Rolle.[11]

---

[5] Vgl. Karl-Siegbert Rehberg, Anthropologische Enttäuschungsminimierung und konsumgesellschaftliche Enttäuschungssteigerung. Soziologische Überlegungen im Anschluss an Arnold Gehlen, in: ebenda, S. 35–56; Jürgen van Oorschot, Hiob als Paradigma der Enttäuschung, in: ebenda , S. 95–109.
[6] Peter Furth, Phänomenologie der Enttäuschungen. Ideologiekritik nachtotalitär, Frankfurt am Main 1991.
[7] Die anspruchsvollste und umfangreichste Arbeit stammt von Wilco W. van Dijk, Shattered Hopes and Dashed Dreams: On the Psychology of Disappointment, Amsterdam 1999.
[8] Nico H. Frijda, The Emotions, Cambridge 1986, S. 280.
[9] Wilco W. van Dijk/Marcel Zeelenberg, Investigating the Appraisal Patterns of Regret and Disappointment, in: Motivation and Emotion 26 (2002), S. 321–331, hier S. 328.
[10] Ulrich Schimmack/Ed Diener, Affect Intensity: Separating Intensity and Frequency in Repeatedly Measured Affect, in: Journal of Personality and Social Psychology 73 (1997), S. 1313–1329, hier S. 1317 u. 1319 f.
[11] Ausnahmen sind Patrick J. Carroll u. a., Disappointment for Others, in: Cognition and Emotion 21 (2007), S. 1565–1576; und Maarten J. J. Wubben/David De Cremer/Eric van Dijk, How

Die Bedeutung von Enttäuschung in sozialen Gefügen wird in soziologischen Gesellschaftstheorien angesprochen. Sie korrelieren prägende Faktoren für die gesellschaftliche Entwicklung mit Enttäuschung, indem sie von dem Phänomen ausgehen und dafür Erklärungen in der gesellschaftlichen Entwicklungsdynamik suchen. Ein Beispiel dafür ist die „Kultursoziologie der Gegenwart", die Gerhard Schulze 1992 vorlegte. Darin beschrieb er Enttäuschung als Folge einer erlebnisorientierten Existenz, die alle Lebensbereiche unter den Erwartungsdruck stellte, den Reiz vorgängiger Erfahrungen zu übertreffen.[12] Der französische Philosoph Gilles Lipovetzky bezeichnete vierzehn Jahre später die „hypermoderne" Gesellschaft als „société de déception". Er sah sie durch eine Entgrenzung von Erwartungen an ein glückliches und erfülltes Leben charakterisiert, die unausweichlich in Enttäuschungen des überforderten Individuums mündeten.[13] Ähnlich argumentiert die israelische Soziologin Eva Illouz. Sie definiert Enttäuschung als „kulturelle Praxis", um die Diskrepanz zwischen kulturell produzierten Idealvorstellungen über das eigene Leben und der konkreten Erfahrung zu bewältigen.[14]

Solche Zeitdiagnosen deuten Enttäuschung als Indiz für einen sozialen und kulturellen Wandel. Auf diese Weise schlagen sie eine Brücke zu einem geschichtswissenschaftlichen Zuschnitt von Enttäuschung, denn dieser setzt voraus, dass alles, was der Begriff erschließt, sich im Laufe der Zeit verändert. Aus historischer Perspektive ist es nur dann sinnvoll, sich mit Enttäuschung zu befassen, wenn damit ein historischer Wandel analysiert werden kann. Daher muss ein zeitgeschichtliches Konzept alle Definitionsmerkmale ausklammern, die Enttäuschung als einen statischen Faktor bestimmen, sei es als anthropologische Konstante, als Bezugspunkt einer überzeitlich angelegten Phänomenologie oder als Strukturmerkmal einer sozialen oder politischen Figuration per se. Das heißt nicht, dass es derartige Enttäuschung nicht gibt. Doch weil die Kompetenz von Historikerinnen und Historikern darin besteht, Veränderungen über Zeiträume hinweg zu beschreiben und zu erklären, müssen sie Wandel voraussetzen, um einen Gegenstand überhaupt fassen zu können.

Für das Gefühl der Enttäuschung bietet sich ein Begriffspaar an, das Reinhart Koselleck entwickelt hat, um die Veränderung von Zeitwahrnehmung und Zeitkonzeption zu beschreiben. Er fasste das Auseinandertreten von „Erfahrungsraum" und „Erwartungshorizont" als für die Moderne entscheidende Innovation auf, die es ermöglichte, die Zukunft anders zu denken als eine lineare Fortsetzung der Gegenwart.[15] Auch wenn es gute Gründe gibt, die gegen eine kulturgeschicht-

---

Emotion Communication Guides Reciprocity: Establishing Cooperation Through Disappointment and Anger, in: Journal of Experimental Social Psychology 45 (2009), S. 987–990.
[12] Vgl. Gerhard Schulze, Die Erlebnisgesellschaft. Kultursoziologie der Gegenwart, Frankfurt am Main ²2005, S. 63–67.
[13] Gilles Lipovetsky, La société de déception. Entretien mené par Bertrand Richard, Paris 2006.
[14] Vgl. Eva Illouz, Warum Liebe wehtut. Eine soziologische Erklärung, Berlin 2011, S. 387–393.
[15] Reinhart Koselleck, „Erfahrungsraum" und „Erwartungshorizont" – zwei historische Kategorien [Erstveröffentlichung 1976], in: ders., Vergangene Zukunft. Zur Semantik geschichtlicher Zeiten, Frankfurt am Main 1979, S. 349–375.

liche Zäsur und damit gegen Kosellecks Konstruktion der „Sattelzeit" sprechen, so spannen die Begriffe von „Erfahrungsraum" und „Erwartungshorizont" doch einen ersten Rahmen auf, um Enttäuschung in historischer Perspektive zu operationalisieren. Denn sie verweisen darauf, dass die Deutung der Gegenwart zeitlich vorwärts und rückwärts gefiltert ist: In Richtung Vergangenheit lassen sich Erlebnisse in einem Erfahrungsraum verordnen, der nicht einfach Ereignisse abspeichert, sondern sie nach Relevanz bewahrt oder ablegt, ihre Abrufbarkeit prämieren oder blockieren kann, sie bewertet und mit Schlussfolgerungen verknüpft. Doch auch mit Blick auf die Zukunft werden Erlebnisse, und dies bringt der „Erwartungshorizont" auf den Begriff, gedeutet, nämlich in welcher Weise sie den Vorstellungen über diese entsprechen, und wie etwaige Abweichungen sich auswirken.[16] „Enttäuschung" markiert in diesem Sinne eine Dissonanz zwischen Erfahrungsraum und Erwartungshorizont, die in der Gegenwart als „wahrgenommene Differenz zum gelungenen Leben"[17] spürbar wird.

Dies macht den Begriff der Enttäuschung anschlussfähig für die Historisierung von Zukunftsvorstellungen, die für die Zeitgeschichte intensiv betrieben wird.[18] Allerdings taugt Enttäuschung nicht als übergreifendes Charakteristikum, mit dem sich das gesamte 20. Jahrhundert oder Phasen als eine einzige „Enttäuschungsgeschichte" deuten ließe.[19] Ganz im Gegenteil liegt die heuristische Leistung des Enttäuschungsbegriffs darin, den Blick auf die Vielfalt von Erwartungen im Sinne von gedachten und gewollten Möglichkeiten zu lenken, deren Erfüllung für die Akteurinnen und Akteure noch ausstand. „Enttäuschung" als Kategorie kann daher davor bewahren, Erwartungen, die sich nicht erfüllt haben, im sicheren Wissen um den weiteren Verlauf rückblickend als „utopisch", „illusorisch" oder „unrealistisch" abzuqualifizieren.

„Enttäuschung" hilft also dabei, den individuellen und kollektiven Möglichkeitsraum zu erschließen, genau wie dies die kontrafaktische oder virtuelle Geschichte tut, wenn sie alternative Szenarien zu dem tatsächlichen historischen Verlauf erprobt. Sie ist mehr als nur ein Gedankenspiel oder „rückwärts gewandtes Wunschdenken",[20] genauso wie „Enttäuschung" nicht mit einer heilsamen Desil-

---

[16] Vgl. Anders Schinkel, Imagination as a Category of History. An Essay Concerning Koselleck's Concepts of Erfahrungsraum and Erwartungshorizont, in: History and Theory 44 (2005), S. 42–54.
[17] Stefan Zahlmann, Sprachspiele des Scheiterns. Eine Kultur biographischer Legitimation, in: ders./Sylka Scholz (Hrsg.), Scheitern und Biographie. Die andere Seite moderner Lebensgeschichten, Gießen 2005, S. 7–31, hier S. 13.
[18] Vgl. Rüdiger Graf, Die Zukunft der Weimarer Republik. Krisen und Zukunftsaneignungen in Deutschland 1918–1933, München 2008; Elke Seefried, Zukünfte. Aufstieg und Krise der Zukunftsforschung 1945–1980, Berlin 2015; Lucian Hölscher, Die Entdeckung der Zukunft, Göttingen ²2016; ders. (Hrsg.), Die Zukunft des 20. Jahrhunderts. Dimensionen einer historischen Zukunftsforschung, Frankfurt am Main 2017.
[19] Vgl. Rüdiger Graf/Benjamin Herzog, Von der Geschichte der Zukunftsvorstellungen zur Geschichte ihrer Generierung. Probleme und Herausforderungen des Zukunftsbezugs im 20. Jahrhundert, in: GuG 42 (2016), S. 497–515, hier S. 505.
[20] Niall Ferguson, Einführung: Virtuelle Geschichtsschreibung. Unterwegs zu einer Chaostheorie der Vergangenheit, in: ders. (Hrsg.), Virtuelle Geschichte. Historische Alternativen im

lusionierung gleichgesetzt werden kann. Es geht vielmehr darum, durch kontrafaktisches Denken die Bedingungen zu rekonstruieren, die für einen bestimmten Ereignisverlauf nötig waren. Virtuelle Geschichte versteht sich so als Widerhaken gegen teleologische Kurzschlüsse und möchte der Kontingenz, die in der analytischen Rekonstruktion zuweilen eingeebnet wird, wieder Raum geben. Kontrafaktische Szenarien stellen keine Phantasieprodukte vor, sondern befassen sich mit plausiblen Alternativen, und zwar – das rückt sie in die Nähe der Kategorie „Enttäuschung" – mit solchen, die einer wünschbaren Entwicklung gedient hätten.

Allerdings zielt die Kategorie der Enttäuschung nicht darauf ab, die Plausibilität von kontrafaktischen Szenarien zu testen. Sie führt zur Frage, warum Akteurinnen und Akteure unter dem Vergleich zwischen Wunsch und Wirklichkeit leiden. Dies hat nämlich nicht allein mit Erwartungen und den normativen Geltungsansprüchen zu tun, auf die diese sich gründen. Eine weitere Voraussetzung für das Empfinden und den Ausdruck von Enttäuschung besteht darin, dass ein emotionales Konzept für diese Empfindung vorhanden ist. Ein solches „Gefühlswissen"[21] ist kulturell geformt und wird sozial weitergegeben – „Enttäuschung" führt damit mitten hinein in Aushandlungsprozesse über Regulationsmechanismen für Empfindungen. Solche „feeling rules" bzw. die auch als „emotionology" bezeichnete Gesamtheit der Gefühlsregeln sind ein zentrales Feld der Gefühlsgeschichte.[22] Für den amerikanischen Emotionshistoriker William Reddy bildet das Gefühlsregime sogar die Grundlage politischer Herrschaft. Je nachdem, wieviel Freiheit ein solches Regime dem individuellen Gefühlsausdruck belasse, führe es mehr oder weniger unweigerlich zu Leid.[23] In dieser Perspektive lässt sich analysieren, inwiefern öffentlich wahrnehmbare Enttäuschung an die Voraussetzung einer pluralistischen Gesellschaft gebunden ist bzw. ob der Machtanspruch derjenigen politischen Systeme, die ihre Legitimation auf die Verwirklichung einer ideologischen Utopie abstützten, dies nicht vereiteln musste. Mithin lässt sich die Analyse von Enttäuschungsäußerungen als Teil einer Kulturgeschichte des Politischen verstehen. Zudem eröffnet sie eine Perspektive auf den Auf- und Abbau von sozialer Kohäsion, wenn man danach fragt, wer zu den Enttäuschten zählte und wer nicht.

---

20. Jahrhundert, Darmstadt 1999, S. 9–114, hier S. 22; ähnlich auch Richard Evans, Veränderte Vergangenheiten. Über kontrafaktisches Erzählen in der Geschichte, München 2014, S. 105. Vgl. zum Ansatz der virtuellen Geschichte den 1984 erschienenen Klassiker von Alexander Demandt, Ungeschehene Geschichte. Ein Traktat über die Frage: Was wäre geschehen, wenn …?, Neuausgabe Göttingen 2011; außerdem Christoph Nonn/Tobias Winnerling, Wozu eigentlich kontrafaktische Geschichte?, in: dies. (Hrsg.), Eine andere deutsche Geschichte 1517–2017. Was wäre wenn…, Paderborn 2017, S. 9–19.

[21] Vgl. Ute Frevert u. a., Gefühlswissen. Eine lexikalische Spurensuche in der Moderne, Frankfurt am Main 2011.

[22] Arlie Russel Hochschild, Emotion Work, Feeling Rules, and Social Structure, in: American Journal of Sociology 85 (1979), S. 551–575; Peter N. Stearns/Carol Z. Stearns, Emotionology. Clarifying the History of Emotions and Emotional Standards, in: The American Historical Review 90 (1985), S. 813–836.

[23] Vgl. William M. Reddy, The Navigation of Feeling. A Framework for the History of Emotions, Cambridge 2001.

Denn die Gefühlsgeschichte geht davon aus, dass Empfindungen zu teilen ein Vergemeinschaftungsmechanismus ersten Ranges ist – im Einklang mit anderen zu fühlen und dies in anerkannter Weise zum Ausdruck zu bringen, verbürgt die Zugehörigkeit zu „Gefühlsgemeinschaften".[24]

Zahlreiche Studien belegen, dass diese Gefühlsgemeinschaften gezielt geformt werden, weil Akteurinnen und Akteure das Gefühlsregime als eine bedeutsame Arena des Politischen begreifen.[25] Kollektiver Enttäuschung wird dabei ein hervorgehobener Stellenwert zugebilligt, weil sie als Gefahr für die unabdingbare Loyalität zum politischen System gilt. Der Soziologe und Ökonom Albert O. Hirschman systematisierte diesen häufig behaupteten, aber selten empirisch unterfütterten Zusammenhang zu einem zyklischen Verhaltensmodell der politischen Partizipation. Darin ist Enttäuschung das Hauptmotiv für den Beginn und das Beenden von zivilem Engagement in der Öffentlichkeit. Grundsätzlich stünden Menschen zwei Wege offen, um ihrer Existenz einen befriedigenden Sinn zu geben: durch das Erfüllen von privaten Konsumwünschen und durch gemeinwohlorientiertes Handeln in der politischen Arena. Hirschman argumentierte, dass Konsumerwartungen, an die Verbraucherinnen und Verbraucher die Hoffnung auf ein „höheres Glück" geknüpft hatten, diese dazu motivierten, ihr Glücksstreben in die öffentliche Sphäre zu verlegen. In gleicher Weise reagierten engagierte Bürgerinnen und Bürger auf enttäuschende Erfahrungen in ihrem politischen Engagement mit einem Rückzug ins Private.[26] Hirschman entwirft ein mechanisch anmutendes Modell, in dem das „Hin- und Herwechseln vom privaten zum politischen Leben und zurück im Zeichen maßlos überzogener Erwartungen, völliger Verblendung und plötzlicher Kehrtwendungen"[27] stehe. Auch wenn dies sicher nicht als historische Rekonstruktion von Enttäuschung gelten kann (und von Hirschman so auch nicht gemeint ist), macht sein Argument doch deutlich, dass die Analyse von Erwartungen und Enttäuschungen nicht allein für die Analyse von politsicher Herrschaft fruchtbar gemacht werden kann, sondern auch für gesellschafts- und konsumgeschichtliche Fragestellungen. Vor allem lenkt Hirschman den Blick auf mögliche Folgen von Enttäuschungserlebnissen.

---

[24] Vgl. Barbara H. Rosenwein, Worrying about Emotions in History, in: American Historical Review 107 (2002), S. 821–845.
[25] Vgl. zuletzt etwa Bernhard Gotto, Enttäuschung als Politikressource. Zur Kohäsion der westdeutschen Friedensbewegung in den 1980er Jahren, in: VfZ 62 (2014), S. 1–33; Anna M. Parkinson, An Emotional State. The Politics of Emotion in Postwar West German Culture, Ann Arbor 2015; Joachim C. Häberlen, The Emotional Politics of the Alternative Left. West Germany, 1968–1984, Cambridge 2018.
[26] Vgl. Albert O. Hirschman, Engagement und Enttäuschung. Über das Schwanken der Bürger zwischen Privatwohl und Gemeinwohl, Frankfurt am Main 1988 (die amerikanische Originalausgabe erschien 1982).
[27] Ebenda, S. 112.

Umgang mit Enttäuschung

Aufs engste verknüpft mit der Untersuchung von enttäuschenden Erfahrungen ist die Analyse der Reaktionen, die sie hervorrufen. So stellt Hirschmann als Reaktion auf die Enttäuschung des Konsumbedürfnisses einzig einen Anreiz für ein verstärktes politisches Engagement in Aussicht, während die dabei – ebenfalls faktisch unausbleibliche – Enttäuschung notwendigerweise zu einem Rückzug ins Private führen müsse.[28] Bereits mit Blick auf zahllose Berufspolitikerinnen und Berufspolitiker ist dieses starre Schema schwerlich haltbar. Es schärft jedoch den Blick für die Tatsache, dass die Verarbeitung von Enttäuschung, die auf den ersten Blick ganz in den Bereich des Privaten gehört, überhaupt erst das Politische konstituieren kann. Zudem macht Hirschman deutlich, dass Enttäuschungen in der Politik weitreichende Folgen nach sich ziehen können. Zwangsläufig sind solche Folgen jedoch nicht. Nichtsdestotrotz wurde die kollektive Enttäuschungserfahrung gerade in der Geschichte des 20. Jahrhunderts immer wieder herangezogen, um vermeintlich unabwendbare Entwicklungen zu begründen.[29] Im vorliegenden Sammelband werden starre Kategorisierung von Reaktions- und Verarbeitungsmöglichkeiten ebenso vermieden wie der Gebrauch von Enttäuschungserfahrungen als singuläre Erklärungsgrundlage historischer Entwicklungen.

Trotz der zum Teil stark divergierenden Herangehensweisen in der Analyse von Enttäuschung belegen die hier versammelten Beiträge die Vielfalt der Verarbeitungs- und Reaktionsmöglichkeiten im Angesicht enttäuschender Erfahrungen. Die meisten von ihnen analysieren anhand unterschiedlichster Akteursgruppen, wie Erwartungen ausgehandelt, Enttäuschungen verhindert (oder bewusst evoziert) und bestimmte Bewältigungsstrategien empfohlen wurden. In den Blick gerät dadurch eine Vielzahl möglicher Verhaltens-, Bewältigungs- und Gefühlsweisen, die sich einer schematischen Kategorisierung von Reaktionsmöglichkeiten im Umgang mit Enttäuschung entziehen.[30] Solche Praktiken lassen sich im Begriff des Erwartungsmanagements bündeln. Er orientiert sich am Konzept des Gefühlsmanagements, das eine der zentralen Innovationen der Emotionsgeschichte darstellt,[31] geht aber darüber hinaus. Der Fokus liegt im Folgenden nicht nur darauf, welche Gefühle – oder besser: Gefühlsausdrücke – beim Umgang mit enttäu-

---

[28] Vgl. ebenda, S. 130 f.
[29] Vgl. beispielsweise Arnd Bauerkämper, Der Faschismus in Europa, Stuttgart 2006, S. 192; Horst Möller, Die Weimarer Republik, Eine unvollendete Demokratie, München 2006, S. 216; Detlev Peukert, Die Weimarer Republik, Krisenjahre der Klassischen Moderne, Frankfurt am Main 2016, S. 44 f.; Fritz Stern, Kulturpessimismus als politische Gefahr. Eine Analyse nationaler Ideologie in Deutschland, Stuttgart 2005, S. 385.
[30] Einen derartigen Vorschlag machte bereits Niklas Luhmann, Legitimation durch Verfahren, Frankfurt am Main 1969, S. 234–236.
[31] Den Begriff des „Gefühlsmanagements" bzw. „emotion work" hat Hochschild in die Diskussion eingeführt, vgl. Hochschild, Emotion Work, S. 551–575. Das Vermeiden von bestimmten Emotionen bildet bei Rosenwein ein zentrales Element von „emotional communities", vgl. Barbara Rosenwein, Problems and Methods in the History of Emotions, in: Passions in Context. Journal of the History and Philosophy of Emotions 1 (2010), S. 1–32, hier S. 17.

schenden Erfahrungen befördert, gedämpft oder unbedingt vermieden werden sollten.[32] Im Begriff des Erwartungsmanagements lassen sich vielmehr sämtliche Praktiken bündeln, die Akteurinnen und Akteure wählten, um Zukunftsvorstellungen und deren Bewertung zu beeinflussen. In diesem Zusammenhang werden auch die Selbst- und Fremdführungstechniken deutlich, die innerhalb von Akteursgruppen angewandt wurden, um eine – nach außen wie innen wirkende – Einheitlichkeit beim Umgang mit enttäuschenden Erfahrungen zu vermitteln.[33] Der Sammelband macht deutlich, dass eine Analyse des Erwartungsmanagements bemerkenswerte Parallelen bei vermeintlich weit voneinander entfernten politischen, geographischen, sozialen und historischen Entwicklungen zutage fördern kann. Sie lassen sich etwa bei der deutschen Marineführung im Ersten Weltkrieg, bei deutsch-jüdischen Vereinen der Weimarer Republik oder auch bei den Sandinisten im Kampf um die politische Vorherrschaft in Nicaragua ausmachen.

Eine Untersuchung des Erwartungsmanagements erlaubt es zudem, in der Forschung vermeintlich feststehende Annahmen über enttäuschende Erfahrungen und deren Wirkmacht zu überprüfen und zu hinterfragen. Zurecht kritisieren jüngere Studien, dass Enttäuschung häufig unreflektiert als Grund für die unterschiedlichsten politisch-kulturellen Entwicklungen angeführt wird.[34] In der Regel bleibt diese Argumentation ohne Belege und scheint sich vor allem aus dem Alltagswissen heraus zu begründen. In den folgenden Beiträgen wird deutlich, dass sich gerade die Analyse unterschiedlicher Kommunikationsräume eignet, um den Umgang und die Verarbeitung von Enttäuschung – und damit auch die Relevanz dieser Erfahrung für historische Entwicklungen – deutlicher herauszuarbeiten. Wurde in vereins- organisations- oder parteiinternen Besprechungen Erwartungen und Enttäuschungen anders kommuniziert als in öffentlichen Darstellungen? Unterscheiden sich die Formen des Erwartungsmanagements je nach Grad der Öffentlichkeit? Was galt in welchem Kommunikationsraum als sag- und erwartbar?

Die Beiträge

Sebastian Rojek analysiert in seinem Beitrag die unterschiedlichen Initiativen, die deutsche Marineangehörige ergriffen, um eine Gegenerzählung zu den verheeren-

---

[32] „Emotion work' refers more broadly to the act of evoking or shaping as well as suppressing, feelings, [it] can be done by the self upon the self, by the self upon others, and by others upon the oneself"; Hochschild, Emotion Work, S. 561 f.
[33] Vgl. Pascal Eitler/Jens Elberfeld (Hrsg.), Zeitgeschichte des Selbst, Therapeutisierung – Politisierung – Emotionalisierung, Bielefeld 2015, S. 7–30, hier S. 19; vgl. auch Michel Foucault, Subjekt und Macht, in: ders., Dits et Ecrits. Schriften in vier Bänden, Bd. 4, Frankfurt am Main 2005, S. 269–294.
[34] Vgl. beispielsweise Thomas Mergel, Führer, Volksgemeinschaft und Maschine. Politische Erwartungsstrukturen in der Weimarer Republik und dem Nationalsozialismus 1918–1936, in: Wolfgang Hardtwig (Hrsg.), Politische Kulturgeschichte der Zwischenkriegszeit 1918–1939, Göttingen 2005, S. 91–127, hier S. 91 f.; Sebastian Rojek, Versunkene Hoffnungen. Die Deutsche Marine im Umgang mit Erwartungen und Enttäuschungen 1871–1930, Berlin 2017, S. 2.

den Niederlagen der deutschen Flotte während des Ersten Weltkrieges zu entwickeln. Diese Narrative, die in Memoiren und anderen autobiographischen Werken zum Ausdruck kamen, dienten nicht nur der Rechtfertigung, sondern boten auch die Möglichkeit, an den einmal geschürten Seemachtserwartungen festzuhalten.

Im Mittelpunkt des Beitrags von *Anna Ullrich* steht der Umgang deutscher Jüdinnen und Juden mit antisemitischen Erfahrungen während der Weimarer Republik. Am Beispiel der Korrespondenzen zwischen Mitgliedern und Mitarbeitern des Centralvereins deutscher Staatsbürger jüdischen Glaubens zeigt sie, wie über den angemessenen Umgang mit alltäglichen Antisemitismus diskutiert wurde. Dabei wird ein Aspekt des Erwartungsmanagements des Centralvereins besonders deutlich: zumindest im internen Austausch wurden die Erwartungen an eine Überwindung des Antisemitismus bewusst niedrig gehalten.

Die folgenden fünf Beiträge gehen jeweils über mehrere Jahrzehnte umfassende Untersuchungszeiträume der Artikulation, Verarbeitung und den Konsequenzen von Enttäuschung nach. *Isabel Heinemann* untersucht familienpolitische Debatten, die zwischen den 1950er und 1970er Jahren in der Bundesrepublik geführt wurden. Bei der Analyse der Diskussionen um Ehescheidung, Abtreibung und das Ideal der „Kernfamilie" kann Heinemann zeigen, dass sich der Enttäuschungsbegriff als Analysekategorie eignet, um die Grauzonen zwischen individuellen, gesellschaftlichen und politischen Erwartungen bei diesen Themen sichtbar zu machen.

Belinda Davis' Fokus liegt dagegen auf den westdeutschen Protestbewegungen der 1960er und 1970er Jahre und hebt hervor, dass die häufige Abfolge von Erfahrungen des Hoffens und Scheiterns nicht nur den Blick auf historische Entwicklungsprozesse, sondern auch auf die Möglichkeiten der individuellen Einflussnahme nachhaltig transformierte.

Ausgehend von dem negativen Image, das noch heute Großwohnsiedlungen wie Le Mirail in Toulouse oder dem Märkischen Viertel in Berlin anhaftet, untersucht *Carla Aßmann* die Entwicklung dieser Vorzeigeprojekte der 1950er und 1960er Jahre. Sie weist nach, dass insbesondere die hochgesteckten Ziele der Erwartungsgemeinschaft aus Stadtplanern, Architekten, Politikern und zukünftigen Bewohnerinnen und Bewohnern während der Planungsphase dazu beitrugen, dass die Siedlungen schon bald nach ihrer Fertigstellung als gescheiterte Projekte galten.

Matthias Kuhnert wendet sich den vereinsinternen Aushandlungsprozessen zu, die in den 1960er und 1970er Jahren die britische NGO „Christian Aid" prägten. Er kann zeigen, wie sich die Erwartungen der Mitglieder an ihr eigenes Engagement in der „Dritten Welt" veränderten – und schließlich dazu führten, dass das Ideal politischer Neutralität zugunsten einer eindeutigen politischen Positionierung aufgegeben wurde.

Auch in *Christian Helms* Beitrag stehen internationale Hilfsprojekte im Mittelpunkt. Am Beispiel der westdeutschen Solidaritätsbewegungen mit Chile und Nicaragua untersucht Helm das Erwartungsmanagement, das Enttäuschung, Resignation und Rückzug der Aktivistinnen und Aktivisten verhindern sollte. An diesem Aushandlungsprozess beteiligten sich nicht nur Hilfswillige in Deutschland, sondern auch chilenische und nicaraguanische Engagierte, die sich darum bemühten, dieses transnationale Erwartungsmanagement in ihrem Sinne zu beeinflussen.

Der Fokus des Beitrags von *Anna Greithanner* liegt auf dem Sozialistischen Patientenkollektiv Heidelberg (SPK), das sich zu Beginn der 1970er Jahre mit der Heidelberger Universitätsleitung zum Teil heftige Auseinandersetzungen lieferte, in deren Verlauf sich zahlreiche Unterstützerinnen und Unterstützer, vor allem Studierende aus dem linksalternativen Milieu, zurückzogen. Unter Rückgriff auf die theoretischen Überlegungen des Soziologen Heinrich Popitz analysiert Greithanner diesen Prozess, der für einzelne Mitglieder des SPK den Ausgangspunkt für eine Radikalisierung hin zur Roten Armee Fraktion bildete.

Welche Bedeutung das Anpassen von Erwartungen für die fortgesetzte politische Einflussnahme hat, macht *Konrad Sziedat* deutlich. Am Beispiel von autobiographischen Aufzeichnungen westdeutscher Linker zeigt Sziedat die Erwartungstransformationen, die politische und historische Zäsuren wie der Mauerfall 1989 zur Folge hatten.

Inwiefern sich der Enttäuschungsbegriff als Analysekategorie auch für die Untersuchung ideologischer Systeme – wie des Staatssozialismus' der DDR – nutzbar gemacht werden kann, in denen Enttäuschungserfahrungen per se nicht vorgesehen waren, untersucht *Martin Sabrow* im letzten Beitrag des Bandes. Er kann dabei nachweisen, dass auch in vermeintlich enttäuschungsresistenten Ideologien die Realpolitik auf Maßnahmen der Enttäuschungsvermeidung und des Erwartungsmanagements angewiesen blieb.

Zusammengenommen bilden die Beiträge ein breites Panorama von Gründen, Erscheinungsformen und Folgen von kollektiver und individueller Enttäuschung ab. Darüber hinaus thematisieren sie durch den Fokus auf Enttäuschung einen spezifischen Umgang mit Zeitlichkeit der Akteurinnen und Akteure. Gerade die vielfältigen Formen des Erwartungsmanagements verdeutlichten, dass die Deutung erlebter Vergangenheit ebenso wie die Bewertung von Zukunftsannahmen in Form bestimmter Hoffnungen und Befürchtungen weit über den Bereich des Privaten hinausgreift. Heuristisch öffnet Enttäuschung den Blick für die Vielfalt denkbarer und wünschenswerter Zukünfte. Die hier versammelten Beiträge demonstrieren dieses explorative Potential. Sie unterstreichen außerdem nachdrücklich, dass Enttäuschung niemals das „Ende der Geschichte" bedeutet. Sie laden im Gegenteil dazu ein, Voraussetzungen, Ausdrucksformen und Folgen kollektiver Gefühle in die Historiographie zu integrieren.[35]

---

[35] Vgl. als Beispiel für einen solchen Ansatz zuletzt Frank Biess, Republik der Angst. Eine andere Geschichte der Bundesrepublik, Reinbek 2019.

Sebastian Rojek
Autobiographie und Historiographie: Geschichtspolitik als Umgang mit Enttäuschung

Großadmiral Alfred von Tirpitz und die Arbeit des Marine-Archivs nach 1918/19

> „Es ist zu vermuten, daß auch die Enttäuschungen des Studiums wert sind [...] Auch Erwartungen, die nicht erfüllt worden sind und kaum jemals erfüllt werden können sind geschichtliche Fakten und Faktoren, Ansätze für immer wieder sich aufbauende Verlockungen und Verführungen."[1]

Der Erste Weltkrieg endete für die Kaiserliche Marine mit einer herben Enttäuschung.[2] Entgegen der vor 1914 durch den mächtigen Staatssekretär des Reichsmarineamts Alfred von Tirpitz, seinen einflussreichen Propagandaapparat und Kaiser Wilhelm II. befeuerten Erwartungen erwies sich die – unter erheblichem finanziellen Aufwand gebaute – Schlachtflotte als strategische Fehlrüstung. Die Briten verhängten eine schrittweise verschärfte Fernblockade über die Nordsee und nahmen den deutschen Kriegsschiffen damit jede offensive Entfaltungsmöglichkeit.[3] Die Skagerrakschlacht 1916 – obwohl von der Propaganda zum unauslöschlichen Prestigesieg stilisiert – ließ sich zwar als taktischer Sieg der deutschen Seite interpretieren, änderte jedoch, was auch der zeitgenössischen Öffentlichkeit bald klar wurde, nichts an der strategischen Gesamtlage.[4] Der Admiral Albert Hopman konstatierte schon Anfang Oktober 1918 in seinem Tagebuch eine „bitte-

---

[1] Hans Blumenberg, Die Lesbarkeit der Welt, Frankfurt am Main 1986, S. 2.
[2] Die folgende Darstellung stützt sich auf einen wichtigen Argumentationsstrang in: Sebastian Rojek, Versunkene Hoffnungen. Die Deutsche Marine im Umgang mit Erwartungen und Enttäuschungen 1871–1930, Berlin/Boston 2017.
[3] Vgl. Sönke Neitzel, Seeblockade, in: Gerhard Hirschfeld/Gerd Krumeich/Irina Renz (Hrsg.), Enzyklopädie Erster Weltkrieg. Erneut aktual. u. erw. Studienausgabe, Paderborn 2014, S. 1002–1004; zu den (umstrittenen) Effekten der Blockade vgl. Alexander Watson, Ring of Steel. Germany and Austria-Hungary in World War I, New York 2014, S. 230–235; Christian Götter, Von der militärischen Maßnahme zum politischen Machtmittel. Die Entwicklung der Wirtschaftsblockade im Ersten Weltkrieg, in: Militärgeschichtliche Zeitschrift 75 (2016), S. 359–387; John R. Ferris, To the Hunger Blockade: The Evolution of British Economic Warfare, 1914–1915, in: Michael Epkenhans/Stephan Huck (Hrsg.), Der Erste Weltkrieg zur See, Berlin/Boston 2017, S. 83–97.
[4] Vgl. Werner Rahn, Die Seeschlacht vor dem Skagerrak. Verlauf und Analyse aus deutscher Perspektive, in: Michael Epkenhans/Jörg Hillmann/Frank Nägler (Hrsg.), Skagerrakschlacht. Vorgeschichte – Ereignis – Verarbeitung, München 2009, S. 139–196; Lawrence Sondhaus, The Great War at Sea. A Naval History of the First World War, Cambridge 2014, S. 213–228; Christian Jentzsch/Jann M. Witt, Der Seekrieg 1914–1918. Die Kaiserliche Marine im Ersten Weltkrieg, Darmstadt 2016, S. 87–103; Rojek, Versunkene Hoffnungen, S. 158–173.

re Enttäuschung [...] Alle unsere militärisch eigentlich unüberwindliche Kraft, unser Fleiß, unsere Arbeit, unsere Volkskraft sind nutzlos vergeudet [...] Ich will nicht mehr schreiben, es ist mir zu schwer ums Herz."[5]

Versteht man unter Enttäuschung, die Kollision einer positiven Erwartung mit einer negativen Erfahrung,[6] so wird deutlich, dass sich Enttäuschungsphänomene im Schnittfeld von „Erfahrungsraum und Erwartungshorizont" bewegen.[7] Enttäuschungen setzen Erwartungen notwendig voraus.[8] Demnach lässt sich eine Enttäuschung immer dann feststellen, wenn Akteure einen solchen Zusammenprall zwischen ihren positiven Erwartungen und einer negativen Erfahrung äußern. Die Untersuchung von Enttäuschungsprozessen ist also nicht auf den Quellenausdruck „Enttäuschung" angewiesen. Unerfüllte oder widerlegte Erwartungen, können delegitimierend wirken und einen Vertrauensverlust zur Folge haben. Vertrauen dagegen entsteht als „Resultat von abgesicherten Erwartungen".[9] Da für die Marineexperten, die dem Navalismus anhingen, die Zukunft des Deutschen Reiches von einer starken Flotte abhängig war, musste ihnen ein aus einer Enttäuschung resultierender Vertrauensentzug als zentrale Gefahr nicht nur für ihre Institution sondern für Deutschland überhaupt erscheinen.[10]

Von daher verwundert es nicht, dass sich der nicht zuletzt durch die Marinepropaganda selbst erzeugte Erwartungsdruck, der auf der Flotte lastete, schon im August 1914 bemerkbar machte und im Folgenden die Handlungen der Marineführung entscheidend formte. Der Marineoffizier Ernst von Weizsäcker befürchtete angesichts der Passivität der Seestreitkräfte, „daß man der Flotte die Initiative absprechen wird und daß sich die Stimmen mehren, die unsere ganze Flottenpolitik für verfehlt ansehen".[11] Nach Ansicht der Führungsebene konnte nur aus einer *sichtbaren* Beteiligung der Seestreitkräfte am Krieg „eine neue deutsche Zukunft

---

[5] Tagebucheintrag Albert Hopman, 6. 10. 1918, abgedruckt in: Das ereignisreiche Leben eines „Wilhelminers". Tagebücher, Briefe, Aufzeichnungen 1901 bis 1920. Hrsg. von Michael Epkenhans, München 2004, S. 1129.

[6] Genauer zum hier zugrunde gelegten Enttäuschungsverständnis Rojek, Versunkene Hoffnungen, S. 4–8.

[7] Vgl. Reinhart Koselleck, „Erfahrungsraum" und „Erwartungshorizont" – zwei historische Kategorien, in: ders., Vergangene Zukunft. Zur Semantik geschichtlicher Zeiten, Frankfurt am Main 1989, S. 349–375.

[8] Vgl. zum Begriff der Erwartung Dirk Baecker/Dirk Hartmann/Walther Zitterbarth, Erwartung, in: Nicolas Pethes/Jens Ruchatz (Hrsg.), Gedächtnis und Erinnerung: ein interdisziplinäres Lexikon, Reinbek bei Hamburg 2001, S. 152–154.

[9] Peter Sloterdijk, Ausgewählte Übertreibungen. Gespräche und Interviews 1993–2012. Hrsg. von Bernhard Klein, Berlin 2013, S. 251; vgl. auch Jörg Baberowski, Erwartungssicherheit und Vertrauen: Warum manche Ordnungen stabil sind, und andere nicht, in: ders. (Hrsg.), Was ist Vertrauen? Ein interdisziplinäres Gespräch, Frankfurt am Main/New York 2014, S. 7–29.

[10] Vgl. zum Navalismus Rolf Hobson, Maritimer Imperialismus. Seemachtideologie, seestrategisches Denken und der Tirpitzplan 1875 bis1914, München 2004, S. 175; Rojek, Versunkene Hoffnungen, S. 58–63.

[11] Ernst Weizsäcker an seinen Vater Karl Hugo Weizsäcker, 22. 8. 1914, abgedruckt in: Leonidas E. Hill (Hrsg.), Die Weizsäcker-Papiere, Berlin u. a. 1982, S. 149.

hervorwachsen", wie Admiral Adolf von Trotha sich ausdrückte.[12] Doch alle Versuche der Marine, die hohen Erwartungen zu erfüllen, scheiterten.[13] Weder gelang es, England durch den U-Bootkrieg zu einem raschen Friedensschluss zu zwingen, noch, durch eine letzte Feindfahrt kurz vor Kriegsende einen apokalyptischen Endkampf zu inszenieren. Mittels eines vielfältigen Erwartungsmanagements, also dem Versuch die Erfolgserwartungen der Bevölkerung auf einem solchen Maß einzupendeln, dass weder das Vertrauen in die Marineführung erodierte, noch die Erwartungen in vollends unerfüllbare Höhen stiegen, bemühte sich die Presseabteilung der Marine, dem Erwartungsdruck zu begegnen. Doch alle Inszenierungen, Propagandabücher und Pressemitteilungen erwiesen sich bei zunehmender Dauer des Krieges als wirkungslos. Die permanente Vertröstung auf einen Erfolg, im nächsten oder übernächsten Frühjahr liefen schließlich ins Leere.

Das „lange Warten"[14] zermürbte nicht nur die Bevölkerung, sondern untergrub auch die Kriegsmoral der Mannschaften und ließ die Seeoffiziere daran verzweifeln, dass sie im Vergleich zu den Frontsoldaten in den Schützengräben einen relativ luxuriösen Kriegsalltag verlebten. Lediglich die Meldung der jungen Offiziere zu den U-Booten schien die bei dieser Gruppe vorhandenen Legitimationshoffnungen befriedigen zu können. Letztlich konnten nur sichtbare Erfolge und das hieß vor allem eine erfolgreiche Seeschlacht, das Ansehen der Marine erhalten helfen. So konstatierte ein Kapitän im Frühjahr 1918, „daß unser Ast allmählich aufhört zu grünen. Abgabe der jungen Kräfte, das Fehlen handgreiflicher Erfolge tun das ihre. […] Uns fehlt eine zweite Skagerrak-Schlacht!"[15] Auf dieser Linie lag auch die als ehrenvolle Heldentat inszenierte Selbstversenkung der Hochseeflotte in der britischen Internierung in Scapa Flow am 21. Juni 1919. Doch auch dies vermochte das Ansehen der Seestreitkräfte kaum wiederherzustellen. Tirpitz etwa war in privaten Briefwechseln durchaus bereit zuzugeben, dass seine Flotte und die damit verbundenen Aspirationen „ruhmlos und ehrlos in den Gewässern von Scapa Flow versunken" war.[16]

Stattdessen sah sich die Marine aus nahezu allen politischen Richtungen mit Vorwürfen konfrontiert, von der Kriegsschuld bis zur Auslösung der Revolution:

---

[12] Bundesarchiv-Militärarchiv Freiburg (künftig: BArch-MA), N 239/25, Bl. 9 f., hier Bl. 10, Adolf von Trotha an Magnus von Levetzow (Abschrift), 8.10.1918.
[13] Vgl. für das Folgende, den Verlauf des Seekrieges und den Methoden des Erwartungsmanagements ausführlich: Rojek, Versunkene Hoffnungen, S. 115–253; allgemein zum (militärischen) Verlauf: Michael Epkenhans, Der Erste Weltkrieg 1914–1918, Paderborn 2015, S. 109–120; Sondhaus, Great War at Sea; Jentzsch/Witt, Seekrieg.
[14] Vgl. Nicolas Wolz, Das lange Warten. Kriegserfahrungen deutscher und britischer Seeoffiziere 1914 bis 1918, Paderborn u. a. 2008; für ein breites Publikum auch ders., „Und wir verrosten im Hafen": Deutschland, Großbritannien und der Krieg zur See 1914–1918, München 2013; ders., Morgens Krieg, abends Kino. Alltag in der Kaiserlichen Marine 1914–1918, in: Michael Epkenhans/Stephan Huck (Hrsg.), Der Erste Weltkrieg zur See, Berlin/Boston 2017, S. 133–150.
[15] BArch-MA, N 253/257, Bl. 68 f., Johann-Bernhard Mann an Alfred von Tirpitz, 13.3.1918.
[16] BArch-MA, N 253/412, Bl. 141, Alfred von Tirpitz an die Skagerrak-Gesellschaft Berlin, 21.1.1921. Eine ähnliche Einschätzung bei: BArch-MA, N 253/257, Bl. 120, Alfred von Tirpitz an Eberhard von Mantey, 14.11.1921.

„Kein größerer Bevölkerungsteil irgend welcher Richtung hat z. Zt. das geringste Interesse an der Erhaltung und dem Wiederaufbau der Marine. Rechtsstehende Kreise schieben vielfach die November-Revolution fälschlich allein der Marine in die Schuhe, auch hat die Auswirkung des mißlungenen Kapp-Putsches viele verschnupft. Demokraten und Mehrheitssozialdemokraten tragen uns vor allem den Kapp-Putsch nach. Die äußerste Linke hat grundsätzlich kein Interesse an dem Erstarken irgend eines Machtmittels der Regierung. [...] Die Auslieferung der Flotte wird uns gleichfalls verübelt."[17]

In dieser Erzählung, welche die Versprechungen der Marineführung vor 1914 an den bescheidenen Ergebnissen von 1918/19 maß,[18] lag für die Seestreitkräfte die Gefahr begründet, sich auch unabhängig von den Versailler Vertragsbedingungen mit einer unbedeutenden Rolle neben dem Heer abfinden und zugleich ihre Weltmachthoffnungen aufgeben zu müssen. Ernst von Weizsäcker fasste diese in der Öffentlichkeit schon bald virulente Enttäuschungserzählung im November 1918 in ihren wesentlichen Elementen in seinem Tagebuch zusammen: „Diese Marine! Entsprungen dem Weltmachtsdünkel, verdirbt unsere Ausw. Politik 20 Jahre lang, hält ihre Versprechungen im Kriege nicht und entfacht nun den Umsturz!"[19]

Vor dem Hintergrund dieser Ausgangslage soll im Folgenden dargestellt werden, wie die Angehörigen der Marine eine Gegenerzählung entwickelten, die es ihnen erlaubte, die Enttäuschung zu überbrücken und an ihren Seemachterwartungen unverändert festzuhalten. Nachdem der Krieg Vergangenheit war, bot eine maritime Geschichtspolitik als „Überzeugungsstrategie [...] in Konfliktsituationen"[20] für die Akteure der Kaiserlichen Marine das Potential, ein positives Bild zu etablieren und der Enttäuschungserzählung entgegenzuwirken. Was die Marine auf See nicht erreicht hatte, sollte nun auf dem Papier umgeschrieben werden. Besondere Bedeutung hatten dabei zum einen die Memoiren[21] des Großadmirals Alfred v. Tirpitz, die eine verbindliche Rechtfertigungserzählung etablierten, und zum anderen die Arbeit des Marine-Archivs, eine Institution, in der ehemalige Offiziere die offizielle Seekriegsgeschichte des Ersten Weltkriegs verfassten.

---

[17] BArch-MA, RM 6/63, Bl. 1 f., hier Bl. 1, Notizen für die Kommandeurbesprechung, 3. 8. 1920.
[18] Vgl. genauer zur Erwartungsweckung im Kontext der Marinepropaganda: Rojek, Versunkene Hoffnungen, S. 69–113.
[19] Tagebucheintrag Ernst von Weizsäcker, 5.–6. 11. 1918, abgedruckt in: Hill (Hrsg.), Weizsäcker-Papiere, S. 314.
[20] Edgar Wolfrum, Geschichtspolitik, in: Dieter Nohlen/Florian Grotz (Hrsg.), Kleines Lexikon der Politik, 5. überarb. u. erw. Aufl. München 2011, S. 207–210, hier S. 209.
[21] Die innerhalb der Literaturwissenschaft mitunter relevante Frage nach den Differenzen zwischen Autobiographien, Memoiren usw. sind für die hier verfolgte Analyse obsolet. Die Begriffe werden daher im Folgenden synonym verwendet. Vgl. Magnus Brechtken, Einleitung. Politische Memoiren: Prolegomena zum Potential eines vernachlässigten Forschungsgebiets, in: Franz Bosbach/Magnus Brechtken (Hrsg.), Politische Memoiren in deutscher und britischer Perspektive, München 2005, S. 9–42, hier S. 18 f.; Martina Wagner-Egelhaaf, Autobiographie, 2. aktual. u. erw. Aufl., Stuttgart/Weimar 2005, S. 52–57, S. 104; Roman B. Kremer, Autobiographie als Apologie. Rhetorik der Rechtfertigung bei Baldur von Schirach, Albert Speer, Karl Dönitz und Erich Raeder, Göttingen 2017, S. 33 f.

Tirpitz, der von 1897 bis 1916 als Staatssekretär der Marine diente und nach seinem Ausscheiden als Aushängeschild der nationalistischen Vaterlandspartei[22] seine „Admiralsdemagogie"[23] fortsetzte, war für die Öffentlichkeit das zentrale Gesicht der Flottenrüstung.[24] Dementsprechend schwer empfand er den Erwartungsdruck bereits während des Weltkriegs.[25] Schon kurz nach seinem Amtsverlust infolge seines Konfliktes mit der Reichsleitung über den uneingeschränkten U-Bootkrieg,[26] plante er, „einmal vor der Geschichte gerechtfertigt dazustehen".[27] Tatsächlich waren auch seine Anhänger der Meinung, dass es unumgänglich sei, dass der Großadmiral mit einer Rechtfertigung hervortreten müsse: „So wie E.[hrwürdige] E.[xzellenz] nun einmal die Flotte vor d.[er] Nation u.[nd] Geschichte vertreten, so wird die Nation auch nur von E.[hrwürdige] E.[xzellenz] die Antwort erhalten u.[nd] annehmen, wenn die Rechenschaft abzugeben ist über ihre Verwendung."[28] Bei diesem Vorhaben sollte dem Großadmiral der rechtskonservative Historiker Fritz Kern[29] zur Seite stehen, den er in der Vaterlandspartei kennengelernt hatte. Kern sorgte sich in einem Brief an Tirpitz schon im Sommer 1918 um das Negativimage der Seestreitkräfte: „Die heutige Stimmung gegenüber der Flotte ist bis ins Hauptquartier und die konservative Partei hinein eine schlechte. Die Enttäuschung über den U-Bootskrieg [...] hat ein Gefühl gegen die Flotte hervorgebracht, welches für ihre Weiterentwicklung stärkste Gefahren birgt."[30] Der Geschichtsprofessor empfahl, Tirpitz solle durch die Publikation von Memoiren eine Rechtfertigung der Flotte liefern, um „die Marine auch in den kommenden Jahren geistig zu leiten".[31]

---

[22] Vgl. Heinz Hagenlücke, Deutsche Vaterlandspartei. Die nationale Rechte am Ende des Kaiserreiches, Düsseldorf 1997; knapp ders., Deutsche Vaterlandspartei (DVLP), in: Hirschfeld u. a. (Hrsg.), Enzyklopädie, S. 437 f.

[23] Max Weber, Parlament und Regierung im neugeordneten Deutschland. Zur politischen Kritik des Beamtentums und Parteiwesens [1918], in: ders., Zur Politik im Weltkrieg. Schriften und Reden 1914–1918. Hrsg. von Wolfgang J. Mommsen/Gangolf Hübinger (Max Weber Gesamtausgabe. Abt. I: Schriften und Reden. Bd. 15), Tübingen 1984, S. 421–596, hier S. 538.

[24] Vgl. Rojek, Versunkene Hoffnungen, S. 83–93 u. 133–144.

[25] Vgl. z. B. BArch-MA, N 170/1, Bl. 8 f., Alfred von Tirpitz an Eduard von Capelle, 19/20. 3. 1915; BArch-MA, N 253/170, Bl. 37–39, Erich Edgar Schulze an Alfred von Tirpitz, 17. 4. 1916; Tagebucheintrag Alfred von Tirpitz, 29. 8. 1914, zitiert nach: Hopman, Leben, S. 420.

[26] Vgl. Patrick J. Kelly, Tirpitz and the Imperial German Navy, Bloomington 2011, S. 408; Rojek, Versunkene Hoffnungen, S. 133.

[27] BArch-MA, N 253/170, Bl. 35 f., Wolfang von Tirpitz an Erich Edgar Schulze, 31. 3. 1916.

[28] Adolf von Trotha an Alfred von Tirpitz, zitiert nach: BArch-MA, N 170/1, Bl. 8 f., hier Bl. 9, Alfred von Tirpitz an Eduard von Capelle, 19./20. 3. 1915.

[29] Vgl. zur Person: Oliver Schillings, Vom Bourgeois zum Citoyen. Fritz Kern zwischen Politik und Wissenschaft, Münster 2001; Bernd Faulenbach, Kern, Fritz, in: Rüdiger vom Bruch/Rainer A. Müller (Hrsg.), Historikerlexikon. Von der Antike bis zur Gegenwart, 2. überarb. u. erw. Aufl. München 2002, S. 178 f.; primär auf seine Arbeiten zur mittelalterlichen Geschichte konzentriert: Johannes Liebrecht, Fritz Kern und das „gute alte Recht". Geistesgeschichte als neuer Zugang für die Mediävistik, Frankfurt am Main 2016.

[30] BArch-MA, N 253/456, Bl. 1–5, hier Bl. 1, Fritz Kern an Alfred von Tirpitz, 14. 8. 1918.

[31] BArch-MA, N 253/456, Bl. 71–73, hier Bl. 73, Fritz Kern an Alfred von Tirpitz, 1. 10. 1919.

Vor diesem Zielhorizont entstanden in den folgenden Monaten die schlicht „Erinnerungen" betitelten Memoiren des Großadmirals. Kern fungierte hierbei als Ghostwriter und er scheint tatsächlich erhebliche Teile des Buches selbstständig verfasst zu haben. Dabei arbeitete er anhand von Akten und Befragungen seines Protagonisten. Tirpitz wiederum las die fertig gestellten Kapitel Korrektur.[32] Hinzu traten weitere ehemalige Offiziere aus Tirpitz' Umfeld, die ebenfalls Teile korrigierten und ihre Wünsche an das Buch formulieren konnten.[33] Einmal mehr enthüllt diese Konstellation, dass Autobiographieproduktion oftmals ein „in mehrfacher Hinsicht kollektiver Prozess"[34] ist. Für den Historiker ergab sich der Vorteil, seine eigenen politischen Positionen wirkmächtig zu verbreiten und zugleich Zugriff auf Dokumente zu erhalten, die der Forschung ansonsten nicht zugänglich waren. Tatsächlich bildete Kern keineswegs eine Ausnahme, kam es doch auf allen politischen Seiten schon unmittelbar nach Kriegsende zu Koalitionen zwischen als Ghostwritern aktiven Historikern und ehemals führenden Entscheidungsträgern aus den Sphären von Politik und Militär. Ähnliche Konstellationen standen etwa hinter den Memoiren des Generalfeldmarschalls Paul von Hindenburg[35] oder derjenigen der ehemaligen Reichskanzler Theobald von Bethmann-Hollweg[36] und Prinz Max von Baden.[37] Der Öffentlichkeit blieb die Mitarbeit der Historiker aber in aller Regel unbekannt. So dankte Tirpitz seinem Schreiber lediglich formelhaft im Vorwort des Buches ohne dessen zentrale Rolle bei der Entstehung zu offenbaren.[38]

---

[32] Vgl. BArch-MA, N 253/467, Bl. 9–31, Besprechung der Denkschrift Über die „Erinnerungen", o. D. (vermutl. zweite Hälfte 1918); BArch-MA, N 253/456, Bl. 11, Fritz Kern an Alfred von Tirpitz, 12.10.1918.

[33] Vgl. BArch-MA, N 253/456, Bl. 20, Alfred von Tirpitz an Fritz Kern, 20.3.1919; BArch-MA, N 253/257, Bl. 70, Johann-Bernhard Mann an Alfred von Tirpitz, 14.3.1919; ebenda, Bl. 71, Johann-Bernhard Mann an Ulrich von Hassell, 20.3.1919; ebenda, Bl. 72f., Johann-Bernhard Mann an Alfred von Tirpitz, 14.5.1919.

[34] Volker Depkat, Autobiographie und soziale Konstruktion von Wirklichkeit, in: GuG 29 (2003), S. 442–476, hier S. 453; vgl. auch Volker Depkat/Wolfram Pyta, Einleitung. Autobiographie zwischen Text und Quelle, in: dies. (Hrsg.), Autobiographie zwischen Text und Quelle, Berlin 2017, S. 7–20, hier S. 14–15.

[35] Vgl. Wolfram Pyta, Hindenburg. Herrschaft zwischen Hohenzollern und Hitler, München 2009, S. 149f., 279, 434–439; Markus Pöhlmann, „Dass sich ein Sargdeckel über mir schlösse." Typen und Funktionen von Weltkriegserinnerungen militärischer Entscheidungsträger, in: Jost Dülffer/Gerd Krumeich (Hrsg.), Der verlorene Frieden. Politik und Kriegskultur nach 1918, Essen 2002, S. 149–170, hier S. 156f.

[36] Vgl. Jost Dülffer, Einleitung der Neuausgabe, in: Theobald von Bethmann Hollweg: Betrachtungen zum Weltkriege. Erster Teil: Vor dem Kriege. Zweiter Teil: Während des Krieges. Hrsg. von Jost Dülffer, Essen 1989, S. 1–40, hier S. 17–23; Eberhard von Vietsch, Bethmann Hollweg. Staatsmann zwischen Macht und Ethos, Boppard am Rhein 1969, S. 288–294; Konrad H. Jarausch, The Enigmatic Chancellor. Bethmann Hollweg and the Hubris of Imperial Germany, New Haven/London 1973, S. 388–395.

[37] Vgl. Lothar Machtan, Autobiographie als geschichtspolitische Waffe. Die Memoiren des letzten kaiserlichen Kanzlers Max von Baden, in: VfZ 61 (2013), S. 481–512; ders., Max von Baden. Der letzte Kanzler des Kaisers. Eine Biographie, Berlin 2013, S. 511–513.

[38] Alfred von Tirpitz, Erinnerungen, Leipzig 1919, S. VII. Die Verschleierung von Ghostwritern scheint für politische Memoiren in Deutschland generell eher die Regel als die Ausnahme zu sein; siehe hierzu Brechtken, Einleitung, S. 33–37, S. 41.

Inhaltlich verfolgte das Werk des Großadmirals im Wesentlichen das Ziel, den Tirpitz'schen Flottenbau zu rechtfertigen, von dem Vorwurf der Kriegsschuld freizusprechen und den Aufbau einer starken Flotte für die Zukunft erneut zu empfehlen. Zu diesem Zweck wälzte das Buch die Verantwortung für sämtliche negativen Entwicklungen hauptsächlich auf Reichskanzler Bethmann-Hollweg, sowie linke und demokratische Kreise ab. Ein solcher Rückblick auf die Leistungen im Weltkrieg war auch deshalb wichtig, um die eigene Person wieder als politische Führungsfigur für die Zukunft empfehlen zu können.[39]

Als die Memoiren im Oktober 1919 schließlich in den Buchhandel gelangten, war ein Werk fertiggestellt, an dessen Entstehung neben Tirpitz und Fritz Kern auch zahlreiche andere Marineoffiziere aus dem unmittelbaren Umfeld des Großadmirals beteiligt gewesen waren. Sie alle hatten ihre Erwartungen an das Buch einbringen können, sodass schließlich eine gemeinsame Erzählung entstanden war, die innerhalb der Marine und mindestens auch in konservativen Kreisen plausibel wirken konnte.

Tirpitz bekannte in dem Werk offen, die Flotte „enttäuschte die Hoffnungen der Nation wie ihre eigenen Erwartungen".[40] Er selbst wollte nun erklären, wie es dazu gekommen war. Dabei nahm der Großadmiral in Kauf, bestimmte Leserkreise abzuschrecken. Hierzu gehörten vor allem die Monarchisten, denn er schilderte Wilhelm II. als Dilettanten, der den Anforderungen seiner Stellung nicht gewachsen gewesen sei. Der Kaiserbruder, Prinz Heinrich, der während des Krieges als Oberbefehlshaber der Ostseestreitkräfte gewirkt hatte,[41] zeigte sich nach der Lektüre entsetzt: „Gegener [sic] der Monarchie werden aus Ihrem Stoff genügend Material gegen eine solche aufhäufen, die Persönlichkeit unseres Kaisers wird noch mehr in Miskredit [sic] geraten, die Zahl seiner Gegner sich vermehren."[42] Doch Tirpitz waren solche Enttäuschungen monarchistischer Treueerwartungen egal. Er nahm diese billigend in Kauf, da für ihn die Rechtfertigung der Marine für die Zukunft des Reiches, alles andere in den Schatten stellte,[43] den Konflikt mit den Hohenzol-

---

[39] Vgl. Moritz Föllmer, Führung und Demokratie in Europa, in: Tim B. Müller/Adam Tooze (Hrsg.), Normalität und Fragilität. Demokratie nach dem Ersten Weltkrieg, Hamburg 2015, S. 177–197, hier S. 185–187. Vgl. zu Tirpitz' politischen Ambitionen und Aktivitäten in der Weimarer Republik: Raffael Scheck, Alfred von Tirpitz and German Right-Wing Politics, 1914–1930, Atlantic Highlands/New Jersey 1998, S. 82–212; Michael Epkenhans, „Graue Exzellenz" und politischer Strippenzieher. Großadmiral Alfred von Tirpitz in der Weimarer Republik, in: Militärgeschichte 2 (2006), S. 8–13; ders., Tirpitz. Architect of the German High Seas Fleet, Washington D.C. 2008, S. 73–87; Kelly, Tirpitz, S. 430–443.
[40] Tirpitz, Erinnerungen, S. 320.
[41] Vgl. Jann M. Witt, Prinz Heinrich von Preußen als Marineoffizier, in: Rainer Hering/Christina Schmidt (Hrsg.), Prinz Heinrich von Preußen. Großadmiral. Kaiserbruder. Technikpionier, Neumünster 2013, S. 32–51; Michael Epkenhans, Prinz Heinrich als Oberbefehlshaber der Ostsee 1914–1918, in: ebenda, S. 52–62.
[42] BArch-MA, N 253/183, Bl. 110 f., hier Bl. 110, Prinz Heinrich von Preußen an Alfred von Tirpitz, 29.10.1919.
[43] Vgl. BArch-MA, N 253/183, Bl. 125–131, Alfred von Tirpitz an Prinz Heinrich von Preußen, November 1919.

lern sah er schon bald als „erledigte Sache"⁴⁴ an. Tatsächlich hatte Tirpitz die Verhaltenserwartungen bei den ehemaligen Angehörigen der Seestreitkräfte richtig eingeschätzt, denn ernsthaft in Bedrängnis geriet er wegen seiner Kaiserkritik nicht.⁴⁵ Tirpitz betonte immer wieder, dass er alle gemachten Fehler, offen kommunizieren müsse, um die Flottenpolitik vor der Öffentlichkeit zu rechtfertigen.⁴⁶ Diese Fehler allerdings verortete er allein beim Kaiser, der Reichsleitung und einzelnen höheren Marineoffizieren. Letztere machte er für Fehlentscheidungen verantwortlich, die schlussendlich zu dem tragischen Ende der Flotte geführt hätten.⁴⁷ Die Orientierung an seinen Empfehlungen hingegen hätte dem Reich den sicheren Sieg gebracht. Mit dieser Darstellung konnte Tirpitz seinen Plan aus der Vorkriegszeit absichern. Denn wenn die Fehler bei Einzelpersonen lagen und nicht in der verfolgten Rüstungsstrategie vor dem Ersten Weltkrieg begründet waren, so ließ sich die Forderung nach einem erneuten Flottenaufbau nach Tirpitz'schen Maßgaben auch zukünftig weiter vertreten.

Grundsätzlich boten sich dem Großadmiral und seinen publizistischen Unterstützern zwei Möglichkeiten die Enttäuschung in Form der Memoiren erzählerisch zu bewältigen und dem für Autobiographien konstitutiven Rechtfertigungsbedürfnis zu genügen.⁴⁸ Generell lässt eine Enttäuschungserfahrung zwei Reaktionsweisen zu: entweder ein Umlernen nach einem Eingeständnis eigener Irrtümer oder aber eine Verweigerung und ein Festhalten an den Ursprungserwartungen.⁴⁹ Auf Ebene der autobiographischen Erzählung entsprechen diesen Reaktionsweisen entweder die Variante einer Konversions- oder einer Kontinuitätsbiographie.⁵⁰ Im Falle des Großadmirals dominierte eindeutig die letztere Variante, denn die von ihm und seinem Umfeld verbreitete Erzählung ließ keinen Zweifel daran, dass sein Plan korrekt gewesen war und auch durch die Ereignisse des Weltkrieges kein Grund bestand, irgendetwas daran kritisch zu hinterfragen. Dabei konnte Tirpitz darauf rechnen, dass ihm insbesondere die politische Rechte dieses Festhalten an einmal gesetzten Prinzipien über alle Brüche hinweg als Ausweis besonderer Authentizität und Standhaftigkeit auslegte, galt doch diesen Kreisen Prinzipientreue als ein besonderer Wert.⁵¹ Der Großadmiral galt seinen Anhän-

---

⁴⁴ BArch-MA, N 253/456, Bl. 104 f., hier Bl. 105, Alfred von Tirpitz an Fritz Kern, 21. 1. 1920.
⁴⁵ Vgl. Rojek, Versunkene Hoffnungen, S. 270–274.
⁴⁶ Vgl. z. B. BArch-MA, N 253/171, Bl. 38, Alfred von Tirpitz an Albert Scheibe, 1. 10. 1919; BArch-MA, N 253/257, Bl. 77–79, Alfred von Tirpitz an Johann-Bernhard Mann, 30. 9. 1919.
⁴⁷ Vgl. Rojek, Versunkene Hoffnungen, S. 274–276, 398–404.
⁴⁸ Vgl. Georges Gusdorf, Conditions and Limits of Autobiographies, in: James Olney (Hrsg.), Autobiography. Essays Theoretical and Critical, Princeton, New Jersey 1980, S. 24–48, hier S. 36–39.
⁴⁹ Vgl. auch grundsätzlich zum Umgang von Gruppen mit Enttäuschungen: Heinrich Popitz, Realitätsverlust in Gruppen, in: ders., Soziale Normen. Hrsg. von Friedrich Pohlmann und Wolfgang Eßbach, Frankfurt am Main 2006, S. 175–186, bes. S. 177.
⁵⁰ Vgl. zu dieser Unterscheidung: Martin Sabrow, Autobiographie und Systembruch im 20. Jahrhundert, in: ders. (Hrsg.), Autobiographische Aufarbeitung. Diktatur und Lebensgeschichte im 20. Jahrhundert, Leipzig 2012, S. 9–24, hier S. 18–24.
⁵¹ Vgl. Thomas Mergel, Parlamentarische Kultur in der Weimarer Republik. Politische Kommunikation, symbolische Politik und Öffentlichkeit im Reichstag, Düsseldorf 2002, S. 268 f. Den

gern und Sympathisanten also gerade nicht als Wendehals, der sich ähnlich wie die „Vernunftrepublikaner"⁵² letztlich auf den Boden der neuen Demokratie gestellt hatte und erhebliche öffentliche Angriffe ertragen musste.⁵³

Tatsächlich gelang es dem Großadmiral, mit dieser Erzählung bei der Reichsmarine und ehemaligen Angehörigen der Seestreitkräfte – trotz oder gerade wegen seiner Kritik am Kaiser und einzelnen Marineoffizieren – großen Anklang zu finden. In den Besprechungen aus diesen Zirkeln wurde sein Werk als ein Klassiker behandelt, wie es ihn seit Bismarcks „Gedanken und Erinnerungen" nicht mehr gegeben habe.⁵⁴ Die zentrale kommunikative Funktion einer Autobiographie für diejenige Gruppe, der sich ihr Autor zurechnet, besteht nämlich gerade darin, „am Leitfaden des eigenen Lebens sich selbst und […den] Zeitgenossen die eigene Zeit"⁵⁵ so zu interpretieren, dass sie selbst die Enttäuschung sinnvoll überbrücken konnten, um „das Gewesene und die Katastrophe […] aufzuarbeiten".⁵⁶ In diesem Sinne handelt es sich bei Autobiographien um „Akte sozialer Kommunikation in laufenden gesellschaftlichen Selbstverständigungsprozessen".⁵⁷

Wie erfolgreich Tirpitz mit seiner Rechtfertigungserzählung in dieser Selbstverständigung intervenierte, erhellen die Briefe, die er von ehemaligen Mitarbeitern erhielt. Dabei wird auch deutlich, dass diese Männer geradezu erwarteten, dass ihnen ihr ehemaliger Vorgesetzter eine Rechtfertigung anbot, die es ihnen ermöglichte, auch emotional mit der Niederlage umzugehen, und all die Jahrzehnte, die sie für die großen Ziele und Erwartungen von Marine und Nation tätig gewesen

---

vorbildlichen Charakter der Standhaftigkeit des Großadmirals betonten etwa: Adolf von Trotha, Großadmiral von Tirpitz. Flottenbau und Reichsgedanke, Breslau 1933, S. 164; Albert Scheibe, Tirpitz, Lübeck 1934, S. 60; Ulrich von Hassell, Preuße und Weltpolitiker, in: ders., Im Wandel der Außenpolitik. Von der französischen Revolution bis zum Weltkrieg. Bildnisskizzen, München ²1940, S. 219–241, hier S. 237.

52 Vgl. Andreas Wirsching, „Vernunftrepublikanismus" in der Weimarer Republik. Neue Analysen und offene Fragen, in: ders./Jürgen Eder (Hrsg.), Vernunftrepublikanismus in der Weimarer Republik. Politik, Literatur, Wissenschaft, Stuttgart 2008, S. 9–26, sowie die Beiträge in diesem Band.

53 Diese Konstellationen werden etwa deutlich am Beispiel der öffentlichen Deutung Thomas Manns vgl. hierzu: Sebastian Hansen, Betrachtungen eines Politischen. Thomas Mann und die deutsche Politik 1914–1933, Düsseldorf 2013, bes. S. 62–108 u. 261–263.

54 Vgl. z. B. Konteradmiral a. D. [Carl] Hollweg, Tirpitz' „Erinnerungen", in: Vossische Zeitung, 30. 9. 1919, Morgenausgabe; Korvettenkapitän Erich Edgar Schulze, Die „Erinnerungen" des Großadmirals v. Tirpitz, in: Eiserne Blätter 1 (1919), S. 255–257; Dietrich Schäfer, Tirpitz, in: Deutschlands Erneuerung 4 (1920), S. 686–689; zur Rezeption von Bismarcks Memoiren vgl.: Gustav Seeber, Bismarcks „Gedanken und Erinnerungen" von 1898 in der Politik. Bemerkungen zur Publizistik, in: Jost Dülffer/Hans Hübner (Hrsg.), Otto von Bismarck. Person – Politik – Mythos, Berlin 1993, S. 237–246; Michael Epkenhans, Otto von Bismarck „Gedanken und Erinnerungen", in: Bosbach/Brechtken (Hrsg.), Memoiren, S. 75–86.

55 Depkat, Autobiographie, S. 453.

56 In dieser Bewältigungsfunktion erkennt Peter Sloterdijk ein besonderes Kennzeichen von Memoiren während der 1920er Jahre, vgl. Peter Sloterdijk, Literatur und Organisation von Lebenserfahrung. Autobiographien der Zwanziger Jahre, München/Wien 1978, S. 63 f.

57 Volker Depkat, Autobiographie als geschichtswissenschaftliches Problem, in: ders./Wolfram Pyta (Hrsg.), Autobiographie zwischen Text und Quelle, Berlin 2017, S. 23–40, hier S. 36.

waren, in eine für sie sinnvolle Erzählung zu überführen. So berichtete der Admiral Carl Hollweg:

„In Stunden seelischer Depression über das Unglückliche, das geschehen ist, greife ich zu dem Buch u. schaffe mir aus seinem Inhalte [...] neue Kraft zum Durchhalten und zu dem festen Glauben daran, daß [...] Euer Exzellenz rein, klar u. patriotisch [...] war u. daß auch mein Streben & Wollen erfüllt [war] von dem einzigen Gedanken, dem Vaterland, das heute zerbrochen am Boden liegt, dienen zu wollen."[58]

Für den Kapitän Mann bedeutete das Buch „die Rechtfertigung und Bestätigung der Gedanken und Gefühle [...], die mich – nach wie vor – mit meinem alten Beruf verbinden. [...] und dadurch in mir die Hoffnung und das Streben besseren Zeiten entgegen wach halten".[59] In dasselbe Horn blies der Admiral Paul Behncke, für den „das Werk für mein ganzes Leben eine wertvolle Erinnerung an die Zeit bleiben wird, während der ich unter Euer Exzellenz arbeiten und lernen durfte".[60]

Das Buch bot nicht nur Argumente, die gegen die Gegner der Marine ins Feld geführt werden konnten, sondern spendete auch Trost, lieferte den Seeoffizieren eine sinnvolle Erklärung dafür, warum sie trotz all ihrer jahrzehntelangen Anstrengungen, Deutschland zur bedeutenden Seemacht zu erheben, gescheitert waren.[61] Dadurch gewann das „Buch der Bücher"[62] eine normative Funktion, da es der eigenen Gruppe Deutungen vorgab, in denen sie „einen Teil ihrer eigenen Lebens- und Geschichtserfahrung wiederfinden" konnte.[63] Der historische Bruch des Weltkriegs führte so keineswegs zu einer Erwartungstransformation, etwa indem der Weltkrieg kritisch evaluiert worden wäre, sondern vielmehr zu einer „Erwartungsvereisung",[64] also einem kommunikativem Prozess, in dem Akteure sich immer wieder darauf einigen, an ihren Erwartungen trotz deren Nichterfüllung festzuhalten. Diese Verweigerungshaltung konnte sich soweit steigern, dass der ursprüngliche Plan vollständig gegen Kritik oder empirische Widerlegung immunisiert wurde. Der Admiral Carl Hollweg etwa meinte, die Flottenrüstung sei „nach aus der Geschichte abgeleiteten, ewig giltigen [sic] militär-maritimen Grundsätzen" durchgeführt worden, weshalb auch der Krieg „kein Gegenbeweis" gegen deren Richtigkeit darstellen könne.[65] Der Anspruch ewig gültige Wahrhei-

---

[58] BArch-MA, N 253/407, Bl. 235, Carl Hollweg an Alfred von Tirpitz, 8.4.1921.
[59] BArch-MA, N 253/257, Bl. 80–82, hier Bl. 80, Johann-Bernhard Mann an Alfred von Tirpitz, 6.10.1919.
[60] BArch-MA, N 173/7, Bl. 86, Paul Behncke an Alfred von Tirpitz, 15.11.1920.
[61] Vgl. auch die Schilderung von Rezeptionserlebnissen bei: BArch-MA, Freiburg, N 253/257, Bl. 112, Eberhard von Mantey an Alfred von Tirpitz, 18.7.1919; BArch-MA, N 253/261, Bl. 298 f., Ludwig Roselius an Alfred von Tirpitz, 22.8.1919.
[62] So Fregattenkapitän a. D. Emil O. Huning, Tirpitz der „Reichsverderber". Betrachtungen zu seinen „Erinnerungen" und Gedanken über sein Wirken, Leipzig ²1919, S. 101, in seiner Apologie des Großadmirals und seiner „genialen Führung", S. 104; vgl. auch Rojek, Versunkene Hoffnungen, S. 325 f.
[63] Depkat, Autobiographie, S. 467 f.
[64] Popitz, Realitätsverlust, S. 178.
[65] Alle Zitate im Folgenden aus: BArch-MA, RM 3/11679, Bl. 118–121, hier Bl. 121, Carl Hollweg an Friedrich Thimme, 19.2.1921.

ten zu vertreten, enthob den Flottenbau vollends aus dem Raum empirischer Widerlegung. Nach diesen Maßgaben konnte die Marine überhaupt nicht enttäuschen und die „Misserfolge im Kriege" mussten geradezu „durch die Politik und durch Führerfehler" entstanden sein. Diese Erzählung bestärkten Tirpitz und seine Mitstreiter durch weitere Publikationen in den 1920er Jahren. Dank tatkräftiger Unterstützung von Fritz Kern und dessen Assistenten Hans Hallmann,[66] der schließlich mit einer Pro-Tirpitz-Studie über die Marine habilitierte,[67] brachte er zwei Quelleneditionen zur Marinepolitik vor 1914 und dem Seekrieg heraus, die seine Erzählung belegen sollten.[68]

Doch Tirpitz blieb bei seinen Bemühungen um publizistische und historische Deutungsmacht keineswegs allein. Stattdessen unterstützte ihn auch die offizielle Seekriegsgeschichtsschreibung der Reichsmarine. Denn parallel zu Tirpitz' Rechtfertigungsbestrebungen entstand schon während des Weltkriegs innerhalb der Marine mit der „Kriegswissenschaftlichen Abteilung" eine neue Einrichtung, die sämtliche Archivalien sammeln und auf ihrer Grundlage eine historische Aufarbeitung des Seekriegs in Form des mehrbändigen sogenannten Seekriegs- oder Admiralstabswerkes leisten sollte. Anders als nach den sogenannten Einigungskriegen, als die Kriegsgeschichtsschreibung ganz in der Hand des Heeres verblieben war und die Seestreitkräfte dementsprechend daran scheiterten, ihre Teilstreitkraft retrospektiv durch eine entsprechende Geschichtspolitik zu legitimieren,[69] bereitete sie sich diesmal vorrausschauend auf die zu erwartenden Deutungskämpfe im nationalen und internationalen Kommunikationsraum vor, „da unsere Gegner während der gleichen Zeit ihre Kriegsgeschichte veröffentlichen oder wenn dies nicht geschieht, durch unser Admiralstabswerk zu Kritiken und Aufsätzen in der Fachpresse animiert werden".[70]

Die Aufgaben der Abteilung, die von 1916 bis 1933 von dem Vizeadmiral Eberhard von Mantey[71] geleitet wurde, waren dabei von Beginn an zweigeteilt: Einmal sollte aus dem Krieg für die Zukunft gelernt werden, zum anderen der Öffentlichkeit eine Rechtfertigung der Seestreitkräfte geliefert werden. Nach Kriegsende nahm Tirpitz Kontakt zu dieser Abteilung auf, sodass schrittweise ein Abstimmungsprozess in Gang kam, der dazu führte, dass die Bände der offiziellen See-

---

[66] Vgl. zur Person die Lebensläufe und Schriftenverzeichnisse in: Universitätsarchiv Bonn, PF-PA 181; Rojek, Hoffnungen, S. 287 f.
[67] Vgl. Hans Hallmann, Der Weg zum deutschen Schlachtflottenbau, Stuttgart 1933. Vgl. zur Genese dieser Arbeit: Rojek, Hoffnungen, S. 379–381.
[68] Vgl. Alfred von Tirpitz, Politische Dokumente, 2 Bde., Stuttgart/Berlin 1924 bzw. Hamburg/Berlin 1926.
[69] Vgl. Rojek, Versunkene Hoffnungen, S. 16–28.
[70] BArch-MA, RM 8/1580, Bl. 54–56, hier Bl. 55, Eberhard von Mantey, Über die Stellung der kriegswissenschaftlichen Abteilung zum R.M.A., 8. 12. 1916.
[71] Vgl. zur Person: Hans Jürgen Witthöft, Lexikon zur deutschen Marinegeschichte, Bd. 1, Herford 1977, S. 188; Hans H. Hildebrand/Ernest Henriot, Deutschlands Admirale 1849–1945. Die militärischen Werdegänge der See-, Ingenieur-, Sanitäts-, Waffen- und Verwaltungsoffiziere im Admiralsrang, Bd. 2, Osnabrück 1989, S. 432 f.; Manfred Kehrig, „Mantey, Eberhard von", in: Neue Deutsche Biographie 16 (1990), S. 92 f.

kriegsgeschichte, welche größtenteils im Laufe der 1920er-Jahre erschienen, die von Tirpitz in seinen Memoiren entwickelte Erzählung bestätigten und mit dem Siegel der Wissenschaftlichkeit versahen.[72] Die Enttäuschung über das Kriegsende und die öffentlichen Angriffe auf die Marine machten Tirpitz und die Institution gewissermaßen zu natürlichen Verbündeten. Obwohl der Großadmiral 1916 als Staatssekretär aus dem Amt geschieden war, so blieb sein Name doch eng mit der Flotte verknüpft und auch die Marine unterließ es, eine Abkehr von ihrem „Meister" einzuleiten.[73] Im Gegenteil, in ihren öffentlichen Verlautbarungen verteidigte die Marineführung Tirpitz schon während des Krieges und betonte, dass die Seestreitkräfte in Kontinuität zu den Ideen und Gedanken des ehemaligen Staatssekretärs stehe.[74] Auch nach der Revolution blieb Tirpitz mit führenden Akteuren der nunmehrigen Reichsmarine der Republik in engem Kontakt. Dabei konnte er darauf bauen, dass die Teilstreitkraft, die einen klaren Bruch mit ihrer kurzen Tradition unterließ, auch weiterhin Interesse daran haben musste, sich und ihren langjährigen Staatssekretär wegen der Ergebnisse des Krieges zu verteidigen. Dem Großadmiral war klar: „Die Marine muß mir helfen, wenn Sie die Schmach von Scapa Flow erklären u.[nd] die Seegeltungsfrage hochhalten will."[75]

Dieser Erkenntnis entsprachen die Ziele, die Mantey intern schon seit längerem mit dem sogenannten Seekriegswerk verknüpfte. Demnach sollte die Lektüre bei den Rezipienten folgende Gefühle auslösen helfen, die dahin gingen „den Stolz des Volkes wieder [zu] heben", den „verlorenen Glauben an seine Größe und Zukunft" zu restaurieren und vor allem „das tief erschütterte Vertrauen des Volkes uns wieder [zu] gewinnen".[76] Die Lektüre sollte also dazu führen, dass im Endeffekt keine Enttäuschung über die Flotte entstand, sondern vielmehr Stolz auf das Geleistete, um das Vertrauenskapital für einen erneuten Flottenaufbau zu generieren.

In zahlreichen Publikationen versuchten Eberhard von Mantey, Alfred von Tirpitz sowie ein Kreis von pensionierten oder noch in der Reichsmarine tätigen Marineoffizieren und Zivilhistorikern diese Rechtfertigungserzählung sich selbst und der Öffentlichkeit zu vermitteln.[77] Der Großadmiral ging bei den zu Historikern gewandelten Marineoffizieren wie Rudolph Firle, Otto Groos, Erich Raeder und natürlich Eberhard von Mantey offenbar ein und aus, hielt brieflichen Kontakt und diese gewährten dem bewunderten Mann bereitwillig Einblick in ihre Arbeit und besprachen mit ihm Konzepte und Darstellungsweisen.[78] Eine ergebnisoffene

---

[72] Vgl. ausführlich: Rojek, Versunkene Hoffnungen, S. 339–406.
[73] BArch-MA, N 253/257, Bl. 106, Ritter von Mann an Alfred von Tirpitz, 17. 3. 1916.
[74] Vgl. BArch-MA, RM 5/3794, Bl. 141, Vertrauliche Aufzeichnung aus der Oberzensurstelle aus der Pressebesprechung, 10. 4. 1916.
[75] BArch-MA, N 253/170, Bl. 70, Alfred von Tirpitz an Erich Edgar Schulze, 1. 11. 1919.
[76] BArch-MA, RM 8/1580, Bl. 99–104, Eberhard von Mantey, Gesichtspunkte für die Arbeiten innerhalb des Kriegsgeschichtlichen Instituts der Marine, 1. 5. 1919.
[77] Vgl. Rojek, Versunkene Hoffnungen, S. 303–337.
[78] Vgl. BArch-MA, N 253/170, Bl. 89 u. 125, Erich Edgar Schulze an Alfred von Tirpitz, 16.7. u. 18. 10. 1920; BArch-MA, N 155/4, Bl. 88 f., Erich Edgar Schulze an Rudolph Firle, 24. 10. 1921; BArch-MA, N 253/261, Bl. 19, 21 u. 22; Erich Raeder an Alfred von Tirpitz, 10.7., 11.8. u.

Debatte über die Leistungen oder Fehler der Seestreitkräfte während des Ersten Weltkriegs fand insofern allerhöchstens in sehr eingeschränkter Form statt. Auch in der „Marine-Rundschau",[79] dem zentralen Fachblatt der Marine gaben – wie der zum Pazifismus und Marine-Kritiker gewandelte Kapitän zur See a. D. Lothar Persius, süffisant bemerkte, vor allem „Tirpitzens Jünger ihre Weisheit zum besten".[80] Durch die permanente Wiederholung und wechselseitige Bestätigung der immer gleichen Argumente konnten sie sich suggerieren, dass sie letztlich alles richtig gemacht hatten und die Enttäuschung nicht das Ergebnis ihrer Pläne und Absichten gewesen war. Vielmehr verkehrten sie die Rechtfertigungslast in ihr Gegenteil: Im Fazit seiner „Erinnerungen" hatte Tirpitz den Hauptgrund für das Scheitern der Hochseeflotte nämlich darin gesehen, dass die Deutschen „die See nicht verstanden" hätten.[81] Dieses Argument avancierte innerhalb der maritimen Publikationen zu einem geflügelten Wort, das immer wieder zitiert wurde.[82] Seine Attraktivität lag darin begründet, dass es die Rolle der Enttäuschenden und der Enttäuschten verkehrte: Demnach hatte nicht die Marine die Erwartungen der Bevölkerung enttäuscht, sondern vielmehr die Bevölkerung diejenigen der Marine. Admiral Carl Hollweg formulierte diesen Zusammenhang Mitte 1930 mit den Worten, dass der Großadmiral Tirpitz „dem deutschen Volke [...] zutraute, dass es werde reiten können, wenn ihm in den Weltmachtsattel geholfen würde. Dass dies Vertrauen schicksalshaft enttäuscht wurde, ist eine historische Tatsache."[83]

Die Zäsur des Ersten Weltkriegs bot mit der Meuterei der Hochseeflotte und der Selbstversenkung in Scapa Flow zwei erzählerische Fluchtpunkte, die in starkem Kontrast zu den maritimen Vorkriegserwartungen standen. Aus dieser Perspektive stellte sich die Marinegeschichte als eine Enttäuschung dar. Diese Erzählung bildete für die maritimen und politischen Ambitionen der Marine eine zentrale Gefahr, drohte diese doch zukünftig gänzlich an Einfluss zu verlieren und das Reich damit

---

13. 11. 1921; BArch-MA, N 165/20, Bl. 30 f., Erinnerungen Groos, Bd. 2: 1919–1933, und die zahlreichen Schriftwechsel zwischen Tirpitz und Mantey, in: BArch-MA, N 253/257.

[79] Vgl. zur Entwicklung dieser Zeitschrift: Wilhelm Deist, Flottenpolitik und Flottenpropaganda. Das Nachrichtenbureau des Reichsmarineamtes 1897–1914, Stuttgart 1976, S. 31–45; Max Gunzenhäuser, Die Marine-Rundschau 1890–1914. Bericht und Bibliographie, in: Jahresbibliographie Bibliothek für Zeitgeschichte 49 (1977), S. 417–461; Gerhard Hümmelchen, Die „Marine-Rundschau", in: Hartmut Klüver/Thomas Weis (Hrsg.), Marinegeschichte – Seekrieg – Funkaufklärung. Festschrift für Jürgen Rohwer, Düsseldorf 2004, S. 101–108; Jürgen Rohwer, Die „Marine-Rundschau", in: ebenda, S. 109–17.

[80] Lothar Persius, Menschen und Schiffe in der Kaiserlichen Flotte, Berlin 1925, S. 171. Vgl. zur Person: Rojek, Versunkene Hoffnungen, S. 78–83 u. 229–234.

[81] Tirpitz, Erinnerungen, S. 387.

[82] Vgl. zum Beispiel: Kapitän zur See a. D. [Hans Hubertus] von Stosch, Noch ein Wort zum Festtag unseres Meisters, in: M. O. V. [Marine-Offiziers-Vereinigung; S. R.]-Nachrichten aus Luv und Lee, Nr. 6, 19. 3. 1924. Der Artikel findet sich in: BArch-MA, N 253/87, Bl. 57 f., hier Bl. 57.

[83] BArch-MA, RM 3/11678, Bl. 249–273, hier Bl. 271, Typoskript von Carl Hollweg, Tirpitz und die Flottenpolitik. Eine Entgegnung an Paul Herre (o. D., vermutl. Mitte 1930). Die Metapher vom „Weltmachtsattel" spielt auf eine Rede Bismarcks im Norddeutschen Bundestag vom 11. März 1867 an. Vgl. Otto von Bismarck, Die gesammelten Werke. Reden, Bd. 10: 1847 bis 1869, bearb. von Wilhelm Schüßler, Berlin ²1928, S. 329.

in den Augen der Navalisten als potentielle Weltmacht abzudanken. Der rechtfertigende Blick in die Vergangenheit bot hier eine vielversprechende Möglichkeit, um langfristig gegen diese Entwicklung anzuschreiben.

Die Analyse der maritimen Geschichtspolitik als eine Variante des Umgangs mit Enttäuschung verdeutlicht dabei, dass Tirpitz mit der Publikation seiner „Erinnerungen" eine für die Marine wirkmächtige Rechtfertigungserzählung etablieren konnte, die verbindlich festlegte, wie die Kriegsniederlage zu interpretieren sei. Sein eigenes Leben diente dabei als Identifikationsangebot für die Teile der Bevölkerung, die den Krieg und die Flottenrüstung ebenfalls mit großen Hoffnungen begleitet hatten. Der Einfluss dieser Erzählung steigerte sich dadurch, dass sich die offizielle Seekriegsgeschichtsschreibung der Reichsmarine an ihr ausrichtete und sie so in den Fachdiskurs einspeiste. Hierbei spielten auch Zivilhistoriker wie Fritz Kern und seine Schüler eine wichtige Rolle. Alle Akteure bildeten so ein wirkmächtiges „Erinnerungskartell",[84] das ihnen – trotz gelegentlicher interner Konflikte – half, die Enttäuschung zu überbrücken und die Rechtfertigungserzählung bis in die frühe Bundesrepublik hinein aufrechtzuerhalten.[85]

Es ist allerdings schwierig festzustellen, inwiefern Tirpitz und seine Getreuen mit der Verankerung ihrer Rechtfertigungsgeschichte über die Marine und konservativ-nationale Kreise hinaus erfolgreich waren. Zumindest in der Selbsteinschätzung der Akteure kommt diesbezüglich immer wieder ein starker Pessimismus zum Tragen.[86] Doch gerade diese gefühlte Isolation von der Mehrheitsmeinung, die etwa im rapiden Schrumpfungsprozesses des vor 1914 so einflussreichen Flottenvereins sichtbar wurde,[87] verstärkte nur die Binnenintegration der Anhänger, welche die sinnstiftende Kontinuitätserzählung umso mehr benötigten.[88] Zwar lassen sich nach Tirpitz' Tod im März 1930 gewisse Konflikte und auch Selbstkritik innerhalb des Erinnerungskartells konstatieren, doch verblieben diese Überlegungen im internen Kommunikationsraum. Gegenüber der Öffentlichkeit dominierte weiterhin das etablierte Narrativ.[89]

Die Forschung zur Kriegserinnerung in der Weimarer Republik hat diese als ein zentrales Kampffeld beschrieben, auf dem zahlreiche Institutionen und Akteure

---

[84] Dieser Begriff nach: Angelika Schaser, Einleitung, in: dies. (Hrsg.), Erinnerungskartelle. Zur Konstruktion von Autobiographien nach 1945, Bochum 2003, S. 7–16, hier S. 11.

[85] Vgl. Rojek, Versunkene Hoffnungen, S. 337–339, S. 407–420.

[86] Vgl. z. B. BArch-MA, N 253/257, Bl. 120, Alfred von Tirpitz an Eberhard von Mantey, 14.11.1921; BArch-MA, N 253/170, Bl. 118–121, Alfred von Tirpitz an Erich Edgar Schulze (o. D., vermutlich Dezember 1919 oder Januar 1920); BArch-MA, N 253/407, Bl. 187 f., Carl Hollweg an Alfred von Tirpitz, 15.1.1921.

[87] Vgl. Sebastian Diziol, „Deutsche, werdet Mitglieder des Vaterlandes!" Der Deutsche Flottenverein 1898–1934, Kiel 2015, S. 494–523; ders., Der Deutsche Flottenverein. Die öffentliche Wahrnehmung des Seekrieges 1914 bis 1919 und der Untergang des Navalismus als prägendes mentales Phänomen des Wilhelminischen Kaiserreichs, in: Jürgen Elvert/Lutz Adam/Heinrich Walle (Hrsg.), Die Kaiserliche Marine im Krieg. Eine Spurensuche, Stuttgart 2017, S. 83–108.

[88] Vgl. Popitz, Realitätsverlust, S. 182: „Starke Außenspannungen sorgen dafür, den eigenen Glauben durch den Unglauben der anderen zu stabilisieren."

[89] Vgl. Rojek, Versunkene Hoffnungen, S. 407–411.

um Legitimation für ihre gegenwärtigen Ziele rangen.[90] Während sich im Zuge dieses Ringens die maritime Enttäuschungserzählung in republikanischen und linken Kreisen etablierte, tradierten die konservativ-nationalen Milieus die Rechtfertigungserzählung.

Das Jahr 1933 und seine Folgen sicherten schließlich der Tirpitz-Variante die Oberhoheit. Die Gegner des Großadmirals, die sich in pazifistischen oder prorepublikanischen Broschüren und Zeitschriften geäußert hatten, wurden ins Exil getrieben und ihre Schriften verboten.[91] Von nationalsozialistischer Seite erschienen nun Schriften, die den Großadmiral als Vordenker der Ziele des „Dritten Reiches" vereinnahmten.[92] Trotzdem verblieben die maritimen Publikationen immer im Rechtfertigungsmodus, sodass die Enttäuschungserzählung stets als Bezugspunkt mittradiert wurde und nie verschwand. Denn die Rechtfertigungsnarrative nahmen ihren Ausgangspunkt immer in der Erfahrung der enttäuschenden Niederlage und entfalteten erst danach die Argumente, die belegen sollten, dass der Eindruck eines Versagens der Seestreitkräfte, die Realität nur dann treffe, wenn man lediglich laienhafte Kenntnisse über die angeblich wahren Vorgänge besitze. Erst der Zweite Weltkrieg schien der Marineführung die Möglichkeit zu bieten, nicht mehr nur auf historischen, sondern auch wieder auf eigentlichen Kriegsschauplätzen die Relevanz der Seestreitkräfte nachzuweisen. In diesem Sinne formulierte Adolf von Trotha im September 1940: „Das deutsche Volk aber hat nun doch die See verstanden; auch das Meer ist unser Lebensraum geworden."[93] In diesem Satz, der Tirpitz' berühmtes Zitat aufgriff, war eine gemeinsame Erwartungsgemeinschaft scheinbar wieder hergestellt. „Das Volk" schien letztlich anzuerkennen, dass der Großadmiral von Beginn an Recht gehabt hatte. Tatsächlich gelang es der Marine zeitweise erneut Siegeshoffnungen zu bündeln und propagandistisch anschlussfähig zu werden.[94] Doch der Kriegsverlauf sollte bald zeigen, dass die

---

[90] Vgl. Bernd Ulrich/Benjamin Ziemann (Hrsg.), Krieg im Frieden. Die umkämpfte Erinnerung an den Ersten Weltkrieg. Quellen und Dokumente, Frankfurt am Main 1997; Bernd Ulrich, Die umkämpfte Erinnerung. Überlegungen zur Wahrnehmung des Ersten Weltkrieges in der Weimarer Republik, in: Jörg Duppler/Gerhard P. Groß (Hrsg.), Kriegsende 1918. Ereignis, Wirkung, Nachwirkung, München 1999, S. 367–375; Edgar Wolfrum, Geschichte als Waffe. Vom Kaiserreich bis zur Wiedervereinigung, Göttingen 2001, S. 26–31; Robert Gerwarth, The Past in Weimar History, in: Contemporary European History 15 (2006), S. 1–22.
[91] Dies gilt zum Beispiel für den Kapitän zur See Lothar Persius, vgl. Rojek, Versunkene Hoffnungen, S. 228–234.
[92] Vgl. beispielsweise den Roman von Wolfgang Loeff, Der Großadmiral. Der Kampf eines großen Deutschen. Ein Tirpitz-Roman, Berlin 1934; Hans Resch, Großadmiral Alfred von Tirpitz. Lebensbild und Aufruf. Hrsg. vom Luftwaffenführungsstab Ic/VIII, Stuttgart 1942, sowie das bizarre Werk von Waldemar Müller-Eberhart, Tirpitz – Dollar und Völkertragödie. Großadmiral von Tirpitz ein Opfer unserer Reichsfeinde, Leipzig 1936.
[93] Adolf von Trotha, Seegeltung – Weltgeltung. Gedanken eines Admirals. Hrsg. vom Reichsbund Deutscher Seegeltung, Berlin 1940, S. 139.
[94] Vgl. als lokales Beispiel dieser Mobilisierung Kathrina Edinger/Sebastian Rojek, „... von unseren Bergen hinüber zum Meer ein himmelweiter Bogen". Wilhelm Bauer und Münchens Beitrag zum Seekrieg 1941/42, in: Margit Szöllösi-Janze (Hrsg.), München im Nationalsozialismus. Imagepolitik der „Hauptstadt der Bewegung", Göttingen 2017, S. 241–255.

Schlachtschiffe – ebenso wie im Ersten Weltkrieg – bedeutungslos blieben, und auch der erneut entfachte U-Bootkrieg das Blatt nicht mehr wenden konnte.[95]

Als nach 1945 wiederum ein politischer Umbruch lebensgeschichtlich bewältigt werden musste, schlug wieder einmal die „Stunde der Memoiren".[96] Nun machten sich die Großadmirale Erich Raeder und Karl Dönitz als die zentralen Exponenten dieser gescheiterten Kriegsmarine daran, ganz ähnliche geschichtspolitische Initiativen mittels Autobiographien zu entfalten wie der bewunderte Großadmiral Tirpitz.[97] Insbesondere die Person Raeders verdeutlicht dabei auch personell die Kontinuität, war er es doch, der nach dem Ersten Weltkrieg im Marine-Archiv mit der Abfassung zweier Bände der offiziellen Seekriegsgeschichte beschäftigt war und dabei in engem Austausch mit Tirpitz stand.[98] Dass auch diese beiden Großadmirale in ihren Rechtfertigungen apologetische Kontinuitätserzählungen konstruierten, welche die eigene Person und vor allem die Institution der Marine schützen sollten, verweist auf ein wiederkehrendes Muster der Enttäuschungsbewältigung.[99]

Doch auch die Überlebenden des primär durch die Niederlage 1918/19 gebildeten Erinnerungskartells blieben bis in die Bundesrepublik hinein aktiv. Kapitän zur See a. D. Wilhelm Widenmann etwa, der zu den zähesten Tirpitz-Anhängern gehörte und publizistisch für dessen Positionen und Andenken focht,[100] entwickelte noch im Januar 1945 einen historiographischen Plan, für die Geschichte der „Kai-

---

[95] Vgl. Rojek, Versunkene Hoffnungen, S. 427–436.

[96] Oliver von Wrochem, Die Stunde der Memoiren. Militärische Eliten als Stichwortgeber, in: Frank Bösch/Constantin Goschler (Hrsg.), Public History. Darstellungen des Nationalsozialismus jenseits der Geschichtswissenschaft, Frankfurt am Main/New York 2009, S. 105–129; zu diesem Komplex auch: ders., Deutsche Generalsmemoiren nach 1945 als Grundlage nationaler Opfernarrative, in: Martin Sabrow (Hrsg.), Autobiographische Aufarbeitung. Diktatur und Lebensgeschichte im 20. Jahrhundert, Leipzig 2012, S. 44–71.

[97] Vgl. zu den Mythen und dem Umfeld von Karl Dönitz nach 1945 Jörg Hillmann, Der „Mythos" Dönitz, Annäherungen an ein Geschichtsbild, in: Bea Lundt (Hrsg.), Nordlichter. Geschichtsbewußtsein und Geschichtsmythen nördlich der Elbe, Köln u. a. 2004, S. 243–267; ders., Die Kriegsmarine und ihre Großadmirale im kollektiven Gedächtnis, in: Historische Mitteilungen 20 (2007), S. 5–73; sowie die zahlreichen Hinweise bei Dieter Hartwig, Großadmiral Karl Dönitz. Legende und Wirklichkeit, Paderborn u. a. 2010, bes. S. 125–138.

[98] Vgl. Erich Raeder, Mein Leben. Bis zum Flottenabkommen mit England 1935, Tübingen 1956, S. 185–187; Keith W. Bird, Erich Raeder. Admiral of the Third Reich, Annapolis/Maryland 2006, S. 50–56; Rojek, Versunkene Hoffnungen, S. 388–389. Zur Genese der Memoiren Erich Raeders vgl. Michael Salewski, Erich Raeder – Oberbefehlshaber „seiner" Marine, in: ders., Die Deutschen und See. Studien zur deutschen Marinegeschichte des 19. und 20. Jahrhunderts. Teil II, Stuttgart 2002, S. 93–101, hier S. 100; sowie zu den damit verbundenen geschichtspolitischen Zielen: Jörg Hillmann, Der 20. Juli 1944 und die Marine. Ein Beitrag zu Ereignis und Rezeption. Mit einem Vorwort des Inspekteurs der Marine, Vizeadmiral Lutz Feldt zum 60. Jahrestag des 20. Juli, Bochum 2004, S. 50 f.

[99] Vgl. ausführlich zu den rhetorischen und erzählerischen Strategien in den Memoiren Dönitz' und Raeders: Kremer, Autobiographie, S. 58 f. u. 251–359.

[100] Vgl. exemplarisch: Kapitän zur See a. D. Wilhelm Widenmann, Ein schwarzer Tag im Kriegsjahr 1916, in: Berliner Börsen Zeitung, 17. 3. 1936; ders., Ein Gedenktag der Deutschen Kriegsflotte. Ihre gesetzliche Sicherung – eine Tirpitz'sche Großtat, in: ebenda, 30. 11. 1937; ders., Alfred von Tirpitz. Zum 90. Geburtstag des Großadmirals, in: ebenda, 19. 3. 1939. Die Artikel finden sich in BArch-MA, N 158/3, Bl. 28 f. u. 39.

serlichen [sic] Marine von 1871–1945".[101] Schon der Titel dieser Schrift brachte das Kontinuitätsbewusstsein des Autors, der die Kaiserliche Marine über alle politischen Brüche und Transformationen hinweg als Einheit betrachtete, klar zum Ausdruck. Dabei waren die Ziele dieselben, die bereits die Historiographie nach dem Ersten Weltkrieg angeleitet hatten, denn Widenmann wünschte sich, dass aus dem Buch „ein ‚Mahnmal'" werde, „an dem die Kriegsmarine und das deutsche Volk lernen und sich immer wieder aufrichten sollen".[102] Dabei sollten auch die wilhelminischen Seemachthoffnungen konserviert werden, denn Widenmann sah in seinem Konzept den „Zweck der Arbeit" erst dann erfüllt, „wenn es gelingt [...] der Kaiserlichen Marine ein geschichtlich unanfechtbares Denkmal zu setzen und zu zeigen, daß das durch sie vertretene Programm auch für die Zukunft Gültigkeit hat: ‚Seemacht zum Schutz der Weltinteressen des Deutschen Reiches'."[103] Doch unter den Bedingungen der frühen Bundesrepublik gestaltete sich die Etablierung solcher „nationale[r] Identifikationsgeschichten" zunehmend schwieriger.[104]

Ein besonders aussagekräftiger Fall enthüllt die neue Konstellation, der sich die alten Tirpitz-Jünger gegenübersahen. Der Sohn des Großadmirals, Wolfgang, versuchte in den 1950er Jahren noch einmal, der alten Rechtfertigungserzählung Breitenwirkung zu verschaffen. Zu diesem Zweck intervenierte er an höchster Stelle der Bundesrepublik. Den Hintergrund hierfür bildete eine unter anderem von Bundespräsident Theodor Heuss herausgegebene Sammelbiographie unter dem Titel „Die Großen Deutschen".[105] Es handelte sich um eine geschichtspolitisch aktualisierte Neuausgabe eines während der NS-Herrschaft erschienen Werkes.[106] Damals war eine Panegyrik auf Großadmiral Tirpitz in der Sammlung enthalten

---

[101] BArch-MA, N 158/4, Bl. 35–39, Wilhelm Widenmann, Gesichtspunkte für die Tätigkeit der Mitarbeiter an der Geschichte der Kaiserlichen Marine 1871–1945, 25. 1. 1945. Vgl. hierzu auch: Michael Epkenhans, „Clio" und die Marine, in: Werner Rahn (Hrsg.), Deutsche Marinen im Wandel. Vom Symbol nationaler Einheit zum Instrument internationaler Sicherheit, München 2005, S. 363–396, hier S. 382 f.

[102] BArch-MA, N 158/4, Bl. 35–39, hier Bl. 36 f., Wilhelm Widenmann, Gesichtspunkte für die Tätigkeit der Mitarbeiter an der Geschichte der Kaiserlichen Marine 1871–1945, 25. 1. 1945. Das Projekt scheiterte allerdings daran, dass die Alliierten bei Kriegsende sämtliche Akten der Marine beschlagnahmten. Vgl. ders., Marine-Attaché an der kaiserlich-deutschen Botschaft in London 1907 bis 1912, Göttingen 1952, S. 9 f.

[103] BArch-MA N 158/4, Bl. 35–39, hier Bl. 39, Wilhelm Widenmann, Gesichtspunkte für die Tätigkeit der Mitarbeiter an der Geschichte der Kaiserlichen Marine 1871–1945, 25. 1. 1945.

[104] Dieser Begriff nach: Christoph Cornelißen, Der wiedererstandene Historismus. Nationalgeschichte in der Bundesrepublik der fünfziger Jahre, in: Konrad H. Jarausch/Martin Sabrow (Hrsg.), Die historische Meistererzählung. Deutungslinien der deutschen Nationalgeschichte nach 1945, Göttingen 2002, S. 78–108, hier S. 82.

[105] Hermann Heimpel/Theodor Heuss/Benno Reifenberg (Hrsg.), Die Großen Deutschen. Deutsche Biographie, Bd. 1, Berlin-West 1956.

[106] Willy Andreas/Wilhelm von Scholz (Hrsg.), Die Großen Deutschen. Neue Deutsche Biographie, 5 Bde., Berlin 1935–1937. Vgl. zu Heuss' geschichtspolitischen Ambitionen: Ernst Wolfgang Becker/Wolfram Werner, Einführung. Die Kehrseite des Erfolges. Zwischen Integration und Trivialisierung. Briefe des Bundespräsidenten Theodor Heuss 1954–1959, in: Theodor Heuss. Der Bundespräsident. Briefe 1954–1959. Hrsg. und bearb. von Ernst Wolfgang Becker/Martin Vogt/Wolfram Werner, Berlin/Boston 2013, S. 17–65, hier S. 41–43.

gewesen.[107] Diese fehlte jedoch in der bundesrepublikanischen Neuauflage. In der Einleitung hatte der Bundespräsident auch den Grund genannt, denn in seinen Augen stellten die Bücher von „Tirpitz [...] Urteilssprüche gegen sich selbst" dar, allein militärische Leistungen genügten nicht zur Aufnahme in die Sammlung, vielmehr müssten diese auch in ihren menschlichen und politisch Konsequenzen beurteilt werden.[108] Ein Urteil, das ganz auf der Linie seiner übrigens durchaus nicht konfliktscheuen Politik gegenüber dem Militär lag und danach strebte, dieses für demokratische Werte zu gewinnen.[109] Angesichts der zentralen Stellung die Tirpitz' Autobiographie und sonstige Veröffentlichungen für den Kern seiner Anhänger einnahm, verwundert es nicht, dass der Sohn sich von dieser deutlichen Absage provoziert fühlte. Ende Oktober 1956 schrieb er dem Bundespräsidenten einen Brief, indem er sich darüber beschwerte, dass sein Vater übergangen worden sei. Da Heuss dem Werk „den Stempel [...] Ihres hohen Amtes aufgedrückt" habe, interpretierte er den gesamten Vorgang als offiziöse Abkehr der Bundesrepublik vom Werk des Großadmirals.[110] Es handele sich um eine „ostentative Herabsetzung meines Vaters" und der Kaiserlichen Marine.[111] Theodor Heuss allerdings zeigte sich von diesen Beschwerden kaum beeindruckt,[112] wenngleich er „Verständnis" für die „Enttäuschung" des Sohnes zu erkennen gab.[113] Er verurteilte Tirpitz' politisches Wirken, das „für die innere Spaltung des deutschen Volkes" mitverantwortlich gewesen sei und verwies darauf, dass ihm die Debatten um die Marine noch gut in Erinnerung seien.[114] Damit war der Versuch, der tradierten Rechtfertigungserzählung noch einmal Gehör bei der hohen Politik zu verschaffen gescheitert. Heuss war sich im Klaren darüber, dass auf die letzten Anhänger des Großadmirals keine Rücksicht mehr genommen werden musste. Gegenüber seinem Verlag bemerkte er, es sei wohl kein Problem „daß einige Conteradmirale [sic] a. D. das Werk nicht bestellen [...]. Tirpitz war natürlich ein bedeutender und willensstarker Mann, aber mit vielen vielen Peinlichkeiten."[115]

In ähnlicher Weise verschoben sich auch im Feld der akademischen Geschichtswissenschaft die Gewichte. Die etablierte Rechtfertigungsgeschichte geriet seit den

---

[107] Vgl. Adolf von Trotha, Alfred von Tirpitz 1849–1930, in: Andreas/Scholz (Hrsg.), Die Großen Deutschen, Bd. 4, S. 513–526.

[108] Theodor Heuss, Über Maßstäbe geschichtlicher Würdigung, in: Heimpel/Heuss/Reifenberg (Hrsg.), Die Großen Deutschen, Bd. 1, S. 9–17, hier S. 13 f., Zitat S. 14.

[109] Vgl. Ernst Wolfgang Becker, Soldatentum und demokratischer Neubeginn. Theodor Heuss und seine Haltung zum Militär nach 1945, in: Militärgeschichtliche Zeitschrift 76 (2017), S. 459–496.

[110] Wolfgang von Tirpitz an Theodor Heuss, 29. 10. 1956, zitiert nach: Becker/Vogt/Werner (Hrsg.), Theodor Heuss. Briefe 1954–1959, S. 337 Anm. 3.

[111] Ebenda, S. 336 f., Anm. 2.

[112] Vgl. Theodor Heuss an Toni Stolper, 1. 11. 1956, abgedruckt in: ders., Tagebuchbriefe 1955–1963. Eine Auswahl an Briefen an Toni Stolper. Hrsg. und eingeleitet von Eberhard Pikart, Tübingen/Stuttgart 1970, S. 208 f.

[113] Theodor Heuss an Wolfgang von Tirpitz, 2. 11. 1956, abgedruckt in: Becker/Vogt/Werner (Hrsg.), Theodor Heuss. Briefe 1954–1959, S. 336–338.

[114] Ebenda, S. 338.

[115] Theodor Heuss an Heinz Klüter, 7. 4. 1957, zitiert nach: ebenda, Anm. 13.

1960er-Jahren verstärkt unter Druck, als eine neue – von der Enttäuschung unbelastete – Generation begann, sich mit der Flottenpolitik zu beschäftigen. Vor allem die Protagonisten der aufstrebenden „historischen Sozialwissenschaft" wie Hans-Ulrich Wehler und Volker Berghahn griffen nun bei ihren Interpretationen des Kaiserreichs auf die Dissertation und einige Aufsätze Eckart Kehrs zurück.[116] Damit orientierten sie sich an demjenigen Historiker, dem es in der Weimarer Republik gelungen war, Teile der vom Marine-Archiv gut behüteten Akten einzusehen und so ein deutlich kritischeres Bild der Motive des Flottenbaus zu entwerfen, als es die Tirpitz-Anhänger in Wissenschaft, Reichsmarine und Medien taten.[117] Die jüngere Historikergeneration verfügte dagegen über uneingeschränkten Aktenzugang, seit die Marinearchivalien von den Alliierten schrittweise an die Bundesrepublik zurückgegeben wurden und seit 1967 im Bundesarchiv-Militärarchiv lagerten.[118]

In gewisser Weise verkehrte sich so die Konstellation der Zwischenkriegszeit: Während damals Kehr eine Außenseiterrolle einnahm, so gerieten nun die Anhänger und Epigonen der Marinegeschichte der Zwanziger Jahre ins Abseits, jüngere Historiker orientierten sich dagegen ausgerechnet an Kehrs unorthodoxem Werk.

---

[116] Vgl. zur Wiederentdeckung Kehrs: Philipp Stelzel, Rethinking Modern German History. Critical Social History As a Transatlantic Enterprise, 1945–1989, PhD Chapel Hill 2010, S. 172–174, 196–201 u. 248–250; Keith W. Bird, German Naval History. A Guide to the Literature, New York/London 1985, S. 300–307; Paul Nolte, Hans-Ulrich Wehler. Historiker und Zeitgenosse, München 2015, S. 16–19, S. 77 f. Generell zum Wandel des Kaiserreichbildes bei dieser Historikergeneration vgl. Roger Chickering, Die „45er" und ihr Bild des deutschen Kaiserreichs, in: Christoph Cornelißen (Hrsg.), Geschichtswissenschaft im Geist der Demokratie. Wolfgang J. Mommsen und seine Generation, Berlin 2010, S. 175–185.

[117] Vgl. Eckart Kehr, Schlachtflottenbau und Parteipolitik 1894–1901. Versuch eines Querschnitts durch die innenpolitischen, sozialen und ideologischen Voraussetzungen des deutschen Imperialismus, Berlin 1930. Zur Rezeption und Person: Hans-Ulrich Wehler, Eckart Kehr, in: ders. (Hrsg.), Deutsche Historiker, Göttingen 1973, S. 100–117; ders., Einleitung, in: Eckart Kehr, Der Primat der Innenpolitik. Gesammelte Aufsätze zur preußisch-deutschen Sozialgeschichte im 19. und 20. Jahrhundert. Hrsg. und eingeleitet von Hans-Ulrich Wehler, Berlin ²1970, S. 1–29; Hans Schleier, Die bürgerliche deutsche Geschichtsschreibung der Weimarer Republik, Köln 1975, S. 488–490 u. 494–498; Rojek, Versunkene Hoffnungen, S. 382–384.

[118] Vgl. zur Geschichte der Marinearchivbestände: Paul Heinsius, Der Verbleib des Aktenmaterials der deutschen Kriegsmarine. Das ehemalige Marinearchiv, Marinegerichtsakten und Personalakten, Krankenakten sowie Druckschriften und Bibliotheken, in: Der Archivar 8 (1955), Sp. 75–86, bes. 80–82; Hans Booms, Die Rückführung der letzten deutschen Marineakten, in: Marine-Rundschau 11 (1977), S. 612–614; Wolfram Werner, Rückführung deutscher Marineakten, in: Der Archivar 31 (1978), S. 98; Volker Berghahn, Das Militärgeschichtliche Forschungsamt in Freiburg, in: GuG 14 (1988), S. 269–274, hier S. 260–270; Astrid M. Eckert, Der Kampf um die Akten. Die Westalliierten und die Rückgabe von deutschem Archivgut nach dem Zweiten Weltkrieg, Stuttgart 2004, bes. S. 13, 117, 257–259, 341 u. 344 f.; Timothy P. Mulligan, Finding Aids to the „Kaiserliche Marineakten" at the National Archives, in: Rainer Hering/Robert Kretzschmar/Wolfgang Zimmermann (Hrsg.), Erinnern an den Ersten Weltkrieg. Archivische Überlieferungsbildung und Sammlungsaktivitäten in der Weimarer Republik, Stuttgart 2015, S. 133–147.

So weigerte sich etwa der Nachfolger Fritz Kerns an der Universität Bonn[119] Walther Hubatsch, der als „Haushistoriker"[120] der Bundesmarine galt und sich emsig darum bemühte, die letzten Bände des Seekriegswerkes zur Publikation zu bringen,[121] die Studien Berghahns[122] überhaupt zur Kenntnis zu nehmen.[123] Stattdessen war er sich gemeinsam mit Karl Dönitz einig, dass „die Geschichte der Marine in einer würdigen und ihrer Leistungen angemessenen Weise zu schreiben"[124] sei. Doch solche Ziele erschienen Ende der 1970er-Jahre nur noch anachronistisch. Autobiographie und Historiographie als Mittel der Enttäuschungsverarbeitung hatten in Bezug auf die Kaiserliche Marine ihr Potential auf Breitenwirkung verloren.

Die zukünftige Forschung sollte verstärkt danach Fragen, inwiefern solche Bewältigungsmuster die (deutsche) Marine in besonderer Weise kennzeichneten, oder aber ob sich auch in anderen historischen Konstellationen und Institutionen ähnliche Erwartungsvereisungen konstatieren lassen. Im vorliegenden Beitrag ging es lediglich darum zu zeigen, inwiefern Enttäuschungen in Momenten historischer Umbrüche durch geschichtspolitisch motivierte (auto-)biographische Konstruktionen überbrückt werden konnten, und unter welchen Voraussetzungen diese ein Identifikationsmoment für das „Heer der Enttäuschten"[125] boten, das der Erste Weltkrieg hinterlassen hatte.

---

[119] Vgl. zur Nachfolge Prof. Max Braubach: Universitätsarchiv Bonn, PF-PA 800, Historisches Seminar der Universität Bonn an den Rektor der Universität Bonn, 4. 12. 1958.
[120] Hartwig, Großadmiral, S. 236.
[121] Vgl. die Aufarbeitung bei Gerhard P. Groß, Einführung, in: ders. (Hrsg.), Der Krieg zur See 1914–1918. Der Krieg in der Nordsee, Bd. 7: Vom Sommer 1917 bis zum Kriegsende 1918. Kritische Edition, Bonn 2006, S. 1–30, bes. S. 18–23 u. 27 f. Vgl. auch die zahlreichen Schriftwechsel zur Herausgabe der Bände in: Universitätsarchiv Bonn, NL Hubatsch 9, 19 u. 49.
[122] Vgl. vor allem Volker Berghahn, Zu den Zielen des deutschen Flottenbaus unter Wilhelm II., in: HZ 210 (1970), S. 34–100; ders., Der Tirpitz-Plan. Genesis und Verfall einer innenpolitischen Krisenstrategie unter Wilhelm II., Düsseldorf 1971.
[123] Vgl. Michael Epkenhans, Walter Görlitz und Walther Hubatsch. Zu den Anfängen und Problemen der Militärgeschichtsschreibung in der frühen Bundesrepublik, in: Hans Ehlert (Hrsg.), Deutsche Militärhistoriker von Hans Delbrück bis Andreas Hillgruber, Potsdam 2010, S. 53–68, bes. S. 66 f.; Michael Salewski, „Marine und Geschichte – eine persönliche Auseinandersetzung", Bonn 2011, S. 82.
[124] Universitätsarchiv Bonn, NL Hubatsch 35, Karl Dönitz an Walther Hubatsch, 8. 1. 1977.
[125] Oliver Janz, 14. Der große Krieg, Frankfurt am Main/New York 2013, S. 352.

Anna Ullrich

Alles eine Frage der „Erwartungsdämpfung"?

Innerjüdisches Erwartungsmanagement und alltägliche Antisemitismuserfahrung 1918 bis 1933

Stellt sich die Frage nach den Erfahrungen und Erwartungen deutscher Jüdinnen und Juden während der Weimarer Republik, so scheint sich in der Forschung ein weitgehender Konsens etabliert zu haben.[1] Hannah Alheim stellt in ihrer Studie fest, dass die Weimarer Jahre für die Juden in Deutschland eine Zeit größter Hoffnungen, aber auch größter Enttäuschungen dargestellt hätten.[2] Cornelia Hecht bezeichnet das jüdische Weltkriegserlebnis einerseits als „Zeit der Enttäuschung", andererseits den Aufbruch in die Republik als „Zeit der Hoffnung".[3] Insbesondere für die Zeit der Weimarer Republik tauchen auch in der von Michael Mayer herausgegebenen Reihe „Deutsch-jüdische Geschichte in der Neuzeit" zahlreiche Verweise auf das erwartungsfrohe wie enttäuschte deutsche Judentum auf.[4]

Zweifellos lassen sich diese Extreme – auf der einen Seite die gesetzlich festgeschriebene Gleichberechtigung, auf der anderen Seite ein stetig zunehmender Antisemitismus – durch das Begriffspaar „Hoffnung" und „Enttäuschung" pointiert bündeln. Gleichzeitig wirft eine solche Generalisierung Probleme auf. Denn eine derartige Verkürzung der Erfahrungskette legt den Schluss nahe, dass auch die fortgesetzte Enttäuschungserfahrung zu keinerlei Revision der gehegten Erwartungen geführt hätte und es stattdessen zu einer perpetuierenden Abfolge von Hoffnungen und Enttäuschungen gekommen sei.

Diese Wahrnehmung scheint ein oberflächlicher Blick in die Publikationen gerade jener Vereine und Verbände zu bestätigen, deren erklärtes Ziel die vollständige Gleichberechtigung der jüdischen Minderheit in Deutschland war. Tatsächlich bieten die Publikationen des Centralvereins deutscher Staatsbürger jüdischen Glaubens (CV), des Reichsbunds jüdischer Frontsoldaten sowie des Jüdischen Frauenbundes eine Fülle von Darstellungen, die auf der einen Seite die Verbundenheit mit Deutschland und die problemlose Vereinbarkeit von „Deutschtum und Judentum" hervorhoben. Auf der anderen Seite aber betonten sie permanent jenes Bedrohungspotential, das vom politischen und gesellschaftlichen Antisemi-

---

[1] Der folgende Beitrag beruht in Teilen auf den Ergebnissen meiner Dissertation, vgl. Anna Ullrich, Von „jüdischem Optimismus" und „unausbleiblicher Enttäuschung". Erwartungsmanagement deutsch-jüdischer Vereine und gesellschaftlicher Antisemitismus 1914–1938, Berlin/Boston 2019.
[2] Vgl. Hannah Ahlheim, „Deutsche, kauft nicht bei Juden!". Antisemitismus und politischer Boykott in Deutschland 1924 bis 1935, Göttingen 2011, S. 107.
[3] Vgl. Cornelia Hecht, Deutsche Juden und Antisemitismus in der Weimarer Republik, Bonn 2003, S. 55–57, 72.
[4] Vgl. beispielsweise Paul Mendes-Flohr, Im Schatten des Weltkrieges, in: Michael A. Meyer (Hrsg.), Deutsch-jüdische Geschichte in der Neuzeit, Bd. 4: Aufbruch und Zerstörung 1918–1945, München 1997, S. 15–36, hier S. 16.

tismus ausging – und dessen Überwindung eines der erklärten Ziele, insbesondere des CV, war.

Gerade in der Historiographie zum CV standen sich diese beiden Aspekte diametral gegenüber: Während gerade die Abwehrbestrebungen des Vereins mehrheitlich positiv bewertet wurden,[5] war das Beharren auf der Vereinbarkeit von „Deutschtum und Judentum" wiederholt Gegenstand von Forschungskontroversen. In diesem Zusammenhang wurde letztlich auch immer die Frage mitverhandelt, inwiefern ein Beharren auf „Deutschtum" dazu geführt hätte, dass sich die Mitglieder einer „Illusion" – oder „falschen Hoffnung" – über ihre unverbrüchliche Zugehörigkeit zur deutschen Gesellschaft hingegeben hätten.[6]

Der Blick in die vereinsinterne Korrespondenz zeigt jedoch, wie heftig die Debatten um die adäquate Wahrnehmung von und den angemessenen Umgang mit antisemitischen Erfahrungen innerhalb des CV geführt wurden. Neben dem beständigen, öffentlich geführten Abwehrkampf korrespondierten die Mitarbeiterinnen und Mitarbeiter des CV nämlich intensiv mit den Betroffenen. Hierbei handelte es sich mehrheitlich um Schreiben von Jüdinnen und Juden, die dem Verein antisemitische Erlebnisse schilderten und sich nach angemessenen Reaktionsmöglichkeiten erkundigten oder Konsequenzen einforderten. Zahlreiche Briefe etwa erreichten den CV mit Schilderungen über antisemitische Erfahrungen in Urlaubsorten. Verbunden waren diese Berichte mehrheitlich mit der Aufforderung, die betreffenden Örtlichkeiten auf die sogenannte „Bäderlisten" zu setzen. Diese vom CV mehrmals jährlich herausgegebene Übersicht sollte jüdischen Reisenden helfen, einen Ferienaufenthalt in judenfeindlichen Urlaubsorten, Hotels oder Pensionen zu vermeiden. Am Beispiel dieser Korrespondenzen sollen im Folgenden Charakteristika und Wirkmechanismen dieses Austauschs über Erfahrung und (empfohlenen) Umgang mit gesellschaftlichem Antisemitismus herausgearbeitet werden. Sie erlauben nicht nur neue Einblicke in die zeitgenössische Wahrnehmung antisemitischer Erfahrungen, sondern lassen auch Rückschlüsse darüber zu, inwiefern sich die Bewertung und Bewältigungsmöglichkeiten in den Einschätzungen der CV-Mitarbeiterschaft („Profis") und den Absendern, welche die antisemitischen Erfahrungen schilderten („Laien"), unterschieden – oder aber sich gegenseitig beeinflussten.[7] Beide Seiten dieses Austauschs werden hierfür auf ihre

---

[5] Vgl. Arnold Paucker (Hrsg.), Deutsche Juden im Kampf um Recht und Freiheit. Studien zur Abwehr, Selbstbehauptung und Widerstand der deutschen Juden seit dem Ende des 19. Jahrhunderts, Berlin 2003; ders., Der jüdische Abwehrkampf gegen Antisemitismus und Nationalsozialismus in den letzten Jahren der Weimarer Republik, Hamburg 1968.

[6] Dass bei diesen Diskussionen auch immer die eigene Erfahrungsgeschichte und ideologische Überzeugung eine Rolle spielen, bemerkte Trude Maurer, vgl. dies., Die Entwicklung der jüdischen Minderheit in Deutschland (1780–1933), Neuere Forschungen und offene Fragen, Tübingen 1992, S. 141 f. Exemplarisch für die teleologische Sichtweise Jakob Toury, Gab es ein Krisenbewusstsein unter Juden während der „Guten Jahre" der Weimarer Republik 1924–1929, in: Tel Aviver Jahrbuch 17 (1988), S. 145–168 und die Replik: Martin Liepach, Das Krisenbewusstsein des jüdischen Bürgertums in den Goldenen Zwanzigern, in: Andreas Gotzmann u. a. (Hrsg.), Juden, Bürger, Deutsche. Zur Geschichte von Vielfalt und Differenz 1800–1933, Tübingen 2001, S. 395–418.

[7] Die „Laien/Profi"-Terminologie geht zurück auf Werner Bergmann/Juliane Wetzel, „Der Miterlebende weiß nichts". Alltagsantisemitismus als zeitgenössische Erfahrung und spätere Erin-

Erwartungen und Intentionen hin analysiert. Die privaten Einsendungen zeigen, welche Erfahrungen es waren, die bei den Verfasserinnen und Verfassern eine derartige Wirkung hinterließen, dass sie eine Kontaktaufnahme mit dem CV für notwendig hielten. Sie fungieren als Seismografen, die Hinweise darauf geben können, in welchen Situationen des Alltags Antisemitismus besonders deutlich wahrgenommen wurde. Ebenso werden die Erwartungen identifiziert, die mit diesen Einsendungen verknüpft waren. Im Unterschied zu einer Niederschrift im Tagebuch oder in einem privaten Briefwechsel waren die Briefe an den CV häufig mit der Forderung nach Konsequenzen oder der Bitte um eine Übersicht von Reaktionsmöglichkeiten verbunden. Bei den Antwortschreiben, die durch das Berliner Büro des CV ergingen, stehen folglich die Ratschläge sowie Handlungs- und Verarbeitungsmöglichkeiten im Mittelpunkt, die der Verein offerierte. Ein vergleichender Blick in die CV-Zeitung soll zeigen, inwiefern der interne Austausch mit privaten Einsendern den öffentlichen Einschätzungen des Vereins entsprach beziehungsweise zu deren Modifikation beitrug.[8]

Anfragen, Beschwerden und Gegendarstellungen

Mit Hilfe der Aufzeichnungen aus den erhaltenen Archivbeständen des CV lassen sich der Entstehungs- und Bearbeitungsprozess sowie die Bedeutung der Bäderlisten zumindest ab 1919 rekonstruieren. Ab diesem Jahr sind große Teile der Korrespondenzen überliefert, die der Verein mit Privatpersonen, Ortsgruppen, Kurverwaltungen sowie den Eigentümern diverser Erholungsstätten unterhielt.[9] In der Forschung steht oftmals der zähe Austausch zwischen dem Hauptbüro des CV und Pensions- und Hoteleigentümern im Fokus.[10] Zuschriften von jüdischer Seite dagegen werden vor allem als Beispiele für die Virulenz der Judenfeindlichkeit in den jeweiligen Urlaubsorten genutzt – und für die Hilflosigkeit, mit der ihnen die Betroffenen häufig gegenüberstanden.[11] Dabei waren es zumeist die dem CV von privater Seite zugehenden Anfragen und Erfahrungen, welche erst die Grundlage für ein Aktivwerden des Vereins bildeten – und dieses mit der fortgesetzten Über-

---

nerung (1919–1933), in: Wolfgang Benz (Hrsg.), Jüdisches Leben in der Weimarer Republik. Jews in the Weimar Republic, Tübingen 1998, S. 173–196, hier S. 175, Anm. 9.
[8] Dies legt zumindest Paucker nahe, vgl. Paucker, Abwehrkampf, S. 61.
[9] Eine quantitative Erfassung ist im Rahmen dieses Beitrages nicht zu leisten. Der Eindruck der Verfasserin, dass ein großer Teil der vom CV unterhaltenen Korrespondenz sich auf den Antisemitismus in Urlaubsorten bezog, bestätigt auch die Einschätzung Hechts, Weimarer Republik, S. 303, Anm. 582.
[10] Vgl. Frank Bajohr, „Unser Hotel ist judenfrei". Bäder-Antisemitismus im 19. und 20. Jahrhundert, Frankfurt am Main 2003, S. 109–111; Hecht, Weimarer Republik, S. 307; Mirjam Zadoff, Nächstes Jahr in Marienbad. Gegenwelten jüdischer Kulturen der Moderne, Göttingen 2007, S. 158.
[11] Vgl. Hecht, Weimarer Republik, S. 320; Bajohr, Hotel, S. 112–115; differenzierter Jacob Borut, Antisemitism in Tourist Facilities in Weimar Germany, in: Yad Vashem Studies 28 (2000), S. 7–50, hier S. 23.

mittlung von Erfahrungen in Urlaubsorten über Jahre hinweg sicherten. Die Intentionen, die jüdische Männer und Frauen vor oder nach Urlaubsreisen zu einer Kontaktaufnahme mit dem CV veranlassten, lassen sich drei Gruppen zuordnen: Anfragen, Beschwerden und Gegendarstellungen.

Zur ersten Gruppe gehörten jene Erholungssuchenden, die sich an den CV wandten, um sich über potenzielle antisemitische Umtriebe in den ausgewählten Urlaubsorten zu informieren. Bei den Absendern handelte es sich nicht zwangsläufig um die Personen, die tatsächlich die Reise antraten. Insbesondere Mütter fragten beim CV an, um sicherzugehen, dass sie ihre Kinder während der Ferienaufenthalte nicht einer antisemitischen Umgebung aussetzten. Gerade Sanatorien und Kurorte die sich einmal auf der Liste des CV befunden hatten, in den Folgejahren aber nicht mehr auftauchten, blieben Gegenstand von Nachfragen. Im Jahr 1925 etwa hatte der CV das Nordseesanatorium von Carl Gmelin in Wyk auf Föhr in das „Verzeichnis der judenfeindlichen Erholungsorte, Hotels und Pensionen" aufgenommen.[12] Wenngleich er das Sanatorium bereits im nächsten Jahr wieder von der Liste entfernte, erreichten den CV auch in den Folgejahren immer wieder Anfragen, ob es angemessen sei, dass jüdische Kinder dort ihren Sommerurlaub verbrachten. Im Juni 1926 ging bei der CV-Zentrale in Berlin ein Schreiben aus Hanau ein. Der zwölfjährige Sohn der Verfasserin stand kurz davor, einen Kuraufenthalt in dem fraglichen Sanatorium zu verbringen. Sie war nun „ängstlich, ob dem Kinde dort keine antisemitische Unannehmlichkeiten bereitet" würden und erbat dementsprechend Informationen, „ob der Geist, der [dort] herrscht ein antisemitischer ist [und] wenn nicht, ob noch mehr jüdische Kinder sich dort befinden oder in den letzten Jahren dort waren".[13] Die Antworten auf diese An- und Nachfragen fielen oft differenzierter aus als die kurzen Bemerkungen und Notizen, die vereinzelt als Ergänzungen zu den „Bäderlisten" in der CV-Zeitung erschienen. So bemerkte das Antwortschreiben, dass das Sanatorium zwar vormals einen judenfeindlichen Ruf gehabt hätte. Zusendungen von „zahlreichen jüdischen Eltern" hätten jedoch bestätigt, „dass jetzt von Antisemitismus dort nicht mehr die Rede sein kann".[14]

Für die Erholungssuchenden bot die Möglichkeit, derartige Informationen über den Verein einholen zu können, den Vorteil, sich nicht direkt an die jeweilige Urlaubsunterkunft wenden zu müssen. Dieser Umweg über den CV ersparte es den Einsendern auch, ihre Sorgen gegenüber Nichtjuden thematisieren zu müssen und erlaubte es ihnen, eine direkte Konfrontation mit potenziellen Antisemiten zu vermeiden. Allerdings verfügte der CV nicht über die Kapazitäten, detaillierte Informationen über sämtliche deutsche Urlaubsgebiete und die Fülle an Pensionen, Hotels und Sanatorien zur Verfügung zu stellen. Wie im Fall der Anfrage aus Hanau konnten die Mitarbeiter lediglich ein Stimmungsbild zeichnen und anschließend

---

[12] Verzeichnis der judenfeindlichen Erholungsorte, in: Central-Vereins Zeitung (künftig: CVZ), Nr. 24, 12. 6. 1925, S. 419 f., hier S. 419.
[13] Wiener Holocaust Library, London (künftig: WHL), Archiv des Centralvereins (künftig: CVA) 2318, Bl. 100, Frau Sichel an CV-Zentrale, 21. 6. 1926.
[14] WHL, CVA 2318, Bl. 101, CV-Zentrale an Frau Sichel, 23. 6. 1926.

eine Empfehlung aussprechen. Frühzeitig Informationen über den jeweiligen Urlaubsort einzuholen war aus Sicht des CV absolut notwendig. Dies belegen die wiederholten Hinweise auf den Seiten der CV-Zeitung, in denen die Leserschaft dazu aufgefordert wurde, sich vor dem Ferienaufenthalt beim Verein oder der Kurverwaltung über die jeweilige Unterkunft zu informieren.[15] Die überlieferten Anfragen dienen als ein erster Hinweis darauf, dass die vom Verein ausgegebenen Empfehlungen und Beurteilungen von individueller Seite erwünscht waren und auch genutzt wurden. Hierin spiegelt sich ebenfalls die Deutungshoheit, die der CV bei der Bewertung von Antisemitismus für sich beanspruchte.

Die Mehrzahl der Personen, die sich diesbezüglich an den CV wandte, erbaten jedoch keine Reiseauskünfte. Vielmehr verlangten sie, bestimmte Hotels und Pensionen auf die Liste der zu meidenden Orte zu setzen, wie etwa im Fall des oben erwähnten Nordseesanatoriums: Ein Berliner Arzt begründete im April 1924 diese Forderung mit den Auskünften, die ihm eine seiner Patientinnen – ein elfjähriges Mädchen – über ihren dortigen Urlaubsaufenthalt gegeben hatte. Sie habe „unter Tränen" von den Beschimpfungen berichtet, denen die jüdischen durch die christlichen Kinder ausgesetzt seien. Darüber hinaus hätten die Kinder bei den täglichen Wanderungen in Marschkolonne unter der Aufsicht eines Lehrers das Lied „Hakenkreuz am Stahlhelm" singen müssen.[16] Einige Monate später erreichte den CV das Schreiben eines fünfzehnjährigen Jungen, der mitteilte, dass „die jüdischen Kinder im Paedagogium [sic] [...] von Dr. Gmelin sehr unter dem Antisemitismus zu leiden haben".[17] Auch dieser Einsender bat den CV, das Sanatorium in die Liste judenfeindlicher Urlaubsorte aufzunehmen.

Im August 1925 leitete der Harburger Gustav Schleich einen Beschwerdebrief weiter, den er zuvor an die Besitzerin eines Hotels in Niendorf gesendet hatte. Schleichs Frau hatte dort mit den gemeinsamen Kindern ihren Sommerurlaub verbringen wollen. Von Beginn des Aufenthalts an war ihnen der Oberkellner unfreundlich gegenübergetreten. Während des Abendessens schließlich entdeckten die Familienmitglieder in ihren Serviettenhaltern Pappschilder mit aufgemalten Hakenkreuzen. Nach dieser Erfahrung entschlossen sie sich zur vorzeitigen Abreise. Schleich forderte von der Hotelbesitzerin eine Entschuldigung sowie eine Rückzahlung eines Teils der vereinbarten Miete. Da beides ausblieb, wandte er sich einen Monat später an den CV.[18]

---

[15] WHL, CVA 2342, Bl. 13, CV-Aktennotiz, 25. 2. 1925; vgl. für das Kontaktieren der Kurverwaltung: WHL, CVA 2344, Bl. 33, Zickel an Kulturverwaltung Helgoland, 9. 8. 1929. Blieb eine Antwort vonseiten der angefragten Stellen aus, wurde der CV auch hier aktiv, vgl. ebenda, Bl. 8, CV-Zentrale an Badeverwaltung Helgoland, 26. 7. 1932.
[16] Vgl. WHL, CVA 2318, Bl. 4, o. V., Schreiben an die CV-Zentrale, 3. 4. 1924. „Hakenkreuz am Stahlhelm", oder auch „Erhardt-Lied" wurde von Mitgliedern des Freikorps „Brigade Ehrhardt" gedichtet und gehörte zum Liedgut der SA, vgl. Gabriele Krüger, Die Brigade Ehrhardt, Hamburg 1971, S. 130.
[17] WHL, CVA 2318, Bl. 22, o. V., Schreiben an die CV-Zentrale, 15. 8. 1924 (Herv. i. O.).
[18] WHL, CVA 2375, Bl. 276–279, Gustav Schleich an CV-Zentrale, September 1925.

Im Fall von Lucie Rosenberg kam es gar nicht erst zu einem Pensionsaufenthalt. Als Mitarbeiterin der Reichsversicherungsanstalt war sie im Juni 1926 geschäftlich nach Bad Salzuflen gereist. Die Inhaberin der ihr zugewiesenen Pension verwehrte ihr jedoch den Zutritt mit der Bemerkung „Ich bedaure sehr Sie nicht aufnehmen zu können, da ich meinen christlichen Gästen nicht zumuten kann, sich mit Juden an einen Tisch zu setzen." Rosenberg setzte ihre Vorgesetzten von dem Vorfall in Kenntnis und hob hervor, dass „es für jüdische Angestellte ein außerordentlich peinliches und entwürdigendes Gefühl ist, einen derartigen Empfang gewärtigen zu müssen". An den CV leitete sie dieses Schreiben mit dem Vermerk weiter, „von dem Inhalt nach Belieben Gebrauch zu machen".[19]

Die Briefe variierten nicht nur in ihrem Detailreichtum, die von einem allgemeinen Konstatieren des Antisemitismus bis hin zu einer genauen Wiedergabe von Korrespondenzen und Dialogen reichte, sondern auch in der Frage, was als antisemitische Erfahrung zu werten sei. Diese konnte auf konkreten, judenfeindlichen Bemerkungen, aber auch auf Beleidigungen, Einschüchterungsversuche oder verweigerte Unterbringungen basieren, bei denen der Antisemitismus als Handlungsmotivation nicht explizit geäußert wurde und sich erst aus den Einschätzungen und Empfindungen der jeweils Betroffenen ergab.

Aus den Korrespondenzen geht ebenfalls hervor, dass die Betroffenen ihre Darstellungen häufig nicht exklusiv an den CV richteten, sondern auch den Pensionsbesitzern, örtlichen Kurverwaltungen oder – wie im Falle Rosenbergs – dem Arbeitgeber die Beschwerden zusandten. Häufig waren diese Beschwerdeschreiben mit einer Aufforderung zur Entschuldigung, Beseitigung der Missstände oder finanziellen Rückerstattung verbunden.[20] Reaktionen auf diese individuellen Klagen sind in der Mehrzahl der Fälle nicht vorhanden. Trafen Antwortschreiben seitens der Stellen ein, bei denen die Beschwerden eingereicht worden waren, so verwiesen diese häufig auf die Machtlosigkeit gegenüber den Einstellungen einzelner Gäste und der Belegschaft – oder gaben den Einsendern selbst eine Mitschuld an den Ereignissen.[21] Lucie Rosenberg erhielt nach wiederholter Anfrage bei ihrem Arbeitgeber die Auskunft, dass die Badeverwaltung in Bad Salzuflen verständigt worden sei und ihrerseits Vorsorgemaßnahmen treffe, „dass derartige Ungehörigkeiten sich nicht wiederholen" würden.[22] Wenngleich Rosenbergs Arbeitgeber of-

---

[19] Alle Zitate: WHL, CVA 2349, Bl. 62 f., Lucie Rosenberg an CV-Zentrale, 21. 7. 1926.
[20] Vgl. Borut, Tourist, S. 29. Von einer Androhung rechtlicher Schritte wurde in den ausgewerteten Briefen generell abgesehen. Dies mag auch mit dem Umstand in Verbindung stehen, dass trotz diverser juristischer Interventionen die antisemitische Beleidigung von den Gerichten nicht als Kollektivbeleidigung gewertet wurde. Vgl. Inbal Steinitz, Der Kampf jüdischer Anwälte gegen den Antisemitismus. Die strafrechtliche Rechtsschutzarbeit des Centralvereins deutscher Staatsbürger jüdischen Glaubens (1893–1933), Berlin 2008, S. 140–144.
[21] Vgl. WHL, CVA 2318, Bl. 31, Gustav Lustig an CV-Zentrale, 13. 9. 1924; vgl. auch WHL, CVA 2349, Bl. 22, CV-Landesverband Ost-Westfalen an CV-Zentrale, 16. 10. 1921.
[22] WHL, CVA 2349, Bl. 68–70, Lucie Rosenberg an CV-Zentrale, 6./14. 8. 1926.

fenbar den Missstand anerkannte, fanden sich in der Stellungnahme keinerlei konkrete Angaben über die eingeleiteten Schritte oder eine weitere Verfolgung der Angelegenheit.

Im Gegensatz dazu ermöglichte es die Hinwendung an den CV, die eigenen Erfahrungen nachträglich mit einer sinnstiftenden Bedeutung zu versehen. Aufrufe in der CV-Zeitung betonten laufend, dass der Verein gerade in Bezug auf antisemitische Umtriebe in den jeweiligen Urlaubsorten auf Erfahrungsberichte von privater Seite angewiesen sei. Im Gegensatz zu den Interventionen bei nichtjüdischen Stellen nahm der CV in seiner Funktion als Abwehrverein gegen den Antisemitismus für sich in Anspruch, die Beschwerden und Schilderungen jüdischer Reisender grundsätzlich ernst zu nehmen. Für die Betroffenen ergab sich so die Möglichkeit, ihren Frust und negative Erfahrungen gegenüber einer Instanz zu äußern, von der sie generelles Verständnis für das von ihnen Erlebte und Empfundene erwarten konnten. Gleichzeitig übertrugen sie mit diesen Berichten dem CV die Befugnis, die Interventionen bei den verantwortlichen Stellen fortzusetzen, während sie selbst jede weitere private Auseinandersetzung vermeiden konnten. Der Kontakt mit dem CV bot den Beschwerdeführenden dementsprechend eine Ventil- und Auslagerungsfunktion, um ihre negativen Erfahrungen zu artikulieren. Hinzu kam das fortlaufend geäußerte Ansuchen, die betreffende Urlaubsunterkunft auf die Bäderliste des CV zu setzen oder über den Vorfall in einer Zeitungsnotiz zu informieren. Dass ein derartiges Interesse an einer Veröffentlichung bestand, ist auf zwei Motive zurückzuführen. Zum einen sollt es zukünftigen Reisenden erlauben, diese Aufenthaltsorte und damit potenzielle antisemitische Erfahrungen, zu vermeiden. Diese Informationsweitergabe ließ sich dementsprechend auch als solidarischer Akt interpretieren. Zum anderen konnte mit einer öffentlichen Nennung die Erwartung verbunden werden, dass das Ausbleiben jüdischer Gäste, zumindest in einem gewissen Umfang, negative wirtschaftliche Folgen für die Häuser haben würde. Die Bedeutung dieses ökonomischen Aspektes ist nicht zu unterschätzen. Im Gegensatz zu häufig ergebnislos verlaufenden Interventionen vor Ort stellte die potenzielle wirtschaftliche Einbuße eine reale Konsequenz für das Verhalten von Besitzern und Mitarbeitern in den betreffenden Unterkünften dar.

Den Beschwerdeschreiben standen wiederum jene Briefe gegenüber, die den Antisemitismus in den jeweiligen Urlaubsorten bestritten und eine Richtigstellung des Vereins forderten. In der Forschung werden als Beispiele hierfür vor allem nicht-jüdische Hotel- und Pensionsinhaber oder Kurverwaltungen angeführt, die sich häufig um die wirtschaftlichen Konsequenzen eines Ausbleibens jüdischer Besucher sorgten.[23] Allerdings erreichten den CV auch zahlreiche Gegendarstellungen von jüdischer Seite, die sich zwei Kategorien zuordnen lassen. Zum einen ergingen sie von privater Seite. Dies geschah meist im Anschluss an die Veröffent-

---

[23] Vgl. Bajohr, Hotel, S. 66; Avraham Barkai, „Wehr Dich!" Der Centralverein deutscher Staatsbürger jüdischen Glaubens (C. V.) 1893–1938, München 2002, S. 177 f.

lichung einer neuen Bäderliste oder von Notizen, die vor dem Aufenthalt in einer bestimmten Urlaubsunterkunft warnten. Zum anderen stammten sie von Mitgliedern der jeweiligen CV-Ortsgruppen und der örtlichen jüdischen Gemeinde. Hinzu kamen jüdische Hoteliers und Pensionsbesitzer, die sich, wie ihre nicht-jüdischen Kollegen, um die Vermittlung eines möglichst positiven Bildes ihres Ortes bemühten.

Gemeinsam war den Verfasserinnen und Verfassern der Gegendarstellungen, dass sie – häufig in vehementen Tonfall – den Schilderungen und Erfahrungen in den Beschwerdeschreiben widersprachen. So auch im Falle des Sanatoriums Carl Gmelins in Wyk auf Föhr. Aufgrund der zahlreichen Klagen, die beim CV über diese Anstalt eingegangen waren, entschloss sich der Verein im Juni 1924 in einer Mitteilung darauf aufmerksam zu machen, dass das Personal dieser Einrichtung das Absingen von Liedern duldete, die zum Standardrepertoire der SA gehörten.[24] Ein Jahr später nahm der Verein Gmelins Anstalt in sein Verzeichnis antisemitischer Erholungsstätten auf.[25] Daraufhin gingen beim CV eine Reihe von Zuschriften ein, die ein sofortiges Streichen des Sanatoriums verlangten. Ein Geschäftsmann aus Berlin etwa betonte, dass sein Sohn während des Aufenthalts „nichts von Antisemitismus kennengelernt" habe.[26] Als Beleg führte er den Umstand an, dass ein anderes Kind, das sich mit seinem Sohn aufgrund dessen jüdischer Herkunft nicht das Zimmer hatte teilen wollen, von der Stationsschwester heftig getadelt worden sei. Am Ende ihrer Maßregelung verfügte sie: „Nun wirst du gerade mit dem kleinen Freund in einem Zimmer bleiben." Abschließend betonte der Einsender, dass sich auf der Insel zwei weitere Kindersanatorien befinden würden, die „keine Juden aufnehmen und infolgedessen auch jüdischen Insassen keine Belästigungen widerfahren lassen". Diese ironische Bemerkung unterstrich die Einschätzung des Verfassers, nach der, wo immer Juden nicht von vornherein ausgeschlossen seien, sie ein Mindestmaß an Antisemitismus zu ertragen hätten. Vor diesem Hintergrund wird verständlich, warum er die geschilderte Reaktion der Schwester grundsätzlich positiv deutete. Ähnlich äußerte sich eine Dame, die lobend hervorhob, dass innerhalb des Sanatoriums „der vorhandene Antisemitismus so gering sei, dass man den Besuch [der] Anstalt nur empfehlen könne".[27] Auch der Ulmer Rechtsanwalt Moos, seines Zeichens Vertrauensmann des CV, forderte eine Rücknahme der Nennung. Sein Neffe Carl, der bereits wiederholt Gast in dem Sanatorium gewesen sei, hatte sich nach der Lektüre der CV-Zeitung direkt an den Arzt gewandt und sein Unverständnis über dessen Aufnahme in das Verzeichnis zum Ausdruck gebracht. Da er überzeugt war, dass Gmelin die Aufnahme in das Verzeichnis „sehr peinlich" sei, bot er an, über seinen Onkel beim CV zu intervenie-

---

[24] Antworten, in: CVZ, 19.6.1924, S. 381.
[25] Verzeichnis der judenfeindlichen Erholungsorte, in: CVZ, 12.6.1925, S. 419.
[26] Hier und im Folgenden: WHL, CVA 2318, Bl. 52, o. V. an den CV, 13.6.1925.
[27] Ebenda, Bl. 65, Dr. Fürth an CV-Zentrale, 7.7.1925.

ren.²⁸ Moos verwies auf die positiven Erfahrungen seines Neffen und schloss mit der Feststellung, der CV solle „froh sein", dass der Besitzer keinerlei antisemitische Ansichten hätte und konsequenterweise auf weitere Nachforschungen verzichten.²⁹

Niemand, der für Gmelins Sanatorium Partei ergriff, stritt die Möglichkeit ab, dass es zu antisemitischen Vorfällen gekommen sei. Darin besteht der gemeinsame Nenner jener Schreiben, die den CV fortgesetzt zu einer Revision seines Verzeichnisses aufforderten: Sie zweifelten nicht daran, dass es in den betreffenden Pensionen, Hotels – oder gleich ganzen Kurorten – zu judenfeindlichen Beleidigungen, Gewalttätigkeiten und Boykotten kam. Allerdings setzten sie verschiedene Erklärungs- und Bewältigungsmuster ein, um diese Erfahrungen zu relativieren.

So grenzten sie beispielsweise den Kreis an Personen, die tatsächlich als Antisemiten bezeichnet werden sollten, drastisch ein. Dazu gehörte vor allem, die Inhaber der jeweiligen Unterkünfte von jeglichem Verdacht der Judenfeindlichkeit freizusprechen. Stattdessen lasteten sie die Negativerfahrungen häufig den nichtjüdischen Gästen an. Gerade bei der Begründung für eine Nicht-Aufnahme jüdischer Urlauber verwiesen diese Schreiben auf die übrigen Gäste, die einen gemeinsamen Aufenthalt mit jüdischen Erholungssuchenden ablehnten. Die Besitzer fügten sich folglich nur den ökonomischen Gegebenheiten und sollten dementsprechend nicht als Antisemiten stigmatisiert werden.³⁰

Neben den in Schutz genommenen Pensions- und Hotelbetreibern milderten die Gegendarstellungen den Antisemitismusvorwurf auch mit dem Verweis auf die „Vorurteilslosigkeit" der jeweiligen Bade- und Kurverwaltung ab.³¹ Auch über Pensionsbesitzer und Verwaltungspersonal hinaus bemühten sich die Verfasserinnen und Verfasser darum, den Personenkreis tatsächlicher Antisemiten weitestgehend einzuschränken. Hugo Rosenberg etwa, CV-Mitglied aus Berlin, der jahrelang seinen Urlaub in Norddorf auf Amrum verbrachte, beschwerte sich über die Charakterisierung des Dorfes in der CV-Zeitung als „völlig antisemitisch". Dabei unterschied er zwischen den einheimischen Bewohnern, „die keinen Antisemitismus [...] kennen" würden und den Zugereisten, die christlichen Häusern vorstanden und dementsprechend keine Juden aufnahmen. Aber auch von diesen würden nur einzelne „gelegentlich in Antisemitismus [machen]" – etwa der Besitzer eines Sanatoriums, der nur ungern jüdische Kinder beherberge. Hier zeigte sich Rosenberg ebenfalls überzeugt, dass dieser Arzt „keinen Unterschied kennt, wenn er reichliche Zahlung erhält".³² Eine ähnliche Erklärung lieferte ein Vertreter der

---

²⁸ Gmelin nutzte daraufhin zumindest in einem Fall das Schreiben Carl Moos', um jüdische Gäste von der Stornierung ihrer Reise abzuhalten. Vgl. WHL, CVA 2318, Bl. 60, Richard Liebrecht an Alfred Schmuckler, 20. 6. 1926.
²⁹ Ebenda, Bl. 75, I. Moos an CV-Zentrale, 26. 11. 1925.
³⁰ WHL, CVA 2344, Bl. 22, CV-Zentrale an Hans Magnus, 4. 7. 1929.
³¹ Vgl. WHL, CVA 2375, Bl. 121, Hotel und Kurhaus Bad Nenndorf an CV-Zentrale, 27. 7. 1924.
³² Alle Zitate: Ebenda, Bl. 316, Hugo Rosenberg an CV-Zentrale, 21. 6. 1925.

Ortsgruppe Würzburg, der im Frühjahr des Jahres 1925 Auskunft über den kleinen Kurort Bad Neuhaus gab. In seinem Bericht betonte er, dass jegliche judenfeindlichen Tendenzen vor Ort „auf eine gewisse Liebedienerei zum damaligen Oberamtsmann" zurückgeführt werden könne. Seit dieser nicht mehr seinen Posten bekleide, „herrscht vollkommene Ruhe".[33]

All diese Beispiele lassen eine gemeinsame Motivation erkennen: Den Versuch, den Antisemitismusvorwurf argumentativ abzumildern. Im Gegensatz zu den Verfasserinnen und Verfassern der Beschwerdebriefe, die bereits in einer Bemerkung oder Geste ihres Gegenübers einen antisemitischen Akt erkannten, trat die Gegenseite dafür ein, sich auf eine Auseinandersetzung mit Aspekten des radikalen Antisemitismus zu beschränken. Dies bedeutete jedoch nicht, dass sie die subtile, gesellschaftlich etablierte Judenfeindlichkeit nicht wahrnahmen. In ihren Einsendungen boten sie jedoch dem CV – und sich selbst – Erklärungsansätze, die es erlaubten, diese Erfahrungen zu bagatellisieren und marginalisieren. Hinzu kam, dass zahlreiche Einsendungen hervorhoben, dass es sich um einen wirtschaftlich motivierten Antisemitismus handle. Derart auf ökonomische Aspekte reduziert, konnte das Vorhandensein einer tiefer reichenden Judenfeindschaft selbst bei überzeugten Antisemiten bestritten werden. Gleichzeitig marginalisierten die Gegendarstellungen den offen zur Schau getragenen radikalen Antisemitismus als das Handeln kleinerer Gruppen oder Einzelpersonen, denen die übrige Bevölkerung indifferent gegenüberstünde. Diese Argumentation nutzten jedoch nicht nur die Ortsansässigen, welche die wirtschaftlichen Folgen bei einem Ausbleiben jüdischer Gäste und den damit verbundenen Ruf als antisemitischen Ferienort fürchteten. Auch andere Gäste sprachen sich vehement dagegen aus, dass die Existenz von Antisemitismus in ihrem Urlaubsort genügen sollte, diesem einen Platz auf der CV-Bäderliste einzubringen. Eine antisemitische Erfahrung wurde dabei nicht grundsätzlich bestritten. Sie als marginal wahrzunehmen erlaubte es aber, sie müheloser zu verarbeiten. Dass den CV sowohl Beschwerden wie auch Gegendarstellungen erreichten, kann trotz der gegensätzlichen Inhalte der Schreiben auf die gleiche Motivation zurückgeführt werden. Beide Gruppen wollten durch die Anerkennung ihrer Wahrnehmungen durch den CV ihrer Einschätzung und der damit verbundenen Bewältigungsstrategie eine zusätzliche Legitimation verschaffen, die so über die individuelle Erfahrung hinausging. In den Beschwerdebriefen wurde entsprechend gefordert, den jeweiligen Urlaubsort in die Bäderliste aufzunehmen, während die Verfasserinnen und Verfasser der Gegendarstellungen sich bemühten, die CV-Zentrale von einer notwendigen Differenzierung zwischen einem zu ahndenden Antisemitismus und einer Judenfeindschaft, der am besten mit Missachtung zu begegnen sei, zu überzeugen.

In den Gegendarstellungen findet sich oftmals auch eine generelle Kritik an der übermäßigen Empfindsamkeit derjenigen, die sich mit Beschwerden an den CV wandten. Diese angebliche Unverhältnismäßigkeit der Beschwerden wurde, eben-

---

[33] Alle Zitate: WHL, CVA 2375, Bl. 125, CV-Ortsgruppe Würzburg an CV-Zentrale, 17. 2. 1925.

falls mit einer Reihe von Beispielen versehen, in den Gegendarstellungen fortgesetzt angegriffen und als Beleg für die Übertreibung der jeweiligen Angelegenheit angeführt. Die Juliausgabe der CV-Zeitung hatte 1924 eine Notiz veröffentlicht, die auf eine zunehmend judenfeindliche Stimmung in dem Kurort Bad Harzburg verwies.³⁴ Daraufhin wandte sich der dort ansässige Hotelier Max Ohrenstein an den CV. In seinem Schreiben betonte er seine guten Beziehungen zur Kurverwaltung und den Umstand, dass es vor Ort lediglich einen einzigen überzeugten Antisemiten gebe – einen „albernen, nichts weniger als ernst zu nehmenden Mann".³⁵ Darüber hinaus verwies Ohrenstein auf die zeitlichen Umstände, in denen „nun einmal [...] judenfeindliche Tendenzen an hervorragender Stelle auf der Tagesordnung stehen". Diese „beklagenswerte Tatsache" gelte aber nicht allein für Bad Harzburg, sondern sei „für ganz Deutschland zutreffend". Auf den ersten Blick stellt Ohrensteins Verweis auf die judenfeindliche Stimmung in ganz Deutschland ein Mittel der Relativierung der Situation in Bad Harzburg dar. Implizit setzte er allerdings voraus, dass ein gewisses Maß an Antisemitismus akzeptiert werden müsse. Den CV forderte er dementsprechend auf, die ihm zugehenden Beschwerdebriefe „nicht so furchtbar tragisch zu nehmen". Dass Ohrensteins Argumentation – unabhängig von den jeweiligen Zeitumständen – bestehen blieb, belegt ein Schreiben, das er im Mai 1931 an Leonor Tasse in Zeitz sandte. Dieser hatte sich im Anschluss an seinen Kuraufenthalt in Bad Harzburg mit einer Beschwerde über antisemitische Beleidigungen an den CV gewandt. Ohrenstein – mittlerweile örtlicher Vertrauensmann des CV – klärte Tasse auf:

„Wir leben nun einmal in einer Zeit, in welcher der Antisemitismus von den Anhängern der nationalsozialistischen Bewegung systematisch betrieben wird und so kann Ihnen das, was Ihnen vor einigen Tagen hier passiert ist, ebenso in jedem anderen Ort in gleicher Weise widerfahren."³⁶

Abgesehen von der nun klar benannten Gruppierung, von der der Antisemitismus ausging, lesen sich Ohrensteins Argumente auch mit einer zeitlichen Differenz von knapp sechs Jahren weitgehend identisch. Wie zuvor der CV-Zentrale, offerierte er nun seine Argumentation zur Relativierung der antisemitischen Erfahrung auch unmittelbar Betroffenen. Die Langlebigkeit des Arguments Ohrenstein, bei der die antisemitische Erfahrung durch einen größeren geografischen und gesellschaftlichen Kontext relativiert wurde, lässt Rückschlüsse auf dessen Praktikabilität zu. Hierzu gehörten auch die ergänzenden Hinweise auf die ausgezeichneten Beziehungen zu Nichtjuden, in diesem Falle zur Kurverwaltung und dem Bürgermeister des Ortes, die sich im Rahmen ihrer Möglichkeiten gegen den Antisemitismus zur Wehr setzten.³⁷ Allein die Versicherung ihrer Unterstützung nutz-

---

34 Antworten, in: CVZ, 17. 7. 1924, S. 437.
35 Hier und im Folgenden: WHL, CVA 2342, Bl. 81, Max Ohrenstein an CV-Zentrale, 3. 8. 1924.
36 Ebenda, Bl. 63, Max Ohrenstein an Leonor Tasse, 13. 5. 1931 (Herv. i. O.).
37 Tatsächlich ging bei Tasse auch ein Schreiben der Kurverwaltung ein, das in einem ähnlichen Tenor wie der Brief Ohrensteins darum bat, die antisemitische Erfahrung „nicht zu verallgemeinern und zu glauben, dass irgendein vernünftiger Mensch in Bad Harzburg dieses Vorkommnis billigt". Ebenda, Bl. 62, Kurverwaltung Bad Harzburg an Leonor Tasse, 12. 5. 1931.

te Ohrenstein, um die tatsächliche Judenfeindlichkeit als marginal darzustellen und Tasse dazu aufzufordern „nicht ganz Harzburg entgelten zu lassen, was ein Einzelner verschuldet hat".[38]

Deutliche Worte gegen eine überhöhte Sensibilität in Bezug auf antisemitische Beleidigungen und Ausgrenzungen fanden im Mai 1926 auch die Vertreter der Israelitischen Gemeinde in Bad Salzuflen. In der CV-Liste judenfeindlicher Erholungsorte vom selben Monat fiel der im Wesergebirge gelegene Kurort durch besonders zahlreiche Unterkunftsnennungen auf.[39] Die israelitische Gemeinde sorgte sich um die Konsequenzen, welche die Auflistung „bei der sprichwörtlich gewordenen ängstlichen Sinneseinstellung unserer Glaubensgenossen" haben würde.[40] Dabei bestritten die Gemeindevertreter nicht, dass die Besitzer und Gäste der vom CV gelisteten Pensionen völkische und antisemitische Einstellungen vertraten. Sie führten jedoch eine Reihe von Gründen an, die diesen Umstand relativieren sollten. So verwiesen sie auf die große Anzahl an Hotels und Pensionen, „die gern Juden nehmen" und auf den Nachbarort, in dem angeblich in einem wesentlich höheren Umfang antisemitische Ressentiments vorherrschen würden. Ähnlich wie im Falle Bad Harzburgs verwiesen sie ebenfalls auf die „durchaus judenfreundlich[e]" Einstellung der Kurverwaltung. Diese hatte selbst einen Wohnungsanzeiger herausgegeben, in dem die von jüdischen Gästen zu meidenden Unterkünfte mit der Bezeichnung „Christliches Haus" gekennzeichnet wurden. Nach Ansicht der jüdischen Gemeindevertreter war dieses Verzeichnis als Informationsgrundlage vollkommen ausreichend und machte die Auflistung in der CV-Zeitung obsolet. Der Anzeiger ging jüdischen Gästen jedoch erst nach ihrer Ankunft auf explizite Nachfrage zu. So konnte allerdings ein Szenario vermieden werden, das der Gemeindevorsitzende nach der Veröffentlichung in der CV befürchtete: „Da sagt sich der ängstliche Jude: Nach Salzuflen, um Gottes Willen nicht!"[41]

Vor dem Hintergrund der wirtschaftlichen Folgen eines Ausbleibens jüdischer Gäste, brachte das Schreiben das generelle Unverständnis gegenüber jenen Jüdinnen und Juden zum Ausdruck, die den Versuch unternahmen, jegliche Begegnung mit Antisemitismus zu vermeiden. Dies belegt auch die Ansicht der Salzufler Gemeindevertreter, nach der es ausreiche, die jüdischen Reisenden nach ihrer Ankunft im Kur- und Urlaubsort über die dortigen Umtriebe völkischer Organisatio-

---

[38] Ebenda. Neben dem Bemänteln der antisemitischen Erfahrungen intervenierte Ohrenstein im Namen jüdischer Kurgäste immer wieder bei der Kur- und Stadtverwaltung. Dabei betonte er seine Indifferenz gegenüber „antisemitischen Veranstaltungen". Argumentativ nutzte er stattdessen den Verweis auf die wirtschaftlichen Folgen, den das Ausbleiben jüdischer Gäste für das „von Antisemitismus stark angekränkelte Harzburg" haben würde. Seine hierbei erzielten Erfolge schilderte er dabei ebenso dem CV. Vgl. ebenda, Bl. 89–92, Max Ohrenstein an CV-Zentrale, Juni 1929.

[39] Neun Pensionen galten dabei als „antisemitisch", drei weitere als „nach christlich-religiösen Grundsätzen geleitet": Verzeichnis der judenfeindlichen Erholungsorte, Hotels und Pensionen 1926, in: CVZ, 7. 5. 1925, S. 258.

[40] Hier und im Folgenden: WHL, CVA 2349, Bl. 41–43, hier Bl. 41, Israelitische Gemeinde Bad Salzuflen an CV-Zentrale, 14. 5. 1926.

[41] Ebenda.

nen und Einzelpersonen zu informieren. In diesem Zusammenhang sind auch die Verweise auf die scheinbar übertriebene Angst jener Glaubensgenossen zu lesen, die in der Beschreibung des „ängstlichen Juden" kumulierten. Bei dieser Einschätzung spielten die eigenen Erfahrungen und deren Wahrnehmung eine zentrale Rolle. Indem sie auf die gängigen Argumente – die Vorurteilslosigkeit der Mehrheit der Einwohner, die Radikalität der ausschließlich Zugereisten, Verweise auf antisemitischere Gegenden oder den Einzelfallcharakter judenfeindlicher Ausschreitungen – verwiesen, konnte der Antisemitismus in ihrer eigenen Wahrnehmung derart marginalisiert werden, um diese Erfahrungen auch ihren übrigen Glaubensgenossen zuzumuten.

Diese Beispiele belegen, dass die unterschiedliche Wahrnehmung und Einschätzung antisemitischer Erfahrungen weder an der Bruchstelle von zionistischer und liberaler Überzeugung, noch zwischen Juden und Nichtjuden verlief. Vielmehr bildete auch innerhalb der CV-Mitgliederschaft die Frage nach dem angemessenen Umgang mit Antisemitismus einen ständigen Aushandlungsprozess. Dabei wurde das Argument wirtschaftlicher Einbuße von jüdischen wie nichtjüdischen Pensionsbesitzern gleichermaßen genutzt. In den jüdischen Beschwerdebriefen und Gegendarstellungen wird darüber hinaus deutlich, dass die Antwort auf die Frage, wie Antisemitismus angemessen zu begegnen sei, nicht von der Erfahrung selbst, sondern von deren Einschätzung und der jeweils gewählten Verarbeitungsmöglichkeit geprägt war. Dies widerlegt die These, dass die Wahrnehmung des Gefahren- und Bedrohungspotential des Antisemitismus maßgeblich davon abhing, ob antisemitische Erlebnisse überhaupt Teil der eigenen Erfahrung waren.[42] Bereits in den Gegendarstellungen, die den CV bezüglich seiner Bäderlisten erreichten, wird deutlich, dass vielmehr die individuellen Einschätzungen von Erfahrungen und Ereignissen entscheidend waren. In diesem Sinne kann auch die These erweitert werden, nach der es der jüdischen Bevölkerung in Gegenden, in denen sich der nationalsozialistische Antisemitismus erst spät etablierte, leichter fiel, die Virulenz der Judenfeindschaft als Problem anderer Regionen Deutschlands zu externalisieren. Wie die Beispiele aus Bad Harzburg und Bad Salzuflen zeigen, konnten die jüdischen Gemeinden auch in Gegenden, in denen verstärkt antisemitische Ressentiments vorherrschten, die judenfeindlichen Erfahrungen negieren – indem sie beispielsweise auf die allgemeine Situation in Deutschland oder auf Nachbargemeinden verwiesen, in denen die Judenfeindschaft ein wesentlich höheres Ausmaß erreicht hätte.

Der Mikrokosmos des Urlaubsaufenthalts umfasst damit zentrale Aspekte der generellen Auseinandersetzung um die adäquate Interpretation und den Umgang mit antisemitischen Erfahrungen. Der CV fungierte hierbei nicht exklusiv als Auskunftsstelle. Vielmehr diente der Austausch mit Mitgliedern auch als Verhandlungsraum, in dem die gegenläufigen Wahrnehmungen und – daraus resultierend – der jeweils als angemessen empfundene Umgang mit Antisemitismus

---

[42] Vgl. Bergmann/Wetzel, Miterlebende, S. 180; Hecht, Weimarer Republik, S. 403.

aufeinandertrafen. Die sich hierbei konträr gegenüberstehenden Ansichten können als zwei Angebote der Antisemitismusbewältigung interpretiert werden. Für jene, die eine Beschwerde vorzubringen hatten, erlaubte der Kontakt mit dem CV, ihre Erfahrungen mitzuteilen und hierfür nicht allein Verständnis, sondern tatsächliche Konsequenzen einzufordern. Die Verfasserinnen und Verfasser der Gegendarstellungen traten dagegen dafür ein, eine intensivierte Beschäftigung mit dem Antisemitismus zu vermeiden. Dies beinhaltete nicht nur eine möglichst umfassende Marginalisierung der antisemitischen Erfahrungen, sondern auch eine, das eigene Selbstbewusstsein betonende Abgrenzung von jenen Glaubensgenossen, die „einen Vorfall, der vielleicht vollständig harmlos war"[43] aufbauschten und sofort dem CV berichteten. Eng verbunden mit den Reaktionen auf antisemitische Erfahrungen waren stets die gehegten Erwartungen, die an eine mögliche Überwindung der Judenfeindlichkeit anknüpften. So hegten die Verfasserinnen und Verfasser der Beschwerdebriefe die Erwartung, dass gegen jede Form, in der ihnen Antisemitismus begegnete, etwas unternommen werden könne – und müsse. Dagegen kam in den konträren Darstellungen mehrfach die Einschätzung zum Ausdruck, dass eine gesamtgesellschaftliche Überwindung des Antisemitismus außer Frage stünde und er somit akzeptiert werden müsse.

Letztendlich sollten die Briefe – egal ob sie Beschwerden oder Gegendarstellungen enthielten – der jeweiligen Erwartung und daraus resultierender Bewältigungsform zusätzliche Legitimität verschaffen. Die Schreiben, die vom CV ex- wie implizit eine bestimmte Handlungsweise einforderten, waren somit immer auch Versuche, den Verein vom eigenen Umgang mit antisemitischen Erfahrungen zu überzeugen. Das Spektrum dieser Vorschläge reichte von dem Anspruch, jedweden, als judenfeindlich wahrgenommenen Akt öffentlich zu ahnden bis hin zur Forderung nach der Abkehr von jeglicher Form der „Antisemitenriecherei".[44]

Die Reaktion des Centralvereins und die Bedeutung der Bäderlisten

Wie aber reagierte der CV auf diese widerstreitenden Einschätzungen? Die Diskrepanz zwischen den, in den Beschwerdebriefen eingeforderten Nennungen und der tatsächlichen Zahl der in den Listen aufgeführten Urlaubsdomizile, scheint auf den ersten Blick zu belegen, dass der CV eher den Einschätzungen in den Gegendarstellungen folgte, nach denen ein gewisses Maß an Antisemitismus als zumutbar akzeptiert werden müsse. Allerdings überließen es die Mitarbeiterinnen und Mitarbeiter des CV zunächst den Inhabern jener Örtlichkeiten, über die sich jüdische Urlauber beschwert hatten, sich zu den Ereignissen und ihren persönlichen Einstellungen zu äußern. Einen dauerhaften Platz auf der Liste erhielten nur

---

[43] WHL, CVA 2318, Bl. 59, Carl Moos an Carl Gmelin, 16. 6. 1925.
[44] WHL, CVA 2375, Bl. 101 f., Martha Lobsenzer an Margarete Edelheim, 1. 6. 1926.

jene Unterkünfte, deren Inhaber sich aktiv zu antisemitischen Einstellungen bekannten. Bei diesem Vorgehen spielten jedoch auch rechtliche und praktische Erwägungen eine Rolle. So waren Juristen in einem, im Auftrag des CV erstellten Gutachten im Jahr 1926 zu dem Ergebnis gekommen, dass eine Nennung auf der Bäderliste juristische Konsequenzen nach sich ziehen konnte, sollten sich die Besitzer der Unterkünfte gerichtlich dagegen wehren.[45] Folglich entfiel ein großer Teil der von jüdischen Urlaubern beanstandeten Erlebnisse, beispielsweise die Konfrontation mit antisemitisch eingestellten Gästen. Ebenso war es bei Zwischenfällen mit Hotel- oder Pensionsangestellten problematisch für den CV nachzuweisen, dass diese mit dem Wissen, oder gar im Einverständnis der Leitung ihre antisemitische Meinung – verbal oder auf Tischkärtchen festgehalten – verbreiteten. Als Grund für eine Listennennung galten folglich nur jene Vorfälle, bei denen Beleidigungen und verweigerte Aufnahmen von den jeweiligen Inhabern ausgegangen waren. Darüber hinaus bedeutete die Korrespondenz mit den verschiedenen Parteien einen immensen organisatorischen Aufwand, dem der CV-Mitarbeiterstab nicht gewachsen war. Allen Beschwerden und Gegendarstellungen nachzugehen war schlichtweg unmöglich.[46]

Den Verfasserinnen und Verfassern der Beschwerdebriefe verweigerte der CV damit die letzte Möglichkeit, konkrete Konsequenzen für ihre negativen Erfahrungen einzufordern. Ohne eine explizite Nennung auf der Bäderliste hatten die betreffenden Unterkünfte kein Ausbleiben jüdischer Gäste und damit keinerlei Umsatzeinbuße zu befürchten. Gleichzeitig stellte der CV die jeweilige antisemitische Erfahrung weder in seinen Antwortschreiben, in denen er über das Ausbleiben einer Nennung informierte, noch in der vereinsinternen Kommunikation in Frage. Auch die Vermutung, dass die Beschwerdebriefe überzogene Darstellungen präsentierten, tauchte nur in Einzelfällen auf.[47] Die von den Betroffenen als beschämend und verstörend wahrgenommene antisemitische Erfahrung stellte der CV somit nicht in Frage. Gleichzeitig transportierten die abschlägigen Antworten die Erkenntnis, dass sich nicht gegen sämtliche Ausformungen des Antisemitismus vorgehen ließ – und dementsprechend in derartigen Fällen eine Warnung der jüdischen Öffentlichkeit weder möglich noch notwendig war.

Aus diesem Vorgehen des CV ergaben sich zwei Konsequenzen. Zum einen richteten sich die negativen Gefühle der Betroffenen nicht länger gegen die jeweiligen Feriendomizile, sondern gegen den sanktionsverweigernden CV. Obgleich weiterführende Korrespondenzen nur in wenigen Fällen überliefert sind, so beinhalten diese – neben angedrohten sowie tatsächlichen Austritten – häufig den Vorwurf, der CV würde sich bei Antisemiten anbiedern.[48] Im Gegensatz zu den formalen Beschwerden bei Bäderverwaltungen und Hotelbesitzern, die häufig folgenlos blieben, konnten Betroffene diese Form der Beschwerde als Ventil nutzen,

---

[45] Vgl. Hecht, Weimarer Republik, S. 399.
[46] Vgl. Borut, Tourist, S. 25.
[47] Vgl. CVA 2318, Bl. 36, Alfred Wiener an Ludwig Holländer, 24. 10. 1924.
[48] Vgl. Ebenda, Bl. 40, CV-Zentrale an Erwin Lustig, 2. 11. 1924.

um ihren Unmut zumindest gegenüber dem CV unumwunden kundzutun. Gleichzeitig kanalisierte der CV so die Empörung und Wut über derartige Erfahrungen und verhinderte, dass sie allzu deutlich in der Öffentlichkeit artikuliert wurden.

Zum anderen wirkten sich diese restriktiven Aufnahmekriterien auf die Aussagefähigkeit der Bäderlisten aus. Wenngleich die Anzahl gelisteter Hotels, Pensionen oder ganzer Kurorte im Verlauf der Weimarer Republik kontinuierlich zunahm,[49] ergab sich für die jüdischen Reisenden keinerlei Garantie, dass sie ihren Urlaubsaufenthalt ohne antisemitische Zwischenfälle verbringen würden – selbst dann nicht, wenn andere Urlauber bereits negative Erfahrungen in diesen Orten beanstandet hatten.

Worin lag also Bedeutung und Funktion der Bäderlisten? Die Forschungsmeinungen gehen diesbezüglich weit auseinander: Bajohr spricht mit Verweis auf den Umstand, dass der CV „den schriftlichen Versicherungen der Verwaltung bzw. der Inhaber ein größeres Gewicht beimaß als den Angaben Dritter"[50] den Bäderlisten eine praktische Funktion weitgehend ab. Hecht dagegen betont, dass – trotz aller Problematiken – durch die Erstellung der Listen „auf das Bedürfnis deutscher Juden reagiert [wurde], im Urlaub möglichst keinen unangenehmen antisemitischen Zwischenfällen ausgesetzt zu sein".[51] Diese Einschätzung deckt sich weitgehend mit der Selbstwahrnehmung des CV. Nachdem sich beispielsweise die jüdische Gemeinde in Bad Salzuflen im Jahr 1926 über die erhöhte Nennung dort ansässiger Pensionen und Gaststätten auf der Bäderliste beschwert hatte, nutzte der CV sein Antwortschreiben für eine grundsätzliche Verteidigung der Listen:

„Unsere Mitglieder vor solchen Enttäuschungen zu bewahren, gehört seit Jahren in den Bereich unserer Tätigkeit, und die ständige Benutzung dieser unserer Einrichtung seitens unserer Mitglieder, sowie auch unserer Mitgliederkorrespondenzen beweist uns, wieviel Nützliches wir durch diesen Teil unserer Arbeit leisten und wie unentbehrlich sie für unsere Glaubensgenossen ist."[52]

Diese Selbstauskunft steht in deutlichem Kontrast zu dem Faktum, dass lediglich ein Bruchteil der Örtlichkeiten, über die Beschwerden vorlagen, aufgenommen wurde. Die gegensätzlichen historiografischen Einschätzungen über die Bedeutung der Bäderlisten stehen damit in unmittelbarem Zusammenhang mit den unterschiedlichen Funktionen, die bereits Zeitgenossen jenen zuschrieben. Grundsätzlich lassen sich dabei zwei Ebenen unterscheiden. Zunächst kam ihnen eine praktische Orientierungsfunktion zu. Wenngleich durch die Listen keine Garantie einherging, dass sie wirksam vor jeglichen antisemitischen Erfahrungen in Urlaubsorten schützen würden, so gaben sie zumindest einen Überblick über Örtlichkeiten, deren Besuch es zu vermeiden galt. Selbst im Falle von Ferienorten, bei

---

[49] Vgl. Borut, Tourist, 18–20.
[50] Bajohr, Hotel, S. 109.
[51] Hecht, Weimarer Republik, S. 307.
[52] WHL, CVA 2349, Bl. 61 f., hier Bl. 61, Schreiben CV-Zentrale an Israelitische Gemeinde Bad Salzuflen, 25. 6. 1926.

denen lediglich ein oder zwei Gaststätten und Pensionen gelistet wurden, gaben diese Informationen den Reisenden die Möglichkeit, selbst abzuwägen, ob sie ihre Ferien in der jeweiligen Umgebung verbringen wollten. Zum anderen – und dies ist essenziell – wurde ihnen insbesondere seitens der Einsender eine symbolische Funktion zugewiesen.

Für Urlauber, die sich antisemitischen Beleidigungen und Übergriffen ausgeliefert sahen, bildete die mehr oder weniger explizit formulierte Forderung an den CV, die betreffende Örtlichkeit auf die Bäderliste zu setzen eine Möglichkeit, der negativen Erfahrung mit einer Form der Sinnstiftung sowie praktischen Konsequenz zu begegnen. Das Wissen, dass anderen Reisenden ähnliche Erlebnisse erspart blieben und dass die jeweiligen Inhaber mit entsprechenden negativen ökonomischen Folgen ihres Handelns (oder des Handelns ihrer Gäste und Angestellten) zu rechnen hatten, erlaubte es, die negative Erfahrung ins Positive zu wenden. Blieb eine Nennung aus, richtete sich die Empörung und Enttäuschung hierüber ausschließlich auf die Entscheidung des CV – und nicht mehr auf die, für die eigentliche Erfahrung verantwortlichen Nichtjuden. Somit wurde die Problematik des unzumutbaren und zumutbaren Antisemitismus in erster Linie Teil eines innerjüdischen Aushandlungsprozesses. In diesem Sinne können weder Bajohrs Einschätzung, dass die CV-Verantwortlichen die vorgebrachten Beschwerden schlichtweg nicht „für bare Münze nahmen",[53] noch Boruts Vermutung über ungenügende Arbeitskraft bei der Bearbeitung der Beschwerden die Auswirkungen der Korrespondenz hinreichend erklären.[54] Die Listen sind vielmehr als Mediationsergebnis zwischen Beschwerdeschreiben und Gegendarstellungen zu interpretieren, wobei auch juristische Erwägungen eine Rolle spielten. Der CV behielt sich dabei die endgültige Entscheidung – und damit die Deutungshoheit – vor, welche Formen des Bäderantisemitismus mit einer Listennennung als unzumutbar geahndet werden sollten und welche den jüdischen Urlaubern zugemutet werden konnten (und mussten). Mit dieser Strategie des Nennens und Auslassens vermittelte der CV seine Einstellungen und Vorgaben zur Wahrnehmung des Antisemitismus – die wiederum von den persönlichen Einsendungen nicht unbeeinflusst blieb.[55]

Auf den Seiten der CV-Zeitung wurden die Bäderlisten darüber hinaus durch allgemeine Reisewarnungen oder -empfehlungen ergänzt. Im Januar 1924 reagierte

---

[53] Bajohr, Hotel, S. 109.
[54] Vgl. Borut, Tourist, S. 18.
[55] Trotz dieser teils restriktiven Nennungspolitik umfassten die während der Weimarer Republik vonseiten des CV veröffentlichten Listen durchgehend Nennungen im dreistelligen Bereich – mit einer jährlich steigenden Tendenz. Hatte der CV Mitte Mai 1924 19 judenfeindliche Ferienorte und 189 Gaststätten und Unterkünfte gelistet, waren es 1928 17 und 341, bzw. 1931 14 Ferienorte und 492 Gaststätten und Unterkünfte. Vgl. Verzeichnis der judenfeindlichen Erholungsorte, Gaststätten und Unterkünfte, in: CVZ, 15. 5. 1924, S. 290 (eigene Zählung), sowie Borut, Tourist, S. 17. Die Abnahme an Nennungen rein antisemitischer Ferienorte lässt sich mit den Bemühen des CV um Differenzierung und das Vermeiden von Pauschalurteilen begründen.

der CV unter dem Titel „Der Rückgang des Fremdenverkehrs in den südbayerischem Kurorten" auf einen Beitrag des nationalsozialistischen Miesbacher Anzeigers (MI).[56] Dem vorausgegangen war eine Versammlung des Münchner Fremdenverkehrsvereins, bei der die Verantwortlichen über die Gründe des drastischen Urlauberrückgangs für die Region berieten. Der Vizepräsident der Münchner Handelskammer, Sigmund Fraenkel, verwies in diesem Zusammenhang auf die von „Münchner und Miesbacher Hakenkreuzfahnen eingeschlagen[en]" Fenster, für die der bayerische Fremdenverkehr nun die Quittung bekomme. Der MI kommentierte das sich hieraus ergebende Ausbleiben jüdischer Gäste unter dem Titel „Beste Reklame". Der CV schlussfolgerte daraufhin mit sarkastischem Unterton:

„Wir gehen sogar noch einen Schritt weiter und schließen uns dem Wunsche des ‚Miesbacher Anzeigers' gerne an, daß unsere norddeutschen und süddeutschen Freunde fortab so viel Selbstachtung und Würde aufbringen, um den Judenhassern im kommenden Sommer keinen Anlass mehr zur Klage zu geben, daß die israelitischen Badegäste ‚unserer oberbayerischen Seen zu stinkenden Judenquartieren verschandeln.' Wir hoffen, daß die Folgerung aus dieser unerhörten Beschimpfung von allen Lesern der ‚CV-Zeitung' im Laufe der kommenden Sommermonate im weiten Umfang gezogen werde."[57]

Im Gegensatz zu den Bäderlisten, die kommentarlos erschienen, ergab sich in den Artikeln die Möglichkeit, die Reiseempfehlungen mit einer starken moralischen Wertung zu versehen. Indem die Verantwortlichen an „Selbstachtung und Würde" ihrer Leserschaft appellierten, nahm die Aufforderung, die betreffenden Urlaubsorte zu meiden eher den Charakter einer Anweisung, als einer Empfehlung an.

Diese vom CV beanspruchte Entscheidungshoheit, spiegelte sich auch in dem Entschluss wider, die Aufforderung zur Meidung (süd-)bayerische Kur- und Urlaubsorte wieder aufzuheben. Als die Berliner Volks-Zeitung im Juni 1924 auf die, seit dem Hitler-Prozess zugenommene, antisemitische Stimmung mit der Aufforderung „Meidet Bayern" reagierte, verwahrte sich der CV gegen diese „Verallgemeinerung".[58] Lediglich Chiemgau und Berchtesgaden schloss er als Reiseziele weiterhin aus. Allerdings sollte vor jeder Reise in die übrigen Regionen zunächst die jeweilige Ortsverwaltung kontaktiert werden, um festzustellen „ob ihr jüdische Kurgäste angenehm sind und ob sie Gewähr für einen ungestörten Aufenthalt übernimmt". Selbst wenn hier ein positiver Bescheid vorlag, sollte bei den jeweiligen Vermietern ebenfalls angefragt werden, ob sie jüdischen Gästen „einwandfreie Erholung [...] gewährleisten" könnten. Der CV forderte seine Mitglieder zu einer vorsorglichen, mehrfachen Absicherung auf, um potenzielle antisemitische Erfahrungen im Urlaub zu verhindern. Diese Vermeidungsstrategie setzte voraus, dass sich die Urlauber prophylaktisch mit den Möglichkeiten antisemitischer Erfahrungen auseinandersetzten und sich zumindest auf eine Konfrontation mit ab-

---

[56] Hier und im Folgenden: Der Rückgang des Fremdenverkehrs in den südbayerischen Kurorten, in: CVZ, 31. 1. 1924, S. 35.
[57] Ebenda.
[58] Im Folgenden: Sollen jüdische Kurgäste Bayern meiden? Eine Antwort auf viele Fragen und Anregungen, in: CVZ, 26. 6. 1924, S. 391.

schlägigen Antworten seitens der Ortsverwaltungen oder Pensionsbesitzer vorbereiteten.

Bezeichnenderweise stand diese Aufforderung zu einer vorsorgenden Reisevorbereitung viel häufiger im Mittelpunkt der Verhaltensempfehlungen als die, in der Forschung wesentlich breiter rezipierten Aufrufe zu bescheidenem und zurückhaltendem Auftreten im jeweiligen Ferienort. Dies gilt auch für das, in dieser Hinsicht prominenteste Beispiel: Im Mai 1924 hatte der Herforder Rabbiner Siegmund Goldmann in einem Gastbeitrag ein „Mahnwort an die deutschen Juden" gerichtet.[59] In der Historiografie ist Goldmanns Beitrag vor allem als Beispiel für die fehlgeleitete Vorstellung deutscher Juden gewertet worden, die mit dem Aufruf zu „vornehmer Zurückhaltung" hofften, den antisemitischen Stereotypen entgegenzuwirken.[60] Allerdings finden sich in Goldmanns Ausführungen auch zentrale Anliegen wieder, um deren Durchsetzung sich der CV in der Privatkorrespondenz, den Bäderlisten und den damit verbundenen Artikeln bemühte: Zum einen empfahl Goldmann, bereits vor der Reise bei der Auswahl der jeweiligen Unterkunft „Vorsicht walten" zu lassen, zum anderen mahnte er „vor jener Überempfindlichkeit, die hinter jedem ‚Jude' eine antisemitische Anpöbelei" erkannte. Vorsorgliche Auseinandersetzung und Gleichmut gegen ein grundsätzliches Maß an judenfeindlichen Vorbehalten erschienen dem CV eine adäquate Vorbereitung für Urlaubsreisen jüdischer Deutscher im eigenen Land zu sein.

Fazit

Im Frühjahr 1932 stellte der CV die Veröffentlichung der Bäderlisten ein. Als Begründung gab er an, dass „das Material zu umfangreich ist und unter den gegebenen Verhältnissen dauernden Veränderungen unterliegt".[61] Stattdessen etablierte sich ein „CV-Reisedienst", der auf persönliche Anfrage Auskunft darüber erteilte, ob ein Urlaubsort bedenkenlos besucht werden könne.[62] Avraham Barkai meint in dieser Entscheidung „die pragmatische Resignation [des CV] vor den Zeitumständen" erkannt zu haben.[63] De facto dürfte sich auch beim CV-Reisedienst nichts Grundlegendes an den Auskünften geändert haben.

Die vorstehenden Ausführungen haben gezeigt, dass ein großer Teil der Diskussionen und Verhandlungen darüber, welcher Ferienort geeignet und welches Maß an Bäderantisemitismus ertragen werden musste, bereits in den Jahren zuvor ausschließlich in der Teilöffentlichkeit vereinsinterner Korrespondenzen stattgefunden hatte. Indem der CV auf die Bäderlisten verzichtete, gab er auch seine

---

[59] Hier und im Folgenden: Vor der Sommerreise. Ein Mahnwort an die deutschen Juden, in: CVZ, 22. 5. 1924, S. 306.
[60] Vgl. Hecht, Weimarer Republik, S. 311.
[61] Bäderliste, in: CVZ, 13. 5. 1932, S. 195.
[62] Reisedienst des Centralvereins, in: CVZ, 22. 7. 1932, S. 310.
[63] Barkai, Wehr Dich!, S. 178.

Mediationsfunktion zwischen den Verfasserinnen und Verfassern der Beschwerden wie der Gegendarstellungen auf. Wenngleich die Mitarbeiterinnen und Mitarbeiter weiterhin die Mitglieder und Leserschaft zu Berichten über positive oder negative Erfahrungen während ihres Urlaubsaufenthalts aufforderten, lag die Weisungsfunktion nun allein bei der CV-Zentrale.

Das Studium der CV-Zeitung zeigt deutlich, dass Aufmacher und größere Beiträge über das Ausmaß der Judenfeindlichkeit häufig dem als unzumutbar empfundenen Antisemitismus radikaler Gruppierungen vorbehalten blieben. Alltägliche antisemitische Erfahrungen, wie die beschriebenen Urlaubserlebnisse wurden häufig nur in kurzen Notizen angerissen, wie um die Marginalität dieser Erfahrungen zu unterstreichen.

Auf der „vereinsinternen" Ebene dagegen wurden Ausmaß und Bedeutung eines alltäglich erfahrbaren Antisemitismus deutlicher kommuniziert. So fand sich im Geschäftsbericht des CV für die Jahre 1926 und 1927 bereits in der Einleitung das folgende Resümee:

„Zwei Normal-Jahre kann man mit gutem Rechte den Ablauf der Berichtszeit nennen. Ein bitteres Lächeln wird unsere Freunde überkommen, wenn sie die Seiten des nachstehenden Arbeitsberichts durchlesen, die beispielhaft hundert Fälle vom Einschreiten des CV aufnahmen und bei sich denken: das sollen nun Normaljahre sein! Und doch trifft die Bezeichnung zu. [...] Wir müssen innerlich darauf gestimmt sein, dass ähnliche Arbeitsaufgaben, wie sie uns in den letzten beiden Jahren oblagen, auf lange Zeit hinaus uns immer wieder beschäftigen werden."[64]

Hier zeigte sich deutlich, dass der CV keineswegs große Hoffnungen an eine Überwindung des Antisemitismus knüpfte. Vielmehr stellte er sich darauf ein, dass dieser dauerhaft eine feste Größe in der deutschen Gesellschaft einnehmen werde.

Die Offenheit, mit der diese Feststellung kommuniziert wurde, war jedoch unmittelbar auf den Umstand zurückzuführen, dass der Arbeitsbericht nur für die Mitglieder der Hauptversammlung bestimmt war und als streng vertraulich galt. Selbst ein Nachdruck in Auszügen war verboten. Offensichtlich war das pessimistische Resümee nichts, was sich auf den Seiten der CV-Zeitung wiederfinden oder generell mit den Überzeugungen des CV in Verbindung gebracht werden sollte.

Wenngleich auf den Seiten deutsch-jüdischer Publikationen immer wieder die Virulenz des Antisemitismus gegeißelt wurde, so blieb es doch die oberste Prämisse, an der grundsätzlichen Verbundenheit von Deutschtum und Judentum keinerlei Zweifel aufkommen zu lassen. Auf diesem Grundsatz beharrend, verwehrte der CV auf der öffentlichen Ebene die Kommunikation übermäßiger Empörung angesichts antisemitischer Erfahrungen, ebenso wie einen ergebnisoffenen Austausch über notwendige Verarbeitungsmöglichkeiten. Raum hierfür boten dagegen die vereinsinterne Kommunikation. Hier ergab sich für die Betroffenen die Möglichkeit, ihre negativen Gefühle angesichts judenfeindlicher Erlebnisse zu äußern, während der CV diese Gelegenheit wahrnahm, um die Erwartungsdämpfung als eine geeignete Verarbeitungsstrategie zu propagieren.

---

[64] Centralverein deutscher Staatsbürger jüdischen Glaubens (Hrsg.), Zwei Jahre Arbeit im Central-Verein deutscher Staatsbürger jüdischen Glaubens, Berlin 1928, S. 64–67.

Am Beispiel der Bäderlisten lässt sich zeigen, dass der CV eine Zweiteilung in zumutbaren und unzumutbaren Antisemitismus akzeptierte. Von der Fülle an Ferienorten, die in den Beschwerdebriefen als antisemitisch beschrieben wurden, erschienen in den Listen lediglich jene, bei denen den Besitzern der Feriendomizile eine eindeutig judenfeindliche Einstellung nachzuweisen war. Die Möglichkeit, dass es zu Erlebnissen mit antisemitischen Personal, Gästen oder Einheimischen kommen konnte, wurde somit als zumutbare – weil letztlich unvermeidbare – Erfahrung in Kauf genommen. Bei der Entscheidung zu diesem Vorgehen mag der organisatorische Aufwand und auch rechtliche Erwägungen eine Rolle gespielt haben. Grundlegend war jedoch die Akzeptanz der Tatsache, dass ein gewisses, mit welchen Argumenten auch immer relativiertes Maß an judenfeindlichen Einstellungen und Verhaltensweisen in der nichtjüdischen Gesellschaft hingenommen werden müsse.

Isabel Heinemann

„Enttäuschung unvermeidlich"?

Die Debatten über Ehescheidung, Abtreibung und das Dispositiv der Kernfamilie in der BRD

Einleitung: „Enttäuschung" als Grundkonstante der Debatten über Familie und Familienwerte

„Krise der Familie" oder auch „Familie in der Krise" – diese Schlagworte avancierten schon früh zu Kampfbegriffen der Konservativen in der Diskussion um die vermeintliche Bedrohung der Familie als „Keimzelle des Staates" und „Basis der Nation", wie sie in den westlichen Gesellschaften in der zweiten Hälfte des 20. Jahrhunderts geführt wurde.[1] Auch die Rede vom „Zeitalter der Vereinzelung", von „Individualisierung und Fragmentierung" als Kehrseiten der Moderne gehört in diesen Kontext und ist keineswegs wertfrei zu verstehen.[2] In der Folge soll daher untersucht werden, inwiefern die Familie als moralisch und emotional höchst aufgeladenes gesellschaftliches Leitbild und als zentrale soziale Formation eine spezifische Dramatik von auf sie gerichteten Erwartungen und Enttäuschungen generierte. Es fragt sich also: Wo sind am Beispiel der Familie spezifische Erwartungen von Individuen und Kollektiven, wo individuelle Enttäuschungen und ihre gesellschaftlichen Folgen historisch fassbar? War angesichts der vielfältigen Prozesse normativen wie sozialen Wandels in der zweiten Hälfte des 20. Jahrhunderts „Enttäuschung" über Struktur und Werte der modernen Familie unvermeidlich?[3]

---

[1] Zeitgenössische Publikationen von den 1950er bis 1980er Jahren trugen derartige Titel oder fragten provokant „Hat die Familie noch eine Zukunft?". Vgl. z. B.: Arbeitsgemeinschaft der Katholischen Sozialen Woche (Hrsg.), Die Familie, ihre Krise und deren Überwindung. Vortragsreihe der 3. Katholischen Sozialen Woche 1951 in München, Augsburg 1952; Heimo Gastager, Die Fassadenfamilie: Ehe und Familie in der Krise. Analyse und Therapie, München 1973; Katherine Elliott (Hrsg.), Hat die Familie noch eine Zukunft? 25 Wissenschaftler diskutieren die Krise der Familie in der westlichen Welt, München 1971 (Deutsche Übersetzung der Beiträge des zweiten Londoner Ciba-Forums von 1970 „The Family and its Future" aus dem Jahr 1970); Klaus Menne (Hrsg.), Familie in der Krise: Sozialer Wandel, Familie und Erziehungsberatung, Weinheim 1988; Eine vergleichbare Krisendiskussion gab es auch in den USA, vgl. Christopher Lasch, Haven in a Heartless World. The Family Besieged, New York 1977; David Popenoe, American Family Decline, 1960–1990. A Review and Appraisal, in: Journal of Marriage and the Family 55 (1993), S. 527–542.
[2] Ulrich Beck, Risikogesellschaft. Auf dem Weg in eine andere Moderne, Frankfurt am Main 1986; ders./Elisabeth Beck-Gernsheim, Das ganz normale Chaos der Liebe, Frankfurt am Main 1990; dies., Individualisierung in modernen Gesellschaften. Perspektiven und Kontroversen einer subjektorientierten Soziologie, in: dies. (Hrsg.), Riskante Freiheiten. Individualisierung in modernen Gesellschaften, Frankfurt am Main 1994, S. 10–39.
[3] Für eine Profilierung des Konzeptes von „Enttäuschung" als historischer Analysekategorie vgl. die Einleitung zu diesem Band; außerdem Bernhard Gotto, Enttäuschung als Politikressource.

Die Familie eignet sich bestens für eine solche Untersuchung, da hier die Hoffnungen, Erwartungen, aber auch Verfallsängste in der Moderne geradezu idealtypisch kulminierten. Aufgrund ihrer Omnipräsenz, ihrer Bedeutung für die Nation und ihrer emotionalen Aufladung, so die erste These dieses Beitrags, wirkte die heteronormative Kernfamilie als Dispositiv im Sinne Foucaults.[4] Die Kernfamilie, bestehend aus heterosexuellen Eltern und ihren leiblichen Kindern, wurde im deutschen Sprachraum vielfach apostrophiert als „bürgerliche Familie", im internationalen Diskurs eher als „modern isolated nuclear family" (Talcott Parsons). Völlig unabhängig davon, in welcher Familiensituation sie selbst lebten, richteten die Menschen ihr Verhalten an diesem Dispositiv aus und machten es zum Angelpunkt ihrer Selbstführung. Zugleich wurde die Vorstellung von „Familie" zum exemplarischen Austragungsort divergierender Moderne-Aneignungen, an dem Normen, Werte, Erwartungshaltungen, Wünsche und Gefühle aufeinander trafen und an dem auf externe Herausforderungen reagiert wurde. Dies brachte die „Zeit" 1979 auf den Punkt: „Zwischen der Gesellschaft und der Familie gab es immer schon Spannungen [...], aber in der modernen Industriegesellschaft sind sie so stark geworden, dass die Familie zum Zerreißen strapaziert wird – zwischen den Forderungen zur Anpassung und der Hoffnung, sie könnte ein Reduit des Widerstands gegen die Moderne sein."[5]

Das Dispositiv der Kernfamilie rief schließlich auch Erwartungen und Gefühle hervor – so Vorstellungen von „Geborgenheit", „Sicherheit" und „emotionaler Wärme" – die sich wiederum auf die „Selbstführung" der Menschen auswirken konnten. Aus diesem Blickwinkel kann „Enttäuschung" als Anzeichen für die Reichweite des Dispositivs gelesen werden, setzte sie doch konkrete uneingelöste Erwartungen voraus. Zugleich kann der Umgang mit Enttäuschung angesichts der vermeintlichen „Bedrohung" oder des „Verfalls" der Kernfamilie ermöglichen, die spezifische Ausprägung und Verhandlung des Dispositivs in den verschiedenen sozialen Gruppen besser zu verstehen. In übergeordneter Perspektive ist der Umgang mit Enttäuschung dazu geeignet, Aufschluss zu geben über den Wandel von Normen, Werten und sozialer Praxis.

Zur Kohäsion der westdeutschen Friedensbewegung in den 1980er Jahren, in: VfZ 62 (2014), S. 1–33; ders., Enttäuschung in der Demokratie. Erfahrung und Deutung von politischem Engagement in der Bundesrepublik Deutschland während der 1970er und 1980er Jahre, Berlin/Boston 2018.

[4] Zum Begriff des Dispositivs bei Foucault vgl. Michel Foucault, Der Wille zum Wissen. Sexualität und Wahrheit, Bd. I, Frankfurt am Main 1977, S. 34 f. u. 46; ders.: Dits et Écrits: Schriften in vier Bänden, Bd. 3, Frankfurt am Main 2003, S. 392. Auch der Historiker Jürgen Martschukat identifiziert in seiner Studie zu Vaterschaft in den USA die Kernfamilie als wirkmächtiges Dispositiv. Jürgen Martschukat, Die Ordnung des Sozialen. Väter und Familien in der amerikanischen Geschichte seit 1770, Frankfurt am Main 2013, S. 14 u. 361.

[5] Rolf Zündel, Wider die Abwertung der Nur-Hausfrau, in: Die Zeit, 28. 9. 1979, S. 4.

Angesichts der hohen auf sie gerichteten Erwartungen waren und sind „Familie" und die damit verbundenen Normen und Werte besonders anfällig für jede Form von Enttäuschung. Diese richtete sich – je nach politischem Standpunkt, Geschlecht, Alter – auf unterschiedliche Problemlagen. Während sich konservative Politiker, Sozialexperten und Kirchenvertreter immer dann enttäuscht zeigten, wenn der Staat liberale Normänderungen veranlasste, artikulierten liberale Politiker, Vertreterinnen sozialer Bewegungen und liberale Familienexperten Enttäuschung über Einhegungen eben dieser Liberalisierungsschritte durch Staat und Kirche. Die Verwendung der männlichen Form ist hier kein Zufall, erst im Laufe des Untersuchungszeitraums wurden die Stimmen von Frauen als Aktivistinnen, Expertinnen und Politikerinnen in den politischen Debatten um die Familie vernehmbar. Eine verstärkte Berücksichtigung der Ungleichheitskategorie Geschlecht ist hingegen ein Desiderat der bundesrepublikanischen Zeitgeschichtsforschung.[6] Wie ich in der Folge argumentieren werde, lässt sich die Auseinandersetzung um die Familie in der BRD auch als Ausdruck einer Verschiebung des Diskurses hin zur stärkeren Beteiligung und öffentlichen Wahrnehmung von Frauen als Aktivistinnen und Expertinnen lesen.

Grundsätzlich sind „Enttäuschung" und „Erwartung" alles andere als trennscharfe historische Kategorien, wenn es um die Familie geht. Dem möchte der Beitrag eine klare Unterscheidung zwischen Familienwerten und Gendernormen – als Vorstellungen davon, wie Familie und das Verhältnis der Geschlechter in der Gesellschaft im Idealfall zu sein haben – auf der einen Seite und der sozialen Praxis von Familie und Prozessen sozialen Wandels auf der anderen Seite entgegensetzen. Ziel ist es, Wechselwirkungen herauszuarbeiten, die das Verhältnis von sozialem Wandel zu normativen Transformationen erhellen und die Frage nach Enttäuschung als historischer Erfahrung thematisieren.

Der Beitrag untersucht die Verhandlung von Familienwerten und Geschlechternormen in der BRD von der unmittelbaren Nachkriegszeit bis in die 1980er Jahre am Beispiel der öffentlichen Debatten und Expertendiskurse um die Neuordnung der Felder „Ehe/Scheidung" und „Reproduktion/Abtreibung". Als Quellen dienen neben den Wochenschriften „Die Zeit" und „Der Spiegel" auch das „Pro-Familia-

---

[6] Das ist ein gravierender Unterschied z. B. zu den USA, wo nicht nur die Berücksichtigung der Kategorie „gender" sondern auch die intersektionale Analyse der Verschränkung mehrerer Ungleichheitsfaktoren seit langem integraler Bestandteil der Zeitgeschichtsschreibung ist. Zur BRD vgl. die Pionierstudie von Julia Paulus, Eva-Maria Silies und Kerstin Wolff (Hrsg.), Zeitgeschichte als Geschlechtergeschichte. Neue Perspektiven auf die Bundesrepublik, Frankfurt am Main 2012. Zuletzt hat Christina von Hodenberg überzeugend argumentiert, dass die Gesellschaftsgeschichte der 1968er Revolte nur mit dem Blick auf Frauen als Akteurinnen umfassend zu verstehen ist. Indem sie bewusst ihr Privatleben politisierten und gesamtgesellschaftliche Veränderungen lebten, brachten sie – und nicht die wenigen männlichen Exponenten der akademischen Linken – die autoritären Hierarchien ins Wanken. Christina von Hodenberg, Das andere Achtundsechzig. Gesellschaftsgeschichte einer Revolte, München 2018, bes. S. 145–148 u. 193–197.

Magazin"[7] sowie das Schrifttum der deutschen Frauenbewegung.[8] Die Münsteraner Bistumszeitung „Kirche und Leben"[9] erwies sich als besonders aussagekräftige Quelle, nahm Münster doch die Rolle einer Hochburg des katholischen Protestes gegen die Liberalisierung von Familiennormen ein. Zudem stammten wichtige Akteure der Debatten auf Seiten der (männlichen) Katholiken aus Münster, so der ultrakonservative Bischof Heinrich Tenhumberg (1969–1979), der Präsident des Zentralkomitees der deutschen Katholiken (ZdK), Dr. Alfred Beckel (1968–1971), der Vorsitzende des Kommissariats der deutschen Bischöfe in Bonn, Prälat Wilhelm Wöste (1969–1976) und der erste Bundesfamilienminister, Franz-Josef Wuermeling (1953–1962). Insgesamt werden aus unterschiedlichen Blickwinkeln die Deutungen nicht nur von Journalisten, sondern auch von Experten – also Sozial- und Humanwissenschaftlern, Sozialarbeitern und Familienberatern, Kirchenvertretern und Ärzten – und die Reaktionen betroffener Bürgerinnen und Bürger fassbar. Dabei ist wichtig, immer wieder Querverbindungen zwischen den Diskussionen um Normen und Werte und den Prozessen sozialen Wandels und der sozialen Praxis zu ziehen, um den Zusammenhang von „Erwartung" und „Enttäuschung" am Beispiel der Familie auszuloten.

Im Einzelnen stellen sich folgende Fragen: Welche Thematisierungen von Familie in öffentlichen Debatten und Expertendiskursen verweisen auf tiefergehende Konflikte? Welche dieser Konfrontationen generierten Aussagen über Enttäuschung? Wo und von wem wurde Enttäuschung als Verhandlungsargument eingesetzt? Welche Folgen ergaben sich daraus, dass das Konzept der bürgerlichen Kleinfamilie mit Eltern und Kindern als Dispositiv im Sinne Foucaults wirkte?

---

[7] Das Pro-Familia-Magazin erschien seit 1973 unter dem Titel Pro Familia Informationen. 1981 wurde es zusammengelegt mit der Zeitschrift Sexualpädagogik (die ihrerseits bereits seit 1973 zunächst unter dem Titel Medien & Sexual-Pädagogik, dann ab 1977 als Sexualpädagogik erschien) zur neuen Zeitschrift Sexualpädagogik und Familienplanung. Ab 1983 erschien das Periodikum dann unter dem Titel Pro-Familia-Magazin. Für die Analyse berücksichtigt wurden die Jahrgänge 1973 bis 1989. Ich danke Claudia Roesch für die Überlassung von Kopien relevanter Artikel aus den 1970er Jahren aus dem Archiv der Zentralstelle von Pro Familia in Frankfurt am Main.

[8] Vgl. Ilse Lenz (Hrsg.), Die neue Frauenbewegung in Deutschland. Abschied vom kleinen Unterschied. Eine Quellensammlung, Wiesbaden 2008; Brot und Rosen (Hrsg.), Frauenhandbuch Nr. 1, Abtreibung und Verhütungsmittel, überarb. und erw. Aufl. Berlin 1974 (Originalausgabe 1972). Frauenzentrum Berlin (Hrsg.), Hexengeflüster. Frauen greifen zur Selbsthilfe, Berlin 1975. Vgl. auch die Pressedokumentationen „Chronologie § 218" und (weniger umfassend) „Schwangerschaftsverhütung-Methoden" im Archiv FrauenMediaTurm Köln, die für die intensive Befassung eines Teils der Frauenbewegung mit der öffentlichen Debatte um Verhütung und Abtreibung steht. Das erste Frauen-Gesundheitsbuch von Frauen für Frauen erschien 1971 unter dem Titel „Our Bodies, Ourselves", hrsg. von Boston Women's Health Book Collective (BWHC) und war auch für die deutsche Frauenbewegung extrem einflussreich. Hierzu vgl. den Aktenbestand des BWHC Schlesinger Library, Harvard University; MC 503, Boxes 18, 75, 81, 131. Zur transnationalen Geschichte von „Our Bodies" vgl. Kathy Davis, The Making of Our Bodies, Ourselves. How Feminism Travels Across Borders, Durham/London 2007.

[9] Kirche und Leben erschien erstmals 1946. Für diese Analyse berücksichtigt wurden die Jahrgänge 1953–1954, 1960, 1963–1964, 1971 sowie 1973–1977, da hier jeweils relevante familienpolitische Rahmensetzungen in der BRD erfolgten.

Das ist auch angesichts des gegenwärtigen Forschungsstandes in der historischen Familienforschung und Familiensoziologie ein sinnvolles Vorgehen, weil insbesondere erstere mehr nach der Sozialgeschichte der Familie in der BRD und der Entwicklung einer spezifischen Familienpolitik[10] und weniger nach Familiennormen und -werten sowie deren Veränderungen gefragt hat.[11] Wurde ein Wertewandel auf dem Gebiet der Familie diagnostiziert, so geschah dies zumeist sehr pauschal für den Zeitraum ab Mitte der 1960er Jahre: Anstelle materialistischer Werte, so die Beobachtung, hätten die Menschen nun verstärkt postmaterialistische Einstellungen artikuliert, das Bekenntnis zu Akzeptanzwerten habe dasjenige zu Pflichtwerten ersetzt. Diese prägnante These vom Wertewandel vertraten in den 1970er und 1980er Jahren zunächst Ronald Inglehart und dann für die BRD Helmut Klages. Die Gültigkeit solcher sozialwissenschaftlicher Großthesen ist, wie die historische Wertewandelforschung gezeigt hat, jedoch mehr als fragwürdig.[12] So hat bereits die Familiensoziologin Rosemarie Nave-Herz betont, dass das Verhältnis zwischen gesamtgesellschaftlichem und innerfamilialem Wandel zu komplex ist, als dass man es auf ein einfaches „Reiz-Reaktions-Schema" reduzieren könnte. Vielmehr argumentiert sie, „dass durch die hohe Komplexität des Familiensystems gesamtgesellschaftliche Wirkungen sehr unterschiedliche innerfamiliale Verarbeitungen erfahren".[13] Dieser Komplexität gilt es Rechnung zu tragen. Bevor die Diskurse über Ehescheidung und Reproduktion analysiert werden können, ist es jedoch wichtig, die Produktion des Familienideals durch soziologische For-

---

[10] Vgl. z. B. die wichtige Arbeit von Christiane Kuller über die bundesdeutsche Familienpolitik, die jedoch Familienwerte nur am Rande thematisiert: Christiane Kuller, Familienpolitik im föderativen Sozialstaat. Die Formierung eines Politikfeldes in der Bundesrepublik 1949–1975, München 2004; außerdem Christine von Oertzen, Teilzeitarbeit und die Lust am Zuverdienen. Geschlechterpolitik und gesellschaftlicher Wandel in Westdeutschland 1948–1969, Göttingen 1999; Nancy R. Reagin, Sweeping the German Nation. Domesticity and National Identity in Germany, 1870–1945, Cambridge u. a. 2007.

[11] Explizit zum Wandel der Familienwerte dagegen Neumaier, dieser bezieht sich aber vorrangig auf die Diskussion um die Reform des Ehescheidungsrechtes; Christopher Neumaier, Ringen um Familienwerte. Die Reform des Ehescheidungsrechts in den 1960er/70er Jahren, in: Bernhard Dietz/Christopher Neumaier/Andreas Rödder (Hrsg.), Gab es den Wertewandel? Neue Forschungen zum gesellschaftlich-kulturellen Wandel seit den 1960er Jahren, München 2014, S. 201–225; ders., Familie im 20. Jahrhundert. Konflikte um Ideale, Politiken und Praktiken, Berlin/Boston 2019; Sybille Buske, Fräulein Mutter und ihr Bastard. Eine Geschichte der Unehelichkeit in Deutschland, 1900–1970, Göttingen 2004.

[12] Ronald Inglehart, Kultureller Umbruch. Wertewandel in der westlichen Welt, Frankfurt am Main 1989; ders., The Silent Revolution in Europe. Intergenerational Change in Post-Industrial Societies, in: American Political Science Review 65 (1971), S. 991–1017; ders., The Silent Revolution. Changing Values and Political Styles among Western Publics, Princeton 1977; Helmut Klages, Wertorientierungen im Wandel. Rückblick, Gegenwartsanalyse, Prognosen, Frankfurt am Main 1984. Vgl. dagegen die Ansätze der neuen historischen Wertewandelforschung: Andreas Rödder/Wolfgang Elz (Hrsg.), Alte Werte – Neue Werte. Schlaglichter des Wertewandels, Göttingen 2008, S. 9–25; Andreas Rödder, Wertewandel in der Postmoderne. Gesellschaft und Kultur der Bundesrepublik Deutschland 1965–1990, Stuttgart 2004; Dietz/Neumaier/Rödder (Hrsg.), Wertewandel.

[13] Rosemarie Nave-Herz (Hrsg.), Wandel und Kontinuität der Familie in Deutschland. Eine zeitgeschichtliche Analyse, Stuttgart 2002, S. 66.

schung und bevölkerungspolitische Planung zu untersuchen, wurde doch hier der Referenzrahmen und Erwartungshorizont der Zeitgenossen geschaffen und damit der Rahmen für die entsprechenden Debatten gesetzt.

„Stabilitätsrest"? Die bundesrepublikanische Familie in der soziologischen Forschung und bevölkerungspolitischen Planung

Im Jahr 1953 erschien eine Studie des Soziologen Helmut Schelsky, die das Nachdenken über die Auswirkungen des Zweiten Weltkrieges und des Nationalsozialismus auf die Institution Familie in der jungen BRD für lange Zeit prägen sollte. Das Werk trug den selbstbewussten Titel „Wandlungen der deutschen Familie in der Gegenwart. Darstellung und Deutung einer empirisch-soziologischen Tatbestandsaufnahme" und wollte untersuchen, wie sich Nationalsozialismus und Kriegsende auf die Struktur und soziale Bedeutung der Familie ausgewirkt hätten.[14] Schelskys „soziologische Strukturanalyse" basierte auf insgesamt 167 Familiengeschichten – sogenannte „Familienmonographien" –, welche seine Studierenden auf der Basis von teilnehmender Beobachtung, Interviews und Fragebögen erstellt hatten. Analysiert wurden vor allem entwurzelte, von sozialer Deklassierung bedrohte Flüchtlingsfamilien, denn – so Schelsky – „die Flüchtlingsfamilie [...] scheint die fortgeschrittenste und ausgeprägteste Form einer Wandlung zu sein, der die deutsche Familie in der Gegenwart überhaupt unterliegt".[15] In seiner Studie kam der Soziologe zu dem Schluss, dass gerade nicht der Verfall der Familie die Konsequenz der extremen sozialen und politischen Umwälzungen darstellte, sondern Familie vielmehr „als Stabilitätsgrundlage und -rest in einer zusammenstürzenden Gesellschaftsordnung erlebt" werde.[16] Laut Schelsky war es also gerade das Bewusstsein vom Wert der Familie und die Solidarität der Familienmitglieder, welche den Deutschen den Neuanfang nach 1945 und den Umgang mit Zusammenbruch, wirtschaftlichen Notlagen und dem Verlust sowie der Abwesenheit von Familienmitgliedern ermöglichte. Der Preis dafür bestand für den Soziologen in einem bewussten Rückzug ins Private und einer Entpolitisierung, die er als „Isolierung, Elementarisierung, Versachlichung" bezeichnete.[17] Schelskys Diagnose der auf sich selbst fixierten, bundesrepublikanischen Familie als Stabilitätsgarantin in der Zusammenbruchgesellschaft wirkt wie eine deutsche Abwandlung des kurz zuvor vom amerikanischen Soziologen Talcott Parsons beschriebenen normativen

---

[14] Helmut Schelsky, Wandlungen der deutschen Familie in der Gegenwart. Darstellung und Deutung einer empirisch-soziologischen Tatbestandsaufnahme, Stuttgart ⁵1967 (Originalausgabe Dortmund 1953), S. 50.
[15] Ebenda.
[16] Ebenda, S. 88.
[17] Hierzu vgl. auch die Rezension des Werkes von Walter Fredericia, Aus der Katastrophe in die Isolierung: Die deutsche Familie bewährt und wandelt sich, in: Die Zeit, 24. 12. 1953, S. 1 f.

Modells der „modern isolated nuclear family" in den USA.[18] Hierbei handelte es sich um eine bi-generationale Familie aus Eltern und Kindern, die – abgeschnitten von den Netzwerken einer erweiterten Verwandtschaft und unter klarer Trennung der Geschlechterrollen – als weitgehend isolierte Kerneinheit lebte. Damit war die „nuclear family" freigesetzt von sozialen Rücksichtnahmen und konnte jederzeit mobilisiert werden, den Erfordernissen der kapitalistischen Industriegesellschaft zu gehorchen und dem Mann als dem Hauptenährer an den jeweiligen Ort seiner beruflichen Tätigkeit zu folgen, wohingegen der Staat über Schule und Kinderbetreuung einen Teil der ehemals familialen Fürsorgeaufgaben übernahm. Während sich Parsons Modell für die USA – zumindest als nationale Norm und Referenzrahmen – dauerhaft behaupten konnte, wie die Forschungen unserer Münsteraner Noether-Gruppe erwiesen haben,[19] fragt sich jedoch für die Bundesrepublik, inwiefern Schelskys Konzept der stabilen Familie über die unmittelbare Nachkriegsgesellschaft hinaus Gültigkeit beanspruchen kann.[20] Konflikte und Konfrontationen über Geschlechterrollen und Familienformen in den 1950er bis 1970er Jahren deuten darauf hin, dass Schelsky nur eine punktuelle sozialhistorische Zustandsbeschreibung vornahm und keine gesellschaftliche Norm abbildete.

Aus Sicht der Bundesregierung bedurfte gerade der „Stabilitätsrest" der besonderen Förderung. So bekannte sich Bundeskanzler Adenauer im Oktober 1953 (und damit kurz nach Erscheinen der Schelsky-Studie) in seiner Regierungserklärung zu Beginn seiner zweiten Amtszeit ganz explizit zur Stärkung der Familie und gab die Gründung eines eigenen Familienministeriums bekannt:

„Die ganze Entwicklung unserer Zeit ist der Gründung einer gesunden Familie abträglich. [...] Dieser Entwicklung durch eine zielbewusste Familienpolitik entgegenzuwirken, ist ein wesentli-

---

[18] Talcott Parsons, The Kinship System of the Contemporary United States, in: American Anthropologist 45 (1943), Nr. 1, S. 22–38; ders., The Social Structure of the Family, in: Ruth Nanda Anshen (Hrsg.), The Family. Its Function and Destiny, New York 1949, S. 173–201; ders., The American Family. Its Relations to Personality and the Social Structure, in: Talcott Parsons/Robert F. Bales (Hrsg.), Family, Socialization and Interaction Process, New York 1955, S. 3–33; ders., The Normal American Family, in: Arlene S. Skolnick/Jerome H. Skolnick (Hrsg.), Family in Transition. Rethinking Marriage, Sexuality, Child Rearing and Family Organization, Boston 1971, S. 397–403.

[19] Hierzu vgl. die Ergebnisse der von mir geleiteten Emmy Noether-Nachwuchsgruppe der DFG „Familienwerte im gesellschaftlichen Wandel: Die US-amerikanische Familie im 20. Jahrhundert" an der Universität Münster. Isabel Heinemann (Hrsg.), Inventing the Modern American Family: Family Values and Social Change in 20th Century United States, Frankfurt am Main 2012; dies., Wert der Familie. Ehescheidung, Frauenarbeit und Reproduktion in den USA des 20. Jahrhunderts, Berlin/Boston 2018; Claudia Roesch, Macho Men and Modern Women: Mexican Immigration, Social Experts and Changing Family Values in the 20th Century United States, Berlin/Boston 2015; Andre Dechert, Dad on TV. Sitcoms, Vaterschaft und das Ideal der Kernfamilie in den USA, 1981–1992, Berlin/Boston 2018; Anne Overbeck, At the Heart of It All? Discourses on the Reproductive Rights of African American Women in the 20th Century, Berlin/Boston 2019.

[20] Bereits kurz nach Erscheinen der Studie hatte Wilhelm Bittorf in der Zeit kritisiert, dass diese emotionale Tiefe und den überzeitlichen Sinn der Familie in der Moderne vermissen lasse; Wilhelm Bittorf, Die Familie gewann und verlor: Anmerkungen zum Buch des Hamburger Soziologen Schelsky, in: Die Zeit, 23. 7. 1953, S. 6.

ches Anliegen der Bundesregierung! Sie wird alles dazu tun, um die Familie zu fördern; denn nur so kann auf natürliche Weise den Gefahren gesteuert werden [sic], die sich aus der jetzigen Lage für das Volksganze ergeben."[21]

Unter Gefahren verstand der Kanzler neben Kriegsverlusten und Überalterung vor allem den Geburtenrückgang auf 15,7 Geburten je 1.000 Einwohner im Jahr 1951/52 – ein historischer Tiefststand. Seine Folgerung war kurz und bündig: „Stärkung der Familie dadurch Stärkung des Willens zum Kind."[22] Die Grundsatzrede des Kanzlers fand den uneingeschränkten Beifall der Münsteraner Kirchenverwaltung, die in ihrem Blatt „Kirche und Leben" erleichtert konstatierte: „Die Familie steht im Mittelpunkt."[23]

Der neu berufene Familienminister – das CDU-Präsidiumsmitglied Franz-Josef Wuermeling – wollte sein Amt allgemein zur Stärkung der Familie, zur Anhebung der Geburtenrate verstanden wissen, allerdings ohne ein offensives Eingreifen des Staates in die Familien: „Ich will auch nicht der Vormund der Familie sein, sondern der Anwalt. Die Familie ist in der Politik durch keinen Interessenverband vertreten, ich will ihre Interessen gegenüber der Gesetzgebung und Verwaltung übernehmen."[24] Zwei Probleme beschäftigten den Minister besonders, die beide mit der Reproduktion von Familien und ihren Werten aufs Engste zusammenhingen: die Wohnungsnot und die Frauenarbeit. Wuermeling erklärte: „Die umhegte Gemeinschaft der Familie an sich gedeiht nur im Einfamilienhaus." Und: „Wir müssen Mittel und Wege finden, die Ehefrauen aus den Fabriken und Büros wieder zurück zu ihren Familien zu bringen."[25] Zu diesem Zweck setzte Wuermeling auch auf Expertenwissen und wissenschaftliche Beratung. Diese lieferten der seit 1954 eingerichtete „Beirat für Familienfragen" des Ministeriums, der zunächst vergleichsweise paritätisch aus drei Vertretern der Familienverbände, fünf Repräsentantinnen „der Praxis" (darunter drei Frauen) und vier Wissenschaftlern (darunter Bevölkerungswissenschaftler mit NS-Vergangenheit wie Hans Harmsen und Ludwig Neundörfer, aber auch der Sozialethiker und spätere Bischof von Münster Joseph Höffner sowie der Soziologe Helmut Schelsky) zusammengesetzt war. Ab 1959 überwog der Anteil der Wissenschaftler im Verhältnis 16:4.[26] Allerdings sollte es bis Anfang der 1970er Jahre dauern, bis die Initiativen des Beirats Eingang in die Familienberichte des Ministeriums fanden. Der erste Bundesfamilienbericht wurde 1968 veröffentlicht, noch ohne Trennung in wissenschaftliche Expertisen und ministerielle Stellungnahmen.[27] Die vergleichsweise späte Verwissenschaftli-

---

[21] Regierungserklärung Konrad Adenauers, 20.10.1953, http://www.konrad-adenauer.de/dokumente/erklarungen/regierungserklarung12 (16.12.2019).
[22] Ebenda.
[23] Die Familie steht im Mittelpunkt, in: Kirche und Leben 8 (1953), 8.11.1953, S. 2.
[24] Zitiert nach: Familienminister: Der Wille zum Kind, in: Der Spiegel, 4.11.1953, S. 5–8, dort S. 8.
[25] Zitiert nach: ebenda, S. 6.
[26] Vgl. Kuller, Familienpolitik, S. 97–112. Mark Jakob, Familienbilder. Sozialer Wandel, Wissenschaft und Familienpolitik in der BRD 1954 bis 1982, Wiesbaden 2019, S. 134f.
[27] Ebenda, S. 329–330 u. 340f.

chung der Familienpolitik erst gegen Ende der 1960er Jahre stellt ebenso wie das Vorherrschen stark wertgeleiteter Urteile ein Charakteristikum der BRD dar.[28]

Das Verhältnis von Wissenschaft, Werten und sozialem Wandel ist also zentral für die Auseinandersetzung mit der Moderne am Beispiel der Familie – in Gestalt von Familienpolitik, Familienrechtsreformen und Bevölkerungspolitik –, wobei noch offen ist, welche Konsequenzen sich daraus ergeben. So fragt sich beispielsweise, ob die Diagnose des britischen Kulturwissenschaftlers Jack Goody zutrifft, dass ausschließlich die fragmentierte Familie als das eigentliche Produkt der Moderne zu betrachten sei: „Anstelle der kleinen, isolierten Kernfamilie haben wir die noch kleinere, verstreute und fragmentierte Familie, die eigentlich gar keine Familie mehr ist. […] Die Müslireklame-Familie [die idealisierte Kernfamilie, I. H.] erweist sich nicht als Endpunkt der Modernisierung, sondern als eine Übergangsphase".[29] Tatsächlich schrumpfte die Familiengröße ab den 1960er Jahren deutlich. Lebten 1961 noch knapp ein Drittel aller Bundesbürger in Haushalten, die vier und mehr Personen umfassten (30,3 Prozent), so waren dies 1989 kaum mehr ein Fünftel (17,9 Prozent). Dagegen kletterte die Anzahl der Ein- und Zwei-Personen-Haushalte von durchschnittlich 47,1 Prozent (1961) auf über 65 Prozent im Jahr 1989.[30]

Führte dieser unbestrittene, an sozialstatistischen Daten festzumachende soziale Wandel auch zu tiefgreifenden normativen Neuausrichtungen oder stellt er die Folge solcher Neuorientierungen dar? War er gar Folge eines umfassenden „Wertewandels"? Und: Beinhaltete der normative wie soziale Wandel der Familie ein besonderes Potential für kollektive Empörung wie auch individuelle Enttäuschung?

Um diesen Fragen nachzugehen, werden nun die beiden Felder Reproduktion und Ehe/Ehescheidung gesondert betrachtet, da hier heftige Konfrontationen um die „richtigen" Familienwerte ausgetragen wurden. Ein kurzes Fazit beantwortet abschließend die Frage, inwiefern und mit welchem Mehrwert „Enttäuschung" als Kategorie historischer Analyse der Familie, ihrer Werte und ihrer Praxis dienen kann.

---

[28] So gab es in den USA zwar keine zentrale Familienpolitik, wohl aber mannigfaltige sozialwissenschaftliche Forschungen zur Familie, die entsprechenden Deutungsspielraum eröffneten.
[29] Jack Goody, Geschichte der Familie, München 2002 (engl. Originalausgabe: The European Family, Oxford 2000), S. 231.
[30] Privathaushalte nach Haushaltsgrößen im Zeitvergleich, 1961–2015, Statistisches Bundesamt, 2016, https://www.destatis.de/DE/Themen/Gesellschaft-Umwelt/Bevoelkerung/Haushalte-Familien/Tabellen/lrbev05.html (16. 12. 2019).

„Ehen sind heute leichter zu lösen als Mietverträge": Debatten über Ehe und Ehescheidung in den 1950er bis 1970er Jahren

„Die katholische Kirche bekennt sich zur Unauflöslichkeit der Ehe. Christliche Eheleute versprechen sich die Treue bis zum Tod. Die Kirche kann deshalb, wenn sie dem göttlichen Auftrag treu bleiben will, nicht Untreue sanktionieren."[31]

„Wenn die Unauflöslichkeit der Ehe gelten würde, könnte es kein Scheidungsrecht geben."[32]

Vielstimmig artikulierten sich in der BRD der 1950er bis 1970er Jahre nicht nur Protest und Empörung, sondern auch Enttäuschung im Zuge der öffentlichen Diskussion über eine Eherechtsreform: über die Gefährdung der Ehe als Sakrament, als Basis der Familie und damit der Gesellschaft, über die Auflösung von Tugend und Moral zugunsten einer „Sexualisierung" der Gesellschaft, über die Privilegierung scheidungswilliger Ehemänner und die mangelnde wirtschaftliche Versorgung und gesellschaftliche Stigmatisierung verlassener ehemals treusorgender Ehefrauen. Dabei bestand auf der Ebene des Ehe- und Familienrechts erheblicher Handlungsbedarf.

Bis 1961 wurden in der BRD Ehen nach dem bereits im Nationalsozialismus (1938) eingeführten und von den Alliierten im Kontrollratsgesetz Nr. 16 erneut festgeschriebenen Zerrüttungsprinzip geschieden, d. h., sie konnten vor Gericht nach Antrag jedes der beiden Partner und unter Verweis auf die hoffnungslose Zerrüttung der Ehe ohne Schuldspruch geschieden werden – allerdings erst nach einer dreijährigen Trennungsphase. 1961 dann führte die Familienrechtsreform die Scheidung nach dem Schuldprinzip wieder ein, indem sie das Widerspruchsrecht des scheidungsunwilligen („unschuldigen") Ehepartners verschärfte: Dabei drehte sich die Diskussion um die Neufassung des § 48 Absatz 2, die nun lautete: „Hat der Ehegatte, der die Scheidung begehrt, die Zerrüttung ganz oder überwiegend verschuldet, so darf die Ehe gegen den Widerspruch des anderen Ehegatten nicht geschieden werden, es sei denn, dass dem widersprechenden Ehegatten die Bindung an die Ehe und eine zumutbare Bereitschaft fehlen, die Ehe fortzusetzen."[33]

---

[31] „Barmherzigkeit durch Scheidungsanwalt? Ein KuL-Gespräch mit Weihbischof Dr. Reinhard Lettmann", in: Kirche und Leben 29 (1974), 16. 6. 1974, S. 1.

[32] Bundesjustizminister Jahn, zitiert im Artikel „Unauflöslichkeit der Ehe bekräftigt: Prälat Wilhelm Wöste zum Scheidungsrecht", in: Kirche und Leben 26 (1971), 20. 6. 1971, S. 9.

[33] Familienrechtsänderungsgesetz vom 11. August 1961, in: BGBl. 1961 I, S. 1227. Das sogenannte „Familienrechtsänderungsgesetz" stellte eine späte Reaktion auf das Familienrechtsgesetz von 1953 dar, welches auf die Verwirklichung der im Grundgesetz festgeschriebenen Gleichberechtigung der Frau bis zum 31. März 1953 abzielte und daher das Zerrüttungsprinzip erneut bestätigt hatte. Wichtigste Leistung des Gesetzes war jedoch nicht die restaurative Ehereform, sondern die liberale Neuregelung des Unehelichenrechts unter anderem durch die Übertragung der „elterlichen Gewalt" über das uneheliche Kind an die uneheliche Mutter; vgl. Buske, Fräulein Mutter, S. 234–239.

In den folgenden 15 Jahren wurden Ehen erneut vor Gericht und unter Feststellung eines Hauptschuldigen geschieden.[34] In den meisten Fällen war dies der Ehemann, der dann in der Regel auch nicht das Sorgerecht für die Kinder erhielt und der dem „unschuldigen" Teil, also der Ehefrau, gegenüber unterhaltspflichtig war. Wurde die Ehefrau schuldig geschieden, verlor sie nicht nur die Verantwortung für die Kinder, sondern auch ihren Anspruch auf Unterhalt – was (unter Berücksichtigung der Tatsache, dass nach dem vorherrschenden Ernährerprinzip eine bürgerliche Ehefrau im Regelfall nicht zu arbeiten hatte) eine existentielle Bedrohung bedeuten konnte.

Dass im Jahr 1961 eine ausgesprochen restriktive Regelung der Scheidung eingeführt wurde, um eine liberalere Rechtspraxis zu ersetzen, ist ein wichtiger Befund. Er illustriert, dass sich die Geschichte von Familienwerten und deren normativen Verankerungen eben nicht ausschließlich als Geschichte eines linearen Wertewandels erzählen lässt.[35] Initiator der konservativen Reform war CDU-Familienminister Wuermeling, der seinerseits auf eine Forderung des Zentralkomitees der deutschen Katholiken (ZdK) vom Jahresende 1960 reagierte. Dieses hatte „eine Reform der Stellung der Familie in unserer ganzen Rechtsordnung" angemahnt. Besonders dringlich dabei sei „eine baldige Revision des Scheidungsrechts, namentlich die Beseitigung des untragbaren Paragraphen 48 des Eherechtes".[36] Rückendeckung bekam der Minister nicht nur aus der eigenen Fraktion, sondern auch durch den Bundesgerichtshof, der seit einem Urteil des Jahres 1954 den Grundsatz der „Unauflöslichkeit der Ehe" vertrat.[37] Ihre Zurückhaltung, auch zerrüttete Ehen zu scheiden, begründeten die Karlsruher Richter unter anderem mit der drohenden Auflösung der „sittlichen Ordnung", „und zwar nicht nur zum Schaden vieler Ehen und Familien und der konkreten übergeordneten menschlichen Gemeinschaften […] sondern auch zum Schaden der beteiligten Ehegatten selbst".[38] Doch nicht nur der Bundesgerichtshof und die Katholiken, auch die Mehrheit der Bundestagsabgeordneten favorisierten eine solche paternalistische Auffassung des Staates und stellten sich fraktionsübergreifend hinter den Entwurf, der, so Wuermeling, den „Zeichen des Verfalls des sittlichen Bewusstseins eines

---

[34] Die häufigsten Scheidungsgründe, die es genau zu spezifizieren galt, waren Ehebruch (§ 42) und schwere Eheverfehlung (§ 43).
[35] In diesem Sinne argumentiert generell Neumaier in seiner Analyse der Debatten um die Familienrechtsreform, er schenkt jedoch der Familienrechtsreform 1961 nicht die gebührende Aufmerksamkeit als restaurativen Schritt; vgl. Neumaier, Ringen. Unkritisch mit dem Begriff „Wertewandel" und zum Zusammenhang zwischen gesellschaftlichem und normativem Wandel: Nave-Herz, Wandel, S. 61 f.; Kuller, Familienpolitik, S. 53.
[36] Der Wortlaut der Erklärung ist wiedergegeben im Artikel „Grundforderungen an eine Christliche Politik: Eine Erklärung des Zentralkommittees der Deutschen Katholiken", in: Kirche und Leben 15 (1960), 11. 12. 1960, S. 1. Vgl. auch „Eherecht: Das zerrüttete Prinzip", in: Der Spiegel, 28. 6. 1961, S. 15 f.
[37] Urteil des Vierten Zivilsenates des Bundesgerichtshofs vom 22. 2. 1954, zitiert in: ebenda, S. 16.
[38] Ebenda, S. 15.

Volkes" entgegenwirken sollte.[39] „Der Spiegel" bilanzierte nüchtern: „Sozialisten und Liberale wollen sich im Wahljahr nicht dem von Wuermeling schon erhobenen Vorwurf aussetzen, sie seien familienfeindlich und hätten Sympathien für Ehebrecher, die alternde Ehefrauen sitzenließen."[40]

Die Scheidung nach dem Schuldprinzip galt von 1961 bis zur Eherechtsreform des Jahres 1976 – einem der familienrechtlichen Reform-Meilensteine des 20. Jahrhunderts.[41] Das „Erste Gesetz zur Reform des Ehe- und Familienrechtes", welches im Juni 1976 verabschiedet wurde, stellte den Endpunkt eines langen Prozesses dar und verdeutlicht, wie umstritten die Scheidungsreform in der BRD war. Erste Vorarbeiten hatten schon 1967 begonnen, angeregt zunächst von Justizminister Gustav Heinemann und weiter verfolgt unter Justizminister Gerhard Jahn (beide SPD). Im Jahr 1970 legte die Kommission für Eherechtsreform ihren Bericht vor. Der Bundestag beriet von 1971 bis 1976, bevor er dann die Gesetzesnovelle beschloss, die zum Juli 1977 in Kraft trat.

In der Debatte um die Eherechtsreform trafen die unterschiedlichen Wertvorstellungen in aller Schärfe aufeinander. Während es dem Justizminister und der Kommission für Eherechtsreform um eine Abkehr vom als diskriminierend empfundenen Schuldprinzip und die Ermöglichung der Scheidung aller zerrütteten Ehen ging, fürchteten insbesondere Hausfrauen ohne adäquate Berufsausbildung, dafür aber mit abhängigen Kindern, um ihre Existenz. In einem Leitartikel aus dem November 1970 berichtete „Der Spiegel" mit unverhohlener Ironie über die vermeintliche Rückständigkeit vieler Ehefrauen, die sich der Eherechtsreform und damit der Emanzipation verweigerten:

„Die deutsche Ehefrau, wenn das seit Wochen anhaltende öffentliche Lamento typisch sein sollte für die Mehrheitsmeinung, hält nicht viel von Justizminister Jahn. Eine Vertreterin des 15-Millionen-Standes schrieb dem ‚Herrn Justizminister', was offenbar viele bewegt: ‚Ob er denn eine arme, alte, treue Ehefrau auch noch bestrafen will?' So artikuliert sich heute die Welt des Jahres 1900, in der Ehefrauen nach vorgegebenem Muster ihre Rolle spielten: wirtschaftlich abhängig und politisch kaum emanzipiert, in der Ehe zuständig für Haushalt und Kinder – Mutti."[42]

Viele Frauen kamen hier sichtlich mit dem Tempo der normativen Veränderungen nicht mit und fürchteten um ihre vertraute Existenz. Eine Betroffene, 58 Jahre alt, fragte sich im gleichen Bericht des „Spiegel", ob sie nun nach dreißigjähriger Ehe ihren „Lebensunterhalt als Putzfrau oder in der Fabrik verdienen müsse". Dazu kommentierten die Journalisten:

„Ihre Generation, zur Unselbständigkeit im Denken und Handeln erzogen, mit dem Leitbild der Hausfrauenehe großgeworden und allzeit an wirtschaftliche Abhängigkeit vom Mann gewöhnt, kann kaum noch erlernen, was der Jahn-Entwurf mit der Formulierung ‚Eigenverantwortung' (der geschiedenen Ehegatten) meint. Für sie bedeutet Ehe – unartikuliert, aber selbstverständlich – Versorgungsinstitut, Besitzstand und Sozialprestige."

---

[39] Entscheidung: In Untreue fest, in: Der Spiegel, 12. 4. 1961, S. 33.
[40] Ehe-Schutz, in: Der Spiegel, 31. 5. 1961, S. 17.
[41] Jutta Limbach/Siegfried Willutzki, Die Entwicklung des Familienrechts seit 1949, in: Nave-Herz, Wandel, S. 7–44, hier S. 35.
[42] Scheidung: Wie im Orient, in: Der Spiegel, 30. 11. 1970, S. 70–86, hier S. 70.

Während die Reformgegner in ihrer Kritik des Gesetzes ökonomische Interessen (Versorgung der Ehefrauen und Kinder) mit sozio-kulturellen Denkmustern (Schutz der Familie als Basis der Gesellschaft, Schutz der Kinder) und vor allem moralisch-religiösen Bedenken (Ehe als unlösbares Sakrament) kombinierten, gingen die Befürworter der Reform dagegen von einer gleichberechtigen Geschlechterrollenverteilung in der Familie aus. Sie unterschätzten dabei jedoch die gesellschaftlichen Beharrungskräfte – und damit das Potential für Unverständnis, Enttäuschung und Frustration.

So zeigte sich der Präsident des ZdK, der Rheinland-Pfälzische Kultusminister Bernhard Vogel (CDU), nach einem Bericht von „Kirche und Leben" im April 1976 „über das Ergebnis der Beratungen des Ersten Eherechtsreformgesetzes im Vermittlungsausschuss und die Annahme dieses Gesetzes durch Bundestag und Bundesrat enttäuscht". Zwar seien Verbesserungen für sogenannte „Härtefälle" erreicht worden, diese könnten jedoch nicht darüber hinwegtäuschen, „dass das neue Gesetz den staatlich gebotenen Schutz von Ehe und Familie wesentlich mildert, ja weitgehend aufhebt, und die Ehe als Lebensgemeinschaft abwertet". Durch die „Fristen-Automatik" sei die Auflösung der Ehe künftig in das Belieben jedes einzelnen Ehepartners gestellt.[43] Vor katholischen Gläubigen in Münster erklärte der ZdK-Präsident im Mai 1976 „es gehe um den Bestand unserer Gesellschaftsordnung, wenn es heute leichter sei, eine Ehe zu lösen als einen Mietvertrag. Durch die neue Ehegesetzgebung werde der schwächere Ehepartner – in der Regel die Frau – noch schwächer."[44] Auch die Deutsche Bischofskonferenz, vertreten durch ihren Vorsitzenden, den Münchner Kardinal Julius Döpfner, kritisierte, die Reform sei, was den wirksamen Schutz der Institutionen Ehe und Familie angehe, „misslungen". Sie offenbare darüber hinaus einen „bedenklichen Mangel an Vertrauen des Gesetzgebers in die sittenprägende Kraft seiner eigenen Gesetze". Insgesamt „drohe die Gefahr, dass das Wert- und Normbewusstsein der Gesellschaft der Bundesrepublik in verschiedenen Bereichen in Verwirrung gerate".[45] Der Münsteraner Bischof Heinrich Tenhumberg hingegen wetterte vor 3.000 Gläubigen im Münsteraner Dom: „Der Staat müsse auch wissen, dass es gerade im Bereich von Ehe und Familie um die Grundlagen seiner Existenz gehe. Es sei lebensgefährlich für Staat und Volk, zufällige Mehrheiten über Grundwerte und Grundrechte entscheiden zu lassen."[46]

Diese Statements veranschaulichen, dass die ranghöchsten Vertreter der katholischen Kirche in Westdeutschland (sowohl Kleriker als auch Laien) deutliche Er-

---

[43] Bei der Eherechts-Reform wurde eine Chance vertan. ZdK-Präsident Vogel: Schutz von Ehe und Familie weitgehend aufgehoben, in: Kirche und Leben 31 (1976), 25. 4. 1976, S. 1.
[44] Ehen sind heute leichter zu lösen als Mitverträge. ZdK-Präsident Vogel warnt in Münster vor Gefährdung der Ehe und Familie, in: Kirche und Leben 31 (1976), 30. 5. 1976, S. 1.
[45] Richtpunkte „auch im Blick auf die Wahl": Bischöfe fordern Reformen auf der Basis gemeinsamer Grundwerte, in: Kirche und Leben 31 (1976), 30. 5. 1976, S. 1.
[46] Zitiert nach dem Bericht von Kirche und Leben: „Wenn zufällige Mehrheiten über Grundwerte entscheiden: Bischof Tenhumberg: ‚Erhebliche Konflikte zwischen Politikern und Kirche'", in: Kirche und Leben 31 (1976), 25. 7. 1976, S. 1.

wartungen an staatliches Handeln richteten: Für sie sollte der Staat ein Bollwerk gegen den Zeitgeist sein und für die Bewahrung überzeitlicher Werte (hier: der Unauflöslichkeit der Ehe) eintreten. Indem die Präsidenten von ZdK und Bischofskonferenz sowie der Münsteraner Bischof übergeordnete Normen und Werte gegen parlamentarische Mehrheitsentscheidungen in Stellung brachten, offenbarten sie aus heutiger Sicht hochproblematische Erwartungen an die Demokratie – die dann auch gravierende Enttäuschungen nach sich zogen.

Doch nicht nur wichtige Repräsentanten der katholischen Kirche kritisierten die Ehe- und Familienrechtsreform. Auch liberale Journalistinnen und Journalisten äußerten sich kritisch, wobei sie allerdings keinen „Verfall der Werte" befürchteten, sondern vielmehr die Diskrepanz zwischen einer nunmehr liberalen Rechtsnorm und der vielfach traditionellen Familienrealität anprangerten. Es spricht einiges dafür, dass die Pressevertreterinnen damit auch auf enttäuschte Reform-Hoffnungen seit 1969 reagierten, als die Regierung Brandt eine umfassende gesellschaftliche Liberalisierung versprochen hatte, welche aber in Ansätzen stecken geblieben war. So fragte eine Journalistin der „Zeit": „Ob die Ehefrauen in der Bundesrepublik am 1. Juli 1977 ein Freudenfest feiern werden? Das Motto müsse sein: die Hausfrauenehe ist abgeschafft." Nüchtern prognostizierte sie jedoch gleich darauf:

„An der sozialen Realität wir das freilich zunächst nicht viel ändern. [...] Ginge es allein nach dem Gesetz, so hätten Mitte nächsten Jahres alle Ehefrauen die Wahl zwischen Haushalt, Beruf oder einer Kombination aus beidem. In der Praxis haben sie diese Möglichkeit meist nicht: Ihre Ausbildung ist schlecht, ihre Berufsaussichten sind schlecht, ihre Bezahlung würde schlecht sein, und ihr Selbstvertrauen ist nach einigen Jahren der Isolation in Haushalt und Familie mindestens angeknackst. Diese Voraussetzungen zu ändern wird mehr Zeit brauchen als die Änderung des BGB."[47]

Zu einem ähnlichen Schluss kam 1977 der Rechtsexperte der Bundesversicherungsanstalt für Angestellte (BfA) den der „Der Spiegel" mit folgenden Worten zitierte: Das Reformwerk sei ein „Zukunftsgesetz", welches

„in vielen Fällen soziale Tatbestände voraussetzt, die im Alltag überhaupt noch nicht existieren. Meistens hinkt der Gesetzgeber sozialen Entwicklungen nach; hier aber hat er ein Zukunftsbild geschaffen. In der deutschen Normalfamilie ist nämlich die völlige Gleichberechtigung und die damit verbundene Gleichverpflichtung von der das neue Eherechtsreformgesetz ausgeht, keinesfalls bereits der Normalfall."[48]

Die sozialstatistischen Daten für die Bundesrepublik der 1950er bis 1970er Jahre gaben jedoch wenig Anlass zur Angst vor einem „Verfall der Familie", wie ihn vor allem Kirchenvertreter und konservative Politiker befürchteten: Nach einem ersten Hoch der Ehescheidungsrate in der unmittelbaren Nachkriegszeit mit rund 1,7 Scheidungen je 1.000 Einwohner im Jahr 1950 sank die Scheidungsziffer stark ab auf rund 0,9 Scheidungen je 1.000 Einwohner in den Jahren 1955 bis 1962, um dann kontinuierlich anzusteigen. Allerdings erreichte erst zu Mitte der 1970er Jah-

---

[47] Eva Marie von Münch, Hausfrauen-Ehe abgeschafft. Am 1. Juli nächsten Jahres tritt das neue Eherecht in Kraft (I), in: Die Zeit, 15.10.1976, S. 65.
[48] Neues Scheidungsrecht: Dreimal zahlen, in: Der Spiegel, 27.6.1977, S. 46.

re die Scheidungsrate mit 1,7 (1975) bzw. 1,8 (1976) den Wert von 1950. Von 1983 bis 1989 lag sie dann kontinuierlich über 2,0 Scheidungen je 1.000 Einwohner. Dem standen in den Jahren 1948 bis 1951 mehr als zehn Eheschließungen je 1.000 Einwohner gegenüber. Eine zweite Hochphase der Ehefreudigkeit ist zwischen 1959 und 1964 zu verzeichnen mit rund neun Eheschließungen je 1.000 Einwohner. Von diesem Zeitpunkt an begannen die Zahlen kontinuierlich zurückzugehen, bevor zwischen 1982 und 1989 die Eheschließungsrate wieder leicht anstieg, von 6,0 (1983) auf 6,4 Eheschließungen je 1.000 Einwohner.[49] Zugleich stieg der Anteil an nichtehelichen Lebensgemeinschaften stark an, insbesondere unter den Jungen und Kinderlosen. Zeitgenössische Schätzungen gingen von einer Steigerung von 222.800 (1972) auf 889.200 (1982), respektive 137.000 auf 516.000 solcher Partnerschaften aus.[50]

Aus dem Vergleich der Diskussion um die Eherechtsreform mit der Entwicklung der sozialstatistischen Daten zu Eheschließung und Scheidung lassen sich zwei Erkenntnisse gewinnen. Erstens erweisen die Daten neben einer steigenden Neigung, eheliche und familiäre Bande durch Scheidung wieder aufzulösen, auch einen großen Bedarf an festen Bindungen, die zum Teil in der Ehe, zum Teil aber auch über nichteheliche Lebensgemeinschaften realisiert wurden. Der für die zweite Hälfte des 20. Jahrhunderts unübersehbare Anstieg der Scheidungszahlen führte nicht zu einer Infragestellung der Familie als solcher, sondern unterstrich eher die gestiegene emotionale Bedeutung der Ehe, da unharmonische Beziehungen nicht einfach fortgesetzt wurden, insbesondere nicht von Frauen.[51] Es spricht also viel dafür, dass die Idee der bürgerlichen Kernfamilie ein wirkungsmächtiges bevölkerungspolitisches Dispositiv nach Foucault darstellt, an dem die Menschen sich bewusst und unbewusst ausrichten – auch wenn ihre Ehen geschieden wurden oder sie ohne Trauschein zusammenlebten. Zweitens illustrieren die Debatten, dass es weniger um sozialstatistisch fassbare Trends denn um Geschlechternormen und Vorstellungen sexueller Moral ging, was die besondere Emotionalität der Auseinandersetzungen um die Scheidungsrechtsreform erklärt.

„Abtreibungsseuche" oder „reproduktive Selbstbestimmung"? Debatten über Verhütung, Abtreibung und Reproduktion

Inwiefern sich diese Diagnose der prägenden Bedeutung des Modells der Kernfamilie – trotz verstärkten sozialen Wandels – weiter erhärten lässt, soll ein Blick auf

---

[49] Alle Daten nach https://www-genesis.destatis.de. Vgl. z. B. Statistik rechtskräftiger Urteile in Ehesachen 1950–2018, https://www-genesis.destatis.de/genesis/online/data?operation=ergebnis tabelleDiagramm&option=diagramm&levelindex=1&levelid=1582018106724&downloadname =12631-0001 (16.12.2019).
[50] Neumaier, Familie im 20. Jahrhundert, S. 496.
[51] Christina von Hodenberg weist darauf hin, dass sich Mitte der 1970er Jahre unter Akademikerinnen und Gebildeten ein Trend zur Scheidung manifestierte, wobei dreiviertel der Schei-

die bundesrepublikanischen Diskussionen um Verhütung, Abtreibung und Reproduktion klären, da hier ebenfalls Gendernormen und Sexualmoral die eigentliche Agenda der Diskurse stellten.

Generell galt als Maxime der bundesrepublikanischen Politik, dass Reproduktion eine höchst private Entscheidung darstellte und der Staat sich bei Eingriffen in die Entscheidung und die jeweiligen Rahmenbedingungen sehr zurückhielt – bewusst verstanden als eine der Lehren aus der Rassen- und Bevölkerungspolitik des NS-Regimes.[52] Dies stellt einen weiteren charakteristischen Unterschied zu anderen modernen westlichen Gesellschaften da, so wurde beispielsweise in den USA staatlich gelenkte Bevölkerungspolitik sehr viel offensiver diskutiert.

Der erste neuralgische Punkt der Reproduktionsdiskussion in der Bundesrepublik war die Zulassung hormoneller Kontrazeptiva („Pille"), alsbald gefolgt von einer intensiven Debatte um die rechtliche Sanktionierung der Abtreibung im § 218 und die Forderung der Frauenbewegung nach Zugang zu vollständiger reproduktiver Kontrolle.

Im Jahr 1961 brachte die Firma Schering das Präparat Anovlar auf den deutschen Markt und eröffnete damit auch der deutschen Ehefrau die Möglichkeit der hormonellen Verhütung.[53] Ledige Frauen erhielten zunächst nur in Ausnahmefällen von ihren Ärzten Rezepte für das Präparat – auch dies ein Hinweis darauf, dass ärztliches Handeln nicht ausschließlich dem Wohle der Patientin verpflichtet war, sondern sich an gesellschaftlichen Moralvorstellungen und hegemonialen Normen ausrichtete. Die Zeitschriften „Der Spiegel" und „Die Zeit" begleiteten die Einführung der Pille mit intensiven Diskussionen um Nebenwirkungen und die prinzipielle Wünschbarkeit der hormonellen Kontrazeption, wobei der „Spiegel" eine positivere Haltung einnahm und sich für die Abgabe der Pille auch an unverheiratete Frauen stark machte, nicht zuletzt zur Reduktion der Zahl illegaler Abtreibungen.[54] Ein Journalist der „Zeit" dagegen äußerte 1962 noch massive Bedenken gegen die Pille – aus sittlichen Gründen:

dungsgesuche von Frauen eingereicht wurden. Hodenberg, Das andere Achtundsechzig, S. 128 f. Mit Blick auf das Ende des 20. Jahrhunderts hat die Familiensoziologen Rosemarie Nave-Herz hingegen argumentiert, dass „Ehe und Familie in Deutschland eine hohe gesellschaftliche Akzeptanz" genießen und „noch nie so viele Menschen in einer zeitlich so langen monogamen Ehe gelebt [hätten] wie heute"; Rosemarie Nave-Herz, Wandel und Kontinuität in der Bedeutung, in der Struktur und Stabilität von Ehe und Familie in Deutschland, in: dies. (Hrsg.), Wandel, S. 45–70, hier S. 63 f., 66.

[52] Sehr viel weniger allerdings im Umgang mit Behinderung/„Disability". Darauf hat kürzlich Dagmar Herzog hingewiesen: Dagmar Herzog, Unlearning Eugenics: Sexuality, Reproduction, an Disability in Post-Nazi Europe, Madison, Wisconsin 2018, S. 4–8.

[53] Vgl. Eva-Maria Silies, Liebe, Lust und Last. Die Pille als weibliche Generationserfahrung in der Bundesrepublik 1960–1980, Göttingen 2010; Christian König/Annette Leo, Die „Wunschkindpille". Weibliche Erfahrung und staatliche Geburtenpolitik in der DDR, Göttingen 2015; Lutz Niethammer/Silke Satjukow (Hrsg.), „Wenn die Chemie stimmt ...". Geschlechterbeziehungen und Geburtenkontrolle im Zeitalter der „Pille", Göttingen 2016.

[54] Geburtenkontrolle. Antwort im Herbst, in: Der Spiegel, 26. 2. 1964, S. 75–77; Anti-Baby-Pillen nur für Ehefrauen? Spiegel-Gespräch mit dem Direktor der Universitäts-Frauenklinik Göttingen, Professor Dr. Heinz Kirchhoff, in: ebenda, S. 79–89; Antibabypille. Ins rechte Maß, in: Der Spiegel, 16. 3. 1970, S. 190–196; Bilanz: Nach wie vor zugunsten der Pille. Spiegel-Ge-

„Den Vereinigungstrieb von seinem schicksalhaften Hintergrund zu lösen, wird daher kaum ohne Folgen für die Moral schlechthin bleiben können. Auch ist die Angst vor dem ungewünschten Kind, die Angst vor der Schande, noch immer ein kräftiges Regulativ in unserer so toleranten Gesellschaft. Sie zu beseitigen hieße für viele die letzten Schranken einreißen, die den Weg in einen zweifelhaften Lebenswandel mit seinen Folgen versperren."[55]

Genau diese Bedenken – Verfall von Sitte und Moral – teilte eine Gruppe konservativer Frauenärzte, die 1964 mit einer Petition an Bundesgesundheitsministerin Elisabeth Schwarzhaupt für Aufsehen sorgte. In der sogenannten „Ulmer Denkschrift" erklärten über 400 Mediziner, darunter zahlreiche Ordinarien für Frauenheilkunde und Chefs von Universitätsfrauenkliniken, ihren Protest gegen die „öffentliche Propagandawelle für Empfängnisverhütung und Geburtenbeschränkung" und in Sonderheit gegen die Pläne der Ministerin, das Verbot der öffentlichen Werbung für empfängnisverhütende Mittel (§ 184 StGB) abzuschaffen. Dadurch sahen sie die „körperliche und seelische Gesundheit und die Zukunft unserer Patienten und unseres ganzen Volkes bedroht". Sie baten das Bundesgesundheitsministerium „nach geeigneten Wegen (zu) suchen, um die wirklichen Ursachen der Abtreibungsseuche zu bekämpfen, die nicht in einer mangelnden Propaganda für ‚Antibabypillen' zu suchen sind, sondern in der ungehemmten öffentlichen Sexualisierung und Zersetzung der sittlichen und moralischen Substanz unseres Volkes".[56] Diese gedankliche Verbindung zwischen der Möglichkeit von Verhütung, dem damit einher gehenden Sittenverfall und der das „Volksganze" schädigenden „Abtreibungsseuche" sind sehr charakteristisch für eine konservative Krisenwahrnehmung, die allzu linearen Liberalisierungserzählungen diametral zuwiderläuft.

Wie ambivalent die Einstellung zur Antibabypille war, zeigt auch das Beispiel der Münsteraner Katholikinnen und Katholiken. Hier offenbarte sich eine deutliche Diskrepanz zwischen der Position der Amtskirche einerseits, die am Verhütungsverbot der Papstenzykliken „Casti Conubii" (1930) und später „Humanae Vitae" (1968) festhielt, und derjenigen von Seelsorgern und Gläubigen an der Basis andererseits:[57] Auf der einen Seite bekundete der Münsteraner Bischof Joseph Höffner mit markigen Worten seine Enttäuschung darüber, „dass gewisse Publika-

---

spräch mit Professor Dr. Jürgen Hammerstein vom Klinikum Berlin-Steglitz, in: ebenda, S. 197–202; Theo Löbsack, Für und wider die Anti-Baby-Pille. Nebenwirkungen und moralische Bedenken bremsen den Siegeszug einer umstrittenen Droge, in: Die Zeit, 19. 1. 1962, S. 29 f.; Die „Pille" ist relativ sicher, in: Die Zeit, 15. 5. 1970, S. 58.

[55] Löbsack, Für und wider, in: Die Zeit, 19. 1. 1962, S. 29.
[56] Ärzteprotest gegen die Propagierung der „Anti-Baby-Pille". Denkschrift an das Bundesministerium für Gesundheitswesen zur Frage der derzeitigen öffentlichen Propaganda für Geburtenbeschränkung, Juni 1964, Nachdruck in: Medizin und Ideologie. Informationsblatt der Europäischen Ärzteaktion 16 (1994), S. 3–10.
[57] Die Irritation vieler deutscher Katholikinnen und Katholiken über „Humanae Vitae" beschreiben Katharina Ebner und Maria Mesner, Attempted Disobedience: Humanae Vitae in West Germany and Austria, in: Alana Harris (Hrsg.), The Schism of '68: Catholicism, Contraception and Humanae Vitae in Europe, 1945–1975, Cham 2018, S. 121–158.

tionsmittel aus gewerblichen Gründen systematisch die Ehescheidung, die Abtreibung, die Untreue, den Ehebruch, die Zerrüttung der Ehe und einen zynischen Genuss-Egoismus verherrlichen". Er hatte die Medien zuvor festlegen wollen auf ein „Urteil des Gewissens" und dazu den Vergleich mit der Verantwortung eines Arztes bemüht: „Wie in der Medizin die Arzneimittel der Kontrolle und dem Ethos des Arztes unterstellt sind, damit sie Heil und nicht Unheil bringen, so müssen auch die Publikationsmedien vom Urteil des Gewissens kontrolliert werden."[58]

Auf der anderen Seite bestand unter den Katholikinnen des Münsterlandes eine tiefe Verunsicherung und Zerrissenheit zwischen Kirchenlehre und dem Bedürfnis, die Größe der eigenen Familie zumindest ansatzweise selbst zu bestimmen. Dies veranschaulichen gut ein seelsorgerischer Leitartikel und eine Flut von Leserbriefen im Diözesanblatt „Kirche und Leben" aus dem Mai des Jahres 1964. Unter dem Titel „Liebe, Ehe, Kindersegen und die Antibabypille: Eine Antwort an viele Fragenden" verfasste der Münsteraner Seelsorger Pater Sylvester im Mai 1964 einen Leitartikel, den er mit den vielen bereits erhaltenen Leserbriefen zum Thema begründete: „Denn darüber besteht kein Zweifel: Die Frage des Kinderreichtums, der ehelichen Liebe und Enthaltsamkeit bereitet dem echten Christen im Zeitalter der industriellen Massengesellschaft tiefe, innere Seelennot."[59] Neben christlicher Lektüre, Gesprächen mit dem Seelsorger und intensiver Selbstbefragung der Eheleute empfahl der Pastor verhütungswilligen Paaren auch die Beratung durch einen Facharzt – was eine beachtliche Neuerung darstellte. Er bekannte sogar, dass eine zeitlich befristete Nutzung der hormonellen Verhütung im Einklang mit der Kirchenlehre stehen könne: „Aus bestimmten Gründen kann nach dem Urteil bedeutender katholischer Autoren für die erste Zeit nach der Geburt das Mittel angewendet werden, und zwar nicht nur als Medikament gegen eine Krankheit."[60]

Daraufhin erhielt „Kirche und Leben" eine weitere Flut an Leserzuschriften, das Heft fand überdies ungewöhnlich hohen Absatz im freien Verkauf – augenscheinlich bewegte das Thema viele Leserinnen und Leser. Interessant ist, dass nach Angaben der Zeitung die Leserreaktionen geschlechtsspezifisch ausfielen: Während ausschließlich Männer das Angebot zur persönlichen Aussprache mit Pater Sylvester annahmen, äußerten sich Frauen primär in Leserbriefen und Telefonanrufen

---

[58] „Auch früher hat es Untreue, Ehebruch und Abtreibung gegeben. Heute aber wird das alles publizistisch breitgetreten und vielfach als vorbildlich und nachahmenswert hingestellt, was zu Verheerungen im sittlichen Bewusstsein der Menschen führt." Bischof Joseph Höffner, zitiert nach: Dr. Wilhelm Dreier, Institut für Christliche Sozialwissenschaften an der Universität Münster: Ist Familie nicht mehr gefragt? Zur öffentlichen Meinungsbildung um Sinn und Unsinn der Familienpolitik, in: Kirche und Leben 18 (1963), 7. 7. 1963, S. 5 (Fortsetzung des Leitartikels vom 30. 6. 1963).

[59] Pater Sylvester, OP (Ordo Fratrum Praedicatorum, Dominikaner): Liebe, Ehe, Kindersegen und die Antibabypille: Eine Antwort an viele Fragenden, in: Kirche und Leben 19 (1964), 24. 5. 1964, S. 5.

[60] Ebenda.

bei der Redaktion.⁶¹ Sechs Wochen später druckte die Zeitung einige Leserbriefe ab, wiederum versehen mit dem Kommentar des Paters. Hier stechen insbesondere die Briefe von Leserinnen heraus, da sie die Dilemmata katholischer Frauen zwischen Selbstbestimmung und katholischer Morallehre besonders deutlich zeigen. So schrieb eine sechsfache Mutter:

„Selbst wenn meine jetzige körperliche Verfassung die Anwendung eines Gelbkörperpräparates (Pille) sinnvoll machte oder geboten sein ließe, so fürchte ich, dass die tiefgreifende Wirkung des Präparates auf die Persönlichkeit – man lässt sich etwas nehmen, was einem wesensgemäß zukommt – den Erfolg mehr als fraglich sein lässt. Außerdem bezweifle ich, dass es gut ist, so plötzlich, wenn auch nur zeitweise, aus der Verantwortung entlassen zu sein. Auf der anderen Seite habe ich Rücksicht zu nehmen auf meinen Mann. Und ein Medikament, was das zeitliche Dilemma beseitigt und gleichzeitig die Fruchtbarkeit im natürlichen Rahmen gewährleistet, gibt es noch nicht. Bitte verstehen Sie mich richtig, mir geht es nicht darum, der mir von Gott gestellten Aufgabe auszuweichen, sondern sie sinnvoll zu lösen."⁶²

Eine junge fünffache Mutter, die zudem bereits eine Totgeburt und fünf Fehlgeburten hinter sich hatte, fand noch deutlichere Worte: „Ich habe mir die Ehe anders vorgestellt. Ich habe gewusst, dass ich arbeiten muss, ich habe auch immer sechs Kinder gewollt, aber nicht jedes Jahr eins. Ich würde auch nie etwas tun, um werdendes Leben zu vernichten, aber ich möchte mal ein paar Jahre ohne Angst leben."⁶³

Der Seelsorger hingegen verwies abermals auf die Möglichkeit der hormonellen Verhütung: „Kein Medikament ist abzulehnen, wenn es als Hauptwirkung den Zyklus regelt und als Nebenwirkung zeitweilige Unfruchtbarkeit hervorruft. Man müsste sie im Notfalle auf sich nehmen, als ein Opfer, das der Ehe gebracht werden muss."⁶⁴ Dieses vorsichtige Eingehen auf die Bedürfnisse der Gläubigen – konzipiert möglicherweise auch als Enttäuschungsprävention, um die Loyalität der Gläubigen auch bei partiellem Dissens zu erhalten – hegte der gleiche Artikel jedoch umgehend wieder ein. Pater Silvester verwies auf die Position des Papstes Paul VI., welcher die Einhaltung der katholischen Lehre im Hinblick auf Geburtenkontrolle angemahnt hatte.⁶⁵

Doch nicht nur katholische Kirchenvertreter, die auf der Grundlage päpstlicher Enzykliken die gezielte Verhütung mit „Sünde" gleichsetzten, und konservative Ärzte sorgten sich um den vermeintlichen Verfall der Familie angesichts von Verhütung und Abtreibung. Am anderen Ende der soziokulturellen Skala formierte sich die Frauenbewegung als soziale Bewegung gerade aus dem Protest gegen das gesetzliche Abtreibungsverbot und forderte dringlich eine Revision des § 218 des StGB und den Zugang zu ungehinderter reproduktiver Kontrolle für alle Frauen.

---

⁶¹ Hinweise über den ungewöhnlich starken Absatz des Heftes im Vorspann zum Folgeartikel im Juli 1964: „Mal ein paar Jahre ohne Angst leben", in: Kirche und Leben 19 (1964), 5. 7. 1964, S. 5.
⁶² Ebenda, S. 15.
⁶³ Ebenda.
⁶⁴ Ebenda, S. 5.
⁶⁵ Ebenda.

Als die Illustrierte „Stern" am 6. Juni 1971 mit der Schlagzeile „Ich habe abgetrieben!" aufmachte und auf dem Titel die Fotos bekannter Schauspielerinnen und Intellektueller veröffentlichte – nicht wenige mit Kind – zeigte dies nicht nur den Willen der Organisatorin Alice Schwarzer zur Erzeugung größtmöglicher Öffentlichkeit.[66] Es sprach daraus eben auch die Empörung der Betroffenen und allgemein der in der Frauenbewegung engagierten Frauen über die schleppende Reform der gesetzlichen Grundlagen, die Kriminalisierung der Abtreibung durch Medien und Gesellschaft und schließlich über die Reduktion der Frauen auf ihre biologische Geschlechterrolle im patriarchalen System. Das Heft veröffentlichte – in Anknüpfung an eine ähnliche Aktion französischer Feministinnen von Mai 1971 – die Bekenntnisse von insgesamt 374 Frauen zu ihren illegalen Abtreibungen sowie die Forderung nach der ersatzlosen Streichung des § 218.[67] Der Appell begann mit den Worten:

„Jährlich treiben in der Bundesrepublik rund 1 Million Frauen ab. Hunderte sterben, zehntausende bleiben krank und steril, weil der Eingriff von Laien vorgenommen wird. Von Fachärzten gemacht, ist die Schwangerschaftsunterbrechung ein einfacher Eingriff. Frauen mit Geld können gefahrlos im In- und Ausland abtreiben. Frauen ohne Geld zwingt der Paragraph 218 auf die Küchentische der Kurpfuscher. Er stempelt sie zu Verbrecherinnen und droht ihnen mit Gefängnis bis zu 5 Jahren. Trotzdem treiben Millionen Frauen ab – unter erniedrigenden und lebensgefährlichen Umständen."[68]

Neben dem individuellen Bekenntnis beinhaltete er jedoch auch eine klare Forderung: „Wir Frauen wollen keine Almosen vom Gesetzgeber und keine Reform auf Raten! Wir fordern die ersatzlose Streichung des Paragraphen 218! Wir fordern umfassende sexuelle Aufklärung für alle und freien Zugang zu Verhütungsmitteln! Wir fordern das Recht auf die von den Krankenkassen getragene Schwangerschaftsunterbrechung!"[69]

---

[66] Angeregt von der Feministin Alice Schwarzer und orientiert am „Manifeste des 343" vom 5. Mai 1971, einem Bekenntnis von 343 Frauen des öffentlichen Lebens zu ihrer Abtreibung, das Simone de Beauvoir redigiert hatte und welches in der Zeitschrift Le Nouvel Observateur in Frankreich erschienen war. Vgl. Ann-Kathrin Gembries, Von der Fortpflanzungspflicht zum Recht auf Abtreibung. Werte und Wertewandel im Spiegel französischer Parlamentsdebatten über Geburtenkontrolle 1920–1974, in: Dietz/Neumaier/Rödder (Hrsg.), Wertewandel, S. 307–333, dort S. 320.

[67] Während das Manifest zumeist als Beginn der neuen Frauenbewegung in der BRD gewürdigt wird – und auch die Initiatorin Alice Schwarzer das Ereignis genauso präsentiert – hat kürzlich Christina von Hodenberg darauf hingewiesen, dass 1968 eigentlich als Beginn der neuen Phase der Frauenbewegung gedacht werden müsse. Hodenberg, Das andere Achtundsechzig, S. 148 u. 192 f. Alice Schwarzer, Frauen gegen den § 218: 18 Protokolle, aufgezeichnet von Alice Schwarzer, mit einem Bericht der Sozialistischen Arbeitsgruppe zur Befreiung der Frau, München/Frankfurt am Main 1971, S. 152–156.

[68] Zitiert nach: Archiv FrauenMediaTurm Köln, FT.02.034, Appell „Wir haben abgetrieben", Formular für die Unterschriftensammlung, o. D., http://www.1000dokumente.de/index.html?c=dokument_de&dokument=0142_ste&object=facsimile&pimage=2&v=100&nav=&l=de (16. 12. 2019). Dazu auch Julia Hitz, Aktion 218, in: Digitales Deutsches Frauenarchiv http://www.digitales-deutsches-frauenarchiv.de/akteurinnen/aktion-218 (20.2.2020).

[69] Zur Kampagne um die Reform des § 218 als solcher vgl. die Presseausschnittsammlung im Archiv FrauenMediaTurm Köln, PD-SE 11.01, 11.02.

Es erstaunt nicht, dass die Münsteraner Diözese harte Worte der Kritik für die Kampagne fand. Unter der Überschrift „So weit sind wir gekommen: Straftaten werden öffentlich verherrlicht" zitierte „Kirche und Leben" den Vorsitzenden der Deutschen Bischofskonferenz, Kardinal Döpfner, mit den Worten „Abtreibung sei nicht nur ein Vergehen gegen geltende Gesetze des Staates, sondern verstoße auch gegen das christliche Sittengesetz." Dagegen sei die Veröffentlichung der „angeblichen Selbstbezichtigung von 374 Frauen, ihr Kind abgetrieben zu haben" als solche bereits „besorgniserregend".[70] Der gleiche Artikel brachte auch das Statement des Präsidenten des ZdK, Dr. Albrecht Beckel aus Münster, der festgestellt hatte:

„Es ist alarmierend, wenn es in unserer Gesellschaft möglich ist, dass man sich um der Publizität willen einer Straftat brüstet, für die im Einzelfall unter gewissen Umständen menschliches Verständnis aufgebracht werden mag. [...] Ein Staat, der einer solchen öffentlichen Zurschaustellung strafbarer Handlungen tatenlos zusehen würde, stellt damit ein Stück seiner Rechtstaatlichkeit in Frage."[71]

Interessanterweise wandten sich auch viele Mitglieder christlicher Jugendorganisationen gegen eine Legalisierung der Abtreibung. So protestierte beispielsweise der Verband Christlicher Junger Arbeitnehmer Nordrhein-Westfalens (CAJ) mit Flugblatt und eigenem Aktionsprogramm gegen die „verlogenen Manipulationsmethoden von „Stern", „Spiegel" und der „Aktion 218", eines Zusammenschlusses verschiedener Frauengruppen aus 20 Städten, der den frühen organisatorischen Kern der Bewegung bildete. In deren Berichten, so die jungen Katholiken, entlarvten „Genusssucht und brutaler Egoismus Stars als Verbrecher und Mörder". Die CAJ schlug vor, dem Slogan der Frauenbewegung „Mein Bauch gehört mir" das Bibelzitat „Ihr Gott ist der Bauch" entgegenzusetzen.[72] Die Bischofskonferenz gab eine eigene „Stellungnahme zum Schutz werdenden Lebens" heraus, die Prälat Wöste, ebenfalls aus Münster und zugleich der ranghöchste Vertreter der Bischöfe bei der Bundesregierung in Bonn, Justizminister Gerhard Jahn und Familienministerin Käthe Strobel überreichte. Im Bericht von „Kirche und Leben" hieß es dazu: „Der Ausbau von Beratungsstellen und Hilfseinrichtungen für die werdende Mutter ist nach Auffassung des Kommissariats der deutschen Bischöfe neben dem strafrechtlichen Verbot des Schwangerschaftsabbruchs das ‚einzige geeignete Mittel, der Abtreibung entgegenzuwirken'."[73]

In der Folge kennzeichneten intensive Debatten über die Reform des § 218 – aber auch massiver Streit, wütende Proteste und Gegenproteste – die 1970er und 1980er Jahre. Der Widerstand katholischer Kirchenleute war erwartbar, der Wi-

---

[70] So weit sind wir gekommen: Straftaten werden öffentlich verherrlicht, in: Kirche und Leben 26 (1971), 20. 6. 1971, S. 1.
[71] Ebenda.
[72] CAJ-Protest gegen „Stern" und „Aktion 218", in: Kirche und Leben 26 (1971), 4. 7. 1971, S. 9. Aktionsprogramm gegen Abtreibung: Junge Arbeitnehmer sehen nicht tatenlos zu, in: Kirche und Leben 26 (1971), 11. 7. 1971, S. 9.
[73] Wankt das Recht auf Leben? Eine Stellungnahme der deutschen Bischöfe, in: Kirche und Leben 26 (1971), 11. 7. 1971, S. 1. Prälat Wilhelm Wöste war Vorsitzender des Kommissariats der deutschen Bischöfe in Bonn.

derstand der Ärzte – die zum Teil an den illegalen Abbrüchen nicht schlecht verdienten – dagegen weniger.[74] Ärzteverbände drohten mit medizinischem Boykott, sollte die Abtreibungsgesetzgebung zu weit gelockert werden und anonym befragte Ärzte sprachen sich zu zwei Dritteln gegen die Liberalisierung der Abtreibung aus, wobei sie zumeist ethisch-moralische Gründe anführten.[75] Hinter diesen Äußerungen stand gewiss Respekt vor dem Leben und dem hippokratischen Eid, aber auch deutlich die Weigerung, die Sorgen und Nöte der Patientinnen zum Gradmesser des medizinischen Handelns zu machen, was wiederum die Frauenbewegung scharf kritisierte. So formulierte die Berliner Frauengruppe „Brot und Rosen" in der zweiten Auflage ihres 1972 erstmals erschienen „Frauenhandbuchs Nr. 1: Abtreibung / Verhütungsmittel" im Jahr 1974:

> „Es ist der Frauenbewegung in den letzten beiden Jahren klargeworden, welche Bedeutung der einzelne Arzt und das System der niedergelassenen Ärzte für die Unterdrückung der Frau hat. Wir sind aufgrund unserer biologischen Disposition, aufgrund der langen Diskriminierung und Rechtlosigkeit, aufgrund der Entwicklung der Wissenschaft unter Ausschluss der Frauen gezwungen gewesen, die Heilung unserer Beschwerden von den Männern zu erwarten, die sich weder für die Ursachen, noch für die Heilung unserer Krankheiten interessieren, sondern sie oft erst verursachten. Die Umstände, unter denen Frauen menstruieren, Kinder bekommen, abtreiben, verhüten sind an die männliche Medizin gebunden und die ist für die Frauen im wahrsten Sinne des Wortes eine Mord- und Foltergeschichte."[76]

Die Forderungen der Frauen richteten sich daher zum einen auf die Reform des Strafrechts zur Legalisierung der Ersttrimester-Abtreibung und zum anderen auf Aufklärung und „Selbstermächtigung" der Frauen in Sachen Gesundheit und Verhütung, um nicht länger dem Zugriff des männlichen Experten und Arztes ausgeliefert zu sein.[77]

Bereits 1971 hatte „Der Spiegel" die Frankfurter Frauengruppe „Aktion 70" mit dem Statement zitiert, die Männer unter den Ärzten seien eines der größten Hindernisse für eine freizügige Abtreibungspolitik. Dagegen hätten die Frauen, „für den moralischen Rigorismus der Männer zu bezahlen".[78] Zudem sei die Gesellschaft „heuchlerisch", wenn sie auf rigorosen Abtreibungsgesetzen beharre:

---

[74] „Der Spiegel" zitierte 1973 den Erzbischof von Köln und ehemaligen Bischof von Münster, Josef Kardinal Höffner, mit den Worten „Kindsmord an den Ungeborenen", die Arbeitsgemeinschaft der katholischen Verbände im Bistum Münster beklagte die geplante Fristenlösung als „Freibrief zum Töten", und einer der Mitautoren der Ulmer Denkschrift gegen die Anti-Baby-Pille, der Ulmer Mediziner Siegfried Ernst, erklärte, die geplante Legalisierung der Abtreibung nehme den „Massenmord im Unterleib" von Strafe aus; Abtreibung: Massenmord oder Privatsache?, in: Der Spiegel, 21. 5. 1973, S. 38–58, hier S. 46.
[75] Ebenda, S. 44.
[76] Brot und Rosen (Hrsg.), Frauenhandbuch Nr. 1, S. 16 f.
[77] Hierzu vgl. neben dem „Frauenhandbuch Nr. 1" auch sein US-amerikanisches Pendant „Our Bodies, Ourselves" (1971) und z. B. den Bericht der Frankfurter Frauen über ihre Abtreibungs- und Verhütungsberatung im Frauenjahrbuch 1975 und den Bericht von Jutta Lauterbach, Doris Scharf und Dagmar Schultz in der Zeitschrift „Courage" 1977 über die Eröffnung des Frauengesundheitszentrums in Berlin nach dem Prinzip „Selbsthilfe auf dem Gebiet der Gesundheit", beide abgedruckt in: Lenz (Hrsg.), Neue Frauenbewegung, S. 118–128.
[78] „Ich habe nur Umgang mit Mörderinnen", in: Der Spiegel, 21. 5. 1971, S. 143.

"Wenn die Kinder da sind, kümmert sich niemand um sie." Es fehle an Spielplätzen, Kindergärten, Schulen.[79] Gleiches hatte die Aktion 218 bereits im Juli 1971 in einem Brief an Bundesjustizminister Gerhard Jahn bekannt: Neben der Abschaffung des § 218, der Übernahme der Kosten von Schwangerschaftsabbrüchen durch die Krankenkassen und der freien Zugänglichkeit von Verhütungsmitteln forderten die Frauen auch „mehr Kindergartenplätze, Hilfe für kinderreiche Familien und ledige Mütter und Schwangerschaftsurlaub von mindestens einem Jahr für Mutter oder Vater".[80] Kurz darauf zogen die Vertreterinnen der Frauenbewegung jedoch aus dem schleppenden Verlauf der Gesetzesänderung die Konsequenz: „Diskussionen mit Parlamentariern, Forderungen an die Parteien von den Betroffenen führen zu nichts." Es seien nicht die Betroffenen, sondern vielmehr die „Experten der Regierung: Vertreter der Industrie, der Kirchen und ärztlichen Standesorganisationen", die über eine gesetzliche Neuregelung entschieden. „Daraus folgt: Die Frauen sind gezwungen, ihre Interessen selbst zu vertreten. Sie müssen sich zusammenschließen. Dass sie das können, haben sie mit der Gründung zahlreicher Aktionsgruppen in der Bundesrepublik und Westberlin bewiesen. Frauen gemeinsam sind stark!"[81] Enttäuschung über die patriarchale Bevormundung durch männliche Ärzte und Experten sowie über die schleppende Gesetzesreform, an der Frauen nicht beteiligt waren, wirkte hier folglich als Motor der Selbstorganisation und Selbstermächtigung.

Auf Initiative der sozialliberalen Koalition und unter impliziter Berücksichtigung der Forderungen der Frauenbewegung beschloss der Bundestag am 26. April 1974 die „Fristenlösung" und damit die Straffreiheit eines Schwangerschaftsabbruchs in den ersten zwölf Wochen der Schwangerschaft, dem sogenannten ersten Trimester.[82] Die Reaktionen der Münsteraner Katholiken fielen deutlich aus, wobei sich erneut ausschließlich Männer zu Wort meldeten: Während ein Geistlicher aus Protest sein Bundesverdienstkreuz zurückgab, gründete der Münsteraner Bischof Heinrich Tenhumberg eine „Kommission zum Schutz des ungeborenen Lebens". Der Präsident des ZdK, Bernhard Vogel, kündigte an, mit allen Kräften für die Änderung der Entscheidung des Bundestags kämpfen zu wollen, und der

---

[79] Ebenda.
[80] Bundeskonferenz der AKTION 218, Brief an Bundesjustizminister Gerhard Jahn, 10.7.1971, abgedruckt in: Lenz (Hrsg.), Neue Frauenbewegung, S. 81f.
[81] Protokoll zum Plenum des Bundesfrauenkongresses am 12.3.1972 in Frankfurt am Main, abgedruckt in: ebenda, S. 87–95, hier S. 93.
[82] Einführung der sogenannten Fristenlösung durch das Fünfte Gesetz zur Reform des Strafrechts vom 18. Juni 1974 mit Einfügung des § 218a. Das Gesetz orientierte sich auch an den USA, wo der Supreme Court im Jahre 1973 die Ersttrimesterabtreibung unter Verweis auf die persönliche Entscheidungsfreiheit der Frau legalisiert hatte („right to privacy"). Seither war und ist der Entscheid im Fall „Roe vs Wade" immer wieder Gegenstand heftigster Konfrontationen zwischen Verfechtern der „pro choice" Regelung und einer religiös motivierten, nicht selten gewaltbereiten „pro life" Fraktion der Abtreibungsgegner; vgl. Johanna Schoen, Abortion after Roe. Abortion after Legalization, Chapel Hill 2016; Cathy Moran Hajo, Birth Control on Main Street: Organizing Clinics in the United States 1916–1939, Urbana/Chicago/Springfield 2010.

Präsident des Sozialdienstes Katholischer Männer, der ehemalige Familienminister Wuermeling, ebenfalls aus Münster, kritisierte die drohende „Entsittlichung des Volkes".[83] Der Vorsitzende der Deutschen Bischofskonferenz, Kardinal Döpfner, erklärte nach den Berichten von „Kirche und Leben", er habe den Beschluss des Bundestags mit „großer Erschütterung aufgenommen". Sollte die „Fristenregelung" Gesetz werden, „so würden die deutschen Bischöfe zu den dadurch aufgeworfenen sittlichen Fragen Stellung nehmen und alle ihnen mögliche Maßnahmen zum Schutz derjenigen ergreifen, die durch die Anwendung eines solchen Gesetzes in ihrer Gewissensfreiheit und in ihrer beruflichen Existenz bedroht werden" – was insbesondere auf Ärzte und Schwestern gemünzt war.[84] Zudem erwarte er „den Beginn einer sehr engagierten Diskussion über die aktive Sterbehilfe". Mit der „Fristenregelung" sei „der Damm gebrochen". Menschliches Leben werde der Beliebigkeit einzelner überlassen. Wenn dies beim ungeborenen Leben geschehe, sei es „kein weiter Schritt mehr zur Euthanasie".[85]

Die Gleichsetzung von legaler Abtreibung und Euthanasie war eine bewusste Provokation – zumal für die Münsteraner Leserschaft von „Kirche und Leben", hatte dort doch einst Bischof Clemens Graf von Gahlen gegen die Euthanasie gepredigt. Döpfner ging mit dem NS-Vergleich noch deutlich über die von Vogel und anderen geäußerte Enttäuschung über das Regierungshandeln (welche die Hoffnung auf eine Kurskorrektur immerhin einschloss) hinaus, er schürte Empörung unter den katholischen Gläubigen.

Den Widerständen der Kirchenleute zum Trotz passierte der Gesetzentwurf beide Kammern und wurde am 18. Juni 1974 von Bundespräsident Gustav Heinemann als Gesetz unterzeichnet. Insbesondere dieser letzte Schritt schlug vor allem bei Münsters männlichen Katholiken hohe Wellen, ablesbar an zahllosen kritischen Artikeln und Leserbriefen, die auch direkt das Wort „Enttäuschung" verwandten: So titelte „Kirche und Leben" in der letzten Juninummer des Jahres 1976 „Enttäuschung und Bedauern: Heinemann unterzeichnet ‚Fristenregelungs-Gesetz'".[86] In der nächsten Ausgabe brachte die Zeitschrift den Leserbrief eines Gynäkologen und eines Kaplans aus Beckum, die ausführten:

---

[83] Katholiken über „Fristenlösung" bestürzt. ZdK Präsident kündigt Kampf um Änderung der Bundestags-Entscheidung an, in: Kirche und Leben 29 (1974), 5.5. 1974, S. 1; Kurz gesagt: Und demnächst Sterbehilfe?, in: ebenda; Lebensschutz durchbrochen: Bundesverdienstkreuz aus Protest zurück, in: Kirche und Leben 29 (1974), 12. 5. 1974, S. 1; Kommission zum Schutz des ungeborenen Lebens, in: ebenda, S. 9; Bundesweiter Widerstand gegen „Fristenregelung": Katholiken, Ärzte und Theologen warnen vor Abtreibungsfreigabe, in: Kirche und Leben 29 (1974), 19. 5. 1974, S. 11; „Entsittlichung des Volkes": SKM [Sozialdienst katholischer Männer; I. H.] kritisiert Bonner Regierungskoalition, in: ebenda.

[84] Inneren Frieden im Land aufs Spiel gesetzt. Kardinal Döpfner: Kirche wird sich mit der „Fristenlösung" niemals abfinden, in: Kirche und Leben 29 (1974), 16. 6. 1974, S. 1.

[85] Fristenregelung nicht einfach hinnehmen. Julius Döpfner: Kirche will ledigen Müttern helfen, in: Kirche und Leben 29 (1974), 23. 6. 1974, S. 5.

[86] Enttäuschung und Bedauern: Heinemann unterzeichnet „Fristenregelungs-Gesetz", in: Kirche und Leben 29 (1974), 30. 6. 1974, S. 1.

„Mit großer Erschütterung und Enttäuschung haben viele Christen die Entscheidung über die Reform des § 218 zur Kenntnis genommen. Zum ersten Male in der Geschichte des Deutschen Bundestages hat sich das Parlament in einer ethischen Frage gegen einen Großteil des Volkes, der Christen, der Ärzteschaft und gegen die Kirchen entschieden. Wir Ärzte und Theologen bedauern es, dass die knappe Mehrheit im Bundestag von SPD und FDP nicht bereit war, mit uns über eine Reform des § 218 zu sprechen, die für uns akzeptabel gewesen wäre. Mit der Fristenregelung dürfen und werden wir uns in Zukunft nicht zufriedengeben, […] Mit der Fristenregelung wird für den Arzt und Theologen das werdende menschliche Leben nicht mehr geschützt, sondern dem Belieben der Frau preisgegeben."[87]

Auch weitere Leser berichteten über ihre Erschütterung angesichts der Bundestagsentscheidung, wie P. K. aus Münster: „Ich bin von den Anzeichen des Niedergangs, den ich mit eigenen Händen greifen kann, nach dieser §-218-Debatte, gänzlich erschüttert. […] Ich weiß, dass nach Einführung der Fristenlösung der Grundpfeiler jeder menschlichen Gesellschaft, der Achtung vor dem Leben, in sich zusammenstürzt."[88] Ein anderer Leser bekannte: „Dieser Staat, der die Tötung von Menschen bis zu einer gewissen Zeit straffrei lässt, kann von uns nur noch als amoralischer Staat angesehen werden."[89]

Diesen Vorstoß zur Liberalisierung der Abtreibungsgesetzgebung kassierte jedoch das Bundesverfassungsgericht zu Jahresbeginn 1975 unter Verweis auf das Lebensrecht des Fötus. Einer der beteiligten Richter des ersten Senates des Bundesverfassungsgerichtes war der Münsteraner Hochschullehrer Hans Brox, der sich schon 1973 in „Kirche und Leben" klar gegen die Fristenlösung positioniert hatte.[90] Die katholische Presse reagierte mit Erleichterung, die Frauenbewegung und die sozialliberale Koalition ihrerseits mit Enttäuschung.[91] „Kirche und Leben" brachte folgendes Foto einer Frankfurter Demonstration für die Beibehaltung der „Fristenregelung" und kritisierte, die Frauen hätten „als Arzt, Richter und Bischof maskierte Puppen als ‚Frauenfeinde' verbrannt".

---

[87] Leserbrief Dr. med. Twenhöven/Hans-Jürgen Vogelpohl, Erschütterung und Enttäuschung bei vielen Christen, in: Kirche und Leben 29 (1974), 7.7.1974, S. 11. Die Autoren arbeiteten als Frauenarzt bzw. als Kaplan in Beckum.
[88] Leserbrief P. K., Anzeichen eines Niedergangs, in: Kirche und Leben 29 (1974), 19.5.1974, S. 11.
[89] Leserbrief Rüdiger Dürr, Treue-Konflikt mit dem Staat, in: Kirche und Leben 29 (1974), 30.6.1974, S. 11.
[90] „Das Recht auf Leben darf nicht angetastet werden von Verfassungsrichter Univ-Prof. Dr. jur. Hans Brox, Münster", in: Kirche und Leben 28 (1973), 13.5.1973, S. 4.
[91] Tötung menschlichen Lebens löst keine Konflikte: Erklärung der deutschen Bischöfe zum §-218-Urteil von Karlsruhe; Fristenregelung widerspricht der Verfassung: Bundesverfassungsgericht in Karlsruhe missbilligt klar die Abtreibung, beides in: Kirche und Leben 30 (1975), 9.3.1975, S. 1 u. 5.

Nichts hat die Gemüter in den letzten zwei Jahren so erregt wie die Diskussion um den Paragraphen 218. Dabei schreckte man auch nicht vor unsachlichen Argumenten, Polemiken und böswilligen Verunglimpfungen zurück, wie etwa bei dieser Frankfurter Demonstration, wo als Arzt, Richter und Bischof maskierte Puppen als „Frauenfeinde" verbrannt wurden oder wie in München, wo an den Freisinger Dom geschrieben wurde: „Treibt die Pfaffen ab". Wird der Spruch des obersten deutschen Gerichts zu einer Versachlichung der Diskussion beitragen? Die ersten Reaktionen lassen Schlimmes befürchten.

Abb. 1: *Zeitungsausschnitt aus Kirche und Leben 30 (1975), 9. 3. 1975, S. 5.*

Enttäuschung sprach auch aus den Statements von Pro Familia. So kommentierte der Präsident der Organisation, Jürgen Heinrich, in den „Pro Familia Informationen":

„Es wäre unerträglich und mit dem Sinn des Grundgesetzes unvereinbar, wenn sozial Privilegierte de facto wieder leichteren Zugang zur Möglichkeit des Schwangerschaftsabbruchs erhielten als weniger Privilegierte. Der vom Grundgesetz geforderte Schutz des Lebens ist [...] aller Erfahrung nach nicht durch Poenalisierung des Schwangerschaftsabbruchs zu erreichen. Wer diesen Schutz des Lebens ernst meint, muss daher mit uns für die wirkungsvolle Verbreitung von verlässlichen Methoden der Kontrazeption in allen Gruppen der Bevölkerung, insbesondere auch bei jungen Leuten, eintreten."[92]

Aus Sicht von Pro Familia ging es eben auch um die Verfügbarkeit von Verhütungsmitteln, um eine „humane Kultur der Sexualität" und die Planbarkeit von Reproduktion: „PRO FAMILIA tritt mit ihrer ganzen Arbeit dafür ein, dass die Möglichkeit, Kinder zu haben, nicht angstvoll und als Zwang erlebt wird; sie sollte vielmehr als planbarer und gestaltbarer Teil der eigenen Lebensführung begriffen werden. Strafgesetzliche Bestimmungen können hierzu wenig beitragen."[93]

Eine dauerhafte Neuregelung erfuhr der § 218 dann 1976 mit der Indikationenlösung: Unter grundsätzlicher Strafbewährung des Schwangerschaftsabbruchs ermöglichen insgesamt vier Indikationen (medizinische, kriminologische, eugeni-

---

[92] Jürgen Heinrich, „Mit dem Grundgesetz unvereinbar". Was kommt nun?, in: Pro Familia Informationen 1 (1975), S. 1 f.
[93] Heinrich, „Mit dem Grundgesetz unvereinbar", in: Pro Familia Informationen 1 (1975), S. 2.

sche und Notlagenindikation) die straffreie Durchführung einer Abtreibung, allerdings unter Beratungspflicht zum Nachweis der Indikation.[94] Auch hier gab es wieder Kritik von Seiten der Katholiken, diesmal allerdings etwas verhaltener als 1974: Während der Präsident des ZdK, Vogel, bemängelte, „auch die Neufassung verletze den Rechtsschutz auf Leben", kritisierte die Bischofskonferenz, das „Bestreben, Frauen in Konfliktfällen durch die weitreichende Erleichterung der Abtreibung zu helfen", werde nicht „dem menschlichen Glück dienen, sondern für neues Leid und Unglück verantwortlich werden".[95] Man werde sich daher mit der verabschiedeten Novelle nicht abfinden. Auch Pro Familia äußerte sich kritisch und betonte die Schwierigkeiten in der Umsetzung durch Ärzte und Behörden: „Unkenntnis, Verwirrung, Unsicherheit kennzeichnen die Situation der ersten Wochen nach dem Inkrafttreten des neue § 218 StGB am 21. Juni 1976."[96] Vor allem würden sich die Ärzte – nach Wegfall der zuvor zwischengeschalteten Gutachterstellen nun zuständig für die Indikationenstellung und damit für die Begründung bzw. Verweigerung von Abtreibungen – zum Nachteil der Patientinnen unsicher und ablehnend verhalten. Zudem verweigerten viele Kliniken die „Notlagenindikation" komplett: „In einigen Städten [...] ist es unmöglich, einen Arzt oder eine Klinik zu finden. Dies führt dazu, dass innerhalb der Bundesrepublik Frauen von einem Land zum anderen reisen oder aber den Weg nach Holland nehmen."[97] In einer Presseerklärung stellte die Organisation „mit großer Besorgnis" fest, dass sechs Wochen nach Inkrafttreten der Reform bundesweit sehr unterschiedlich beraten und entschieden werde: „Es entsteht eine neue Rechtsunsicherheit, die wiederum zu Lasten vieler hilfesuchender Frauen geht. Die vom Gesetzgeber festgelegten Kompetenzen der beratenden Ärzte und der anerkannten Beratungsstellen können nicht rechtmäßig durch beliebige Auslegung geschmälert werden." Zwar dürften Ärzte individuell aus Gewissensgründen die Durchführung von Abtreibungen verweigern, nicht aber ganze Kliniken oder Krankenhausträger als Institutionen.[98] Die Regelung des § 218 blieb der bevorzugte Stein des Anstoßes in der politischen Debatte um selbstbestimmte Reproduktion und die Entscheidungsfreiheit der Frau, insbesondere nach dem Regierungswechsel 1982. 1993 schließlich fand die Diskussion mit der Neufassung des § 218a ein vorläufiges Ende: Abtreibung bleibt zwar grundsätzlich strafbar, doch dies gilt nicht für eine Abtreibung im ersten Trimester, wenn die Schwangere der gesetzlichen Beratungspflicht folgt.

---

94 Die Neufassung des § 218 StGB trat am 18. Mai 1976 in Kraft.
95 Ehen sind heute leichter zu lösen als Mietverträge. ZdK-Präsident Vogel warnt in Münster vor Gefährdung der Ehe und Familie, in: Kirche und Leben 31 (1976), 30. 5. 1976, S. 1; Richtpunkte „auch im Blick auf die Wahl": Bischöfe fordern Reformen auf der Basis gemeinsamer Grundwerte, in: ebenda.
96 Anna Luise Prager, Sechs Wochen danach: Die Situation nach Inkrafttreten des neuen § 218 StGB, in: Pro Familia Informationen 2 (1976), S. 4 f.
97 Ebenda, S. 5.
98 Dr. Jürgen Heinrichs, Präsident von Pro Familia: Presseerklärung zur Reform des § 218, 7. 4. 1976, in: Pro Familia Informationen 2 (1976), S. 6.

Blickt man in die Sozialstatistik, so zeigt sich eine sehr moderate Entwicklung der Abtreibungszahlen. Genaue Statistiken sind für die BRD erst seit 1976 verfügbar (13.044 Abtreibungen), zwischen 1979 und 1988 pendelten sich die Zahlen zwischen 83.000 und 88.000 pro Jahr ein, nur 1982 wurden mit 91.064 Abtreibungen deutlich mehr Abbrüche registriert.[99] Für die Zeit vor der Reform des § 218 wurde für die BRD mit Zahlen um 200.000 jährlich kalkuliert, wobei die von der Frauenbewegung geschätzten eine Million Fälle als zu hoch gegriffen erscheinen. Dagegen ist ein deutlicher Geburtenrückgang ab Mitte der 1960er Jahre nicht zu übersehen. Nachdem sich in der Bundesrepublik der Nachkriegszeit eine recht konstante Geburtenrate von mehr als 16 Geburten je 1.000 Einwohner gehalten hatte, erfolgte in den Jahren 1961 bis 1964 ein Anstieg auf über 18.[100] Zwischen 1964 und 1976 fiel die Zahl der Geburten je 1.000 Einwohner jedoch von 18 auf unter 10, um sich in den Folgejahren geringfügig zu erholen (um 11 Geburten je 1.000 Einwohner).[101] Der Geburteneinbruch 1968 (16,1 Geburten auf 1.000 Einwohner) wird zwar landläufig als „Pillenknick" bezeichnet, jedoch manifestierten sich auch hier längerfristige Trends hin zur besseren Ausbildung der Frauen, zu kleineren Familien und alternativen Lebensmodellen.[102] Folglich kann von einem Verfall der Familie durch Abtreibung und reproduktive Kontrolle nicht die Rede sein, wohl aber von einem deutlichen Rückgang der Geburtenrate – wie in den anderen westlichen Industriegesellschaften auch.

Fazit: „Enttäuschung unvermeidlich?" Die Kernfamilie als Austragungsort konfliktreicher Moderne-Aneignungen

Sechs Beobachtungen sollen den Ertrag der Untersuchung kurz zusammenfassen:

1) „Enttäuschung" kann am Beispiel der Familie als historische Analysekategorie dienen, um Aushandlungsprozesse und die komplexen Wechselwirkungen von Normen und Werten auf der einen sowie sozialer Praxis auf der anderen Seite zu untersuchen. Der Zugang eignet sich besonders zur Erhellung der Grauzonen zwischen individueller und gesellschaftlicher Erwartung, zwischen der Wirkung normativer Dispositionen und der familialen Lebenspraxis der Menschen in der Moderne – jenseits von schwarz und weiß.

---

[99] Statistisches Bundesamt, Gesundheitswesen Reihe 3: Schwangerschaftsabbrüche (1982), S. 8. Ab dem Jahr 1996 liegt die Anzahl der jährlichen Abtreibungen mit geringen Schwankungen zwischen 56.000 und 66.000. Statistisches Bundesamt: Gesundheit, Schwangerschaftsabbrüche, Fachserie 12.3, 2016, S. 31 f.
[100] Kuller, Familienpolitik, S. 55.
[101] Nave-Herz: Wandel, S. 54.
[102] Kuller, Familienpolitik, S. 59.

2) Die geschilderten Debatten um Ehescheidung und Reproduktion zeigen, dass Familie und die damit verbundenen Werte und Gendernormen in der Bundesrepublik einen entscheidenden Ort zur Verhandlung der Risiken, Chancen und Zumutungen der Moderne darstellten. Zugleich offenbart sich auf der Ebene der Akteurinnen und Akteure der Debatten eine Verschiebung entlang der Kategorie Geschlecht: So wurde die Familie von konservativen Politikern, Ärzten, Kirchenvertretern und Publizisten als Rückzugsort vor einer als bedrohlich wahrgenommenen Moderne betrachtet – es waren vor allem Männer, die hier ein hegemonial männliches Narrativ diskursiv fortschrieben. Ihre Enttäuschung entzündete sich an einem nachhaltigen Wandel der juristischen Grundlagen (Familienrechtsreform, Neuregelung des § 218) und der sozialen Praxis (Verhütung, Abtreibung, Unehelichkeit, Ehescheidung, weibliche Berufstätigkeit), die als Gefährdung und Verfall der Familie und ihrer Werte gedeutet wurden. Die Familie wurde hierbei zum Synonym für „Gesellschaft" und „Kultur", wie ein „Zeit"-Artikel aus dem Jahr 1979 beobachtete: „Das Feld der Familienpolitik ist hochsensibel geworden: vom Scheidungsrecht bis zum Mutterschaftsurlaub, vom Erziehungsgeld bis zur Bevölkerungspolitik, vom Kinderbetreuungsgeld bis zum Paragraphen 218. Wenn man manchen Politikern der Union zuhört, könnte man glauben, die Sozial-Liberalen hätten in zehn Jahren einige hundert Jahre abendländischer Kultur verbrannt."[103]

Liberale Politikerinnen und Politiker, Publizistinnen und Publizisten sowie insbesondere Vertreterinnen der Frauenbewegung dagegen erwarteten, dass sich die Familie in der Moderne fundamental veränderte, unter anderem durch Abkehr vom Ernährer-Prinzip, durch Gleichberechtigung der Geschlechter, durch umfassenden Zugang zu reproduktiver Kontrolle und Durchsetzung einer liberalen Sexualmoral. Ab den 1960er Jahren meldeten sich immer mehr Frauen in den Debatten zu Wort (das galt jedoch nicht für die Zeitschrift „Kirche und Leben") und erhoben Forderungen nach sexueller und reproduktiver Selbstbestimmung. Hier rührte Enttäuschung aus der Erkenntnis, dass gesellschaftlicher Wandel und rechtliche Reform auf dem Gebiet der Familie extrem langsam verliefen (paradigmatisch verdichtet in der zähen Diskussion um die Reform des § 218) und sich sowohl die konservativen Widerlager als auch deren moralische Argumentationsmuster als extrem langlebig erwiesen.

3) Der Umgang mit Scheidung und Reproduktion durch die Betroffenen und die Erzeugung einer kritischen Öffentlichkeit illustrieren auch die Pluralisierung von Verwissenschaftlichungsprozessen in der Moderne. Dabei verlagerte sich die Expertise und Entscheidungskompetenz zu einem guten Teil von überwiegend männlichen Experten (Politikern, Juristen, Ärzten) auf die Betroffenen selbst (Vertreterinnen der Frauenbewegung, aber auch Frauen als Patientinnen und Klientinnen, die Zugang zu Verhütung, Abtreibung und Scheidung einforderten).

---

[103] Zündel, Wider die Abwertung, in: Die Zeit, 28. 9. 1979, S. 4.

Diese Entwicklung hin zu einer Demokratisierung von Expertenwissen durch von Frauen betriebene Kliniken, von Frauenkollektiven geschrieben Gesundheitsbücher für Frauen und Selbsterfahrungsgruppen und Gesprächskreise ist ein internationales Phänomen. In der BRD wurde sie stark von der US-amerikanischen Frauenbewegung beeinflusst. Doch es war diesseits und jenseits des Atlantiks vor allem die Enttäuschung darüber, dass männliche Experten den Frauen wichtige Informationen vorenthielten, sie gemäß traditionellen patriarchalen Rollenbildern behandelten und, besonders wichtig, ihre Selbstbestimmungs- und Entscheidungsrechte als Patientinnen missachteten, welche viele Aktivistinnen dazu brachten, selbst in den entstehenden Frauengesundheitsbewegungen aktiv zu werden.

4) Die Vorstellung der bi-generationellen Kernfamilie wirkte als Dispositiv, das eine Selbstausrichtung und Selbstführung der Menschen erzwang, auch wenn subjektiv andere Prioritäten gesetzt wurden. Dies zeigen zunächst die Debatten um die Struktur der Nachkriegsfamilie, die Bedeutung des männlichen Ernährers und der treu sorgenden Hausfrau für die Aufzucht der Kinder und die Heranbildung künftiger Staatsbürger. Gleiches gilt für die Diskussion der Wohnungssituation in den 1950er Jahren, in der es um das „Einfamilienhaus" als vermeintlich idealem Lebensraum der Familie und um soziale Stratifizierung in der Konsumgesellschaft ging. Auch die Überlegungen zur Abgabe der Pille nur an verheiratete Frauen – insbesondere ledige Frauen sollten ihre Sexualität nicht frei ausleben dürfen („Unzucht!") – ebenso wie die Weigerung vieler Mediziner, einer Legalisierung der Abtreibung zuzustimmen, stehen für die Wirksamkeit des Dispositivs. Selbst Vertreterinnen der Frauenbewegung waren davon nicht völlig frei und ließen sich zum Teil selbst auf dem Abtreibungstitel des „Stern" mit Kind ablichten, ein zumindest ambivalentes Bekenntnis zur Bedeutung der Kernfamilie.

5) Zugleich illustrieren die Debatten um Ehescheidung und Reproduktion, dass es weder einen linearen Wertewandel, noch eine schnelle und eindeutige Liberalisierung von Normen und Geschlechterverhältnissen in der Familie gab. Wohl ist eine längerfristige, aber durchaus konfliktreiche Pluralisierung gesellschaftlicher Ordnungsvorstellungen nachweisbar, dies zeigen die Reform des Ehe- und Familienrechts sowie die Neufassung des § 218. Die gesellschaftlichen Widerlager konnten in den Debatten immer wieder Punktsiege erzielen, wobei dem Bundesgerichtshof (Wiedereinführung des Schuldprinzips 1961) und dem Bundesverfassungsgericht (Ablehnung der „Fristenregelung" 1975) eine Schlüsselrolle zukam. Am Beispiel der katholischen Kirche zeigt sich hingegen, dass den starren Positionen der Amtskirche durchaus ein Bemühen einzelner lokaler Seelsorger entgegenstand, auf die Bedürfnisse der Gläubigen einzugehen und hier gewissermaßen „Enttäuschungsprävention" zu betreiben. Dies illustriert die Diskussion der Leserbriefe zur Frage, ob eine Verwendung der „Pille" mit dem katholischen Glauben vereinbar sei, die viele Gläubigen bedrückte und von einem Münsteraner Priester vergleichsweise liberal beantwortet wurde. Während also innerhalb der Katholischen Kirche in den 1960er und 1970er Jahren eine geänderte soziale Pra-

xis der Gläubigen (Verhütung!) die starren kirchlichen Lehren herausforderte und harsche Reaktionen der Amtskirche provozierten, lagen die Verhältnisse auf der soziopolitischen Ebene für viele Beobachter genau anders herum. Hier schien vielfach die soziale Realität den von der sozialliberalen Koalition initiierten Reformen (Familienrechtsreform, Indikationenlösung) deutlich hinterher zu hinken (defizitäre Gleichstellung der Frau, fehlende gesellschaftliche Akzeptanz von Scheidung und Abtreibung). Beide Prozesse, der Verlust alter Gewissheiten durch Normwandel und der nur schleppend verlaufende soziale Wandel bargen wiederum das Potential für Enttäuschung – entweder in Gestalt enttäuschter Hoffnungen auf schnellen sozialen Wandel oder auf Bewahrung vermeintlich überzeitlicher Werte.

6) „Enttäuschung" war also unvermeidlich, wann immer es um die Familie, ihre Normen und Werte sowie die gelebte familiale Praxis in der modernen Gesellschaft ging. Einerseits bestanden hohe emotionale Erwartungen (individuelle Erfüllung, Glück, Geborgenheit, Nähe und Wärme, soziale und finanzielle Versorgung), die wiederum an bestimmte Leitbilder (moderne Kernfamilie, Eltern und ihre leiblichen Kinder, lebenslängliche Ehe, Familie als Grundkonstante des menschlichen Lebens) gekoppelt waren – das Potential für Enttäuschung war riesig. Andererseits änderte sich im Zeitraum von Kriegsende bis Ende der 1970er Jahre die Art und Weise, wie mit solchen Enttäuschungen und Herausforderungen umgegangen wurde, nämlich offener, streitbarer, toleranter und prinzipiell reformbereiter.

Belinda Davis

Disappointment and the Emotion of Historical Law and Change

Early on in Helma Sanders-Brahm's 1975 film "Unter dem Pflaster ist der Strand", the protagonist Grischa muses to her new lover Heinrich that she would like to see more of a merging between her "professional and private life."[1] This leads to a more general discussion about pursuing change, for oneself and more broadly. Heinrich, recalling the "revolutionary feeling" of a few years earlier, mourns the loss of his sense then that change was to be imminent, quick, and total. "Of course," Grischa answers: what Heinrich describes "is a utopia." The lesson she drew from the earlier period, conversely, was to keep at her efforts, using past disappointments to rethink how to produce change. But Heinrich seems to find the sense disabling: now he spends his evenings in a bar, or returns home alone, for "a couple of hours" when he can be "happy." Sanders-Brahms intercuts their discussion with documentary footage from the late 1960s, of protestors in West Berlin struggling against water cannons, apparently from the "Battle of the Tegeler Way."[2] Heinrich then describes a fantasy counterpart to the historical footage. In this version, protestors take over the water cannons aimed at them. The police throw canisters of tear gas, but the wind carries the gas back to the police. The protestors continue their march, ending up at the Technical University Berlin, where they remove their wet clothing and make love. "We thought, tomorrow it will all start happening!" "But," he finishes the story, "nothing happened, you know?" Worse still than this disappointing past was the corrosive effect of the disappointment: dividing activists in a self-eating sectarianism, or casting them out of politics altogether, leaving them isolated and emotionally bereft. So contemporary activist Volker T. recalled retrospectively, "I think it was '75, '75. And it was now personally [...] very hard for me then [...], I lost the majority of my circle of friends, all aside from this political disappointment, that it all fell apart."[3]

But had really nothing happened? Grischa importunes Heinrich to change his own head, in order to understand the story – history – in a new way, "without the utopia." By using his disappointments with the past as a means to rethink history, how change occurs, he would be able to challenge the present and create a different

---

[1] Helma Sanders-Brahms (dir.), Unter dem Pflaster ist der Strand (1975), DVD Zweitausendeins, 00:10:07–00:12:43.
[2] Sander-Brahms (dir.), Unter dem Pflaster, 00:21:23–00:22:08. The *Schlacht am Tegeler Weg*, from 4. november 1968, is often understood as a turning point, a moment when it seemed clear that peaceful protest in the streets had failed to elicit desired results.
[3] Interview Volker T., 28.6.2004. Volker T. is one of 55 contemporary activists I have interviewed for Belinda Davis, The Internal Life of Politics: Extraparliamentary Activism in West Germany, 1962–1983, Cambridge 2021. Outside of the best-known interview subjects, I identify subjects by pseudonym.

future. Sanders-Brahms's film reminds us that the political inspiration and activism of the extraparliamentary opposition – and arguably political engagement broadly – stemmed from emotional impulse as much as from "theory."[4] The observation is no challenge to the seriousness of protestors' ideas or to the "appropriateness" of their politics. It is rather a recognition that political principles, ideas and ideals, bear sources in feeling; that feeling itself is imbricated with and often indistinguishable from the "cerebral," presumed "rational" bases of fundamental political ideals, such as freedom, and justice, and that this is moreover no intrinsically bad thing. Contemporaries recalled a new life feeling, a certain life mood that constituted the broad movement in the first place, rather than any rigid or even specific theory: it was a community feeling itself that created the feeling of a common community of destiny, and pushed them to act on the feeling.[5] Feeling drew activists together: in a common excitement, even "love" – and fear. But, as Heinrich's experience demonstrated, emotion also tore at the fabric of the movement, through the disappointment and despair that atomized activists.

What difference does it make in this context to more explicitly consider the role of emotion, affect, and feeling? Recent scholarship on popular protest has begun to address the role of emotion and affect in spurring and informing activism. This

---

[4] See directly on this range of issues also Bernhard Gotto's important Enttäuschung in der Demokratie. Erfahrung und Deutung von politischem Engagement in der Bundesrepublik Deutschland während der 1970er und 1980er Jahre, Berlin/Boston 2018. Compare too the recent efflorescence of historial literature treating emotion in the "old Federal Republic", including as related to politics, e. g. Anna M. Parkinson, An Emotional State. The Politics of Emotion in Postwar West German Culture, Ann Arbor 2015; Joachim Häberlein, The Emotional Politics of the Alternative Left. West Germany, 1968–1984, Cambridge 2018; Sven Reichardt, Authentizität und Gemeinschaft. Linksalternatives Leben in den siebziger und frühen achtziger Jahren, Frankfurt am Main 2014; also variously Frank Biess, Republik der Angst. Eine andere Geschichte der Bundesrepublik, Reinbek bei Hamburg 2019; Detlef Siegfried/David Templin (eds.), Lebensreform um 1900 und Alternativmilieu um 1980: Kontinuitäten und Brüche in Milieus der gesellschaftlichen Selbstreflexion im frühen und späten 20. Jahrhundert, Göttingen 2019; Norbert Frei, 1968. Jugendrevolte und globaler Protest, München 2008; Detlef Siegfried, Time is on My Side: Konsum und Politik in der westdeutschen Jugendkultur der 60er Jahre, Göttingen 2006, among recent works more or less directly addressing emotion in the culture and politics of the 1970s see also Martha Nussbaum, Political Emotions. Why Love Matters for Justice. Cambridge (Mass.) 2013. There is by now an extended transdisciplinary literature on the history of emotion broadly. This particular piece does not intervene in this important literature, taking "disappointment" rather as a point of departure in the broadest sense of activists' response when their efforts to realize change failed. See for important recent work on emotion in history broadly e. g. Ute Frevert, Vergängliche Gefühle, Göttingen 2013; as well as ibid. et. al. (eds.), Gefühlswissen. Eine lexikalische Spurensuche in der Moderne, Frankfurt am Main 2011.

[5] These are commonplace expressions from my interviews. Emotion in politics was in mainstream contemporary German thought and still is to some degree a source of concern, tied to a fascist world view; compare Sybille Steinbacher, Auschwitz. Geschichte und Nachgeschichte, Munich 2017 (first published 2004); also Volker Weiß, Faschisten von heute? Neue Rechte und ideologische Traditionen, in: Aus Politik und Zeitgeschichte 42–43 (2017), pp. 4–9. Yet the latter is questionable, as is the idea altogether that emotion can be removed from political thought and engagement. See Gotto, Enttäuschung in der Demokratie, compare also Maik Tändler, Das therapeutische Jahrzehnt. Der Psychoboom in den Siebziger Jahren, Göttingen 2016.

work has examined the ways in which particular emotions have brought protestors together or divided them, encouraged or discouraged their action; it has demonstrated how grassroots political leaders (like their more formal political counterparts) have used emotion to manipulate both activists and "outsiders."[6] Yet the scholarship has looked relatively little at the ways in which affect relates to activists' view of what is possible in the broader sense: what history looks like and how change occurs within that vision.[7] Conversely, work in the last decades has treated the question of epistemic changes in the modernist world view, and what such changes means for human agency and its value beyond reinforcing the general status quo.[8] But this work has attended too little in turn to questions of emotion: to how feeling has mediated an understanding of history and change without benefit of teleology or a belief in secular progress, alongside a willingness to engage politically.[9]

This piece sketches the role of affect and emotion in mediating young West Germans' experience. Focusing here particularly on disappointment, alongside other feelings, the essay argues that, as disappointments mounted in the experience of young activists, in cycles of hope and the crushing of that hope in rapid succession, it transformed their understanding of history. In turn it transformed their view of their own role in enacting change. This understanding took a variety of forms, from group to group and over time. Ultimately, it coalesced in a post-

---

[6] Cf. fn 4.
[7] See as an exception Gotto, Enttäuschung in der Demokratie. This essay is consistent with Gotto's rethinking of the narrative of the 1970s as simply negative – and lasting – in its effects. Recently discussion has grown concerning emotionally-embedded of narratives of the "old FRG" and challenges to them; compare Anselm Doering-Manteuffel und Lutz Raphael (eds.), Nach dem Boom. Perspektiven auf die Zeitgeschichte seit 1970, Göttingen 2010; Konrad H. Jarausch (ed.), Das Ende der Zuversicht? Die siebziger Jahre als Geschichte, Göttingen 2008; ibid and Martin Sabrow, eds., Die historische Meistererzählung: Deutungslinien der deutschen Nationalgeschichte nach 1945, Göttingen 2002; also Andreas Rödder, Das „Modell Deutschland" zwischen Erfolgsgeschichte und Verfallsdiagnose, in: Vierteljahrshefte für Zeitgeschichte 54 (2006), 345–63.
[8] See e. g. debates between Judith Butler and Seyla Benhabib, as in Seyla Benhabib, Ethics without Normativity and Politics without Historicity, in: Constellations 20 (2013), pp. 150–63; also discussion of "epistemic agency", e. g. Catherine Z. Elgin, Epistemic Agency, in: Theory and Research in Education 11, 2 (2013), 135–52. Of course, the rethinking of historicity began even before World War II, and continued apace during the period of these activists' own political engagement.
[9] These discussions are now emerging; compare Moritz Föllmer, Individual and Modernity in Berlin. Self and Society from Weimar to the Wall, New York 2013; Nina Verheyen, Diskussionslust. Eine Kulturgeschichte des „besseren Arguments" in Westdeutschland, Göttingen 2010); and Pascal Eitler/Jens Elberfeld (eds.), Zeitgeschichte des Selbst. Therapeutisierung – Politisierung – Emotionalisierung, Bielefeld 2015; also early exception Frederic Jameson, who described postmodernity as accompanied by a waning of affect. Cf. Fredric Jameson, The Political Unconscious. Narrative as a Socially Symbolic Act, Ithaca 1981; and ibid., Postmodernism, or, the Cultural Logic of Late Capitalism, Durham 1991. See broadly on recent moves from narratives of the FRG as a triumphalist narrative of modernity Frank Biess and Astrid Eckert, Introduction: Why Do We Need New Narratives for the History of the Federal Republic? in: Central European History 52 (2019), 1–18.

modern world view with surprising and salutary influence, a world view worth revisiting all the more after the events of 1989 and other watersheds that have informed continued changes in this thinking.[10]

I. The Feeling of Modernity

Heinrich's emotional roller coaster, as Sanders Brahms depicted it, was politically meaningful in fundamental ways. Feelings like hopefulness and disappointment were both cause and effect not only of political action, but also of political thought, even of a broader Weltanschauung. Modernity itself was tied from its origins to a secular optimism, notwithstanding the individual, variable life experiences of millions of Europeans. Manifest in the work of figures from Leibniz, to Kant and Hegel, to Marx, and Seebohm Rowntree, embedded in prescriptions for reform and in "scientific" predictions of revolution, an overarching optimism prevailed over detractors, as modern Europeans in large numbers saw history as progressing forward toward some more or less perfect end: a secular heaven on earth. World War I dealt a heavy blow to this vision throughout Europe. Still, across the increasingly broad political spectrum, a certain optimism re-emerged and seductively triumphed in the interwar period, in anticipation still of a possible "perfect" society, a utopia made real, whether through historical law, human will, or both.[11]

World War II and its aftermath exerted a still heavier strike to this vision. Yet in the new West and East Germanys, their respective political leaders nevertheless triumphantly posited their versions of historical determinism, whether Germany

---

[10] That the 1960s and 1970s saw a flourishing of postmodern thought is wellknown, including as manifested in the contemporary work of Michel Foucault, Jacques Derrida, Jean-François Lyotard, and others. The argument here is how, in contrast with e. g. Foucault, contemporary activists came to these ideas through experience in a form that supported their agency and the possibilities for change. See Belinda Davis, Civil Society in a New Key? Feminist and Alternative Groups in 1970s West Germany, in: Sonya Michel/Karen Hagemann (eds.), Civil Society and Gender Justice. Historical and Comparative Perspectives, New York 2008, pp. 208–223; compare extended examinations of postmodernity and the postmodern subject, Andreas Reckwitz, Das hybride Subjekt. Eine Theorie der Subjektkulturen von der bürgerlichen Moderne zur Postmoderne, Göttingen 2006; also Andreas Rödder, Wertewandel und Postmoderne: Gesellschaft und Kultur der Bundesrepublik Deutschland 1965–1990, Stuttgart 2004. On the critical role of experience in contemporary politics, compare Bernhard Gotto, The Best Thing that Remained of '68? Experiences of Protest and Expectations in the West German Women's Movement on Change during the 1970s and 1980s, in: Friederike Brühöfener/Belinda Davis/Stephen Milder (eds.), Social Movements After '69: West Germany and Beyond (under press consideration).

[11] To be sure, there was also a powerful competing despair concerning history (not always entirely divorced from the prospect of renewed hopefulness). Among the best-known published authors of such thought, cf. Oswald Spengler, Der Untergang des Abendlandes, 2 vols., 1918 and 1923. Yet even Spengler's pessimism still held firmly to a certain redemptive notion of historical law. The work was started before the war, but arguably its wide interwar audience, along with that e. g. for prewar writer Julius Langbehn, was a function of the war's effect on the German emotional landscape.

was rebounding after its "Betriebsunfall" to return to its destined national (or "Western") path, or had rather stepped up to its fate in crushing fascism, capitalism's last gasp. Still, ordinary Germans in both new states expressed especial skepticism and resignation, based on their life experiences. Older Germans above all exhibited a hopelessness and helplessness in their world view: a sense both that there was a certain randomness to what would come next, and that they were impotent to change it. This reflected broader philosophical transformations of the postwar period in much of Europe, transformations particularly intense in a Germany, where a proclaimed triumph of will was now so formidably vanquished. The existentialist thought that began its rise even before World War II presaged a deeply felt "nausea" among new West Germans, alongside rejection of a foreseeable or indeed any historical path.[12]

The sources of these transformations varied by individuals and groups. In 1964 West Germany, returned émigré Theodor Adorno believed that "[a]fter Auschwitz," "in light of the magnitude of the catastrophe, the appeal for progress would have had something absurd about it."[13] For most West Germans, Auschwitz formed far less the center of shifts in their historical understanding. Nevertheless, the experience of war and its aftermath produced disappointment with the past and cynicism concerning the future.[14] In the mid-1950s, social scientists at the conservative polling organization Institut für Demoskopie fretted that the great majority of adult West Germans were "apolitical": "how can we have a democracy, if so few care about their freedom?"[15] Yet, throughout the 1960s, Rudolf Augstein, editor of the premier newsmagazine "Der Spiegel," roundly urged fellow West Germans, including politicians, to maintain their "cynicism" toward politics, by recognizing their own limited power to change history, and the dangers of trying.[16]

From the first years of the Federal Republic, younger West Germans seem to have adopted their elders' sense of the cavernous unknown before them and a corresponding skepticism. SDS and KPD activist Christian Semler (closely associated with the actual Battle of the Tegeler Way) recalled the early postwar influence on him of his mother and her "very liberal friends," who rued "the overlooked

---

[12] Cf. Jean-Paul Sartre, La Nausée, Paris 1938, written between his 1936 "L'Imagination" and his 1939 "Esquisse d'une théorie des émotions," in which Sartre himself connects world views to affect. See too Mechtild Rahner, "Tout est neuf ici, tout est à recommencer ..." Die Rezeption des französischen Existenzialismus im kulturellen Feld Westdeutschlands (1945–1949), Würzburg 1993.
[13] Stichworte zur 1. Vorlesung, 10. 11. 1964, in: Theodor Adorno, Zur Lehre von der Geschichte und von der Freiheit (1964/65), ed. by Rolf Tiedemann, Frankfurt am Main 2016, p. 9seq.
[14] Davis, Inner Life; see also Biess, Homecomings; ibid and Robert Moeller (eds.), Histories of the Aftermath: The Legacies of the Second World War in Europe, New York 2010; and the highly influential early discussion Alexander Mitscherlich and Margarete Mitscherlich, Die Unfähigkeit zu trauern. Grundlagen kollektiven Verhaltens, München 1967.
[15] Cited in: Renate Köcher, Lebensverhältnisse 1951–2001: Ein Rückblick mit Daten des Allensbacher Archivs, in: Heins Sahner (ed.), Fünfzig Jahre nach Weinheim. Empirische Markt- und Sozialforschung gestern, heute, morgen, Baden-Baden 2002, pp. 59–73, here p. 66.
[16] Rudolf Augstein, Meinungen zu Deutschland, Frankfurt am Main 1967, p. 33.

chance at a new beginning," and who concluded, "one cannot do anything." He described here not so much the negative effects of the war and defeat as the perceived failure to take advantage of the resultant yawning postwar openness, to create something better than the Federal Republic and the emerging Cold War. This "disappointment over the absent break-out" out of existing realities and into freely imagined possibilities had "very far-reaching consequences. Because, really [...], it promoted among a relatively high number such a fundamental aversion to the Federal Republic." Semler traced his own political vision to these adults' "non-acceptance of the Federal Republic," and to their own "very strongly unhappy consciousness."[17] Within the intellectual left among other circles, despair seemed to deepen, even as West Germany grew richer and more materially sated through the 1950s and 1960s. Peter Brückner described it as a full-on "crisis" of epistemic understanding, and understanding of one's place in the world. Collapse of the historical paradigm cut deep: "it affected the inner life story, their self-understanding, their identity, at least for the elders among us."[18] Yet, Semler continued his own self-narrative, where adults around him had thrown their hands up, and "made their peace with the Federal Republic," he determined that he and others should rethink how to make the change he wished to see.

II. Disappointment and its Lessons

Helma Sanders-Brahms and Christian Semler both tell stories of political choices West Germans made in the early postwar decades, based on mutually informing and transforming political understanding and emotion. In the mid-1970s, Sanders-Brahms contrasts two paths that West German extraparliamentary activists took after their own experiences of great disappointment, alongside shock and despair. The best-known of these experiences, the deadly police shooting of protestor Benno Ohnesorg in June 1967 and the assassination attempt on Rudi Dutschke in April 1968; the failure to prevent parliamentary passage of the Notstandsgesetze in 1968; the fragmentation of the movement; and the escalation of violence associated in the early 1970s with the rise of the Red Army Faction (RAF) and the vastly expanded arms of the Bundeskriminalamt (BKA) are a few of many moments activists point to retrospectively as fillips to deep rethinking. Sanders-Brahms characterizes the sojourners on these two paths as comprising those who can only look back, with nostalgia for what might have been, and those who rather use their disappointment and despair to reshape their understanding and their attendant action. Those who felt pushed to pursue other options, for example,

---

[17] Interview Christian Semler, July 2003. Semler seems to allude to Theodor Adorno's concept of the "unglückliches Bewusstsein"; Adorno in turn followed Hegel.
[18] Peter Brückner, Psychologie und Geschichte. Vorlesungen im "Club Voltaire" 1980/81, Berlin 1982, p. 267.

some version of working-class revolution, do not warrant significant attention in her rendition.

In her portrait, the path-takers break down by gender.[19] Sanders-Brahms juxtaposes Heinrich with Grischa, her own apparent avatar.[20] Grischa learns from her disappointments. She moves on from grand narratives and their authors to seek new sources of knowledge, for example, by interviewing working women about their everyday experiences and choices. She forges her own future pragmatically, transforming her life according to her own needs, defying pre-defined paths. She is practical, refusing to be caught in sectarian stand-offs, rather joining with others as it makes sense for her immediate political interests. Heinrich, by contrast, is paralyzed by the past: by disappointment with the immediate past – and even by the sense that, raised by Nazis, he cannot escape fascism himself. He cannot transcend the "stone in his heart"; he is emotionally "wrecked," rendering him unable to act. He imagines salvation now in effect in a traditional nuclear family with Grischa, a dubious "revolution by pair."[21] For him, home life represents no melding of the personal, the professional, and the political, as Grischa seeks, but as a site of relief from the last. Altogether, he seems to adopt the political hopelessness and desire for retreat that many young contemporaries associated with their elders. For his part, Christian Semler continued with the template of age in the telling of his own story. His mother and her liberal and leftist friends retreated in disappointment by the 1950s (adults like his father who embraced the new West German party politics, were, here too, simply out of the picture). However, Semler himself moved forward insistently, as he characterized it. He related a tale of continually refining his political understanding and vision, as his own ongoing disappointments informed a new vision. For our purposes, it is less important whether there were such pronounced differences by gender or even age than the way in which contemporary activists set up their self-narratives in a series of active choices, informed by experience and emotional response, to move forward by learning from the past, ultimately radically reinterpreting history altogether.[22]

---

[19] Cf. fellow filmmaker Helke Sander, who pled that fellow male activists not "'dogmentieren', sondern auch agieren," and who in turn represented this gendered distinction in her films, for example in: "Der subjective Faktor" (1981), and her own reflection in the character Anna.

[20] See Davis, Inner Life, in which women activists regularly cast themselves as more practical and concrete, not lost or misled by theory, and thus able to learn from all sources, and move on.

[21] Sander-Brahms (dir.), Unter dem Pflaster; "eine kleine Revolution zu Zweit" is actually spoken by the narrator, at 00:19:02.

[22] Generally, those born from shortly before the through the first decade afterward had good reason to view the way forward as a yawning openness in the most personal sense: changes in where they lived, their school system, even their family constellation seemed to offer a picaresque view of the world, neither stable nor moving in any intelligible fashion. At the same time, local and occupying forces alike worked to instill at least a perfunctory sense of the freedom and the responsibility to act, to make things better, while at the same time hardening Cold War and domestic policy constrained the possibilities for change. Cf. Belinda Davis, A Whole World Opening Up: Transcultural Contact, Difference, and the Politicization of 'New Left' Activists, in: Davis et al (eds.), Changing the World, Changing Oneself. Political Protest

Such archetypical paths as these offer illustrative versions of far messier real-life perambulations of thought. Through this period of popular political engagement both especially long and intense, activists swung rapidly and widely in their emotional register throughout the period. Emotions were neither singular nor serial. Deepest disappointment cohabited with fear – and with elation. Marianne I., a 25 year old in Heidelberg in June 1967, found the police shooting death of protestor Benno Ohnesorg to be a catalyst to her own serious political participation, producing a new emotional solidarity, by means of a reorganized understanding of society. Before the shooting of Ohnesorg, she hadn't found it "necessary" to be intensely politically involved. Now she [saw the West German state as bearing continuities with its Nazi precedent, and?] felt compelled to take a side.

"And that was '67 that I thought: Aha, I belong there somehow. So then I joined in, joined in demonstrating – and these completely specific feelings […] were also part of it, just by being in one group, and [distinct] from others: the one who screamed something at us out of the window, or police all around us. So, these feelings. I found it on the one hand very exciting and also very frightening. […] It catalyzed in me such a powerful thing: one should not just let things fall where they may; one should not take things just as they were presented."[23]

The particular combination of experiences of those who became extraparliamentary activists in the period created an emotional admixture that, in the event, tended to engender a sense of the possibility and even the need to "step into history," even as their understanding of history, and change, also transformed through their experience.

It was a growing apocalyptic sense in this period, a feeling that things could not stay as they were, that drove to the fore a sense of imminent "revolution." This was a notion that bore relatively little purchase among new and even longer-standing activists in the directly preceding years, at least as it pertained to West Germany, so these new feelings fomented a rapid rethinking of "history."[24] Yet, in the midst of the February 1968 international Vietnam congress in West Berlin, the Prague Spring, and the Paris May, many extraparliamentary activists felt a new enthusiasm and euphoria: a sense that "Revolution" was simply "in the air," coming on its own steam. The highly pragmatic Teresa B. rejected what she perceived as a dogmatic Marxism among fellow activists at the university in Marburg. But in this period suddenly "we all somehow had the feeling that we were helping a new moment to break through." The shy, reserved Eva Quistorp was upended by the new "revolutionary mood," but likewise felt called to be part of this imminent "world revolution": to be on the right side of history.[25] Activists, longstanding and those who first now engaged politically, now felt pulled from the bruising dismay of daily life, and perceived constant attacks on youth, by the thrill that "revolution" was at hand,

---

and Collective Identities in West Germany and the U. S. in the 1960s and 1970s, New York 2010, pp. 255–73.

[23] Interview Marianne I., 4. 7. 2004.

[24] Cf. e. g. Rudi Dutschke, Geschichte ist machbar, ed. by Jürgen Miermeister, Berlin 1980.

[25] Recorded in Ruth Zylberman (dir.), 1968, année zero, 2008.

revolution that would bring about a new world – even if the contours of this new world were vague at best. The idea of revolution inspired enormous excitement and high spirits, a sensation of joy and expansiveness, even of "love": for one another, and for revolution itself.

The idea of emotional highs accompanying revolution is hardly new or surprising. My argument here is two-fold. First, the very sense of potential, sense of opening, and the accompanying joy, growing out of their disappointments, came in a sense to define revolution at the time.[26] At the same time, this moment of relatively extreme emotional highs and lows related to a particular view of historical law and the possibilities of change. Avowed "anti-Communist" Daniel Cohn-Bendit rejected notions of historical determinism. Yet, in this moment, he recalled in the mid-1980s that "we loved it so much, the revolution."[27] Intense emotions created the sense of potential openness; the feeling of openness in turn drove a rethinking of how change took place.

This was no unmitigated sudden return to optimism and hopefulness. Disappointment retained its pride of place throughout the period. 1968 jolted forward, leaving a roller coaster of emotional response, in the wake of the crushing of popular politics in France, Czechoslovakia, Poland, Mexico City, and beyond. Revolution, for a few months so apparently imminent, quickly receded from vision. Still, most activists did not retreat from political engagement, or not for long: absolute numbers of those seeking broader change through extraparliamentary means now burgeoned. Profound disappointment had itself been an important spur to their activism in the first place, and continued to be so throughout the longer period. "1968," or 1967–68, was a watershed moment, spawning a series of especially deep disappointments – alongside other, often contradictory emotions. But, for most grassroots activists of the era, it was neither the first nor the last of them. As contemporary activists narrated their life stories, they counted ongoing, even devastating disappointments as drivers to political action and experimentation. Wolf-Dieter Narr remembered how the Vietnam war first spurred him to political action in 1963: a war that "meant for us all a great disappointment regarding the U. S."[28]

Narr's account alerts us to another layer of the story. "Historical law" is one, big story of how change works. At the same time, in activists' own narratives after the fact, they tell their own tales, replete with concluding morals, about how things happened. In retrospect, activists used accounts of disappointment, among other emotions, to speak to "learning processes": how they learned from ongoing disappointments; the uses to which they put them. Earlier still, Paul T. recalled the police beating and arrest of young people playing music and dancing in the street in

---

[26] Cf. on this definition Padraic Kenney, A Carnival of Revolution. Central Europe 1989, Princeton 2002.
[27] See Daniel Cohn-Bendit, Wir haben sie so geliebt, die Revolution, Frankfurt am Main 1987, originally French television documentary, Daniel Cohn-Bendit (dir.), Nous l'avons tant aimée, la revolution, 1985.
[28] Interview Wolf-Dieter Narr, July 2004.

1962 Munich, prompting what came to be known as the "Schwabing Riots." His disappointment with and shock at the beatings was overwhelming. "And that was a blow that one couldn't fathom. Why did [the police] so brutally beat young people, who were unarmed, who hadn't done anything?" Paul connected the events directly to the feelings of "injustice" he had experienced while still a child, in the 1940s, when parents peremptorily slapped crying children, "and only then asked why they were crying." By Schwabing 1962, he told the story, the experience and his accompanying emotions explicitly politicized him, pushing him to ask broader questions, concerning the role of the state and its relation to the public.[29] Writing in consequence of their own impending dissolution in 1969, Members of Kommune 2 characterized their impetus to come together in 1966, in consequence of their disappointments already at that point. "The disappointment [...] and the desperate search for approaches to revolutionary practice" was what led directly to the week-long discussion and rethinking that led to establishment of both Kommunen 1 and 2.[30]

III. Using Disappointment: *Lernprozesse*

Deep disappointment persevered and only deepened after "'68," and continued to inform political choices. Grischa and Heinrich expressed their unhappiness not only with an unrequited vision of the future, but also with the dogmatism and sectarianism that set in as a result, as activists battled over history and theory. Frank Böckelmann had worked to spread carnivalesque anti-authoritarian politics in early 1960s Munich, designed to surprise, and joy. But he too now also experienced "great disappointment" a decade later, precisely with the "strict discipline" in politics some fellow activists now saw as requisite, in such an unpredictable historical moment.[31] The latter included figures like Christian Semler, who in 1970 cofounded the maoist KPD(/AO).[32] It had been Semler's own disappointment and

---

[29] Interview Paul T., 24. 7. 2005.
[30] Kommune 2, Versuch der Revolutionierung des bürgerlichen Individuums. Kollektives Leben mit politischer Arbeit verbinden!, Berlin 1969, p. 16.
[31] Interview Frank Böckelmann, 29. 6. 2004. Frank Böckelmann remembered his rising then falling hopes in the ability to offer a "Vorbild," through forms of disobedience. "Das war so utopisch," he sadly recalled forty years later. Cf. Gunnar Hinck, Wir waren wie Maschinen. Die bundesdeutsche Linke der siebziger Jahre, Berlin 2012.
[32] The KPD(/AO) (the group quickly dropped the "AO," Aufbauorganisation), one of a number of maoist K- or *Kadergruppen*, lasted from 1970 to 1980, by which point it had lost most of its membership. Communist parties in the federal republic, banned in 1956, were able to form again from 1968. Cf. Andreas Kühn, Stalins Enkel, Maos Söhne. Die Lebenswelt der K-Gruppen in der Bundesrepublik der 70er Jahre, Frankfurt am Main 2005; Anton Stengl, Zur Geschichte der K-Gruppen. Marxisten-Leninisten in der BRD der Siebziger Jahre, Frankfurt am Main 2011; Hartmut Rübner, "Die Solidarität organisieren". Konzepte, Praxis und Resonanz linker Bewegung nach 1968, Berlin 2012.

subsequent rethinking that had spurred the foundation of the new party. Paul T. in Munich too joined the KPD out of "disappointment" with the outcome of the preceding years: not just that there was no revolution in 1968, but also in the innumerable lesser defeats of the period, such as the failure to prevent passage of new "emergency laws."[33] If the hundreds of thousands of protestors across the West German population could not convince parliamentarians even to reconsider these laws that seemed to threaten basic freedoms, then "the game was up"; what could be done? In 1969, Paul and others pulled back from politics to think hard about their experience, and what meaning they could derive from it. It seemed proven once again that "reforms" within the existing system were unlikely. Yet what was the alternative? "Then one discussed, how do we actually move forward? Because we certainly can't just keep at this actionism uninterruptedly," all the more in light of so many disappointing outcomes. "Then we really discussed," Paul repeated emphatically, "a year long, always looking to find a solution: how does this move forward?"

Disappointment did not always lead to deep political rethinking and continued intense engagement, to be sure. For some, the constant disappointments led to more permanent retreat: from grassroots politics, or from politics altogether, as related to shifting views of history and change. Was there indeed any "solution to be found," as Heinrich asked? Was the correct lesson of these experiences acceptance of an immutable capitalist logic of history, or even of a complete absence of historical logic, and an accompanying recognition of one's impotence to see and enact change? When intransigent despair and hopelessness like that of Heinrich set in, some activists became "dropouts," pursuing paths from self-medication to the contemporary "self-help" movement.[34] Such ongoing hopelessness was encouraged from outside. Activist Robert G. woke up one morning in 1973 with a special forces GSG 9 police pointing a gun at his head, because others in the apartment building were suspected of sympathizing with "terrorists." He remembered with evident feeling still how he worked to control his emotional response: but, finally, he "simply skived off." As he told the story, he congratulated himself on retreating politically: the end could have been much more dire. A good friend of his who had been traumatized by police violence turned to drugs, and – Robert linked the circumstances in his telling – she burned to death in her bed.[35]

Others moved to the comfortable embrace of mainstream politics, some out of a new hopefulness, others in self-described cynical resignation. Some former APO

---

[33] These laws, passed in May 1968, amended the *Grundgesetz* to permit state authorities to take on certain powers and suspend normal rights during "emergency" situations. Cf. Boris Spernol, Notstand der Demokratie. Der Protest gegen die Notstandsgesetze und die Frage der NS-Vergangenheit, Essen 2008.

[34] Cf. Robert P. Stephens, Germans on Drugs. The Complications of Modernization in Hamburg, Ann Arbor 2007; work in progress by Klaus Weinhauer and by Timothy S. Brown.

[35] Interview Robert G., July 2004.

activists joined the SPD already in 1969, expectant of Willy Brandt's accession to power, alongside disappointment with results of extraparliamentary action.[36] Perhaps Brandt could achieve "reforms" that Adenauer and his CDU successors had eschewed. Although he joined the SPD first much later, in telling his story, Thomas Schmid connected this SPD membership to the "hopelessness" he had come to feel in the Frankfurt Sponti "scene" that he had departed in the early 1970s.[37] For many, this new sanguinity dissipated quickly, as Brandt's clarion call to "dare more democracy" gave way to policies such as the 1972 "Radical Declaration," which threatened the professional life and livelihood of a broad swath of current and erstwhile protestors.[38] Yet former activist Teresa B. spoke still at the time that I interviewed her of her "beloved SPD."[39] For her, the move reflected a renewed commitment to the terms of political modernity, and to the notion of small, incremental choices toward a secular progress. It was in the 1970s too that many young professional historians who had counted themselves within the ranks of the extraparliamentary opposition now joined in describing modern Germany's Sonderweg: the notion that Germany had, for a shorter or longer period, detoured from political modernity, but had, in the shape of the BRD, returned to the proper path toward its fated future.[40]

Still other activists responded to their disappointments by turning, for a period, to "old left" conceptions of history, alongside the effective "old liberalism" of their mainstream party counterparts. As such, they shared with the latter the redoubled optimism of political modernity. The brief taste of possible "revolution" in the late 1960s had been seductive. Activists like members of the Moscow-oriented DKP (Deutsche Kommunistische Partei) committed to studying revolution: to divine whether the recent perceived failure of revolution related to activists' insufficient understanding of their role, or whether they simply required the perspective of a longer time line toward the inevitable end. Horst H., [whose Gymnasium communist group] was affiliated with the DKP, took up intense scrutiny of Germany's November Revolution of 1918, seeking keys in the historical past.[41] These activists

---

[36] Cf. Wolther von Kieseritzky, Einleitung. ‚Mehr Demokratie wagen'. Innen- und Gesellschaftspolitik 1966–1974, in: Helga Grebing et al. (eds.), Willy Brandt. Berliner Ausgabe. vol. 7: Mehr Demokratie wagen. Innen- und Gesellschaftspolitik 1966–1974, Bonn 2001, pp. 15–81.
[37] Interview Thomas Schmid, 27. 7. 2005.
[38] Activists tended to call the policy a "Berufsverbot," asserting a continuity between policies from the Third Reich, and reinvoked in the early aftermath of the war.
[39] Interview Teresa B., July 2005.
[40] Cf. Bernd Faulenbach, Ideologie des deutschen Weges. Die deutsche Geschichte in der Historiographie zwischen Kaiserreich und Nationalsozialismus. München 1980. As times have changed, in turn, this concept has long since been transcended, at least among professional historians.
[41] Interview Horst H., 22. 7. 2003. Broad interest in the November revolution peaked during these years. This interest was both cause and effect of the contemporary seminal historical studies of the revolution, cf. e. g. Peter von Oertzen, Betriebsräte in der Novemberrevolution. Eine politikwissenschaftliche Untersuchung über Ideengehalt und Struktur der betrieblichen und wirtschaftlichen Arbeiterräte in der deutschen Revolution 1918/19, Düsseldorf 1963; Er-

also carefully reread theoretical texts, intensifying their schooling, or indoctrination (Schulung), looking for the right set of instructions. To their renewed dismay, however, it was members of the East German SED, with which the DKP was closely tied, who pushed DKP members to start *anders denken*. That is, SED officials increasingly discouraged talk of revolution altogether. They feared unleashing a West German chaos that might spread eastward, and in turn challenge the DDR state and its own new philosophy of *Realsozialismus*.[42]

The Deutsche Kommunistische Partei (DKP) was the largest of the new, formal political parties to form out of grassroots activist circles, reaching nearly 40,000 members in 1973.[43] Yet a preponderance of West German activists were dubious about *Realsozialismus* even as an intervening model, in light of extensive personal knowledge of and experience with East Germans. This doubt had been only reinforced by the entry of the "revolutionary" Red Army's tanks into Prague in August 1968, indeed a central element in the disappointment of that year.[44] Richard W. remembered the hope that preceded that moment, linking protest across the Cold War divide: "we hoped of course that something would finally move, and we carefully watched every movement," to see if "finally the breakthrough would take place." Thus,

"The great disappointment was of course Czechoslovakia in '68, of course. That's why I characterized '68 from the start [here] as the beginning of the end. Fundamentally, with the defeat of the Czechoslovak model, the process was broken off, and what came afterward was, in my eyes, forms of decline."[45]

He and others working on the Göttingen alternative newspaper Politikon "really intervened heavily to criticize all these K Groups, and these M[arxist]-L[eninist] parties. That was one of our main impulses" at that point. In turn, Frank Böckelmann recalled his own challenge to the "disciplined cadre work" that the "proselytes" extolled, arguing that this only played into the hands of status quo.[46] The combination of "blind hope and expectation, and blind disappointment, radical direct action, and rapid resignation" were representative again only of outmoded ways of thinking – and feeling – as he saw it. They were "petit-bourgeois forms of reaction. They are reminiscent of the desperate affects that dominate the one who throws or lays a bomb, just to elicit some kind of reaction from the masses."[47]

---

hard Lucas, Zwei Formen von Radikalismus in der deutschen Arbeiterbewegung, Frankfurt am Main 1976.
[42] Cf. Klaus Ziemer, Real existierender Sozialismus, in: Dieter Nohlen (ed.), Lexikon der Politik, vol. 7, Berlin 2004, pp. 535seq.
[43] Cf. Michael Roik, Die DKP und die demokratischen Parteien 1968–1984, Paderborn/München 2006.
[44] Among others, interview with Sibylle Plogstedt, 26. 6. 2008, in which Plogstedt described agonizing discussion over Soviet tanks in Prague in August 1968 in the Freie Universität chapter of the SDS (Sozialistischer Deutscher Studentenbund).
[45] Interview Richard W., 2. 7. 2004.
[46] Interview Frank Böckelmann, 29. 6. 2004.
[47] Frank Böckelmann, Schöner wohnen, in: ibid. (ed.), Befreiung des Alltags. Modelle eines Zusammenlebens ohne Leistungsdruck, Frustration und Angst, München 1970, pp. 28–32, cit. 29 seq.

Böckelmann thus rejected the uses of the particular emotional patterns he saw taking hold in the late 1960s and early 1970s. Contemporary activists made a powerful case themselves for the role, legitimate, certainly in any case unavoidable, of emotion in politics.[48] Further, some activists at least tied emotions themselves to particular political ideas, and to specific forms of understanding change.

By the mid-1970s, disappointed activists within as well as outside the DKP and Maoist groups continued their own processes of rethinking, in the context of disappointment and other emotional influences. By the time of Mao's death in 1976, and even before most activists came to believe the dystopian news reports about the Cultural Revolution in China, their own, direct experience of disappointment brought them to doubt the functionality of this model too. Paul T. became convinced after living and working with factory laborers for several years that, notwithstanding regular, even efficacious small-scale actions, a "workers' revolution" was no longer in the offing in post-industrial Germany, notwithstanding even the recession that now reigned, and disparities of pay between German and "guest" workers. Even after several years of organizing, the workers "would undoubtedly rather have beaten us. There was nothing to be done," Paul concluded.

The standard interpretation of such determinations is that these activists finally came to their senses, and gave up on such silly and even dangerous notions of "revolution" – at least in West Germany. But what KPD/AO co-founder Christian Semler and others came to conclude was arguably slightly more complicated: a challenge both to Marxist-Leninist and to liberal capitalist ("anti-")ideology. Semler came to dispute the idea of an opposition between revolution and reform as characterized by relative speed, and to question both terms altogether. This was another notion, like that of revolutionary violence, that was fixed in a nineteenth-century worldview. Rather, the question of change concerned a degree of radicality, not necessarily a sudden overturning of everything, within a day, or a year. The notion of rapid and all-consuming shifts gave way in Semler's mind to "ebbs and flows" of historical change, requiring indeed a new "emotional" adjustment among activists.[49] Activist Manfred D. put it in terms of his experience with living communities (Wohngemeinschaften) and lifestyle experiments. One was always regularly "disappointed," and, "permanently, someone was moving out."[50] Indeed, he came to understand, there was no magical endpoint. The only thing possible was to try to create change that was meaningful; to move from grand progressions to continuous efforts to ensure that one learned from the past to try to create a better future. Contemporaries' experiences, their disappointment, and their concomitant

---

[48] See Belinda Davis, Provokation als Emanzipation. 1968 und die Emotionen, in: Vorgänge 42 (2003), pp. 41–49; ibid., Civil Society in a New Key? Feminist and Alternative Groups in 1970s West Germany, in: Karen Hagemann/Sonya Michel/Gunilla Budde (eds.), Civil Society and Gender Justice: Historical and Comparative Perspectives, New York 2008, pp. 208–23. On activists' "management" of and response to their expectations, see also in this volume contributions by Christian Helm and Anna Greithanner, also Konrad Sziedat.
[49] Interview Christian Semler, July 2003.
[50] Interview Hubert V., 23. 6. 2004.

rethinking thus returned them to the belief that there was no "master plan," no necessary path forward, no sense that there was a "forward" in any grand sense. Kommune 2's disappointment led directly to the sense that "we can't believe in such a reason of history anymore, one that effectively gets behind the backs of those who are affected."[51]

A tiny number insisted they could and had to make the moment, even without the working masses. But it was a relatively very few and a diminishing number who saw acts of offensive physical violence as likely to engender a sudden rupture and concomitant total change, even presuming this was a necessary good. Their own experiences told them otherwise. In this regard certainly, emotional response was yet again a powerful and valuable influence. Activists interviewed three to four decades after their contemporary experience with violence wielded toward them often initially dismissed these experiences, making light of them. As Christian Semler "stuck up the first posters" that he distributed across West Berlin in 1967, "'wanted posters' against the Shah [of Iran], I was really scared shitless. I was really afraid. [...] I was really afraid," he repeated, then quickly adding, "although really nothing could have happened to me."[52] But his own and others' contemporary experience proved otherwise: the regularized beatings, along with arrests, and threats of future livelihood became a norm well outside of the RAF, and even the KPD.[53] Rainer Langhans claimed that his eye-opening and disappointing experience in the Bundeswehr convinced him already in the early 1960s that physical violence was only a tool of the old system. It could at best "change relations only on the surface," which was "not radical enough."[54] Here too, process was central to a new understanding of change – and the process came back to changing one's own head. Most felt that their experience had simply proven definitively that, for any foreseeable future, physical violence offered no compelling evidence it could bring about any desired apocalyptic revolution, nor did it seem to hold any mystical or "purifying" political power. It was increasingly clear to Katrin M.

"that violence produces only more violence, and, above all, it animates the other side, that is, the state, to declare still further measures along the lines of the emergency laws [...], etc. [...] That was also really then the tragedy of the '60s and '70s. [...] [T]here were still way too many of these old thought structures."[55]

---

[51] Kommune 2, Versuch der Revolutionierung, p. 9.
[52] Interview Christian Semler, July 2003.
[53] Aside from physical harm, posting the *Steckbriefe* could have earned him eighteen months to two years in jail. Cf. Belinda Davis, Jenseits von Terror und Rückzug. Die Suche nach politischem Spielraum und Strategien im Westdeutschland der siebziger Jahre, in: Klaus Weinhauer/ Jörg Requate/Heinz-Gerhard Haupt (eds.), Terrorismus in der Bundesrepublik. Medien, Staat und Subkulturen in den 1970er Jahren, Frankfurt am Main/New York 2006, pp. 154–86.
[54] "We didn't know how it was going to turn out": Contemporary Activists Discuss their Experiences of the 1960s and 1970s, in: Belinda Davis et al. (eds.), Changing the World, Changing Oneself. Political Protest and Collective Identities in West Germany and the U. S. in the 1960s and 1970s, New York 2010, pp. 277–302, here p. 283. Compare too Rainer Langhans, Theoria Diffusa, Munich 1986.
[55] Interview Katrin M., 18. 7. 2002.

This thinking brought in far greater numbers of activists still in the course of the 1970s and early 1980s, and saw an enormous proliferation of the forms of activism. We can see these critical and important *Lernprozesse* too in the responses of those who engaged in the new social movements of the 1970s, and the simultaneous "autonomist" lifestyle experiments. In 1975, long before he joined the SPD, Thomas Schmid wrote in the new alternative newspaper "Autonomie" to reject the meaningfulness of any "totalizing revolutionary organization" altogether, and at the same time to avoid resignation, urging readers rather to focus on building radical change in and through their everyday lives: "the satisfaction of individ[ual] needs, bound up with the polit[ical] struggle, against the sources of their repression," as Kommune 2 styled it.[56] This direction too reflected the lessons of earlier disappointments, and their subsequent rethinking and redirecting, along with their observation of the coterminous experiments of others, like those in the DKP and in the K-Gruppen, with which there was often collaborative practical work. The unhappiness, dismay, and frustration of many women activists in the late 1960s lay as much with their male counterparts as with the failures of revolution: men who, as Teresa found, "had amazingly big mouths," and "comported themselves frequently in gender relations [...] like their fathers."[57] This inspired new experiments in forms of popular political organization, such as autonomist, women-only groupings, an early piece of the women's movement in West Berlin/West Germany. This approached the Szene in which Sanders-Brahms's fictional Grischa worked. Yet, was such autonomist action itself "utopian," in the sense that Grischa dismissed?[58] Could such experiments be successful because of their small scale and their exclusivity: a new-age utopian socialism? Could this create some kind of end model, a perfect solution? Sabine M.'s initial experience suggested it could, when she cofounded a women's *Wohngemeinschaft* and magazine collective in West Berlin that brought together her everyday life and her politics, in new forms of political organization. She waxed rhapsodic about the sense of Ganzheitlichkeit that grew out of the experiment, of the type that Grischa sought in the film: bringing together not only the personal, political, and professional, but representing Grenzüberschreitungen too among the cerebral, the emotional, and the physical.

Yet this women-only organization also offered no magic panacea, despite the gender-based paradigm Sanders-Brahms deploys in her film. Sabine eventually found intolerable the "forms of orthodoxy," even among women: indeed, "as if the revolution stood imminently before you, and you had to think twice about

---

[56] Thomas Schmid, Facing reality: Organisation kaputt, in: Autonomie. Materialien gegen die Fabrikgesellschaft 1 (1975), no. 1, pp. 16–35; Kommune 2, Versuch der Revolutionierung, p. 9. See too Peter Mosler, Was wir wollten, was wir wurden. Studentenrevolte, zehn Jahre danach, Reinbek bei Hamburg 1977; Walter Hollstein/Boris Penth, Alternativprojekte. Beispiele gegen die Resignation, Reinbek bei Hamburg 1980; Lothar Baier et al. (eds.), Die Linke neu denken. Acht Lockerungen, Berlin 1984.
[57] Interview Teresa M., 27.7.2006.
[58] Cf. Wolfgang Kraushaar, Autonomie oder Getto?, in: ibid. (ed.), Revolte und Reflexion. Politische Aufsätze 1976–87, Frankfurt am Main 1990, pp. 97–150.

whether you should say something or not," she finished ironically, comparing their own efforts to earlier disappointing experiences concerning revolution.[59] The experience dashed renewed "utopian" hopes, bringing fresh "disappointments."[60] Yet, again, this contributed to an increasingly collective learning experience. As contemporaries came to understand it, none of the political experiments of the time offered the one "right," or "finished" model. Indeed there was and would never be a finished model, activists concluded out of their constant disappointments. But this did not mean that these efforts were worthless: that change was worthless, impossible, or possible only in "tender little reforms" to the larger system.[61] This was no validation of the triumph of modernist reform over revolution, of an end of ideology[62] as simply confirming what was. Change was, activists concluded, all about the process itself. Katharina Rutschky, long-known for her own pragmatic challenge to what she saw as utopian aspects of the women's movement was at the same time deeply "disappointed" by what she found to be the Alice Schwarzer's reformist efforts: "they totally caved in," making the struggle for abortion rights too "a really dark chapter."[63]

In turn, the disappointment itself was not just the unfortunate by-product of constant "trial and error" in political rethinking and action. Constant disappointment was the norm, because there was no perfect solution, there was no single right way that had eluded all of these activists. Disappointment pushed activists to keep working to shape change, with the understanding that change itself was the only norm. These were the sorts of solutions the character Grischa sought, in her quest to merge her "professional and political life" – and the other parts of her life. Collectively and ongoingly, these efforts contributed to a "liberation of everyday life," as Frank Böckelmann wrote of already in 1970.

"[C]ounter-models of living together and fulfilling needs [...] are no prognoses [...]. They don't purport that their realization is imperative and inevitable [unumgänglich], and they don't incorporate all the developing tendencies. They are to be provocations to think, and to recognize the paralyzing gravitational force of the status quo as arbitrary. They don't mean to distract, but rather to make one unsatisfied."[64]

---

[59] Interview Sabine M., 14. 7. 2005. Wiebke S., another member of this collective, added, "die Attraktivität der Frauenbewegung am Anfang war nicht unbedingt, dass ich unbedingt gegen den § 218 kämpfen wollte, sondern mehr, dass sich so eine Kommunikation zwischen Frauen ergibt, die ich gar nicht kannte und die mich fasziniert hat. Das war einfach damals so. Was noch kommen würde an Enttäuschungen [...], das wusste ich damals noch nicht," she ended laughing ruefully. Interview Wiebke S., 18. 7. 2005.

[60] Such experiments were yet new examples of the "naïve and grotesque" efforts to "put utopias into practice," as Italian contemporary Giuseppina Ciuffreda along with Nicole Janigro rather harshly describe it. Giuseppina Ciuffreda/Nicole Janigro (eds.), Vivere altrimenti. Milano 1997, cited in Luisa Passerini, Memory and Utopia: The Primacy of Inter-Subjectivity, London 2014 (first published 2007), p. 65.

[61] Interview Katrin M., 18. 7. 2002.

[62] Originally, Daniel Bell, The End of Ideology: On the Exhaustion of Political Ideas in the Fifties, New York, 1960.

[63] Interview Katharina Rutschky, June 2008.

[64] Böckelmann, Befreiung, Frontispiz. The reference in the context of this introductory epigraph is specifically to the alternative possibilities discussed in the book, but the generalized version is consistent with Böckelmann's point.

IV. Disappointment as Liberation from Historical Modernity

The *Befreiung* came in and through the collective process, lasting only as long as the ongoing efforts to pursue it. Böckelmann thus warned precisely against putting too much faith in any single effort – and against seeking an "ultimate" transformation: those who "hoped for everything from the Kommunen," and who already by 1970 claimed that "without transformation of the relations of production, a revolutionization of the forms of everyday life [could have] only a masking effect, [...] as they first now understood." This was indeed a problem of the absolute, "contradictory and panicky claims that were imposed on the new lifestyle forms," after the great disappointments in turn of the earlier seemingly imminent revolution in the streets. The answer was in the continual blossoming of the variety of experiments, simultaneous and serial, each drawing on the last, through continued recounting and sharing of efforts. It lay in the "forms of transition" that could represent change that was great and yet not bound by being revolutionary – nor indeed tied to activists' own "capacity for suffering."[65] This was no dismissal of the power of the prevailing economic relations of power. It was rather a challenge concerning the best tools to defy those relations – and a remonstration not to simply get lost in one's disappointment. Böckelmann's own effort in the collection he published was one of hundreds of thousands of such accounts of what disparate groups were trying out, the subject of countless articles, published collections, entire newspapers, collectively demonstrating the enormous scope of the challenge.[66] Böckelmann saw these experiments as having truly radical potential: to challenge the structures of the existing society built to shape the isolated bourgeois individual in the concrete world as in the deepest psychological formation, such that individuals could be entirely removed from their own needs. The experiments were radical too in their very conceptualization and enactment. Older contemporary Hans Magnus Enzensberger asked, of each thing: does it have to be this way? It was about the ability to and insistence on imagining a different future. Yet, he insisted, "I like doubts better than [pretty] sentiments. I have no need of Weltbilder without contradictions. In case of doubt, reality decides," he added, refuting re-

---

[65] Ibid., p. 29.
[66] As a tiny sample, cf. the seminal Kommune 2, Versuch der Revolutionierung; Häuserrat Frankfurt, Wohnungskampf in Frankfurt, München 1974; Albert Herrenknecht/Wolfgang Hätscher/Stefan Koospal, Träume, Hoffnungen, Kämpfe ... Ein Lesebuch zur Jugendzentrumsbewegung, Frankfurt am Main 1977; Klaas Jarchow (ed.), Dörfer wachsen in der Stadt. Beiträge zur städtischen Gegenkultur, Alpen 1980; Herrad Schenk, Wir leben zusammen nicht allein. Wohngemeinschaften heute, Köln 1984; also regular columns and articles in the innumerable contemporary alternative serial publications, like "Pflasterstrand," "Wir wollen alles," "Carlo Sponti," and "Courage"; to more localized and/or singularly focused publications, from "Magazin für KiezKultur," the "Zeitung für Selbstverwaltung," to the "Jugenzentrumsinitiative (JZI) Harburg Wandzeitung" cf. Sven Reichardt, Authentizität und Gemeinschaft. Linksalternatives Leben in den siebziger und frühen achtziger Jahren, Berlin 2014.

newed visions of "revolution."⁶⁷ Disappointments thus came to feed visions not of a perfect future, but rather, as contemporary Italian activist and historian Luisa Passerini put it, a radical criticism of the present and in changes that had to be begun immediately in the context of one's own situation, a "disrupt[ion of] the existing political sphere, its methods and its aims," and "a challenge to the forms of power in daily life, and thus the discovery of the political dimension of every sphere."⁶⁸ As Böckelmann put it, "Blind hope and expectation, and blind disappointment, radical direct action and rapid resignation are [...] petit bourgeois forms of reaction."⁶⁹

Böckelmann's and others view of "needs," emotional and otherwise, suggests that Heinrich's enduring disappointment in Sanders-Brahms's film was not necessarily the useless counterpart to Grischa's pragmatic push to the future: it was what allowed contemporary activists broadly to transcend the modernist binary between "reformist" and "revolutionary" change, to imagine oneself completely beyond the iron cage of modern political thought.⁷⁰ Furthermore, in his mourning for lost fantasies too, Heinrich may be more than Grischa's negative counterpart. Heinrich's disabling disappointments seem inextricably bound up with his longing for a "utopia." Many activists seemed to agree retrospectively, associating "utopia" with "dogmatism," "intolerance," and "violence." Manfred D. claimed decades after the period that he found the general ideas of the period "right, now as then. Only – one must not take to heart this dogma": in other words, "no utopia."⁷¹ In the early 1970s, as Sanders-Brahms's characters struggled with their disappointments, Thomas Schmid and other Spontis in Frankfurt moved from organizing laborers for revolution in the factories to organizing against the destruction of existing housing in Frankfurt's Westend. "That was [...] a movement that had real outcomes in that society, and not rather somewhere on the horizon of utopia."⁷² Yet, by the mid-1970s, activists used "utopia" to describe not the reality that never materialized, nor the perfect future that awaited, but rather the very moment when they could imagine a beautiful future.⁷³

---

⁶⁷ Hans-Magnus Enzensberger, An Peter Weiss und andere, in: Joachim Schickel (ed.), Über Hans Magnus Enzensberger, Frankfurt am Main 1970, p. 251. Born in 1929, Enzensberger demonstrates the limits of any aged-based generalization of affect.
⁶⁸ Luisa Passerini, "Utopia" and Desire, in: Thesis Eleven 68 (2002), p. 21.
⁶⁹ Böckelmann, Befreiung, p. 29.
⁷⁰ The importance of *Fantasie*, in all senses of the word, and the ability to imagine things as completely different, is well-recognized as an element in early 1968, telegraphed in slogans of the "Paris May," as in "die Fantasie an die Macht," "Traum ist Wirklichkeit," "Es ist verboten zu verbieten," and "Unter dem Pflaster liegt der Strand." Cf. Ingrid Gilcher-Holtey, "Die Phantasie an die Macht". Mai 68 in Frankreich, Frankfurt am Main 1995; Sabine von Dirke, "All Power to the Imagination!". The West German Counterculture from the Student Movement to the Greens, Lincoln/London 1997.
⁷¹ Interview Manfred D., July 2004.
⁷² Interview Thomas Schmid, 27. 7. 2005.
⁷³ Compare on this also for the Italian case, Claudio Magris, Utopia e disincanto. Saggi 1974–1998, Milano 1999; Elvio Fachinelli, "La protesta sul lettino," in: idem, Intorno al '68, ed. by Marco Conci/Francesco Marchioro, Bolsena 1988.

V. Disappointment + Imagination

This view of utopia is consistent with Herbert Marcuse's usage in July 1967, shortly after protestor Benno Ohnesorg's execution by police.[74] In this talk at the Freie Universität, Herbert Marcuse insistently related to his distraught audience of thousands a new story of the term. He claimed that critics' charges of activists pursuing "utopia," as signifying wild and risible ends, was itself a function of a late-industrial, consumerist "repressive tolerance." This inspired rather fear, creating narrow limits on what people could dream about and strive for. Many in attendance in the great FU Audimax expressed frustration in the discussion that followed the talk. Some wanted concrete answers from him on the "Utopieproblem": how specifically to move from posing to realizing their fantasies; how to push beyond the elimination of an "empire of need" to an "empire of freedom," as Marcuse had put it, to fulfilling a historical need for happiness.[75] At this moment, it felt difficult to see outside this "Reich der Notwendigkeit," except as an imaginary act. Yet, within two years, young German activists had borrowed the notion of "we want it all" from the Italians. Initially, the expression read "we want it all – and indeed right now." Within the next years, the emphasis on this immediacy of realizing one's demands, producing "total" change, faded away. By the mid-1970s, Carlo Sponti pressed upon their readers not to lose the evolving sense of utopia, in their despair at the mentality of besiegement that dominated over the "RAF Question." In June 1977, the same paper bemoaned insufficient utopia among contemporary activists. A year later, in honor of Marcuse's 80th birthday, and in the aftermath of the German Autumn, writers contrasted the "impossible revolution" with a "revolution of the impossible."[76] In this context, the notion of revolution itself emerged as an expression of fantasy: an idea of something possible that hadn't been before, that which "put everything in question," as Katrin M. put it. It was "normal," thus, Cohn-

---

[74] Published as Herbert Marcuse, Das Ende der Utopie. Herbert Marcuse diskutiert mit Studenten und Professoren Westberlins an der Freien Universität Berlin über die Möglichkeiten und Chancen einer politischen Opposition in den Metropolen in Zusammenhang mit den Befreiungsbewegungen in den Ländern der Dritten Welt, ed. by Horst Kurnitzky/Hansmartin Kuhn, Berlin 1967. To be sure, Marcuse had published similar characterizations earlier, as had Theodor Adorno, Ernst Bloch, and Peter Brückner, among others. Compare the 1966 notes of Sigrid Fronius, in discussion with fellow members of the Freie Universität's chapter of the SDS, concerning Entfremdung and Utopiewillen. Archiv "APO und soziale Bewegungen," Freie Universität Berlin, Nachlass Sigrid Fronius, 1965–66 #1. The timing for a broader rethinking of the concept seems to have been important, however.

[75] In the discussion following the presentation, published in Marcuse, Das Ende, here p. 22seq.

[76] Carlo Sponti. Heidelsberg illustre Illustrierte, Nr. 34/35 (6/1977), on the "neue Studentenbewung"; ibid., Nr. 43 (6/1978). Already a decade earlier, Rudi Dutschke described revolution as "nicht ein kurzer Akt, wo mal irgendwas geschieht, und dann ist alles anders. Revolution ist ein langer, komplizierter Prozess, wo der Mensch anders werden muss." Podium Discussion, 24.11.1967, Hamburg, with Rudolf Augstein and Ralf Dahrendorf, see at https://www.youtube.com/watch?v=FlXnmVysQi4 (13.4.2020); cf. Gretchen Dutschke-Klotz's description, in: ibid., Wir hatten ein barbarisches, schönes Leben. Rudi Dutschke – eine Biographie, Köln 1996, p. 168f.

Bendit declared sympathetically in '86, "daß Leute, die ‚alles, und zwar gleich' gefordert haben, zuzüglich der Macht mit und ohne Gewehren," now felt deep "Wehmut" about this past, as had Sanders-Brahms's Heinrich.[77] Cohn-Bendit continued, however, "[i]n my private life as in my political activities, I have always attempted to safeguard a continuity between my convictions from yesterday, my activities in the present, and the future of which I dream." As such, disappointment was no antithesis to fantasy, to imagination. It was rather an important counterpart, the reminder of the nature of change, the "realistic" part of "be realistic, demand the impossible."[78]

Thus, as Daniel Cohn-Bendit concluded a few years later, earlier "revolutionary projections" and focus on the "mythical figure of the professional revolutionary" did not mean the "end of the revolutionary dream." Rather, this was only a moment in the transformation of thought, and of the desire for change that "made possible fundamental changes in thinking as well as a life in revolt."[79] This was an "unfinished reality": but a very lesson of the 1970s and moving forward was that, indeed, this reality would never be finished – nor even necessarily one of "progress." The changes in thinking and corresponding action in this period, promoted by disappointment, were thus not simply a move from magical thinking or "fundamentalism" to realism in the form of reformism. Activists' conclusions in terms of a necessary commitment to continual efforts at experimentation and change were wearing, and the broad extraparliamentary movement as a whole ended in the early 1980s.[80]

These last were arguably simply the next steps in the ever-changing thinking I have tried here to trace. Yet I want to make the case that we dismiss to our loss the period's development of thought, fueled by cycles of disappointment and other feelings, concerning history and agency. In 2008, a series of debates on "Paris-Berlin" appeared on German television; the fifth debate centered on the question "War '68 die letzte Utopie?" The upshot seemed to be that present-day French and Germans had across the board settled with greater or lesser reluctance into a comfortable status quo, alongside a renewed allergy to grassroots politics that was the outsized and inappropriate reaction to "9/11."[81] And yet the earlier legacies of

---

[77] Cohn-Bendit, Wir haben sie so geliebt, p. 8.
[78] In 1970, author-activist Peter Schneider (like Enzensberger, also born earlier than conventionally defined "68ers") held a fierce debate with journalists over what it was that constituted a "realistic" view of the political landscape and future in the BRD. See the discussion this interaction engendered among activists, at: International Institute for Social History, file "Rote Zellen 1970". Cf. also Peter Schneider, Lenz, Berlin 1974.
[79] Cohn-Bendit, Wir haben sie so geliebt, p. 16. See here also Gotto, Enttäuschung in der Demokratie, p. 355 ff., for a compelling discussion of the relation of disappointment and the "loss of utopia."
[80] See Lauren G. Berlant, Cruel Optimism, Durham 2011. On the APO as a broad but more or less single movement from the early 1960s into the early 1980s, see Davis, The Internal Life of Politics.
[81] See conversely activists who still emphasize a framework of "revolution" versus "reform": as one example, Warren Blumenfeld, "Revolution v. Reform: Beyond '4 Ms' of Queer Politics," published on: The Good Men Project, 28.6.2016, http://goodmenproject.com/featured-content/revolution-v-reform-beyond-4-ms-queer-politics-wcz/ (16.12.2019).

'68 and its direct aftermath demonstrated more creative and productive lessons drawn from the disappointments of the era than the television panelists described: that radical, violent, popularly-driven change or top-down parliamentary reforms, coupled with narrowly conceived Bürgerinitiativen here or there do not remain the only options for envisioning deep and continuing political change. Contemporary activists challenged this very framework of political modernity, in their thinking and in their acting. Forgotten and especially flattened legacies of the 1960s and 1970s might now rather be better recognized in a broader public, as a number of those present had already helped realize in some fashion. It is a question of *anders denken* and, as Rudi Dutschke suggested already in 1967, of *anders werden*; of telling the story of the past so that one might continue to draw both from disappointment and imagination.

Carla Aßmann
Paradise Lost

Utopieverlust und Schuldzuweisungen in der Entwicklung von Großwohnsiedlungen

Einheitlich geplante Siedlungen mit mehreren Tausend Wohnungen aus den 1950er bis 1970er Jahren haben ein äußerst schlechtes Image. Ihre Architektur gilt als einschüchternd, trostlos und deprimierend. Hinter den Fassaden weiß man den sozialen Brennpunkt, gekennzeichnet von Armut, Ausgrenzung und Kriminalität. Das trifft auch auf die zwei Großwohnsiedlungen zu, um die es im Folgenden gehen soll, Le Mirail in der französischen Stadt Toulouse und das Märkische Viertel in West-Berlin. Sogar in der Populärkultur wurde die dort herrschende Hoffnungslosigkeit thematisiert: „Hohe Häuser – Dicke Luft – ein paar Bäume – Menschen auf Drogen / Hier platzen Träume",[1] beschreibt der Berliner Rapmusiker Sido das Märkische Viertel. Die Toulouser Band Zebda legt den Schwerpunkt auf soziale Ausgrenzung, wenn sie mit Blick auf Siedlungen des sozialen Wohnungsbaus die rhetorische Frage stellt: „Warum lässt man uns im Ghetto kaputtgehen?"[2] Wie kam es zu dieser engen Verbindung bestimmter architektonischer und städtebaulicher Formen mit unerwünschten sozialen Verhältnissen und negativen Gefühlen?

Auch wenn ein wachsendes Forschungsfeld sich erfolgreich um eine differenziertere Darstellung der Geschichte der Großwohnsiedlungen bemüht,[3] lautet die gängige Erklärung weiterhin, diese Zustände resultierten aus dem zur Planungszeit alles dominierenden Ziel, möglichst schnell, viel und billig zu bauen. In planerischem Größenwahn hätten Architektinnen und Architekten sowie Verantwortliche aus Politik und Verwaltung dabei in drastischer Weise an den Vorlieben und Bedürfnissen der Menschen vorbei gebaut.[4] Deshalb wohnten dort nur solche Bewohnerinnen und Bewohner, die keine andere Wahl hätten, und die soziale Segregation habe das schlechte Image dieser Siedlungen besiegelt. Zudem hält sich hartnäckig die Annahme, die Architektur moderner Großsiedlungen fördere Kri-

---

[1] Sido, Mein Block, vom Album „Maske X", 2004.
[2] Zebda, Le Bruit Et L'Odeur, vom Album „Le Bruit Et L'Odeur", 1995. Diese wie auch alle folgenden französischen Quellen sind von der Autorin dieses Artikels selbst übersetzt.
[3] Vgl. die Hinweise in den Anmerkungen 3 bis 5 sowie für Frankreich mit Schwerpunkt auf der staatlichen Wohnungsbaupolitik: Thibault Tellier, Le temps des HLM [habitation à loyer modéré; C. A.] 1945–1975. La saga urbaine des Trente Glorieuses, Paris 2007; Kenny Cupers, The Social Project: Housing Postwar France, Minneapolis/London 2014.
[4] Vgl. Peter Hall, Cities of Tomorrow: An Intellectual History of Urban Planning and Design Since 1880, 4. erw. Aufl., Oxford 2014, insbesondere S. 274 f., 284–290; Christian Bachmann/Nicole Le Guennec, Violences urbaines. Ascension et chute des classes moyennes à travers cinquante ans de politique de la ville, Paris 1996, S. 126 f.; Tilman Harlander, Die „Modernität" der Boomjahre: Flächensanierung und Großsiedlungsbau, in: Arch+ 203 (2011), S. 14–24, hier S. 19.

minalität und sozial unerwünschtes Verhalten. Seit der US-amerikanische Architekt und Stadtplaner Oscar Newman diese These Anfang der 1970er Jahre aufgestellt hat,[5] wird der Zusammenhang zwischen dem Wohnen in Hochhäusern und erhöhter Delinquenz unter der Bevölkerung immer wieder beschworen und diente in Frankreich sogar als Grund für die politische Abkehr von den Großsiedlungen[6] – obwohl alle Versuche, diese Wirkung zu belegen, wissenschaftlich äußerst fragwürdig sind.[7] Andererseits begründen Verteidigerinnen und Verteidiger dieser städtebaulichen Form deren schlechtes Image allein mit einer stadtplanerischen Trendwende oder Fehlentwicklungen in der Verwaltung der Viertel.[8] Aber diese Erklärungen erfassen bestenfalls einen Teil der Dynamik. In vielen Ländern Europas und in den USA verlief die Entwicklung dieser Großwohnsiedlungen sehr ähnlich.[9] Dennoch verleitet die Konzentration allein auf international wirksame städtebauliche Paradigmen und gesellschaftlichen Wandel zu oberflächlichen Erklärungen. Vielmehr müssen solche Entwicklungen als ein Bestandteil jeweils spezifischer Konstellationen betrachtet und mit den konkreten Handlungen der Akteurinnen und Akteure vor Ort in Beziehung gesetzt werden.[10] Deshalb erfolgt in diesem Beitrag die Analyse anhand des Vergleichs zweier Fallbeispiele, dem Märkischen Viertel und Le Mirail, die beide Anfang der 1960er Jahre geplant wurden.[11]

Die Großwohnsiedlungen jener Zeit waren keinesfalls als pragmatische Notlösung für die immer noch drängende Wohnungsfrage gedacht. Im Gegenteil verbanden die Architektinnen und Architekten ebenso wie die verantwortlichen Ak-

---

[5] Oscar Newman, Defensible Space: Crime Prevention through Urban Design, New York 1972.
[6] Siehe Alain, Peyrefitte, Réponses à la violence. Rapport du Comité d'Études sur la Violence, la Criminalité et la Délinquance, Paris 1977.
[7] Vgl. z. B. Alice Coleman, Utopia on Trial: Vision and Reality in Planned Housing, London 1985.
[8] So etwa der Architekturkritiker Nikolaus Bernau anlässlich der guten Wahlergebnisse der AfD in Ost-Berliner Großwohnsiedlungen: Nikolaus Bernau, Wahlergebnisse: Nicht der Plattenbau ist schuld, sondern sein schlechtes Image, in: Berliner Zeitung, 23. 9. 2016, http://www.berliner-zeitung.de/berlin/wahlergebnisse-nicht-der-plattenbau-ist-schuld-sondern-sein-schlechtes-image-24788312?dmcid=sm_em (5. 1. 2017). Die festgefahrene Polarisierung im Diskurs über die Großsiedlungen beklagten bereits Miles Glenndinning/Stefan Muthesius, Tower Block: Modern Public Housing in England, Scotland, Wales, and Northern Ireland, New Haven/London 1994, S. 325–327.
[9] Vgl. vor allem Florian Urban, Tower and Slab: Histories of Global Mass Housing, London 2012; Annie Fourcaut/Frédéric Dufaux (Hrsg.), Le monde des grands ensembles, Paris 2004.
[10] Vgl. Glenndinning/Muthesius, Tower Block.
[11] In Bezug auf die Entstehung und Entwicklung von westeuropäischen Großwohnsiedlungen wurde insbesondere der deutsch-französische Vergleich als besonders fruchtbar gewertet, zum einen wegen der zeitlich parallelen „Karrieren" dieser Viertel, zum anderen weil sich so eine Bandbreite sozialstaatlichen Handelns abdecken lässt, die die Forschungsergebnisse anschlussfähig machen für eine geografische Expansion der Untersuchung. Vgl. Sabine Kraft, Editorial: Planung und Realität, in: Arch+ 2003, Juni 2011, Thema: Planung und Realität: Strategien im Umgang mit den Großsiedlungen, S. 11; Christiane Reinecke, Laboratorien des Abstiegs? Eigendynamiken der Kritik und der schlechte Ruf zweier Großsiedlungen in Deutschland und Frankreich, in: Informationen zur modernen Stadtgeschichte 1 (2013), Themenschwerpunkt Westeuropäische Großsiedlungen, S. 25–35.

teurinnen und Akteure aus der Politik große Hoffnungen mit dem Bau der neuen Wohnviertel. Sie betrachteten die Siedlungen als einen Vorgriff auf eine bessere Zukunft,[12] als den Ort, an dem sich der gesellschaftliche Fortschritt erfahrbar manifestieren würde. Zugleich sollte die Errichtung solcher Großwohnsiedlungen die Modernisierung der Gesellschaft weiter vorantreiben. Auf die Bedeutung vergangener Erwartungen an die Zukunft für das Verständnis historischer Prozesse wurde in letzter Zeit wieder vermehrt aufmerksam gemacht.[13] Auch hier sollen die Erwartungen der Akteurinnen und Akteure den Ausgangspunkt der Untersuchung bilden. Denn sie waren nicht nur für die Planung der Siedlungen entscheidend: Aufbauend auf Reinhard Kosellek und seine Kategorien des „Erwartungshorizonts" und des „Erfahrungsraums" wird darüber hinaus davon ausgegangen, dass die Zukunftsvorstellungen der Akteurinnen und Akteure deren Erfahrungen mit den gebauten Siedlungen filterten und ihr weiteres Handeln beeinflussten – und damit die gesamte Entwicklung der Stadtviertel prägten.[14]

Bereits frühere stadthistorische Studien stellten die Erwartungen der Architekten und Planer an zentrale Stelle.[15] Doch während die Planung von Großsiedlungen in vielen Fällen bereits gut erforscht ist, fehlt es noch an Wissen über ihre weitere Entwicklung.[16] Zudem wurde die Perspektive der Bewohnerinnen und Bewohner bisher nicht systematisch mit einbezogen. Zwar ist die Bewohnerschaft ein wichtiger Bestandteil der Großsiedlungshistoriografie, aber sie erscheint meist als passives Objekt der Geschehnisse, nicht als Akteursgruppe, die den städtischen Raum maßgeblich mitgestaltete. Dies konnte auch einen Forschungszweig dazu verleiten, eine der architektonischen Form inhärente Wirkung auf die Menschen identifizieren zu wollen. Stattdessen gilt es jedoch, die Erwartungen, Erfahrungen und die Handlungen aller beteiligten Akteursgruppen – der Architektinnen und Architekten, der Planenden in Politik und Verwaltung und der Bewohnerinnen und Bewohner – zu analysieren, um die Entwicklung der Großsiedlungen nachzuvollziehen.

Für eine integrierte Untersuchung der Erwartungen, Erfahrungen und Handlungen der Akteursgruppen sowie der sich aus ihrer Interaktion entwickelnden Dynamik bietet die Emotionsgeschichte geeignetes analytisches Werkzeug. Um

---

[12] Vgl. Dirk van Laak, Planung. Geschichte und Gegenwart des Vorgriffs auf die Zukunft, in: GuG 34 (2008), S. 305–326.
[13] Elke Seefried, Zukünfte. Aufstieg und Krise der Zukunftsforschung 1945–1980, Berlin/Boston 2015; Joachim Radkau, Geschichte der Zukunft. Prognosen, Visionen, Irrungen in Deutschland von 1945 bis heute, München 2017.
[14] Reinhart Koselleck, „Erfahrungsraum" und „Erwartungshorizont" – zwei historische Kategorien, in: ders., Vergangene Zukunft. Zur Semantik geschichtlicher Zeiten, Frankfurt am Main 1989, S. 349–375.
[15] Vgl. z. B. Heidede Becker/Dieter K. Keim, Gropiusstadt: Soziale Verhältnisse am Stadtrand. Soziologische Untersuchung einer Berliner Großsiedlung, Stuttgart u. a. 1977; Philipp Springer, Verbaute Träume. Herrschaft, Stadtentwicklung und Lebensrealität in der sozialistischen Industriestadt Schwedt, Berlin 2006.
[16] Vgl. dazu auch die Ausgangsfrage und Beiträge der Tagung: How Long are New Towns New? European Post-War New Towns as Authentic Places in a Comparative Perspective, Zentrum für Zeithistorische Forschung Potsdam, Ana Kladnik, Andreas Ludwig, 23.–24. 2. 2017.

die Rolle von Gefühlen in der Vergangenheit zu untersuchen, entwickelte die Historikerin Barbara Rosenwein das Konzept der „emotionalen Gemeinschaften".[17] Emotionale Gemeinschaften teilen Interessen und Werte, Emotionsstile und Bewertungen von Gefühlen, wobei Individuen mehreren solcher Gemeinschaften angehören können, deren Größe bis zur „imagined community" der modernen Nation reichen kann.[18]

Daran anknüpfend wird hier davon ausgegangen, dass die Architektinnen und Architekten und die Verantwortlichen aus Politik und Verwaltung Erwartungsgemeinschaften bildeten. Die Grundlage dafür waren gesellschaftliche Modernisierungserwartungen, die mit den Bauprojekten verbunden waren, aber über diese hinauswiesen. Im Folgenden werden Erwarten und Hoffen, ebenso wie die Bewertung von Erfahrungen, als soziale Praktiken verstanden, die kommunikativ hergestellt werden.[19] Das bedeutet: Entscheidend für die Analyse sind die Äußerungen der Akteurinnen und Akteure über ihre Erwartungen und Erfahrungen.

Durch gezielte Öffentlichkeitsarbeit und die Unterstützung der Presse machten die Planer ihre Projekte bekannt. Ihre verheißungsvollen Zukunftsbilder gewannen weite Teile der Öffentlichkeit für die großen Bauvorhaben und der Funke utopischen Überschusses sprang auch auf potenzielle zukünftige Bewohnerinnen und Bewohner über, so dass diese sich der Erwartungsgemeinschaft zugehörig fühlten. Die gemeinsame Vision verstärkte die positiven Erwartungen und prägte die emotionale Einstellung zu den Modellsiedlungen.

Architektur als Gestalterin der Gesellschaft

Architektur und Stadtplanung waren seit langem Projektionsflächen für eine bessere Ordnung der Welt.[20] Die einflussreichste utopische Leitidee entwickelten die Architekten der Moderne, die eine radikale Umgestaltung aller Städte forderten.

Die modernen Architektinnen und Architekten, am prominentesten Le Corbusier, vertraten die Auffassung, dass die gewachsenen Städte mit ihrem Durchei-

---

[17] Barbara Rosenwein, Worrying about Emotions in History, in: The American Historical Review 107 (2002), S. 821–845 sowie dies., Problems and Methods in the History of Emotions, in: Passions in Context. Journal of the History and Philosophy of Emotions 1 (2010), S. 1–32, insb. S. 10–12.
[18] Siehe auch: Wie schreibt man die Geschichte der Gefühle? William Reddy, Barbara Rosenwein und Peter Stearns im Gespräch mit Jan Plamper, in: WerkstattGeschichte 54 (2010), S. 39–69, hier S. 56.
[19] Vgl. dazu: Jan Plamper, Geschichte und Gefühl. Grundlagen der Emotionsgeschichte, München 2012; Bettina Hitzer, Emotionsgeschichte – ein Anfang mit Folgen, in: H-Soz-u-Kult, 23. 11. 2011, https://www.hsozkult.de/literaturereview/id/forschungsberichte-1221 (16. 12. 2019); Nina Verheyen, Geschichte der Gefühle, Version: 1.0, in: Docupedia-Zeitgeschichte, 18. 06. 2010, http://docupedia.de/zg/verheyen_gefuehle_v1_de_2010 (7. 1. 2017).
[20] Vgl.: Hanno-Walter Kruft, Städte in Utopia. Die Idealstadt vom 15. bis zum 18. Jahrhundert zwischen Staatsutopie und Wirklichkeit, München 1989; Helmut Böhme, „Stadtutopien" und „Stadtwirklichkeit". Über die Ambivalenzen von idealem Stadtentwurf und totalitärer Gesellschaftssteuerung, in: Die alte Stadt 23 (1996), S. 67–91.

nander von Arbeit, Wohnen und Verkehr und der traditionellen sozialen Segregation dem gesellschaftlichen Fortschritt im Wege standen. Mit einem kompletten Umbau der materiellen Umwelt wollten sie auch die Gesellschaft neu gestalten. Sie wollten den technischen Fortschritt nutzen, um die Städte neu zu ordnen und die gesamte Bevölkerung mit hellen, warmen, ruhigen und geräumigen Wohnungen zu versorgen. Unter diesen Bedingungen, so nahmen sie an, würde sich die Menschheit entfalten können und soziale Probleme einfach verschwinden.[21]

Für den Architekturkritiker und Geisteswissenschaftler Lewis Mumford ist es dieser Aspekt, der Utopien von anderen Großplanungen unterscheidet: Es seien Visionen einer Umwelt, die besser an die Natur der Menschen angepasst ist, aber, so betont Mumford, „nicht nur besser geeignet für ihre tatsächliche Natur, sondern besser eingerichtet für ihre möglichen Entwicklungen".[22]

Die Vision der Architektinnen und Architekten der Moderne war auch die erste Stadtutopie, die in großem Umfang realisiert wurde: Die Verwüstungen des Zweiten Weltkriegs hatten viele Städte als tatsächliche Tabula rasa hinterlassen, auf der großmaßstäbliche Neuplanungen möglich erschienen.[23] Hinzu kam ein neues Selbstverständnis der Staaten als moderne Sozialstaaten, die zum einen die Schaffung von angemessenem Wohnraum als Teil ihres Vorsorgeauftrags begriffen und zum anderen mit wissenschaftlich fundierter Planung den technischen und gesellschaftlichen Fortschritt steuern und vorantreiben wollten.[24] So entstanden überall neue Wohnblöcke mit hellen, warmen, gesunden Wohnungen. Doch stellte sich schnell heraus, dass allein die Befriedigung der physischen Wohnbedürfnisse nicht ausreichte. Eine junge Generation moderner Architektinnen und Architekten, Journalistinnen und Journalisten und selbst die Fachleute in den staatlichen Verwaltungen kritisierten den öden und tristen Eindruck der neuen Wohngebiete, die als reine „Schlafstädte" wahrgenommen wurden:[25]

---

[21] Programmatisches Dokument dieser Überzeugungen ist die sogenannte Charta von Athen. Siehe: Le Corbusiers „Charta von Athen", Texte und Dokumente. Kritische Neuausgabe, hrsg. von Thilo Hilpert, Braunschweig/Wiesbaden 1984.
[22] Lewis Mumford, The Story of Utopias, New York 1923, S. 21 (eigene Übersetzung).
[23] Vgl. Klaus von Beyme u. a. (Hrsg.), Neue Städte aus Ruinen, deutscher Städtebau der Nachkriegszeit, München 1992; Werner Durth/Paul Sigel, Baukultur: Spiegel gesellschaftlichen Wandels, Berlin 2009, S. 387–561.
[24] Vgl. van Laak, Planung, insb. S. 318; James C. Scott, Seeing Like a State. How Certain Schemes to Improve the Human Condition have Failed, New Haven/London 1998, S. 103–146; das „Steuerungs- und Machbarkeitsdenken" beschreibt auch Seefried, Zukünfte, S. 9 f. u. 492.
[25] Vgl. Christopher Klemek, The Transatlantic Collapse of Urban Renewal. Postwar Urbanism from New York to Berlin, Chicago 2011; Die Ikone dieser Kritik war die US-amerikanische Journalistin Jane Jacobs: Jane Jacobs, The Death and Life of Great American Cities, New York 1961. In Deutschland stießen vor allem der Publizist Wolf Jobst Siedler und der Psychoanalytiker Alexander Mitscherlich ähnliche Debatten an: Wolf Jobst Siedler/Elisabeth Niggemeyer, Die gemordete Stadt. Ein Abgesang auf Putte und Straße, Platz und Baum, München 1964; Alexander Mitscherlich, Die Unwirtlichkeit unserer Städte. Anstiftung zum Unfrieden, Frankfurt am Main 1965. In Frankreich beschäftigten sich nach negativer Medienberichterstattung vor allem Soziologen mit dem Thema und im Jahr 1957 wurde im Bauministerium eine „Commission de la vie dans les grands ensembles" eingerichtet, die Lösungen für das Problem finden sollte. Vgl. Cupers, The Social Project, S. 95–105; Tellier, Les temps des HLM, S. 90–117.

Sie vermissten urbane Qualitäten wie „Dichte", „Fülle", „Tempo" und „Lebendigkeit".[26]

Die großen, einheitlich geplanten Neubausiedlungen der 1960er Jahre sollten Wohnungsbau auf dem neuesten technischen Stand mit den vermissten städtischen Qualitäten verbinden. Das Märkische Viertel in Westberlin, geplant für 50.000 Einwohnerinnen und Einwohner, und das Viertel Le Mirail in der Provinzhauptstadt Toulouse, das sogar 100.000 Menschen beherbergen sollte, stellten besonders ambitionierte Projekte dar, denen Modellcharakter zukommen sollte.

Beide Siedlungen waren Trägerinnen hoher Erwartungen von Architekten, Politikerinnen und Politikern und der interessierten Bevölkerung. Ein Grundversprechen bildete die gemeinsame Basis der Erwartungsgemeinschaften: Als Symbole für die Modernisierung der Gesellschaft sollten Le Mirail und das Märkische Viertel die Potentiale des technischen Fortschritts und des Wirtschaftswachstums auf der Ebene alltäglicher Erfahrungen realisieren. Jedoch nahm die geteilte Vision bei den Akteursgruppen der Architekten, der Politikerinnen und Politiker und der Bewohnerinnen und Bewohner verschiedene Ausprägungen an.

Der Traum vom modernen Leben

Als Georges Candilis, Alexis Josic und Shadrach Woods den Wettbewerb für den Bau eines neuen Wohnviertels am Rand der Stadt Toulouse Anfang des Jahres 1962 für sich entschieden, gehörten sie bereits zur internationalen Avantgarde moderner Architekten.[27] Sie waren Mitglieder des Team Ten, das Ende der 1950er Jahre die von Le Corbusier mitgegründeten Congrès Internationaux d'Architecture Moderne als zumindest in Westeuropa einflussreichste Architekturplattform beerbt hatte.[28] Im Jahr der Gründung ihrer Firma Candilis-Josic-Woods 1955 ge-

---

[26] Diese Debatte wurde im Nachhinein mit dem Schlagwort „Urbanität durch Dichte" versehen, das zurückgeht auf einen Vortrag des Soziologen Edgar Salin auf der Konferenz des Deutschen Städtetags im Jahr 1960 in Augsburg, siehe Deutscher Städtetag, Erneuerung unserer Städte. Vorträge, Aussprachen und Ergebnisse der 11. Hauptversammlung des Deutschen Städtetages, Augsburg, 1.–3. Juni 1960, Stuttgart 1960. Der West-Berliner Bausenator Rolf Schwedler nannte im Jahr 1964 „städtische Lebendigkeit" als Ziel seiner Baupolitik. Siehe: Rede des Senators für Bau- und Wohnungswesen Rolf Schwedler, Abgeordnetenhaus von Berlin, Protokolle IV. Wahlperiode, Stenographischer Bericht der 33. Sitzung vom 18. Juni 1964, S. 357.
[27] Vgl. Tom Avermaete, Another Modern: The Post-War Architecture and Urbanism of Candilis-Josic-Woods, Rotterdam 2005; Bénédicte Chaljub, Candilis Josic Woods, Paris 2010; ein großer Teil der Autobiografie Georges Candilis' ist ebenfalls der gemeinsamen Arbeit der Firma gewidmet: Georges Candilis, Bâtir la vie. Un architecte témoin de son temps, Gollion 2012 (Originalausgabe 1977).
[28] Zur Geschichte des „Team Ten" vgl. Max Risselada/Dirk van den Heuvel, Team 10. 1953–81: In Search of a Utopia of the Present, Rotterdam 2005, sowie das ergänzende Internetprojekt Team Ten Online, abrufbar unter: http://www.team10online.org/; zur Einbindung von Candilis, Josic und Woods vgl. auch: Catherine Blain, Team 10, the French Context, Vortrag gehalten auf der Konferenz „Team 10 – between Modernity and the Everyday", 5.–6. 6. 2005, organisiert von der Fakultät für Architektur der TU Delft, http://www.team10online.org/research/papers/delft2/blain.pdf (26. 1. 2015).

wannen die Architekten einen staatlichen Wettbewerb für kostengünstige Sozialwohnungen, die dann tausendfach überall in Frankreich gebaut wurden.[29] Im Jahr 1959 erhielten sie für eine Stadterweiterung im Rahmen der staatlichen Dezentralisierungsplanung den „prix de l'urbanisme" des Bauministers.[30] Doch die Architektengemeinschaft baute nicht nur für den französischen Staat, sondern beteiligte sich auch international an Wettbewerben für Wohnungsbau und Bildungsbauten und bekam zum Beispiel 1964 den Auftrag für den Entwurf eines neuen Hauptgebäudes der West-Berliner Freien Universität. Ihre Entwurfstätigkeit war eng verzahnt mit theoretischer Arbeit: Regelmäßig stellten sie ihre Projekte auf den Treffen des Team Ten zur Diskussion und publizierten in Fachzeitschriften. In den Debatten gehörten Candilis, Josic und Woods zu den schärfsten Kritikern der Architektur und des Städtebaus der Nachkriegszeit, die sie dafür verantwortlich machten, dass Städte in ganz Europa ohne Rücksicht auf lokale Gegebenheiten entstellt und mit „gleichförmigen und deprimierenden" Wohnblöcken zugebaut wurden.[31]

Dabei begriffen die drei Architekten die Einführung der industriellen Massenproduktion im Bausektor durchaus als große Chance für die Zukunft.[32] Jedoch sahen sie eine klaffende Lücke zwischen den Möglichkeiten, die der technische Fortschritt und der steigende gesellschaftliche Wohlstand eröffneten, und der alltäglichen Lebensrealität in den Städten: Die Architektur habe den „menschlichen Maßstab" aus den Augen verloren.[33] Ihre Kritik galt allerdings nur der technokratischen Umsetzung moderner Planungsideen, nicht der „klassischen" modernen Architektur und Stadtplanung selbst, als deren Erben sie sich verstanden – hatten sich doch Georges Candilis und Shadrach Woods als Mitarbeiter Le Corbusiers kennengelernt – und die es nun an die neuen Bedingungen der Nachkriegszeit anzupassen gelte.[34] Aus dieser Tradition stammte auch der gesellschaftliche Gestaltungsanspruch von Architektur, der auch das Ziel der Arbeit von Candilis-Josic-Woods prägte: „Völlig neue Lösungen finden, die den Menschen helfen, sich an die wechselhaften Bedingungen unserer Epoche anzupassen."[35] In diesem Satz

---

[29] Der „Concours Million", eine Beschreibung mit Zeichnungen und Fotos in: Chaljub, Candilis Josic Woods, S. 56–75.

[30] Es handelte sich um die Erweiterung des mittelalterlichen Städtchens Bagnols-sur-Cèze, dessen Bevölkerung dank des neugebauten Atomkraftwerks Marcoule sprunghaft wuchs. Vgl. Chaljub, Candilis Josic Woods, S. 78–99.

[31] Georges Candilis, Problèmes d'urbanisme, in: L'Architecture d'Aujourd'hui 118 (1964), ohne Seitenzahlen.

[32] Vgl. z. B. Centre d'archives d'architecture du XXe siècle, Paris, Fonds Georges Candilis, (künftig: CC) 236 Ifa 317/12, Georges Candilis/Alexis Josic/Shadrach Woods: Habitat & Habitation, unveröff. Manuskript, o. D., S. 6; Shadrach Woods, The Man in the Street. A Polemic on Urbanism, Harmondsworth 1975, S. 65.

[33] CC 236 Ifa 317/12, Georges Candilis, L'„Habitat" et l'Habitation, unveröff. Manuskript, Oktober 1969, S. 9.

[34] Zur Architektur vgl. Georges Candilis, Plan de masse de l'habitat, in: L'Architecture d'Aujourd'hui 57 (1954), S. 0–7, hier S. 1. Zur Stadtplanung: Georges Candilis, Les Critères, in: L'Architecture d'Aujourd'hui 73 (1957), S. 12.

[35] „Rechercher des solutions entièrement nouvelles qui peuvent aider les gens à s'adapter aux conditions changeantes de notre époque." Candilis: L'„Habitat" et l'Habitation (wie Anm. 33),

ist nicht nur die Planung für eine zukünftige Menschheit erkennbar, die Mumford als Merkmal von Utopien identifizierte, er belegt auch die Überzeugung der Architekten, dass Architektur eine erzieherische Aufgabe zukomme. Diese Einstellung schlug sich auch im Entwurf für Le Mirail nieder.

Den Wettbewerb für Le Mirail, den die Stadt Toulouse und das französische Bauministerium gemeinsam ausrichteten, gewannen Candilis-Josic-Woods mit dem Versprechen, durch ihren Entwurf „mit den Vorstellungen von Großwohnsiedlungen und Satellitenstädten als einförmig und ohne Persönlichkeit zu brechen".[36] Zwei Hauptelemente sollten dafür sorgen, dass das von ihnen geplante neue Stadtviertel einen unverwechselbaren Charakter haben und lebendig sein würde: Erstens sollte Le Mirail mit der historischen Stadt Toulouse eine Einheit bilden. Dafür analysierten Candilis-Josic-Woods die Altstadt auf der Suche nach charakteristischen Elementen, die sich in eine moderne Stadtanlage übersetzen ließen. Der spezifische Charakter von Toulouse entsprang ihnen zufolge nicht einzelnen historischen Baudenkmälern oder der vorherrschenden Ziegelbauweise der „Ville Rose", sondern dem besonderen Muster, das der Entwicklung der Stadt zugrunde liege. So entdeckten die Architekten, dass die Anlage der Straßen, Plätze und Parks der Stadt einer Y-förmigen Struktur folge.[37] Diese Y-förmige Struktur machten sie zur Grundlage ihrer Planung für Le Mirail, damit der besondere lokale Charakter auch dort erfahrbar würde.

Zweitens sollte ein „lineares Zentrum", das sich – natürlich Y-förmig – durch die ganze Siedlung zieht, städtische Lebendigkeit erzeugen. Vorbild für dieses Zentrum waren Straßen mit gemischter Nutzung, wie sie in historisch gewachsenen Stadtzentren zu finden sind. In Abgrenzung zum Schlafstadt-Charakter vieler Großsiedlungen betonte Georges Candilis: „In unserer Straße wird es alles geben, was eine Straße bieten kann. In unserer Straße gibt es auch Gaststätten. [...] Auch die Alten werden dort ein sonniges Plätzchen finden. Und auch für den einsamen Leser gibt es eine ruhige Ecke."[38] Den Rückgriff auf traditionelle Vorstellungen

---

S. 10; ebenso CC Fonds Candilis, 236 Ifa 318/03, Georges Candilis/Alexis Josic/Marc Emery, À la recherche de l'espace, Juni 1967, unveröff. Manuskript, S. 2. Dass die Neugestaltung der gebauten Lebensumwelt („Habitat") der Ausgangspunkt für gesellschaftliche Veränderungen sein müsse, wird auch ausgeführt in: CC Fonds Candilis, 236 Ifa 318/03, Georges Candilis/Alexis Josic/Marc Emery, L'art de vivre, Manuskript, o. D.

[36] Archives Municipales de Toulouse (künftig: AMT), 426 W 4, H. Piot/J. François, Note Explicative, Idées Directrices; in: Équipe G. Candilis – P. Dony – A. Josic – S. Woods – Ing. Conseil V.R.D: Wettbewerbseinreichung „Concours Toulouse Le Mirail", o. D.

[37] Ebenda, Présentation de l'avant-projet, S. 2. Vgl. auch: CC Fonds Candilis, 236 Ifa 317/05, Claude Rivière/Georges Candilis, Toulouse saisit la chance que Paris a laissé passer, o. D., S. 11. Ein Stadtplan von Toulouse, auf dem das Raster sichtbar gemacht wurde, findet sich in einem vermutlich von der Stadt veröffentlichten Heft, in dem der Gewinnerentwurf der Firma Candilis-Josic-Woods der Öffentlichkeit vorgestellt wird: AMT 493W15, Concours Z. U. P. Le Mirail Toulose, o. D.

[38] Zitiert aus dem Film „Toulouse Le Mirail", Regie Mario Marret, 1962. Candilis, Josic und Woods produzierten den halbstündigen Film, um ihr Projekt einem breiten Publikum vorzustellen. Ein Ausschnitt kann auf der Homepage des Institut National de l'Audiovisuel angesehen werden: http://www.ina.fr/video/I07110334 (16. 12. 2019).

vom Stadtleben verbanden die Architekten mit einer aufsehenerregenden Neuerung: der vertikalen Trennung von Auto- und Fußgängerverkehr im Bereich des linearen Zentrums,[39] das als Fußgängerhochebene ausgeführt werden sollte, während sich Zufahrtsstraßen und Parkplätze darunter befanden. Angrenzend an die Zentrumsstraße planten Candilis-Josic-Woods Wohngebäude mit bis zu 15 Stockwerken und Y-förmigem Grundriss, die alle miteinander verbunden waren. Jeweils im fünften und neunten Stock befanden sich Laubengänge, die Teil des öffentlichen Fußgängerwegenetzes sein sollten. Zugleich stellten sie im Entwurf der Architekten einen Begegnungsraum dar, der nachbarschaftliche Kontakte befördern sollte.[40] Neben diesen utopiegesättigten Konzeptionen umfasste die Planung für Le Mirail ganz konkret die komplette Ausstattung für eine Stadt mit 100.000 Einwohnern: Geschäfte und Verwaltungsgebäude, Schulen, Sportflächen, Kirchen, Hotels, Gewerbestandorte und sogar eine Universität. Die Architekten waren davon überzeugt, dass es den zukünftigen Einwohnerinnen und Einwohnern an nichts fehlen würde, und sie glaubten daran, nicht nur die materiellen, sondern auch die geistigen und emotionalen Bedürfnisse der Menschen befriedigen zu können: „Während der gesamten Entwurfsarbeit waren wir nur auf Eines fixiert: den Menschen, der in der zukünftigen Stadt leben wird. [...] Ein einziger Gedanke hat uns geleitet: eine Stadt zu entwerfen, in der die zukünftigen Bewohner glücklich sein werden."[41]

Den Gesamtplan für das Märkische Viertel entwarf der Architekt und damalige West-Berliner Senatsbaudirektor Werner Düttmann zusammen mit den freien Architekten Georg Heinrichs und Wolfgang C. Müller. Das Team Müller und Heinrichs und Werner Düttmann bauten auch je einen Wohnkomplex in der für 50.000 Einwohner geplanten Siedlung. Die anderen Gebäude entwarfen verschiedene Architektinnen und Architekten aus dem In- und Ausland, die dabei waren, sich einen Namen zu machen – darunter auch Shadrach Woods von Candilis-Josic-Woods.

Genau wie die Planer Le Mirails fühlten auch Düttmann, Müller und Heinrichs sich der Tradition der klassischen Moderne verpflichtet, die sie jedoch an die neuen Bedingungen der Nachkriegszeit anpassen wollten.[42] Alle drei waren an der vielbeachteten „Internationalen Bauausstellung 1957" im West-Berliner Hansaviertel beteiligt gewesen und hatten an der Seite bekannter Architekten wie Walter Gropius, Alvar Aalto oder Hans Sharoun gearbeitet. Obwohl auch Düttmann,

---

[39] Die vertikale Trennung von verschiedenen Verkehrsformen ist ein wiederkehrendes Motiv in architektonischen Zukunftsvisionen, das bis ins 19. Jahrhundert zurückreicht. Vgl. Helmut Trischler/Hans-Liudger Dienel, Geschichte der Zukunft des Verkehrs. Eine Einführung, in: dies. (Hrsg.), Geschichte der Zukunft des Verkehrs, Verkehrskonzepte von der frühen Neuzeit bis zum 21. Jahrhundert, Frankfurt am Main/New York 1997, S. 11–39, hier S. 17–19.
[40] Vgl. CC Fonds Candilis, 236 Ifa 317/05, George Candilis/Alexis Josic/Shadrach Woods, Im Mirail leben (deutsch im Original), unveröff. Manuskript, o. D. (Anfang der 1970er Jahre).
[41] Georges Candilis am Ende des Films „Toulouse Le Mirail" (wie Anm. 38).
[42] Vgl. Anna Teut, Portrait Georg Heinrichs. Mit einem Vorwort von Wolf Jobst Siedler, Berlin 1984, insb. S. 26.

Müller und Heinrichs in der internationalen Fachwelt vernetzt waren und wahrgenommen wurden, beschränkte sich ihr Arbeitsfeld hauptsächlich auf West-Berlin. Dafür hatte Werner Düttmann als Senatsbaudirektor – ein Posten, auf den ihm Hans C. Müller 1967 folgte – weitreichenden Einfluss auf die Städtebaupolitik der Inselstadt. Das Märkische Viertel betrachtete er als Modell für die Stadt der Zukunft:

„Hier bietet sich die Basis, neuen Lebensvoraussetzungen zu entsprechen und alten Begriffen zu entsagen. […] All diese gesellschaftlichen und technischen Veränderungen veranlassen uns, heute die Wohn- und Stadtform neu zu formulieren. Sie begründen den Versuch, im M[ärkischen] V[iertel] ein neuartiges, sinnbefriedigendes Stadt- und Raumgefüge zu entwickeln."[43]

Dazu ordnete der Gesamtplan die einzelnen Wohngebäude zu drei „Bebauungsarmen", die an den Enden bis zu zwanzig Stockwerke hoch und im Mittelteil niedriger sein sollten, um wie Gebirgsketten eine abwechslungsreiche „Stadtlandschaft" zu bilden. Als weiteres verbindendes Element ließen die Architekten vom Künstler Utz Kampmann ein einheitliches Farbkonzept für alle Gebäudekomplexe entwickeln, das durch das Vorherrschen von warmen Rot- und Gelbtönen den Effekt einer „künstlichen Sonne"[44] erzeugen sollte. Den ausgedehnten Grünflächen kam eine besondere Bedeutung zu. Die mit der Gestaltung beauftragen Landschaftsarchitekten verstanden sie als kollektive Gärten, in denen die Bewohner verschiedenen Freizeitaktivitäten nachgehen und miteinander in Kontakt kommen würden.[45] Zugleich dienten die Grünanlagen als öffentliches Fußgängerwegenetz, über das man unbehelligt vom Autoverkehr das ganze Viertel durchqueren konnte. Auch das Zentrum der Siedlung, wo die drei Bebauungsarme aufeinandertrafen, war eine Fußgängerzone. Dort sollten neben Geschäften auch Unterhaltungs-, Bildungs- und Sporteinrichtungen den Mittelpunkt des geselligen und kulturellen Lebens bilden, während kleinere Läden und weitere öffentliche Einrichtungen wie Schulen und Altersheime im Gebiet verstreut die wohnortnahe Versorgung sicherstellen würden. Quer durch die Siedlung verlief eine Hauptverkehrsstraße, welche die Planer als „Boulevard" mit Platanen und breiten Bürgersteigen anlegten, um den großstädtischen Charakter des Märkischen Viertels zu unterstreichen.

Auch die Entwürfe für die Wohnungen, im Märkischen Viertel ebenso wie in Le Mirail, versprachen ein besseres Leben. Obwohl die meisten im sozialen Wohnungsbau entstanden, überstiegen sie dessen normale Standards durch die Aus-

---

[43] Baukunstarchiv der Akademie der Künste Berlin, NL Werner Düttmann, Werner Düttmann, unveröff. Manuskript über das Märkische Viertel, o. D. (vermutlich Mitte der 1960er Jahre), S. 2 f.

[44] „Künstliche Sonne macht glücklich", kommentierte der Architekt Herbert Stranz, welcher einen Gebäudekomplex im Märkischen Viertel entwarf, das Farbkonzept für die Fassaden: Herbert Stranz, Berlin, Märkisches Viertel – ein Zwischenbericht, in: Bauwelt 46/47 (1967), S. 1188–1215, hier S. 1192.

[45] Firmenarchiv Georg Heinrichs, Werner Düttmann/Hans Christian Müller/Georg Heinrichs, Erläuterungen der SAL-Planungsgruppe als Teil der Gesamtkonzeption: "Lage und Begrenzung des Märkischen Viertels in Berlin und die städtebauliche Konzeption", o. D.

stattung mit modernem Komfort, die teils innovative Raumaufteilung und Extras wie große Loggien oder Essplätze.

Die Planer beider Siedlungen waren fest davon überzeugt, die Voraussetzungen für ein glückliches Leben der Bewohnerinnen und Bewohner zu schaffen. Sie gingen davon aus, dass ihre Entwürfe dafür sorgen würden, dass sich die Bewohnerinnen und Bewohner der neuen Stadtviertel mit ihrem neuen Wohnort identifizieren und ihn sich aneignen würden – in ihrer Einstellung, aber auch durch konkretes Handeln. Allerdings hatten sie eine bestimmte Vorstellung dieser wünschenswerten Aneignung: Die Planung privilegierte einige als modern wahrgenommene Handlungsweisen und erschwerte andere. Dies betraf etwa den starken Akzent auf die Ausbildung eines Gemeinschaftslebens durch öffentliche Begegnungsorte, deren Nutzung unumgänglich war, die Förderung von Frauenerwerbstätigkeit durch die Planung entsprechender wohnortnaher Arbeitsstätten,[46] oder die Verbannung des Autos aus zentralen Bereichen der Siedlungen, weil Fußgängerverkehr ihrer Ansicht nach für städtische Lebendigkeit sorgte.

Der Erziehungsgedanke, den Candilis explizit zum Ausdruck brachte, findet sich daher auch in Düttmanns folgendem Plädoyer für die außergewöhnliche Gestaltung des Märkischen Viertels:

„Eine einprägsame Umwelt kann die Basis für Beziehungen bilden, sie kann Aktivität, Anschauungen oder Erkenntnisse, ja individuelle Entwicklung fördern. Erst dann hat der Bürger die Möglichkeit, diese Umwelt mit seinen eigenen Vorstellungen und Assoziationen zu beleben und sie zu einem wirklich einmaligen und unverwechselbaren Stadtteil werden zu lassen."[47]

Die Architekten Le Mirails und des Märkischen Viertels machten sich wenig Gedanken über mögliche weitere Faktoren, die das Leben in den Siedlungen beeinflussen könnten, und verließen sich ganz darauf, dass die von ihnen entworfene Architektur automatisch die gewünschte Wirkung auf die Menschen erzielen würde.

Die Erwartungen der Politikerinnen und Politiker, die über den Bau der neuen Viertel in West-Berlin und Toulouse entschieden, waren keineswegs auf eine pragmatische Notlösung gerichtet, sondern reichten sogar noch über jene der Architekten hinaus. So begeisterte sich der damalige Bürgermeister von Toulouse, Louis Bazerque: „[W]ir wollen nicht die Stadt von 1960 bauen, sondern eine Stadt für das Jahr 1980 oder das Jahr 2000!"

Für den Toulouser Bürgermeister, den französischen Bauminister Pierre Sudreau, den Berliner Bausenator Rolf Schwedler, seinen Senatsbaudirektor Düttmann, das Bezirksamt von Berlin-Reinickendorf und viele Beschäftigte der Behörden waren Le Mirail und das Märkische Viertel Symbole einer erfolgreich gesteuerten gesellschaftlichen Entwicklung. Denn sie setzten den überalterten oder schlechten Gebäudebestand der Städte mit sozialer und ökonomischer Rück-

---

[46] Für Le Mirail vgl. dazu: CC Fonds Candilis, 236 Ifa 317/05, Claude Rivière, Toulouse saisit la chance que Paris a laissé passer, S. 12, redigiert und ergänzt von Georges Candilis, der sich auch selbst handschriftlich auf der Titelseite als Autor ergänzte.
[47] Düttmann, Manuskript über das Märkische Viertel, S. 5.

ständigkeit gleich: „Übersehen wir nicht, dass sich hinter den abgewirtschafteten Fassaden der gesellschaftliche Verfall eines Teils der Bevölkerung vollzogen hat", mahnte ein leitender Beamter der Berliner Bauverwaltung.[48]

In West-Berlin war die neue Großsiedlung Teil einer umfassenden Stadtsanierung, im Zuge derer Altbaubestand großflächig abgerissen und durch Neubauten ersetzt werden sollte. Das Märkische Viertel sollte eine greifbare Demonstration des kommenden, fortschrittlichen Städte- und Wohnungsbaus sein. Zugleich ermöglichte seine Errichtung erst den Abriss alter Gebäude, weil deren Bewohnerinnen und Bewohner dort eine neue Heimat finden sollten.

Außerdem diente es, sowohl symbolisch als auch praktisch, der Konsolidierung der Inselstadt gegenüber der umgebenden DDR. Die Großsiedlung entstand in Sichtweite der vor Kurzem errichteten Berliner Mauer und die Namensgebung nach der durch die Teilung unerreichbar gewordenen Mark Brandenburg sowie die Benennung der Straßen nach Brandenburgischen Städten machten die Absicht zusätzlich deutlich. Praktisch sollte eine Wohnung im Märkische Viertel ein Anreiz für Arbeitssuchende aus Westdeutschland sein, sich in Berlin niederzulassen, um der Überalterung und dem Bevölkerungsverlust der Teilstadt entgegenzuwirken. Kurz nach dem Mauerbau hatte der West-Berliner Senat die Anwerbekampagne „Deine Chance ist Berlin" begonnen[49] und der Regierende Bürgermeister versprach den Zuwanderungswilligen, ihnen in den neuen Großsiedlungen „ein Heim eine eigene, schöne, moderne Wohnung" bereitzustellen.[50]

Im Gegensatz dazu war die Einwohnerzahl von Toulouse in der Nachkriegszeit stark gewachsen, jedoch ohne dass der Wohnungsbau mit der Bevölkerungszunahme Schritt gehalten hatte. Le Mirail sollte nicht nur die drängende Wohnungsnot lindern, sondern diente dem Bauministerium auch als Modellprojekt für sein landesweites Vorhaben, die Stadtentwicklung in Zukunft stärker staatlich zu steuern, um der hohen Verdichtung in den Innenstädten und der Zersiedelung des Umlands Einhalt zu gebieten.

Das neue Stadtviertel in Toulouse war darüber hinaus Teil des nationalen Dezentralisierungs- und Wirtschaftsförderprogramms. Die Stadt an der Garonne sollte zu einem der regionalen Wachstumszentren werden, welche das Ungleichgewicht zwischen Paris und dem Rest des Landes abbauen und den gleichmäßigen Wirtschaftsaufschwung befördern sollten, damit sich Frankreich als „moderne Nation" in der neuen Europäischen Wirtschaftsgemeinschaft behaupten könne.[51]

---

[48] Diskussionsbeitrag des Leitenden Baudirektors von Berlin Friedrich Fürlinger, Aussprache Arbeitskreis II, in: Deutscher Städtetag, Erneuerung unserer Städte, Stuttgart 1960, S. 108.
[49] Franziska Nentwig/Dominik Bartmann (Hrsg.), West:Berlin. Eine Insel auf der Suche nach Festland. Katalog der gleichnamigen Ausstellung der Stiftung Stadtmuseum Berlin, 14. 11. 2014–28. 6. 2015, Berlin 2014, S. 58–61.
[50] So eine „Anregung zur Ansprache des Herrn Reg. Bürgermeisters" bei der Grundsteinlegung für die Großraumsiedlung Berlin-Buckow-Rudow am 7. November 1962: LArch Berlin, B Rep 002, Nr. 13065, Kühne (Mitarbeiters der Berliner Senatsverwaltung) an den Regierenden Bürgermeister von Berlin, 1. 11. 1962.
[51] Archives Nationales (künftig: AN), Box 19770818/8, Conseil Supérieur du Ministère de la Construction: Plan d'aménagement du territoire, novembre 1961.

Durch Ansiedlung von Unternehmen wurde Toulouse zum Standort für Luftfahrt- und Elektronikindustrie ausgebaut, wobei Le Mirail als attraktives Wohnquartier für Fachkräfte mit anschließendem Gewerbegebiet sowie als Universitätsstandort zum Schlüsselprojekt dieser Modernisierungsplanung wurde.[52] So begeisterte sich beispielsweise der Vertreter des Bauministers bei der Bekanntgabe des Siegerentwurfs von Candilis-Josic-Woods, nachdem er das geplante Strukturförderungsprogramm vorgestellt hatte: „Hier ist sie […], die große Aufgabe, derer sich Toulouse rühmen kann, eine Stadt, die stolz ist auf ihre Vergangenheit und sich ihrer Zukunft gewiss, die sich in Mirail auftut."[53]

Der Bau der Siedlungen war ein Versprechen an die Bürgerinnen und Bürger, dass der Staat für eine generelle Verbesserung der Lebensbedingungen sorgen würde. Umgekehrt erhofften sich die Verantwortlichen aber auch, dass die Neugestaltung der Städte auf die Gesellschaft als Motor der Modernisierung zurückwirken würde. Le Mirail und das Märkische Viertel boten den zukünftigen Bewohnerinnen und Bewohnern moderne Sozialwohnungen in einem sorgfältig gestalteten Umfeld und die Aussicht auf Teilhabe an den steigenden Konsummöglichkeiten des Wirtschaftswachstums.[54] Im Gegenzug wurde von ihnen erwartet, sich der neuen Umgebung anzupassen und als fortschrittlich erachtete Verhaltensweisen zu zeigen. Deshalb legten die Verantwortlichen beider Siedlungen so großen Wert auf die soziale Durchmischung der Bewohnerschaft:[55] Dahinter steckte die Vorstellung, sozial schwächere und in ihrem Verhalten „rückständigere" Bewohnerinnen und Bewohner würden von ihren bessergestellten Nachbarn in Bezug auf moderne Lebensführung lernen. Dazu kam das weitreichendere gesellschaftliche Ziel, durch das Zusammenwohnen verschiedener Schichten die sozialen Gegensätze aufzulösen und eine Gesellschaft der „klassenlosen Mitte" zu schaffen.[56]

Trotz aller Unterschiede im Detail teilten Architekten und verantwortliche Akteure aus Politik und Verwaltung die Hoffnung, mit den neuen Stadtvierteln die Grundlage für eine lichte Zukunft zu erschaffen. Aus diesem Konsens entstand die

---

[52] AN Box 19910710/21, Note de présentation concernant la Zone à Urbanier par Priorité de Toulouse Le Mirail", Anhang zu „Arrêté du 15. 9. 1960", Ministère de la Construction; ebenso: AMT, Box 32 W 80, Z.U.P. [zone à urbaniser en priorité; C. A.] Toulouse Le Mirail: Concours national d'urbanisme, 1 Exposé général, Note introductive du Maire de Toulouse.

[53] AN Box 19770815/3, Z.U.P. du Mirail à Toulouse, Allocution de M. Randet, Directeur de l'Aménagement du Territoire, 20 Mars 1962.

[54] Vgl. z. B. die Präsentation des städtebaulichen Programms für Le Mirail durch den Toulouser Stadtarchitekten Germain Tarrius: AMT Box 426 W 2, Conférence sur l'urbanisme de Toulouse tenue à l'Atelier d'Urbanisme le 15 Septembre 1960 sous la présidence de Monsieur Pierre Sudreau, Ministre de la Construction. Protokoll, S. 22 f.

[55] Vgl. für Le Mirail die Rede des Bürgermeisters auf der Stadtratssitzung von Toulouse vom 26. 9. 1960, in: Bulletin Municipal (1960), S. 476. Für das Märkische Viertel: „Presse-Waschzettel" für die Pressekonferenz zur Vorstellung des Sanierungskonzepts für das Märkische Viertel am 29. März 1963 im Rathaus Reinickendorf, in: Firmenarchiv Georg Heinrichs.

[56] So die Formulierung des Bausenators Rolf Schwedler anlässlich der Interbau 1957: Harald Bodenschatz, Das neue Hansaviertel. Die Antwort der Interbau 1957 auf die Mietskasernenstadt, in Arch+ 82 (1986), S. 70–74, hier S. 74.

Erwartungsgemeinschaft der Planer. Sie verbreitete ihr Anliegen und ihr Versprechen auf allen ihr zur Verfügung stehenden Kanälen: Candilis-Josic-Woods drehten einen Film, den sie in Toulouser Kinos zeigten, der aber auch ins Ausland verliehen und ausschnittsweise im Fernsehen präsentiert wurde, Pressekonferenzen wurden abgehalten und die Modelle der Siedlungen öffentlich ausgestellt, Musterwohnungen eingerichtet, Broschüren und Plakate gedruckt sowie Interviews gegeben.

Das stieß nicht nur in der Fachöffentlichkeit auf Interesse, auch lokale und überregionale Massenmedien verbreiteten enthusiastisch die Vision der Planer. Als eine „Super-Stadt" beschrieb beispielsweise die Berliner Boulevardzeitung „B. Z." das Märkische Viertel[57] und selbst vom Publizisten und notorischen Modernefeind[58] Wolf Jobst Siedler gab es Lob für das Konzept in der „Süddeutschen Zeitung".[59] Le Mirail wurde in der Zeitung „Le Monde" dafür gepriesen, den rasenden technischen Fortschritt endlich wieder für die Bedürfnisse der Menschen nutzbar zu machen,[60] und das Gesellschaftsmagazin „Noir et Blanc" berichtete gar von einem „urbanen Paradies".[61] In der Regel wurden die komplexen und teils recht abstrakten Vorstellungen der Planer dabei nicht vermittelt. Dafür ermunterte die Berichterstattung ihre Leserschaft, sich selbst als zukünftige Bewohnerinnen und Bewohner der Siedlungen der Zukunft zu sehen: „Tausende von Wohnungssuchenden haben neue Hoffnung geschöpft. Sie träumen von eigenen vier Wänden in dem riesigen Wohnviertel", behauptete etwa die „Bild".[62]

Die Einschätzung der Zeitung erscheint schlüssig. Viele Menschen in Berlin und Toulouse lebten in äußerst schlechten Verhältnissen, ihre Wohnungen waren überbelegt, baufällig, feucht und ohne warmes Wasser oder Sanitäranlagen. Die von den Medien verbreitete Vision der neuen Großsiedlungen stellte für sie ein Angebot dar, sich der Erwartungsgemeinschaft der Planenden anzuschließen und

---

[57] O. V., 24 Architekten bauen eine Super-Stadt, in: B. Z., o. D. (um den 1. 9. 1962, da es um den Beginn der „Berliner Bauwochen" geht, die vom 1. bis 16. 9. 1962 stattfanden); in: Pressesammlung, Firmenarchiv Georg Heinrichs.

[58] Bereits Ende der 1950er Jahre veröffentlichte Siedler eine Artikelserie im Berliner Tagesspiegel, in der er das Verschwinden des Urbanen durch modernen Städtebau beklagte. Ergänzt durch suggestive Fotos bildeten sie die Grundlage für sein Buch „Die gemordete Stadt" das jahrzehntelang immer wieder neu aufgelegt wurde.

[59] Wolf Jobst Siedler: Die ‚Stadt von morgen' – eine Stadt von gestern? Überlegungen anlässlich der Berliner Bauwochen 1962, in: Süddeutsche Zeitung, 11. 9. 1962; in: Pressesammlung, Firmenarchiv Georg Heinrichs.

[60] Jacques Michel, Le Toulouse de l'an 2000 retrouvera le rythme humain de la cité antique, in: Le Monde, o. D. (vermutlich 1.2. bis 9. 3. 1962); in: CC Fonds Candilis, 236 Ifa 316/01.

[61] Claude Villaret examine et vous aide à résoudre tous von problèmes: Apprenez à vivre comme en 1980 (II): À 5 km de Toulouse, un paradis urbain où il fera bon vivre, in: Noir et Blanc, Nr. 888, 9. 3. 1962, S. 164.

[62] O. V., Bald Baubeginn im ‚Märkischen Viertel': Bis 1968 soll Berlins modernste Siedlung fertig sein, in: Bild, Ausgabe Berlin, 30. 3. 1963, Pressesammlung, Firmenarchiv Georg Heinrichs. Auch andere Zeitungen weckten Erwartungen: „Gute Kunde für alle Wohnungssuchenden", lautete der Beginn des Artikels „‚Märkisches Viertel' in Wilhelmsruh: 12.000 Wohnungen für den Norden", in: Telegraf, 30. 3. 1963, S. 14.

auf eine der dort entstehenden komfortablen Neubauwohnungen zu hoffen, wie Zuschriften aus der Bevölkerung belegen. So bat eine Frau den Architekten Candilis um Grundrisse der Wohnungen in Le Mirail, weil eine Zeitungsreportage über das Viertel sie „bezaubert" habe,[63] eine andere bewarb sich unter Bezug auf die Berichterstattung in der Presse hartnäckig um eine Wohnung im Märkischen Viertel.[64] Dabei veranlasste die von den Mitgliedern der Erwartungsgemeinschaft propagierte Verbindung der Bauprojekte mit gesellschaftlichem Fortschritt und wachsendem allgemeinen Wohlstand viele, die Zuteilung einer Wohnung in der Modellsiedlung als den Beginn einer auch individuell besseren Zukunft zu betrachten. So berichtete ein Bewohner des Märkischen Viertels: „Als ich mit meiner Familie im Juni 1969 ins MV zog, waren wir anfangs froh […] es war wie ein neues Leben…".[65]

Sowohl in Le Mirail als auch im Märkischen Viertel taten die Musterwohnungen mit ihrem modernen Mobiliar ein Übriges, um die Phantasie der zukünftigen Bewohnerinnen und Bewohner weiter zu beflügeln.[66] Die daraufhin abgeschlossenen Ratenkaufverträge für Fernseher, Sofas und Schrankwände waren ein Ausdruck der Zuversicht, dass ab jetzt eine Zeit des steigenden Wohlstands und der Stabilität anbrechen würde: „Als ruhige und ordentliche Mieter hoffen wir noch 20 Jahre hier wohnen zu können", schrieb ein Ehepaar kurz nach seinem Einzug ins Märkische Viertel.[67]

Beide Siedlungen bestanden zum größten Teil aus sozialem Wohnungsbau in der Hand kommunaler Baugesellschaften. Dies verstärkte für die Bewohnerinnen und Bewohner die Zuversicht in die Versprechungen eines steigenden Lebensstandards durch die Vertreter des Sozialstaats. Auch wenn die Mieten in den Neubausiedlungen um ein Vielfaches höher waren als die für Altbauwohnungen, erwarteten sie nicht, dass ihnen das Schwierigkeiten machen würde, denn sie konnten ja staatliche Beihilfen erhalten. Besonders in Bezug auf das Märkische Viertel schürten die zuständigen Kommunalpolitiker nach Einführung des Wohngelds im Jahr 1965 die Erwartung, dass von nun an „für den überwiegenden Kreis auch der nicht gut verdienenden Bevölkerung die Miete gesichert" sein würde.[68]

Die Planer bestärkten sich gegenseitig in ihren hochfliegenden Hoffnungen und es gelang ihnen, zumindest Teile der zukünftigen Bewohnerinnen und Bewohner

---

[63] CC Fonds Candilis, 236 Ifa 485, A. Bouvet an Candilis-Josic-Woods, 19.10.1964.
[64] Mieteraktenarchiv der Gesobau, Akte 906/288, Ursula I. an Bernhard Becker (Vorstandsmitglied der Gesobau), 15.8.1966. Die den Mieterakten entnommenen Namen sind aufgrund des Datenschutzes anonymisiert.
[65] Amelie Glienke, Wohnste sozial, haste die Qual: Mühsamer Weg zur Solidarisierung. „Jetzt reden wir": Betroffene des Märkischen Viertels, Reinbek bei Hamburg 1975, S. 58.
[66] Vgl. die Erinnerung einer Bewohnerin Le Mirails: Elizabeth Benoît-Catin, 2004, in: Stéphane Gruet/Rémi Papillaut (Hrsg.), Le Mirail: Mémoire d'une ville, Toulouse 2008, S. 148.
[67] Mieteraktenarchiv der Gesobau, Akte 912/165, Eheleute P. an die Geschäftsführung der Gesellschaft für sozialen Wohnungsbau, 27.2.1974.
[68] Der Reinickendorfer Bezirksstadtrat für Soziales Vogt, in: Bezirksverordnetenversammlung Reinickendorf, Protokolle IV. Wahlperiode, Wörtlicher Bericht über die 32. (ordentliche) Sitzung der Bezirksverordnetenversammlung Reinickendorf am 19. Januar 1966, S. 21–23, hier S. 23.

in die Erwartungsgemeinschaft mit einzubeziehen. Vorfreude prägte die Einstellung derer, die sich der Gemeinschaft zugehörig fühlten, während sie den Bau der Siedlungen verfolgten.

Enttäuschungen und Schuldzuweisungen

Die Architekten bekamen als erste Gelegenheit, ihre weitreichenden Erwartungen auf Realitätstauglichkeit zu testen. Shadrach Woods entwarf nicht nur zusammen mit seinen Kollegen Candilis und Josic den Gesamtplan für Mirail, auch im Märkischen Viertel baute er ein großes Wohnhaus. Dabei fand der Architekt seine Annahme, in der Modellsiedlung visionäre Konzepte umsetzen zu können, schnell widerlegt. Aus Kostengründen verlangte die Auftraggeberin, die Wohnungsbaugesellschaft Degewo, seinen Entwurf zu ändern: Woods musste auf Maisonettewohnungen verzichten und das Gebäude sollte statt aus vorgefertigten Platten aus Mauerwerk und Gießbeton errichtet werden.[69]

Diese Änderungswünsche empörten den Architekten. Er war der Überzeugung, dass die bürokratische Planung und die mangelhafte finanzielle Ausstattung des öffentlich geförderten Wohnungsbaus jede Stadt der westlichen Welt „zu einem schädlichen oder abscheuerregenden Ort machen".[70] Offensichtlich hatte Woods gehofft, dass dies bei dem Märkischen Viertel anders sein würde – und erlebte eine schwere Enttäuschung. Er sah seine Arbeit durch den Eingriff der Degewo entwertet und entlud seine Frustration darüber in einem mehrseitigen Anklageschreiben gegen die Bauherrin: „Why hire architects and then refuse to try their solutions [...]? Why pay for someone to do what he knows how to do and then shit on what he does?", ereiferte er sich.[71]

Vergessen waren die geteilten Erwartungen und das gemeinsame Ziel: Statt zu überlegen, ob sich die Grundidee seines Entwurfs nicht auch unter den Einschränkungen realisieren ließe, erklärte Woods das gesamte Projekt Märkisches Viertel für korrumpiert und zum Scheitern verurteilt. Schuld daran waren für ihn die borniertem Bürokraten der Wohnungsbaugesellschaft, die ihre Machtposition dazu missbrauchten, der Menschheit bessere Lebensbedingungen vorzuenthal-

---

[69] Vgl. Avery Architectural and Fine Arts Library, Columbia University, Dept. of Drawings & Archives, Shadrach Woods architectural records and papers, bulk 1948–1973, Box 4, Folder 4, Item 2, Shadrach Woods, Discussion ãl'[sic] Akademie der Künste le 4-8-67, o. D.; sowie ebenda, Shadrach Woods, M.V. 4/8/67, o. D.

[70] Shadrach Woods/Joachim Pfeuffer, Stadtplanung geht uns alle an/Urbanism is Everybody's Business/L'Urbanistica come problema di interesse collettivo, Stuttgart/Bern 1968, ohne Seitenzahlen. Vgl. auch die Aussage Georges Candilis' in der Kunstzeitschrift „L'Oeil" aus dem Jahr 1964: „Je crois que l'ennemi n° 1 de la bonne architecture, c'est la bureaucratie"; zitiert nach: Gruet/Papillaut, Le Mirail, S. 112.

[71] Avery Architectural and Fine Arts Library, Columbia University, Dept. of Drawings & Archives, Shadrach Woods architectural records and papers, bulk 1948–1973, Box 4, Folder 4, Item 2, Shadrach Woods, M.V. 4/8/67, o. D., S. 3 f.

ten.[72] Da er seinen Entwurf nicht zurückziehen konnte, plante er stattdessen, sich zu rächen und die Methoden der Degewo auf einer internationalen Ausstellung bloßzustellen,[73] wozu es aber dann nicht kam. In seiner Ohnmacht hinterließ er stattdessen als Resümee seiner Arbeit am Märkischen Viertel ein Gedicht: „Schweinehunde von der Degewo, / Trotzdem / Hat man doch kein Recht / Mit dem Geld des Volks / Schund zu kaufen!"[74]

Auch im Fall von Le Mirail blieb die Erwartungsgemeinschaft nicht stabil. Bereits kurz nach der Entscheidung des Wettbewerbs wechselte der französische Bauminister Pierre Sudreau, der sich stark für das Projekt eingesetzt hatte, in ein anderes Ressort. Sein Nachfolger Jacques Maziol stand Le Mirail äußerst skeptisch gegenüber und zögerte die versprochene Finanzierung immer wieder hinaus. Wie andere beteiligte Institutionen hielt er wenig von den innovativen, aber vergleichsweise kostspieligen Elementen wie der Fußgängerhochebene. Dies verkomplizierte die ohnehin schwierige Abstimmung mit der Vielzahl der beteiligten Behörden, Institutionen und möglichen Bauherren. Zwar konnten 1966 die ersten 300 Wohnungen bezogen werden, doch standen die Wohngebäude einsam zwischen Feldern und Baugruben. Kurz darauf beklagte sich Bürgermeister Louis Bazerque beim Bauministerium, nach fünf Jahren zäher Auseinandersetzungen seien alle, die am Projekt Le Mirail arbeiteten, „wie ich selbst, ziemlich entmutigt".[75] Dennoch setzten er und Georges Candilis als Kern der Erwartungsgemeinschaft alles daran, damit die Großsiedlung mit allen geplanten Bestandteilen realisiert würde: „[E]ntweder der Entwurf wird seinem Geist entsprechend umgesetzt, oder gar nicht", drohte Candilis.[76] Mit immer neuen Werbekampagnen[77] versuchten die Planer, sich die Unterstützung der Öffentlichkeit für ihre Ziele zu sichern, und wurden dabei auch von den Medien unterstützt. Dies hatte jedoch wenig Einfluss auf das Voranschreiten des Bauvorhabens.

---

[72] Ebenda. Beschreibungen der Bürokratenherrschaft finden sich an mehreren Stellen im Text. So schreibt er über öffentlich geförderten Wohnungsbau und die „faceless functionaries", die dafür verantwortlich seien (S. 3), und bemerkt, dass heutiger Wohnungsbau für alle Menschen ungeeignet sei, mit Ausnahme von Beamten (S. 4).

[73] Ebenda, S. 3 f. Shadrach Woods war eingeladen worden, einen Beitrag für die 14. Triennale für angewandte Kunst, Industrieprodukte und Architektur in Mailand zu konzipieren, die am 30. Mai 1968 eröffnet wurde. Dort wollte er die Degewo anprangern.

[74] Ebenda, S. 1: „Salauds, Degewos, / On n'a pas le droit / avec l'argent du peuple / d'acheter de la pacotille / quand meme [sic]."

[75] AN 19840091/193, Louis Bazerque an Georges Pebereau, Directeur de Cabinet de Monsieur le Ministre de l'Équipement, 7. 12. 1967.

[76] In: „Toulouse-Mirail", Sonderbeilage der Zeitschrift Bâtir, N. 162, Dezember 1967, S. 4–7, hier S. 6.

[77] So wurde z. B. im Jahr 1969 eine ganzseitige Werbeanzeige in lokalen und überregionalen Zeitungen geschaltet mit dem Titel: „Opération Le Mirail: Toulouse met au point, pour la france entière, un nouvel urbanisme à la mesure de l'homme". Sie erschien unter anderem in: La Dépêche du Midi, 26. 11. 1969, Lokalseite 3, Le Figaro, 29.11, 30.11. und 3. 12. 1969, ohne Seitenzahl; für weitere Veröffentlichungen vgl. AN 19910585/18, Informationsschreiben der Baugesellschaft SETOMIP an das Bauministerium, „La SETOMIP lance une campagne de publicité pour Le Mirail", o. D. Das Akronym SETOMIP steht für Société d'Équipement de Toulouse Midi-Pyrénées.

Erst 1971 – neun Jahre nach Planungsbeginn – war der erste Bauabschnitt mit 3.000 Wohnungen und den kommerziellen und sozialen Einrichtungen fertig.[78] Aber zeitgleich mit diesem bescheidenen Erfolg wurde das Ende der großen Hoffnungen der Architekten Le Mirails manifest. Louis Bazerque unterlag bei den Toulouser Bürgermeisterwahlen 1971 und zog sich sofort völlig aus der Öffentlichkeit zurück. Die Architekten verloren damit ihren wichtigsten Verbündeten, die Erwartungsgemeinschaft zerfiel. Als einer der engsten Mitarbeiter von Candilis-Josic-Woods kündigte, begründete er dies mit der allgemeinen Stimmung in der Architektenfirma: „[A]uf Dauer führen die immer gleichen, tagtäglichen Kämpfe dazu, dass die Begeisterung abstumpft."[79]

Unter dem neuen Bürgermeister Pierre Baudis wurde die geplante Großwohnsiedlung um die Hälfte verkleinert und der ursprüngliche Plan bis zur Unkenntlichkeit verändert. Woods und Josic beendeten ihre Zusammenarbeit mit Candilis, der weiter für Le Mirail verantwortlich blieb, sich aber immer mehr aus dem Projekt zurückzog. Die Auflagen der Behörden und die Planänderungen hätten zu einem „Verfall des ursprünglichen Geistes der Konzeption" geführt, befand er.[80]

Candilis, Josic und Woods verteidigten Le Mirail nicht gegen die aufkommende Kritik. Doch lasteten sie die Schuld am Scheitern der einst mit Politik und Bevölkerung geteilten Vision allein den Behörden an, die das Projekt „vollkommen entstellt"[81] hätten. Ihre Enttäuschung bezog sich darauf, dass sie ihre Vorstellungen nicht wie geplant hatten umsetzen können. Die Schuldzuweisung an die Verwaltung immunisierte gleichzeitig ihre Erwartungen an die Architektur gegen eine Überprüfung durch die Realität: Wären die Siedlungen wie geplant gebaut worden, hätten sie die Menschen glücklich machen können.

Werner Düttmann, Georg Heinrichs und Hans Müller hingegen konnten ihren Entwurf für das Märkische Viertel realisieren. Dabei kam ihnen ihre Einbindung in die Verwaltung durch zunächst Düttmann und dann Müller ebenso zugute wie die überschaubare Entscheidungskonstellation, die sich auf die Berliner Ebene beschränkte. Im Gegensatz zum Fall von Le Mirail hatte die Erwartungsgemeinschaft der Planer hier Bestand. Ab dem Sommer 1966 wurde ein Wohnhochhaus nach dem anderen bezogen. Doch schon bald zeigten sich Probleme in der neuen Siedlung: Es gab viel zu wenig Schulplätze und Betreuungsmöglichkeiten für Kinder, ein Teil der Bewohnerinnen und Bewohner hatte Schwierigkeiten, die Miete aufzubringen, und viele Häuser wiesen Baumängel auf. Als eine Gruppe von jungen Architektinnen und Architekten und Studierenden im Herbst 1968 eine gesellschaftskritische Ausstellung über die staatliche Wohnungsbaupolitik ausrichtete,

---

[78] La construction du quartier de Bellefontaine s'achève, in: Le Monde, 7. 5. 1971; abgedruckt in: Gruet/Papillaut, Le Mirail, S. 142.
[79] Archives Départementales de la Haute-Garonne, Fonds Jean-Marie Lefèvre, 146 J 57, Jean-Marie Lefèvre an Georges Candilis (Kopie), 18. 3. 1971.
[80] Georges Candilis/Alexis Josic/Shadrach Woods, Toulouse le Mirail: Geburt einer neuen Stadt. Naissance d'une ville nouvelle. Birth of a New Town, Stuttgart 1975, ohne Seitenzahlen.
[81] Georges Candilis, Bâtir la vie. Un architecte témoin de son temps, Gollion 2012, S. 267.

wählte sie das Märkische Viertel als Beispiel für alles, was sie als Auswirkung der ihrer Ansicht nach korrupten und menschenverachtenden Praxis anprangerte.[82] Die Ausstellung wurde breit rezipiert und löste eine Lawine an Kritik aus, die das Viertel überrollte.[83] Dabei richteten sich die Angriffe von Bewohnerinnen und Bewohnern, Aktivistinnen und Aktivisten und der Presse nicht nur gegen vermeintliche Verfehlungen der Politik, sondern auch gegen die Gestaltung der Siedlung durch die Architekten. Diese waren davon zuerst überrascht,[84] reagierten dann jedoch schnell mit einer Taktik des Erwartungsmanagements, indem sie die Erfüllung ihrer Versprechen weiter in die Zukunft verschoben: Wenn erst „die Bäume groß geworden sind", würde man die Qualität ihrer Planung schon erkennen.[85] Gegenüber einem kritischen Journalisten des Magazins „Der Spiegel" bekräftigten die Architekten, „sie möchten sehr gern für das Märkische Viertel verantwortlich gemacht werden, unter der Bedingung, daß man sie auch in zehn Jahren noch dafür verantwortlich mache".[86]

Zugleich gingen sie zum Gegenangriff über. Auf einer Diskussionsveranstaltung beschimpfte Düttmann die Kritikerinnen und Kritiker als „Ideologen Soziologen" und unterstellte ihnen, sie hätten von Architektur und Stadtplanung keine Ahnung.[87] Die Auffassung, sie wären ungerechterweise „als Sündenbock plötzlich ins Kreuzfeuer der Kritik geraten",[88] die sich in Wahrheit „gegen vermeintliche Fehlentwicklungen in unserer Gesellschaft" überhaupt richtete,[89] verstärkte sich mit der Zeit noch. Mit einer argumentativen Volte kamen die Architekten letztendlich sogar zu dem Schluss, der Umstand, dass gerade das Märkische Viertel zum Ziel der Angriffe von linken Aktivisten und den Medien wurde, sei ein Beweis für die Qualität ihres Werks: „Es ging nicht nur um das Märkische Viertel, sondern es ging um eine Kritik [...] an der Gesellschaft, am Märkischen Viertel festge-

---

[82] Vgl. die Dokumentation der Ausstellung Aktion 507, Diagnose Manifest, Berlin 1968, ohne Seitenzahlen.
[83] Vgl. z. B. Slums verschoben, in: Der Spiegel, 9. 9. 1968, S. 134–138.
[84] Firmenarchiv Georg Heinrichs, Antwort Georg Heinrichs auf eine Befragung der Zeitschrift des Bunds Deutscher Architekten „Der Architekt", 18. 1. 1978.
[85] Werner Düttmann, Vortrag zu den Berliner Bauwochen 1967, in: ders., Berlin ist viele Städte. Berlin 1984, S. 29–38, hier S. 33. Vgl. ebenso: Bauaktenarchiv der Akademie der Künste, Nachlass Werner Düttmann, WV-35 Märkisches Viertel, Werner Düttmann, Entwurf für das Vorwort der MV Plandokumentation „Über MV", handschriftl. Manuskript, o. D., ebenda, handschriftl. Entwurf, o. D.: „Von gleicher Bedeutung für die spätere Erscheinung wie Form & Farbe ist die gärtnerische Gestaltung der Aussenräume [...] Gesamtkonzept [...], das jedoch erst in einigen Jahren sichtbar werden wird, trotz tausender bereits gepflanzter Bäume, weil diese langsamer wachsen als Häuser."
[86] Hermann Funke, „Da hilft nur noch Dynamit", in: Der Spiegel, 2. 11. 1970, S. 233–238, hier S. 236.
[87] Es handelte sich um eine Diskussionsveranstaltung des Architekten- und Ingenieurvereins Berlin am 12. 11. 1968, ein Kurzprotokoll ist erhalten in: Apo-Archiv der FU Berlin, Berlin Mieter MV 1297, Märkische [sic] Viertel eine Fehldiagnose? Müller und Düttmann, AIV, 13. 11. 1968.
[88] Düttmann, Vortrag zu den Berliner Bauwochen, S. 31.
[89] Firmenarchiv Georg Heinrichs, Antwort Georg Heinrichs auf eine Befragung der Zeitschrift des Bunds Deutscher Architekten „Der Architekt", 18. 1. 1978.

macht', weil da eventuell die Möglichkeit bestanden hätte, das [sic] das ein schönes Bild hätte werden können, [...] was also absolut nicht sein durfte."[90]

Wie die Schöpfer Le Mirails unterzogen auch Düttmann, Müller und Heinrich ihre anfänglichen Erwartungen keiner retrospektiven Überprüfung. Stattdessen waren es in den Augen der Planer immer Dritte, die ihr Werk beschädigt und die Erfüllung ihrer Hoffnungen verhindert hatten. Für Candilis-Josic-Woods war die kleingeistige Verwaltung schuld an der Enttäuschung, das Ansehen des Märkischen Viertels hatten nach Meinung seiner Architekten inkompetente Kritiker, notorisch Unzufriedene und eine auf Skandale erpichte Presse ruiniert.

Die ins Märkische Viertel einziehenden Mieterinnen und Mieter fanden ihre Erwartung nicht erfüllt, einen vollständig ausgestatteten Stadtteil vorzufinden. Es herrschte vor allem großer Mangel an Schulen, Kindergärten, Jugendfreizeitheimen und Spielplätzen.[91] Zur ständigen Sorge um die Betreuung ihrer Kinder gesellten sich für viele Bewohnerinnen und Bewohner bald gravierende finanzielle Schwierigkeiten: Die hohe Miete belastete den Familienhaushalt, das Wohngeld kam spät und fiel deutlich niedriger aus als angenommen.[92] Die Hoffnungen, als Mieterinnen und Mieter einer städtischen Wohnungsgesellschaft größere Absicherung zu genießen, bewahrheiteten sich nicht. Die Vermieterin reagierte auf Schulden ebenso mit Räumungsklagen wie private Wohnungsbesitzer.[93]

Statt der Sicherheit einer planbaren Zukunft erlebten viele Bewohnerinnen und Bewohner im Märkischen Viertel Existenzängste. Unterstützt von der Studentenbewegung organisierten die unzufriedenen Bewohnerinnen und Bewohner Protest. Sie gründeten Bürgerinitiativen und forderten mit Demonstrationen, Besetzungen und anderen Aktionen niedrigere Mieten und die versprochene soziale Infrastruktur. Als im April 1970 die Übergabe der zehntausendsten Wohnung mit einem Festakt begangen wurde, zog zum Beispiel eine Demonstration von Bewohnerinnen und Bewohnern auf den Platz. Sie verteilten ein Flugblatt für Neumieter, in dem sie die Versprechungen der Planer karikierten und auf ihre Probleme aufmerksam machten:

---

[90] Dies äußerte Hans C. Müller während eines Interviews mit Müller, Heinrichs und dem langjährigen Technischen Direktor (1963–1989) und Vorstandsmitglied der Degewo, Joachim Kops, das im Rahmen der Vorbereitung der Sanierung des Märkischen Viertels in den 1980er Jahren entstand: Firmenarchiv Georg Heinrichs, „‚Gespräch' im Büro über das MV, Herbst 1987", S. 11.

[91] Vgl. Alexander Wilde, Das Märkische Viertel, Berlin 1989, S. 94–112.

[92] Ebenda, S. 114, vgl. zu den Problemen mit dem Wohngeld auch: Glienke, Wohnste sozial, S. 195 u. 215; Das Wohngeld in Kurzform, in: Märkisches Viertel. Sonderbeilage der Heimatzeitung Der Nord-Berliner Nr. 15, S. 4. Vgl. auch: Bezirksverordnetenversammlung Reinickendorf, Protokolle V. Wahlperiode, Wörtlicher Bericht über die 14. (außerordentliche) Sitzung der Bezirksverordnetenversammlung Reinickendorf von Berlin am 15. Mai 1968, S. 31.

[93] Vgl. Kein Konzept für ‚Fälle'? Soziale Probleme im Märkischen Viertel, in: Der Telegraf, 8. 9. 1968, aus: Pressesammlung des Stadtplanungsamts Reinickendorf; sowie: Bezirksverordnetenversammlung Reinickendorf, Protokolle V. Wahlperiode, Wörtlicher Bericht über die 32. (ordentliche) Sitzung der Bezirksverordnetenversammlung Reinickendorf von Berlin am 5. November 1969, S. 11, 14.

„**Sie werden jetzt haben**: Fließend Wasser an den Wänden, ständig frische (Zug)Luft durch nicht dicht schließende Fenster, Unterhaltung aus dem Radio Ihrer Nachbarn [...] **Dafür werden Sie nicht haben**: Kindertagesstätten, [...] genügend Spielplätze, ausreichend Schulraum [...] **Werden Sie jetzt bitte nicht gleich mutlos**, denn Sie werden jetzt soviel für Ihre Miete arbeiten müssen, daß Ihnen keine Zeit bleibt, sich über solche Kleinigkeiten Gedanken zu machen. **Ihre Räumungsklage wartet schon auf Sie.**"[94]

In der von ihnen herausgegebenen „Märkisches Viertel Zeitung" (MVZ) bezichtigten die Bewohnerinnen und Bewohner die Erwartungsgemeinschaft aus Architekten, Senat, Bezirksamt und Wohnungsbaugesellschaft des organisierten Betrugs.[95] Sie beschuldigten diese, die Mieterinnen und Mieter mit falschen Versprechungen ins Märkische Viertel gelockt zu haben,[96] wo sie nun ausgepresst und unterdrückt würden.[97]

Die Aktionen der empörten Mieterinnen und Mieter fanden in den Medien eine breite Resonanz. Doch hatten Zeitungen wie „Der Spiegel" und „Die Zeit" noch einmal eine eigene Sichtweise auf die Bewohnerschaft und ihre Probleme: In zahlreichen Artikeln stellten sie das Märkische Viertel als gescheitertes „Sozialexperiment" und „Betonghetto" dar, in dem „Asoziale" und „Problemfamilien" ums Überleben kämpften.[98]

Doch hatten längst nicht alle der rund 45.000 Bewohnerinnen und Bewohner der Siedlung dieselben Probleme. Während die Protestierenden die Erwartungsgemeinschaft als betrügerisch zu entlarven meinten und aufkündigten, hielten andere Mieterinnen und Mieter an ihren Hoffnungen fest. Die Erfüllung ihrer Wohnträume, so meinten diese, verhinderten nur die radikalen Nachbarinnen und Nachbarn und ihre schlecht erzogenen Kinder. Vor dem Hintergrund hochfliegender Erwartungen an eine perfekte moderne Wohnumgebung blähten sich banale Nachbarschaftskonflikte in ihrer Wahrnehmung zu riesigen Skandalen auf: „Jede Freude an unserer schönen Wohnung wird uns systematisch genommen", klagten zwei Mieterinnen im Jahr 1969 in einem Brief an die Wohnungsgesellschaft – es ging um Schmutz im Treppenhaus. Sie nannten der Vermieterin auch die Schuldigen an der Enttäuschung ihrer Erwartungen: „‚labile' Familien [...], die sich nicht einordnen wollen und vermutlich noch die Miete von unseren Steuergeldern erhalten".[99]

---

[94] Apo-Archiv der FU Berlin, Berlin Mieter 1294d, Flugblatt „Zur 10.000. Wohnung" des Arbeitskreises Mieten und Wohnen, o. D.
[95] Vgl. z. B. Arbeitsgruppe „Mieten und Wohnen im MV": Betreff: Zwangsräumungen im Märkischen Viertel, 7. 1. 1970, in: MVZ, Nr. 6, Januar 1970, S. 1; Horst Lange, Die Stadt von morgen?, in: MVZ, ohne Nummerierung, November 1972, S. 2.
[96] Leserbrief Irene Rakowitz, in: MVZ, Nr. 5, Juni 1971, S. 18.
[97] Vgl. Pleitefee & Gesogeier, Eine Moritat in acht Bildern, in: MVZ, Nr. 10, Dezember 1970, S. 10–19, hier S. 18; Die 10.000. Wohnung in den Märkischen Betonalpen bezogen, in: MVZ, Nr. 4, April/Mai 1970, S. 3.
[98] Vgl. z. B.: Marie-Luise Scherer, Brei für alle, in: Die Zeit, 21. 11. 1969, S. 12; Karl-Heinz Krüger, Menschen im Experiment: Das Märkische Viertel und seine Bewohner, in: Der Spiegel, 2. 11. 1970, S. 218–233; Hermann Funke, „Da hilft nur noch Dynamit", in: Der Spiegel, 2. 11. 1970, S. 233–238; sowie die Fernsehreportagen von Thomas Hartwig/Jean-François le Moign (Regie), Wir wollen Blumen und Märchen bauen, ARD, 15. 12. 1970, sowie Herbert Ballmann (Regie), Urbs Nova?, ZDF, 22. 9. 1971.
[99] Mieteraktenarchiv der Gesobau, Akte 906/288, Ursula I. an die Gesobau, 16. 9. 1969.

Auch die Kritik der Mieterbewegung und die darauf folgende Darstellung der Siedlung als Problemviertel erschien ihnen als Zerstörung ihres erträumten Wohnparadieses.[100] Unterstützt wurde diese Sichtweise von Reinickendorfer Lokalblättern und Berliner Zeitungen aus dem Hause Springer. Sie behaupteten, Urheber des Protests – und damit verantwortlich für das deutschlandweit negative Image – seien gar nicht die Mieterinnen und Mieter, sondern „Radikale"[101] und „Krawallbrüder",[102] die „überhaupt nicht im MV wohnen".[103]

Die Verzögerungen im Bauprozess Le Mirails bekamen vor allem die Bewohnerinnen und Bewohner zu spüren. Jahrelang lebten sie auf „einer gigantischen Baustelle"[104] und die versprochene Verkehrsanbindung sowie die kommerziellen und Gemeinschaftseinrichtungen kamen spät.[105] Obwohl das durchaus für Unmut sorgte, überwog bei vielen doch die Zufriedenheit mit der neuen Wohnung und sie erwarteten das Ende der Bauarbeiten, um ihre Hoffnungen doch noch bestätigt zu sehen.[106] Das Bewusstsein, an etwas Außergewöhnlichem beteiligt zu sein, verbreitete zudem eine Art Pionierstimmung in der Siedlung,[107] die bis in die erste Hälfte der 1970er Jahre eher dörfliche Ausmaße hatte. Die Bewohnerinnen und Bewohner gründeten alle möglichen Vereine und beteiligten sich so an der Gestaltung ihres neuen Wohnviertels.[108]

Erst in den frühen 1980er Jahren, als Le Mirail sich seiner Vollendung näherte, erfasste die gesellschaftliche Abwertung moderner Wohnsiedlungen auch das Toulouser Viertel. Viele der Bewohnerinnen und Bewohner aus der Anfangszeit zogen weg. In die frei werdenden Wohnungen zogen vermehrt ärmere Haushalte, die häufig einen Migrationshintergrund hatten.[109] Der damit einhergehende Imagewandel traf jene besonders hart, die ihre Erwartungen an eine strahlende Zukunft in Le Mirail mit dem Kauf einer Eigentumswohnung gewissermaßen in Beton ge-

---

[100] Vgl. z. B. Leserbrief Peter Müller, in: MVZ, Nr. 2, August 1969, S. 9. Andere regte besonders die Darstellung in den Medien auf: Gerhard Gerdes, Einseitige ARD-Sendung über das Märkische Viertel, in: MV-Express, 8. 1. 1971, S. 3; Gisela Oesterreich an das ZDF, o. D., abgedruckt in: Jetzt macht endlich Schluss mit dem Rufmord am MV!, in: MV-Express, 26. 10. 1973, in: LArch Berlin, B Rep 147, Nr. 341.
[101] MV – Satellit in der Kritik, in: B. Z., abgedruckt in: Glienke, Wohnste sozial, S. 68.
[102] Vgl. einen Bericht der B. Z. über die Besetzung einer leerstehenden Fabrikhalle durch Bürgerinitiativen am 1. Mai 1970, abgedruckt in: MVZ, Nr. 9 (5), Juni 1970, S. 8.
[103] Bericht der Zeitung Der Nord-Berliner über die Hallenbesetzung, 15. 1. 1970, abgedruckt in: ebenda, S. 8.
[104] Interview der Autorin mit Jacky Bena, Juli 2014, der 1968 eine Wohnung in Le Mirail bezogen hatte.
[105] Vgl. z. B.: Une ville d'avenir qui néglige le present, in: Le Monde, 3. 6. 1970; abgedruckt in: Gruet/Papillaut, Le Mirail, S. 153.
[106] Vgl. die Zeitzeugenaussagen in: ebenda, S. 148–151.
[107] Ebenda.
[108] So erschienen etwa zur Gründungsversammlung des Nachbarschaftsvereins im Jahr 1968 rund 500 der damals 950 Bewohner, vgl. AN 19770813/9, Henry Roussillon, Rapport sur une „ville nouvelle": „Toulouse Le Mirail", in: Konferenzbericht: Journée d'étude sur les villes nouvelles der Fondation Nationale des Sciences Politiques – Centre des Recherches Administratives, février 1969, S. 23.
[109] Vgl. Jean Sauvage, L'histoire du quartier de Bellefontaine, Toulouse 2008, S. 54.

gossen hatten. Der Immobilienwert sank und die Betroffenen machten den Architekten und der Verwaltung ähnliche Vorwürfe wie die Mieterinnen und Mieter des Märkischen Viertels zehn Jahre zuvor: „Man hat mich hereingelegt", empörte sich ein älterer Bewohner gegenüber Georges Candilis im Jahr 1992.[110]

Vor allem die zuständige Bezirksverwaltung Reinickendorf beobachtete die Entwicklung des Märkischen Viertels von Beginn an mit Stolz und großer Aufmerksamkeit. Als die unzulängliche Ausstattung der Siedlung erkennbar wurde, bemühten sich die Lokalpolitikerinnen und -politiker sofort um Nachbesserung und nutzten die Situation auch für innovative Lösungen. So richtete etwa die Jugendstadträtin einen „Abenteuerspielplatz" ein – zu der Zeit ein geradezu revolutionäres pädagogisches Konzept.[111]

Als sich die Lage trotz ihrer Bemühungen nicht besserte und die Bewohner dem Bezirksamt statt Geduld und Dankbarkeit Wut und Forderungen entgegenbrachten, änderte sich die Einstellung der Kommunalpolitikerinnen und -politiker. Zunehmend sahen sie die Verantwortung für die Situation im Märkischen Viertel bei den Bewohnerinnen und Bewohnern, oder zumindest einem Teil von ihnen. So stellte der Stadtrat für Sozialwesen Sendlewski im Jahr 1970 fest: „Es gibt eben solche Leute, die da wohnen, die nicht wohnen dürften dort".[112] Dieselbe Ansicht vertrat, mit größerer Vehemenz, der Berliner Senat. In mehreren Veröffentlichungen wurde behauptet, die Mieterinnen und Mieter des Märkischen Viertels wären mit der modernen Wohnumgebung einfach überfordert gewesen und hätten ihre Probleme durch unangemessenes Mietzahlungs- und Sozialverhalten selbst verschuldet.[113] In den Protesten der Bewohnerinnen und Bewohner sahen die politisch Verantwortlichen „[d]as asoziale Element"[114] am Wirken, welches in der neuen Umgebung ja eigentlich hätte überwunden werden sollen. Das daraufhin „hereinbrechende Gewitter" der Kritik habe nichts mit den Planungen für das Märkische Viertel zu tun. Stattdessen hätten sich Ignoranz auf dem Gebiet des Städtebaus mit der Lust am Skandal zum medialen Todesurteil vermischt.[115] Aus-

---

[110] Eine Fernsehsendung begleitete den Architekten bei einem Besuch in Le Mirail: Vent Sud, L'architecte CANDILIS retrouve Le Mirail, France Régions 3 Toulouse, 27. 11. 1992, http://www.ina.fr/video/RBC03004501 (2. 2. 2017).
[111] Siehe: Autorengruppe Abenteuerspielplatz Märkisches Viertel, Abenteuerspielplatz, wo verbieten verboten ist: Experiment u. Erfahrung, Reinbek bei Hamburg 1973.
[112] LArch Berlin, B Rep 220 BVV Nr. 9395, Wörtliches Protokoll der 36. (ordentlichen) Sitzung der Bezirksverordnetenversammlung Reinickendorf von Berlin am 11. Februar 1970, S. 19.
[113] Vgl. Märkisches Viertel, Bericht aus Berlin, 12, Bauen, hrsg. vom Presse- und Informationsamt des Landes Berlin, Berlin 1971, Bl. 4; Hermann Wegner, Kritisches Plädoyer, in: Das Märkische Viertel. Ein neuer Stadtteil in Kommentaren, Plänen und Bildern, Berliner Forum 1/71, hrsg. vom Presse- und Informationsamt des Landes Berlin, Berlin 1971, S. 14; Eberhard Schulz, Das Märkische Viertel – heute. Eine kritische Betrachtung, in: Berliner Forum 3/75, hrsg. vom Presse- und Informationsamt des Landes Berlin, Berlin 1975, S. 19.
[114] Ebenda.
[115] Vgl. Bericht aus Berlin (wie Anm. 113); Wegner, Kritisches Plädoyer, S. 10 u. 16; Wilhelm Friedrich Lehmann, 125 Jahre gemeinnütziger Wohnungsbau, in: Berliner Forum 6/72, hrsg. vom Presse- und Informationsamt des Landes Berlin, Berlin 1972, S. 47; Schulz, Das Märkische Viertel – heute, S. 46.

löser waren für den Senat „Ideologen"[116] bzw. „Kommunisten",[117] die die Situation für einen politischen Unterwanderungsversuch nutzten – und damit den Ruf des Viertels ruiniert hätten.

Die Wohnungsbaugesellschaft Gesobau hingegen war der Meinung, letztlich sei der Senat verantwortlich für die Zustände im Märkischen Viertel. Vor allem Familien mit niedrigem Einkommen und vielen Kindern hatte sie von Anfang an nicht als Mieter gewollt. Da die Behörden das Recht hatten, die Wohnungen zu besetzen, konnte die Vermieterin aber solche Bewohner nicht abweisen. Stattdessen sorgte sie, nachdem sich gezeigt hatte, dass die einziehenden Mieterinnen und Mieter nicht dem erwarteten „Berliner Durchschnitt" entsprachen, für eine Änderung des Wohnungsschlüssels: statt großer wurden mehr kleine Wohnungen gebaut – ungeeignet für kinderreiche Familien.[118] Aus ihrer Meinung, dass die Anwesenheit einer falschen Sorte Bewohnerinnen und Bewohner daran schuld sei, dass sich die Vision einer modernen Mustersiedlung nicht realisierte, machte die Baugesellschaft keinen Hehl. Einer ihr genehmen Mieterin versicherte sie nach einer Beschwerde: „Weiterhin werden alle möglichen Schritte unternommen, um Sie von den Menschen zu erlösen, die Ihnen das Wohnen unerträglich machen."[119]

In ihrer anfänglichen Vision der neuen Stadtteile hatten die Politikerinnen und Politiker, genau wie die Architekten, stark auf die gesellschaftliche Gestaltungskraft von Architektur gesetzt. Darüber hinaus umfasste ihre Planung das Zusammenwirken vieler Faktoren auf unterschiedlichen Ebenen, aber keine Überlegungen, wie auf unvorhergesehene Entwicklungen in einzelnen Bereichen reagiert werden könne. Das machte ihre Erwartungen nicht nur besonders enttäuschungsanfällig, es führte auch dazu, dass sie auf Probleme häufig nicht konstruktiv, sondern defensiv reagierten und damit die Situation verschärften.

In Toulouse war es sogar der Chef der Stadtverwaltung, der die Vorstellung von Le Mirail als einem sozial benachteiligten Stadtteil überhaupt erst ins Spiel brachte. Pierre Baudis gewann 1971 die Kommunalwahlen gegen den amtierenden Bürgermeister Louis Bazerque, unter dem Baudis bis dahin Vizebürgermeister gewesen war. Nach der Wahl setzte Baudis einschneidende Änderungen an den Plänen für Le Mirail durch: Die Fußgängerhochebene wurde verkürzt und statt der von Candilis-Josic-Woods entworfenen Wohnhochhäuser mit Laubengängen sollten die Bauherren ihre eigenen Entwürfe umsetzen können. Als Grund führte er an, dass Le Mirail wegen der vielen Sozialwohnungen zu einem segregierten Stadtteil für die unteren sozialen Schichten geworden sei. Die Schuld dafür gab er der Architektur, die bewirke, dass sich die wenigen bessergestellten Bewohnerinnen und

---

[116] Wegner, Kritisches Plädoyer, S. 10.
[117] Lehmann, 125 Jahre, S. 50.
[118] Archiv des Stadtplanungsamts Reinickendorf, Der Senator für Bau- und Wohnungswesen, Niederschrift über das Informationsgespräch Märkisches Viertel am Freitag, dem 3. Februar 1967, S. 4.
[119] Mieteraktenarchiv der Gesobau, Akte 906/288, Gesobau an die Schwestern I., 24. 9. 1969.

Bewohner fühlten „wie in Sarcelles"[120] – einer bereits damals verrufenen Großsiedlung bei Paris. Mit der Planänderung wollte Baudis private Baufirmen anlocken, damit diese teurere Wohnungen bauten und die Einwohnerschaft „ins Gleichgewicht" komme.[121] In seinen alarmistischen Äußerungen unterschlug der neue Bürgermeister jedoch, dass der hohe Sozialwohnungsanteil keine Fehlentwicklung, sondern von Anfang an vorgesehen war.[122] Zudem entsprach seine Behauptung, in Le Mirail wohnten besonders viele sozial Schlechtergestellte, nicht der Realität.[123] In Wahrheit steckte das Bauprojekt schon länger in finanziellen Schwierigkeiten und stand kurz vor der Pleite.[124] Es gab kein Geld mehr für sozialen Wohnungsbau[125] und nur private Investitionen konnten den Weiterbau sichern. Die finanzielle Notlage wurde aber vor der Öffentlichkeit geheimgehalten, zumal sich Baudis als Mitglied der vorangegangenen Stadtverwaltung angreifbar gemacht hätte. Seine Stilisierung Le Mirails zum Sozialwohnungsghetto ermöglichte es Baudis hingegen, die Schuld für alle Probleme seinem Vorgänger und den Architekten zuzuschieben und sich zugleich als Urheber eines Neuaufbruchs für das Projekt zu inszenieren. Indem er Le Mirail zum ersten Mal mit negativen sozialen Eigenschaften seiner Bewohnerinnen und Bewohner in Zusammenhang brachte, trug Baudis im Sinne einer *selffulfilling-prophecy* zur tatsächlichen Entwicklung der Siedlung zu einem sozial segregierten Stadtteil bei. Auch seine strategische Beschuldigung der Architektur als Urheberin der vermeintlichen Fehlentwicklung wurde von anderen aufgegriffen. Denn während die Planer immer weniger präsent waren und die ursprüngliche Vision in Vergessenheit geriet, blieb

---

[120] Pierre Branche, Cité d'avant-garde contestée – Le Miral sera-t-il remis en question par la nouvelle municipalité?, in: Le Monde, 7. 5. 1971, S. 14.
[121] Le nouveau maire de Toulouse expose sa politique municipale, in: Le Monde, 29. 4. 1971, S. 25; inhaltlich genauso: AMT, 440 W 65, Conseil Municipal, Procès-verbal de la Séance Officielle du 10 Mai 1971, S. 7.
[122] Vgl. AMT Box 32 W 80, Ville de Toulouse: ZUP Toulouse le Mirail: Concours National d'Urbanisme, Exposé Général; sowie auch: Marie-Christine Jaillet-Roman/Mohammed Zendjebil, Le Mirail: Un projet de „quasi-ville nouvelle" au destin de grand ensemble, in: Histoire Urbaine 6 (2006), Nr. 17, S. 85–98, hier S. 87.
[123] Nach Berufsgruppen entsprach die Bewohnerschaft Le Mirails etwa dem nationalen Durchschnitt, auch wenn sie dem Alter nach darunter lag. Die größte Berufsgruppe waren Facharbeiter. Vgl. S. Henry, Où en est Toulouse-Le Mirail?, in: Historiens et Géographes, Nr. 243, Juni 1973, abgedruckt in: Service de Documentation et d'Information du C.E.S. La Reynerie, Carnet d'accueil C.E.S. „La Reynerie", Toulouse-Mirail 1973–1974, S. 31; AMT 371 W 173, (auat), Études préalables à la programmation de la deuxième tranche du Mirail: Opinions et attitudes face au Mirail – enquêtes et observations sociologiques, Annexe 2: Dépouillement des fichiers des locataires des immeubles HLM ou du Mirail, Juni 1973, S. 4 u. 9; ebenda, Agence d'urbanisme de l'agglomération toulousaine, Étude Mirail 2ème Tranche: Résultats d'une enquête d'étudiants auprès de la population actuelle du Mirail. Dezember 1972, S. 201.
[124] Vgl. AMT 371 W 171, Société d'Équipement de Toulouse Midi-Pyrénées (SETOMIP), Mirail – 1ère Tranche – Projet de bilan prévisionnel revisé, Januar 1974.
[125] Vgl. ebenda, Mirail Financement, SETOMIP, Mirail – 1ère Tranche – Projet de bilan prévisionnel revisé; sowie: ebenda, Le Président [de la SETOMIP], P. Baudis, I/- Première Tranche, 1°/- Aspect Technique, Commercialisation auprès de la promotion privée – Modification du plan de masse, o. D. (1. Jahreshälfte 1972), S. 1.

das Gefühl der Enttäuschung bei den verbliebenen Bewohnerinnen und Bewohnern und anderen Akteuren in den Siedlungen bestehen – und damit auch das Bedürfnis, die Schuld dafür irgendwo abzuladen, wie es die Mitglieder der Erwartungsgemeinschaft vorgemacht hatten.

Fazit

Die hohen Erwartungen, die alle beteiligten Akteursgruppen an die Großwohnsiedlungen in Berlin und Toulouse hegten, hatten einen entscheidenden Einfluss auf die Wahrnehmung und Entwicklung dieser Orte – gerade weil sie sich nicht erfüllten.

In der Planungsphase verband die verheißungsvolle Vision unterschiedliche gesellschaftliche Gruppen zu einer Erwartungsgemeinschaft, die den jeweils spezifischen Hoffnungen auf eine bessere Zukunft einen gemeinsamen Rahmen gab und durch gegenseitige Bestärkung wahrscheinlicher wirken ließ. Die Bindekraft der Gemeinschaft verhinderte zudem, dass die „Leiterwartung" kritisch hinterfragt oder ihre Realitätstauglichkeit angezweifelt wurde. Dabei umfasste das Gemeinschaft stiftende Schlagwort der „Modernisierung" eine große Bandbreite von Inhalten, von einer bestimmten Ästhetik über technischen Fortschritt, wachsende Wirtschaftsleistung und steigenden Wohlstand bis hin zu bestimmten Verhaltensweisen und Lebensmodellen sowie nicht zuletzt der emotionalen Verfassung „moderner Menschen". So konnten sich die Allermeisten – ob direkt betroffen oder nicht, ob im Beruf oder als Privatperson – angesprochen fühlen.

Beim Aufeinandertreffen mit der Realität zeigte sich, wie sehr sich die Vision der Erwartungsgemeinschaft in den Köpfen der Akteurinnen und Akteure festgesetzt hatte: Sie bestimmte die Wahrnehmung der tatsächlichen Großsiedlungen, was für fast alle in einer Enttäuschung resultierte. Durch den Zerrfilter der hochfliegenden Hoffnungen betrachtet, erschienen zudem auch kleinere Einschränkungen oder Defizite bereits als Scheitern des Gesamtprojekts.

Bei aller Frustration unterzogen die Akteurinnen und Akteure ihre Erwartungen jedoch keiner Revision. Sie hielten am Inhalt ihrer weitreichenden Hoffnungen fest. Je nachdem, wie sehr sie durch die Umstände gezwungen waren, sich weiterhin mit den Großsiedlungen zu befassen, zogen sich die Akteurinnen und Akteure entweder resigniert zurück oder versuchten zunächst, durch Erwartungsverschiebung und Nachbesserungen ihrem ursprünglichen Ideal doch noch nahe zu kommen.

Als sehr fragil hingegen erwiesen sich die Erwartungsgemeinschaften aus Architekten, Politik und Verwaltung und den Bewohnerinnen und Bewohnern, die bei den ersten Rückschlägen sofort zerfielen. Konfrontiert mit der Realität, gaben alle Mitglieder der Erwartungsgemeinschaft die Schuld am Ausbleiben der Erfüllung ihrer Erwartungen den jeweils anderen beteiligten Akteursgruppen. Sie erlebten das Platzen ihrer Träume als tatsächliche Ent-Täuschung, als Aufhebung einer Illusion, die die anderen Akteursgruppen ihnen absichtlich vorgegaukelt zu haben schienen.

Die öffentlich vorgebrachten gegenseitigen Schuldzuweisungen lenkten das Interesse der Medien früh auf die negativen Seiten der Wohnungsbauprojekte und trugen so dazu bei, deren schlechten Ruf zu begründen. Zugleich gaben sie dem alten Denkmuster der Identifikation architektonischer Formen mit sozialen Zuständen neue Impulse, wie besonders das Agieren des Toulouser Bürgermeisters Baudis illustriert.

Die Beispiele Le Mirails und des Märkischen Viertels zeigen die Bedeutung von Gefühlen für die gesellschaftliche Bewertung von Architektur und die Entwicklung von städtischen Orten. Ihre Untersuchung warnt aber zugleich davor, einen kausalen Zusammenhang zwischen bestimmten Architekturformen und emotionaler Wirkung oder sozialen Zuständen zu konstruieren. Stattdessen lädt sie dazu ein, gerade in der Erforschung „problematischer" städtischer Räume nicht nur dem Handeln der beteiligten Akteure, sondern auch ihren Erwartungen und davon geprägten Wahrnehmungen sowie sich wandelnden Interessen erhöhte Aufmerksamkeit zu schenken.

Matthias Kuhnert
Die Politisierung des „Guten Samariters"
Christlicher Humanitarismus in Großbritannien und die Abkehr vom Neutralitätsideal

Im Jahr 1978 diskutierte die britische kirchliche NGO Christian Aid[1] über den Esel des Guten Samariters. In Anlehnung an das biblische Gleichnis, in dem der besagte Samariter einem ausgeraubten und verletzten Reisenden zur Hilfe kommt, fragten sie, inwiefern sich der Wohltäter vielleicht anders verhalten hätte, wenn er mit einem schnelleren Reittier unterwegs gewesen und dadurch schon eher am Ort des Geschehens eingetroffen wäre. „It is not merely facetious to ask what the Good Samaritan ought to have done if he had owned a faster donkey – and so had arrived while the thieves were beating up the traveller!"[2] Die hypothetische Diskussion über den Esel war Teil eines Beitrags zu einer Debatte, die die christliche Organisation über zwei Jahrzehnte hinweg intensiv beschäftigte. Sie betraf den Kern ihres humanitären Selbstverständnisses: Sollte sie sich für politische Veränderungen stark machen und dadurch versuchen, die Verhältnisse in den Ländern des Globalen Südens zu verbessern oder sollte sie weiterhin ihre politische Neutralität bewahren und sich aus diesen Belangen heraushalten? Für viele der Aktivisten symbolisierte der schnellere Esel also die Möglichkeit, politische Missstände anzuprangern und zu bekämpfen. In Letzterem sahen die Mitarbeiter der NGO die Möglichkeit, die Ursachen des Leidens zu beseitigen und nicht nur die Symptome zu lindern. Die Organisation steckte in dieser Angelegenheit in einem Dilemma.

Eigentlich gründete ihr Selbstbild auf dem traditionellen Ideal der Neutralität humanitären Handelns. Sie betonte bei jeder Gelegenheit, dass sie ihre Spenden nach dem Motto „need not creed" verteile, ohne Ansicht der politischen oder religiösen Überzeugungen der Empfänger. Die Not der Menschen sollte das alleinige Kriterium sein, nach dem sich die Unterstützung durch die NGO richtete. Damit einher ging die Devise, Regierungen, egal welcher politischen Couleur, nicht zu kritisieren und sich aus politischen Belangen komplett herauszuhalten. Dieses Ideal der unpolitischen Neutralität war im westlichen Humanitarismus tief verwur-

---

[1] Christian Aid wurde 1945 vom British Council of Churches (BCC), der Dachorganisation der protestantischen Kirchen Großbritanniens, gegründet. Die Organisation betätigte sich in der Hilfe für Flüchtlinge, bei Naturkatastrophen und in der Entwicklungszusammenarbeit. In ihrer protestantischen Ausrichtung und in ihrem Tätigkeitsfeld ist sie mit der deutschen Organisation Brot für die Welt vergleichbar.
[2] Ein Teil der Archivbestände von Christian Aid wird von der Dienstleistungsfirma Pinnacel Data Management verwahrt. Dieser Bestand wird künftig als „PDM" zitiert. PDM, CA/DIR/28 (Box 8 of 15), The British Council of Churches. Christian Aid. Board Meeting, 18. 5. 1978, Paper A, Human Rights – A Christian Aid Concern.

zelt. Dahinter stand eine Legitimationsstrategie, die einerseits gegenüber Regierungen argumentierte, keine Bedrohung darzustellen, da man schließlich nur in Not geratenen Menschen helfen wolle und keine politische Veränderung im Sinn habe. Andererseits führten humanitäre Organisationen die Neutralität gegenüber denen ins Feld, von denen sie ihre Spenden erhielten. So betonten sie gegenüber der Bevölkerung, sie würden mit ihren Spenden lediglich „gute Taten" unterstützen und keine bestimmte politische Richtung. Vor diesem Hintergrund war das Neutralitätsideal also ein elementarer Teil der Selbstdefinition vieler humanitärer Organisationen, auch von Christian Aid.[3]

In Großbritannien hatte dies zudem eine rechtliche Dimension. Das britische Charity Law verbot Wohltätigkeitsorganisationen, sich politisch zu äußern oder politische Gruppen zu unterstützen. Da mit der Registrierung als Wohltätigkeitsorganisation steuerliche Vergünstigungen einhergingen, waren alle humanitären Organisationen als politische neutrale Charities eingetragen. Die Charity Commission war als Kontrollbehörde dafür zuständig, zu überwachen, ob Wohltätigkeitsorganisationen diese Auflagen auch tatsächlich erfüllten. Sie konnte deren Leitungen und Aufsichtsgremien haftbar machen, falls diese die Richtlinien verletzten. Gerade über die Einhaltung der politischen Neutralität wachten die Commissioners mit Argusaugen und verhängten regelmäßig Abmahnungen und Strafen wegen vermeintlich politischer Betätigungen.[4]

Seit Anfang der 1960er Jahre jedoch kam eine Dynamik in Gang, bei der die Mitarbeiter von Christian Aid sich darauf konzentrierten, die Ursachen von Armut und Hunger zu bekämpfen, die sie zunehmend in ungerechten ökonomischen Ordnungen und politischen Unterdrückungsverhältnissen ausmachten. Für sie stellte sich nun also die Frage, ob sie bei der Arbeit des Barmherzigen Samariters, nicht diese Ursachen anprangern müssten, statt nur die daraus resultierenden Folgen zu kurieren. Davon ausgehend fand bei Christian Aid eine Neuverhandlung dessen statt, wie das eigene humanitäre Handeln und die eigene Wohltätigkeit zu

---

[3] Zum Ideal der Neutralität im Humanitarismus vgl. Michael Barnett, Empire of Humanity. A History of Humanitarianism, Ithaca/London 2011, S. 33–38; Mark Cutts, Politics and Humanitarianism, in: Refugee Survey Quarterly 17 (1998), S. 1–15; Peter Walker/Daniel Maxwell, Shaping the Humanitarian World, London/New York 2009, S. 2 f.; Thomas G. Weiss, Principles, Politics, and Humanitarian Action, in: Ethics and International Affairs 13 (1999), S. 1–22.

[4] Eine knappe Einführung in die wichtigsten Regelungen zum britischen Charity Law und die Kompetenzen der Charity Commission findet sich in: Matthew Hilton, A Historical Guide to NGOs in Britain. Charities, Civil Society and the Voluntary Sector since 1945, Basingstoke 2012, S. 1–3; Charities Act, London 1960, http://www.legislation.gov.uk/ukpga/1960/58/pdfs/ukpga_19600058_en.pdf (9. 10. 2014). Zur allgemeinen rechtlichen Definition von Wohltätigkeit in Großbritannien vgl. Sabine Mock, Reformbedarf im Gemeinnützigkeits- und Spendenrecht vor dem Hintergrund der Besteuerung gemeinwohlorientierter Organisationen und bürgerschaftlichen Engagements in Großbritannien und Frankreich, Berlin 2005, S. 9–20. Zur Problematik der rechtlichen Begrenzung der politischen Stellungnahme von charities vgl. Francis Gladstone, Charity, Law and Social Justice, London 1982; Perri 6/Anita Randon, Liberty, Charity and Politics. Non-Profit Law and Freedom of Speech, Aldershot u. a. 1995, S. 55–76.

verstehen seien. Diese Diskussion wiederum spiegelt den Prozess der Politisierung von humanitärem Handeln wieder, den Michael Barnett analysiert hat.[5]

Diese Aushandlungsprozesse, die damit einhergehenden internen Verwerfungen sowie die Konflikte mit der Charity Commission stehen im Zentrum der folgenden Untersuchung. Meine These lautet, dass die Abkehr vom Ideal der Neutralität das Resultat von Veränderungen in den Wissensbeständen und dem damit eng verknüpften emotionalen Stil der NGO waren. Dies führte bei Teilen des Mitarbeiterstabes und im Unterstützerkreis zu gewandelten Erwartungen an das Handeln der Organisation, die wiederum mit traditionellen Ansprüchen an Christian Aid konfligierten und auf diese Weise Enttäuschung hervorriefen.

Um diese These herauszuarbeiten, stehen in einem ersten Schritt die Veränderungen der Wissensbasis im Vordergrund, die die eigene Deutung von Christian Aids humanitärem Engagement informierten. Im darauffolgenden zweiten Abschnitt der Analyse stehen die damit einhergehenden Transformationen im emotionalen Stil, konkret der Vermittlung von Empathie, im Zentrum. Unter emotionalem Stil verstehe ich im Folgenden die Regeln, Normen und Konventionen, nach denen Menschen Gefühle bilden und ausdrücken. Dieses Emotionsreglement wird sozial erlernt und weitervermittelt. Ich benutze den Begriff Stil und nicht etwa Regime, der genauso solche Gefühlsregeln beschreiben könnte, da er geeigneter erscheint, um die Fluidität und Wandelbarkeit sowie die Überlagerung von Gefühlsregeln zu beschreiben.[6] Im dritten Schritt werden schließlich die Folgen der auf diese Weise gewandelten Erwartungen an das humanitäre Handeln von Christian Aid und die daraus resultierenden Konflikte untersucht.

Neue Erklärungen für die Armut des Globalen Südens

Christian Aid wurde 1945 vom British Council of Churches gegründet, der Dachorganisation der protestantischen Kirchen. Die NGO betätigte sich vor allem in der humanitären Hilfe bei Naturkatastrophen und für Flüchtlinge. Ab Anfang der 1960er Jahre begann sie im Zuge der Freedom from Hunger Campaign (FFHC) der Food and Agricultural Organization (FAO) damit, Projekte in der Entwicklungszusammenarbeit zu fördern.[7] Christian Aid begründete diesen Schritt mit

---

[5] Vgl. Michael Barnett, Humanitarianism Transformed, in: Perspectives on Politics 3 (2005), H. 4, S. 723–740.

[6] Zum Begriff des emotionalen Stils vgl. Benno Gammerl, Emotional styles – concepts and challenges, in: Rethinking History 16 (2012), H. 2, S. 161–175; vgl. auch: Monique Scheer, Are Emotions a Kind of Practice (and is that what makes them have a history)? A Bourdieuan Approach to Understanding Emotion, in: History and Theory 51 (2012), S. 193–220; Pascal Eitler/Monique Scheer, Emotionengeschichte als Körpergeschichte. Eine heuristische Perspektive auf religiöse Konversionen im 19. und 20. Jahrhundert, in: Geschichte und Gesellschaft 35 (2009), S. 282–313.

[7] Die *Freedom from Hunger Campaign* gilt als Initialzündung für das entwicklungspolitische Engagement vieler zivilgesellschaftlicher Organisationen. Die FAO animierte verschiedene Gruppen dazu, landwirtschaftliche Projekte in Entwicklungsländern zu fördern, um den welt-

der Notwendigkeit, Armut und Hunger zu bekämpfen und auf diese Weise der christlichen Pflicht zur Nächstenliebe Ausdruck zu verleihen. Bereits Ende 1964 konnte die NGO berichten, 50 verschiedene FFHC-Projekte mit rund einer Million Pfund zu unterstützen.[8] Um die Ursachen von Armut und Hunger zu erklären, folgte Christian Aid weitgehend der in Expertenkreisen vorherrschenden Modernisierungstheorie.[9] Die Verfechter dieser Richtung deuteten Armut als den quasi naturgegebenen Zustand aller Gesellschaften, den Europa und die USA durch die industrielle Revolution überwunden hätten. Die Entwicklungsländer hätten diesen Fortschritt jedoch noch nicht vollzogen, weshalb sie noch immer vor immensen Problemen stünden.[10] Davon ausgehend postulierten führende Entwicklungsökonomen die Existenz eines Teufelskreises, in dem sich die Staaten der sogenannten „Dritten Welt" befänden.

„On the supply side, there is small capacity to save, resulting from the low level of real income. The low real income is a reflection of low productivity, which in turn is due largely to the lack of capital. The lack of capital is a result of the small capacity to save, and so the circle is complete."[11]

Solche Deutungsmuster machte sich auch Christian Aid zu eigen: „The Misery-Go-Round is a vicious circle."[12] Den Teufelskreis erweiterte die NGO um diverse Faktoren, sodass auch Bevölkerungswachstum, Unterernährung oder niedrige Bildung darin eine Rolle spielten.[13]

---

weiten Hunger zu bekämpfen. Vgl. Anna Bocking-Welch, Imperial Legacies and Internationalist Discourses. British Involvement in the United Nations Freedom from Hunger Campaign, 1960–70, in: Journal of Imperial and Commonwealth History 40 (2012), S. 879–896; John D. Shaw, World Food Security. A History since 1945, Basingstoke 2007, S. 77 f.

[8] Archives and Special Collections, School of Oriental and African Studies, London (künftig: SOAS), CA/I/3/1, Forty Fifth Meeting of the British Council of Churches. Janet Lacey and Ronald Kensington, Report of the Christian Aid Department, Autumn 1964.

[9] Vgl. zur Rolle der Modernisierungstheorie im Entwicklungsdiskurs: David C. Engerman/Corinna Unger, Introduction. Towards a Global History of Modernization, in: Diplomatic History 33 (2009), S. 375–385; Michael Herzfeld, Developmentalism, in: ders. (Hrsg.), Anthropology. Theoretical Practice in Culture and Society, Malden 2001, S. 152–170; Gilbert Rist, The History of Development. From Western Origins to Global Faith, London/New York 2008, S. 93–106; Sönke Kunkel, Systeme des Wissens, Visionen von Fortschritt. Die Vereinigten Staaten, das Jahrzehnt der Modernisierungstheorie und die Planung Nigerias 1954–1965, in: AfS 48 (2008), S. 155–182.

[10] Als Beispiel für diese Lesart vgl. Walt W. Rostow, Stages of Economic Growth. A Non-communist Manifesto, Cambridge MA 1960.

[11] Ragnar Nurkse, Problems of Capital Formation in Underdeveloped Countries, Oxford 1960 (zuerst 1953), S. 5. Zu Nurkses Einfluss auf die klassische ökonomische Entwicklungstheorie vgl. Rainer Kattel/Jan A. Kregel/Erik S. Reinert, The Relevance of Ragnar Nurkse and Classical Development Economics, in: dies. (Hrsg.), Ragnar Nurkse (1907–2007). Classical Development Economics and its Relevance for Today, London/New York 2009, S. 1–28. Für eine Kritik an Nurkse und der Entwicklungstheorie der 1950er Jahre vgl. Arturo Escobar, Encountering Development. The Making and Unmaking of the Third World, Princeton/Oxford 2011, S. 76 ff.

[12] SOAS, CA/J/1, Christian Aid, Servant of the Servant Church. A Discussion Guide about Christian Aid prepared by F. J. Glendenning, London 1965, S. 5.

[13] So beispielsweise in: SOAS, CA/I/16/3, Libertas Film Productions Ltd., Drehbuch „The Vicious Spiral", 1967.

Mit Blick auf die Veränderungen in den Wissensbeständen und den Wandel des emotionalen Stils sind hierbei zwei Faktoren zentral. Erstens lieferte die Modernisierungstheorie die Legitimation für die Betätigung in der Entwicklungsarbeit. Schließlich bedurften die Menschen in der „Dritten Welt" Hilfe von außen, um den Teufelskreis, in dem sie gefangen waren, zu durchbrechen. Zweitens schrieb das modernisierungstheoretische Denken niemandem eine Verantwortung für die Situation in den Entwicklungsländern zu. So konnte man zwar die ausgebliebene Industrielle Revolution oder den beschriebenen Teufelskreis bedauern. Die Schuld dafür ließ sich jedoch weder bei den Menschen in den Entwicklungsländern noch in den Industriestaaten finden.

Dies änderte sich jedoch ab Ende der 1960er Jahre fundamental, als die Modernisierungstheorie zunehmend in die Kritik geriet und bei Christian Aid wie auch bei vielen anderen NGOs von dependenztheoretischen Erklärungen abgelöst wurde.

Die Ursachen für die rasche und konsequente Abkehr von der Modernisierungstheorie waren vielfältig. Zentral waren Befunde von Entwicklungsexperten, die die bisherige Herangehensweise in Frage stellten. So hatte etwa der Pearson-Report der Vereinten Nationen Ende der 1960er Jahre festgestellt, dass sich die weltweite Armut trotz der entwicklungspolitischen Anstrengungen der letzten beiden Jahrzehnte kaum verringert habe.[14] Solche Diagnosen diskreditierten den Fortschrittsoptimismus und den Machbarkeitsglauben modernisierungstheoretisch fundierter Entwicklungspolitik.

Das Vakuum, das die Modernisierungstheorie hinterließ, füllten die Mitarbeiter bei Christian Aid und anderen NGOs mit dependenztheoretischen Annahmen. Stark verkürzt lautet die These der aus Lateinamerika stammenden Wissenschaftler, dass die sozio-ökonomischen Probleme der Entwicklungsländer nicht auf autochthone Faktoren zurückzuführen seien, sondern in den wirtschaftlichen Abhängigkeits- und Ausbeutungsverhältnissen zwischen „Erster" und „Dritter Welt" gründeten.[15] Die Adaption dieser Annahmen resultierte einerseits aus der Rezeption von Expertenwissen. Andererseits spielten auch die Empfänger von Christian Aids Hilfsleistungen eine gewichtige Rolle. So drängten etwa die afrikanischen Kirchen Christian Aid dazu, die asymmetrischen Abhängigkeiten zwischen Nord und Süd zu thematisieren.[16] Ähnlich wirkte sich in diesem Zusammenhang die

---

[14] Lester B. Pearson, Partners in Development. Report of the Commission on International Development/Chairman Lester B. Pearson, London 1969.

[15] Vgl. für eine ausführlichere Darstellung und Kritik der Dependenztheorie(n) und ihre entwicklungspolitischen Implikationen: Rist, History, S. 113–122. Arturo Escobar sieht in der Dependenztheorie eine wichtige Erweiterung des Entwicklungsdiskurses, da sie Abhängigkeitsstrukturen deutlich gemacht habe, sie stelle dem allgemeinen Entwicklungsdiskurs jedoch keine Alternative entgegen. Vgl. Escobar, Encountering, S. 82 f. Kurze Einführungen in die wichtigsten Thesen der Dependenztheorie bieten: Franz Nuscheler, Entwicklungspolitik, Bonn 2006, S. 214–217 und ders./Ulrich Menzel/Reinhard Stockmann, Entwicklungspolitik. Theorien, Probleme, Strategien, München 2010, S. 101–110.

[16] Christian Aid rezipierte diverse Denkschriften afrikanischer Kirchenvertreter, die analog zur Dependenztheorie Abhängigkeits- und Unterdrückungsverhältnisse thematisierten. So zum

Befreiungstheologie aus, die protestantische Kirchenvertreter auf internationalen Konferenzen diskutierten.[17] Auch die Rezeption des Self-Reliance-Denkens des tansanischen Präsidenten Julius Nyerere, das in den Zirkeln europäischer humanitärer NGOs hohe Wertschätzung erfuhr, beförderte diesen Prozess.[18]

Ausgehend von den neuen dependenztheoretischen Prämissen thematisierte Christian Aid in ihren Publikationen zunehmend Ausbeutungsverhältnisse zwischen dem Westen und der „Dritten Welt". Zu Beginn der 1970er Jahre geschah dies noch in relativ abstrakten Begrifflichkeiten. So machte Christian Aid etwa „den" ungerechten Welthandel, oder „den" Westen verantwortlich, ohne tatsächlich konkrete Akteure wie etwa einzelne Regierungen zu benennen.[19] Der zentrale Topos, dass sich die „Erste Welt" auf Kosten der „Dritten" bereichere, gehörte ab Ende der 1960er Jahre zum Standardrepertoire von Christian Aid.[20]

„The poverty which afflicts the other two thirds of humanity has many inter-related causes – among them, to varying degrees in different countries, an inadequate supply of natural resources, an uneven distribution of local wealth, an expanding population which absorbs savings that might otherwise be invested in future development, and a conservative resistance to social and political change. Nevertheless, the major cause of poverty is the perpetuation by the rich nations of an economic system which operates to our advantage but effectively hinders the poor nations from acquiring sufficient capital."[21]

Dieses neue Deutungsmuster enthielt also eine Erklärung für die Armut der „Dritten Welt", die entschieden von der Modernisierungstheorie abwich. Während letztere die Armut naturalisierte und den „Teufelskreis", in dem sich die Gesellschaf-

---

Beispiel: SOAS, CA2/A/1/5, Urban Industrial Mission, Reports and Recommendations of the Conference held in Freetown, August 1973.

[17] Vgl. Matthew Anderson, A History of Fair Trade in Contemporary Britain. From Civil Society Campaigns to Corporate Compliance, Basingstoke 2015, S. 53.

[18] Zu Nyereres Denken und der praktischen Umsetzung seiner Ideen in Tansania vgl. Rist, History of Development, S. 125–132; James C. Scott, Seeing Like a State. How Certain Schemes to Improve the Human Condition have Failed, New Haven u.a. 1998, S. 223–261; Leander Schneider, Freedom and Unfreedom in Rural Development. Julius Nyerere, *Ujamaa Vijijini*, and Villagization, in: Canadian Journal of African Studies 38 (2004), S. 344–392.

[19] Über die Kritik am Welthandelssystem bestand sogar so breiter Konsens zwischen den britischen NGOs, dass sie zu dem Thema gemeinsame Publikationen auflegten. Exemplarisch hierfür ist etwa SOAS, WOW/108/00910, World Trade. Published jointly for Christian Aid, CAFOD [Catholic Agency for Overseas Development; M. K.], CIIR [Catholic Institute for International Relations], FFHC, ITDG [Intermediate Technology Development Group], ODI [Overseas Development Institute], OXFAM, Save the Children, UNA [United Nations Association], VSO [Volutary Service Overseas], War on Want, Welsh International Centre, by the Voluntary Committee on Overseas Aid and Development, December 1975.

[20] Beispiele für solche Argumente sind zu finden in: SOAS, WOW/110/03074, The Dispossessed. A War on Want Discussion Paper, 1974; ebenda, Aid and Development in the Third World, War on Want Discussion Paper, 1974; SOAS, CA/J/5, Christian Aid 1969. Background notes mainly for the guidance of speakers and writers, insbesondere S. 3–7; ebenda, Christian Aid in the World of 1976, S. 2 ff. Die These, dass die ungleichen Handelsbeziehungen auf dem Weltmarkt die Abhängigkeitsverhältnisse zwischen Entwicklungs- und Industrieländern perpetuierten, die seit dem Kolonialismus bestanden, gehörte zu den zentralen Argumenten der Dependenztheorie. Vgl. Reinhard Stockmann/Ulrich Menzel/Franz Nuscheler, Entwicklungspolitik. Theorien Probleme Strategien, München 2010, S. 101–110; Franz Nuscheler, Entwicklungspolitik, Bonn 2006, S. 214–219; Rist, History of Development, S. 113–122.

[21] SOAS, CA/J/3, Eric Jay, Christian Aid in the World of 1971, S. 4 (Herv. M. K.).

ten der Entwicklungsländer befänden, quasi zum Urzustand erklärte, ging die Dependenztheorie von einer menschengemachten Situation aus. Dadurch konnten die Mitarbeiter bei Christian Aid nun klar die Verantwortung für die Misere benennen und die Schuldigen identifizieren. Diese waren in westlichen Regierungen und Unternehmen zu finden. Zudem gehörten dazu diejenigen Eliten in der „Dritten Welt", die sich an ausbeuterischen Praktiken zum eigenen Vorteil beteiligten.

Empathie und Neutralität im Spannungsverhältnis

Die neue Erklärung für Armut und Hunger in den Entwicklungsländern veränderte die Art und Weise, Empathie zu bekunden. Dadurch, dass Christian Aid nun die Verantwortung für die Missstände bei bestimmten Akteuren ausmachte, ging die Empathie für die Menschen in der „Dritten Welt" mit Schuldzuschreibungen für diejenigen einher, die die NGO für die Probleme verantwortlich machte. Kurz: Empathie für die eine Seite war untrennbar mit Antipathie gegen eine andere verknüpft. Dies deckt sich mit Fritz Breithaupts Theorie der narrativen Empathie, der ein Dreiecksmodell zugrunde liegt. In diesem Modell steht ein Beobachter einem Konflikt zwischen zwei Parteien gegenüber. Laut Breithaupt ist die Empathie des Beobachters nun stets mit der Parteinahme für eine Seite im beobachteten Konflikt verbunden.[22]

Exemplarisch lässt sich das an einer Christian Aid-Broschüre mit Gebeten von Anfang der 1970er Jahre verdeutlichen. In einem darin enthaltenen Liedtext hieß es:

„They [the rich countries] burn their grain to keep up the price
They hold it in storage, it fattens the mice,
My youngest son died for a handful of rice."[23]

Der fiktive Erzähler aus diesem Lied berichtete also, wie die Praktiken westlicher, reicher Länder, die den Preis von Nahrungsmitteln aus Profitgier künstlich hochhielten, unmittelbar mit dem Tod seines Sohnes in Verbindung stünden. Angesichts solcher ausbeuterischer Verhaltensweisen des Westens, forderte ein Gebet aus der Broschüre dazu auf, Mitgefühl zu entwickeln und die angesprochene Wirtschaftsweise zu überdenken.

„We have used the resources of your world for our own ends.
We have sought our own wellbeing at the expense of those in lands far from us
[...]
Help us to enlarge our compassion for all men.
And strengthen us to seek justice amongst all nations."[24]

---

[22] Fritz Breithaupt, Kulturen der Empathie, Frankfurt am Main 2009, S. 12.
[23] SOAS, CA/J/2, The Consumer Society. A Christian Aid Harvest Festival Service, o. D. (vermutlich 1971).
[24] Ebenda.

Unverkennbar forderte Christian Aid also Mitgefühl mit den Unterdrückten und Ausgebeuteten. Hieran zeigt sich eine Art und Weise Empathie auszudrücken, wie sie Fritz Breithaupt beschrieben hat. Ein Beobachter (in diesem Fall die NGO Christian Aid) betrachtet einen Konflikt (hier die Unterdrückung und Ausbeutung der „Dritten" durch die „Erste Welt"). Dabei ergreift der Beobachter Partei für eine Seite, hier die ausgebeuteten Menschen in ärmeren Ländern. In dieser Dreieckskonstellation waren Mitgefühl und Empathie für die eine Seite untrennbar mit Ablehnung für die andere verbunden. Dem Westen wurde darin die Rolle des Schuldigen zuteil, der die miserable Situation in den Entwicklungsländern verursache.

Die Tatsache, dass die Empathie für bestimmte Akteure nun mit der Antipathie gegen andere einherging, ist hierbei der zentrale Punkt. Als Christian Aid die Ursachen der Armut noch als „natürlich" beschrieb, war die Empathie für eine Seite noch nicht mit negativen Gefühlen gegen andere Parteien verbunden. Schließlich war es kaum möglich, einen anonymen, von Natur aus vorhandenen Teufelskreis oder die ausgebliebene industrielle Revolution als konkrete Akteure auszumachen und diese mit negativen Emotionen zu belegen. Das Mitleid mit den Armen und Hungernden in den Entwicklungsländern war zuvor also in eine Zweierkonstellation eingebettet, der schuldige Dritte fehlte.

Es versteht sich beinahe von selbst, dass sich die NGO an der Seite der Armen verortete und für sich beanspruchte, deren Vorkämpferin und Fürsprecherin zu sein. „Our aim is generally to help the poorest and oppressed. In South Africa we support work only among the blacks; in Israel only among the Arabs."[25]

Mit der Empathie für die Unterdrückten und der Ablehnung der Unterdrücker ging gleichzeitig der Anspruch einher, für „Justice" einzutreten. „[Christian Aid] also seeks to persuade the public and the politicians that the rich nations have an obligation to share their wealth with the poor, and that radical action is needed to fight injustice."[26] Christian Aid definierte in der Folge die Aufklärung über die ökonomischen und politischen Verhältnisse sogar als eine ihrer Kernaufgaben. „[T]he educational programme is designed to stimulate not only individual commitment, but also political action – that is to say community action which seeks to influence the policies both of Governments and powerful commercial interests."[27] Dies zog sich wie ein roter Faden durch die Publikationen, Statements und Spendenaufrufe der Organisation und wurde zu einem elementaren Teil ihrer Selbstdefinition. So hieß es etwa eine Broschüre aus dem Jahr 1981:

„Christian Aid is therefore an organisation created by the churches but bringing together all in Britain who are concerned about the inequalities between the rich and the poor in the world today. It provides a practical way of serving for all in Britain who wish to join the struggle against poverty and injustice."[28]

---

[25] SOAS, CA2/D/28/2, Aid Advisory Committee, Data for Review, 1974, S. 2.
[26] SOAS, CA/J/3, Eric Jay, Christian Aid in the World of 1971, S. 5.
[27] SOAS, CA 2/D/4/4, Eric Jay, Christians and World Development. An address given at the Winchester Diocesan Conference, 25. 6. 1970, S. 8.
[28] SOAS, CA/J/5, Christian Aid in the World today, 1981.

Diese Art der Selbstbeschreibung, die die Organisation aus der Empathie für die Benachteiligten in der „Dritten Welt" ableitete, weckte Erwartungen. So sprachen sich immer mehr Mitarbeiter dafür aus, Christian Aid solle seinem Credo Taten folgen lassen und eindeutig, öffentlich hörbar in der öffentlichen Auseinandersetzung politisch Stellung beziehen.

Bereits 1974 forderten etwa die Teilnehmer einer kirchlichen Konferenz zum Thema Entwicklungshilfe, die Kirchen und Christian Aid sollten sich nicht nur auf das Spendensammeln konzentrieren. Gefordert wurde: „,A greater commitment by the churches to exercise political power and persuasion on behalf of the weak'".[29]

Diese Stimmen stellten keine Einzelmeinung dar. Insbesondere die Angestellten von Christian Aid äußerten sich in diesem Sinne.[30] Aus der Forderung, sich endlich konkret politisch zu äußern, sprach auch die Enttäuschung, dass dies bisher noch nicht geschehen sei.

Das eingangs zitierte Diskussionspapier, das sich damit befasste, ob Christian Aid sich in Menschenrechtsfragen äußern sollte, brachte diese Erwartung auf den Punkt. Um als guter Samariter zu gelten, war es nicht nur notwendig, dem verletzten Reisenden zu helfen und seine Wunden zu versorgen, sondern zu versuchen, die Diebe schon daran zu hindern, ihn zu bestehlen und zu verprügeln. Es galt also Ausbeutung und Unterdrückung direkt anzuprangern und nicht nur ihre Folgen zu lindern.[31]

Diesen Erwartungen nachzukommen, war für die NGO jedoch nicht immer einfach, da viele Unterstützer solche politischen Interventionen, etwa das Anprangern von Menschenrechtsverletzungen, oftmals mit der Parteinahme für radikale Bewegungen gleichsetzten, auch wenn dies nicht der Fall war. So berichtete etwa ein engagierter Pfarrer, der für Christian Aid Spenden sammelte, dass er mit dem Vorwurf konfrontiert worden sei, die Gelder landeten in den „falschen" Händen. „[T]here has been quite a lot of noisy and ill-informed opposition, culminating in the wail, ,our money is going to Communist governments'."[32] Obwohl er alles dafür getan habe, diese Befürchtungen zu zerstreuen, halte sich das Gerücht hartnäckig. Folglich seien viele Menschen enttäuscht, die davon ausgegangen seien, eine neutral humanitäre NGO zu unterstützen.

Nicht nur aus den eigenen Reihen, sondern auch von der Charity Commission und aus der Presse kamen derartige Anschuldigungen. So kritisierte die Behörde Christian Aid etwa 1978 dafür, Organisationen zu unterstützen, die politische und soziale Veränderungen in den Ländern der „Dritten Welt" anstrebten. Konkret

---

[29] SOAS, CA2/D/6/2, Development and Salvation Conference. Summary of hopes and expectations expressed in the opening session, Swanwick 1974, S. 2.
[30] SOAS, CA2/D/15/10, The Politics of Aid, 1974. Dieses mehrseitige Papier stellte einen direkten Zusammenhang zwischen Armut, politischer und ökonomischer Unterdrückung und der damit verbundenen Notwendigkeit zum politischen Handeln her.
[31] PDM, CA/DIR/28 (Box 8 of 15), The British Council of Churches. Christian Aid. Board Meeting, 18. 5. 1978, Paper A, Human Rights – A Christian Aid Concern.
[32] SOAS, CA2/D/11/1, Reverend Herbert W. Langford an Alan Booth, 12. 4. 1973.

ging es dabei um die Förderung der Commission on Churches' Participation in Development (CCPD), einer Abteilung des World Council of Churches.

„According to the Commission's [= CCPD; M. K.] 1978 Activity Report, it seeks to finance political action, mobilise public opinion, and effect structural change within societies, in an attempt to tackle those causes of poverty which lie in the economic, social and political structures of communities. We have advised the Trustees of the Charity [= Christian Aid; M. K.] that such activities are not within their objects nor within the scope of charitable endeavour as understood in this country."[33]

Das Echo der Presse war sogar noch deutlicher. Das konservative Boulevardblatt Daily Express nahm den Bericht der Charity Commission zum Anlass für einen Rundumschlag gegen Christian Aid und andere NGOs.

„The Charity Commissioners have had a whack at Christian Aid, War on Want and Oxfam. In short, they have accused these bodies of mixing up their charitable functions with political propaganda. If these accusations are well founded, the bodies concerned should obviously lose their status as charities. [...] Charity is about compassion and pity. It is not about ideology."[34]

An diesem Zitat lässt sich die Erwartung, die sich aus dem traditionellen Verständnis von Humanitarismus ableitete, vielleicht am Deutlichsten ablesen. Jedwede Äußerung oder Handlung, die sich als politische Parteinahme deuten ließ, war nicht mehr mit Wohltätigkeit vereinbar. Für Christian Aid hingegen waren politische Äußerungen, die die Aktivisten aus ihrer Empathie ableiteten, untrennbar mit Wohltätigkeit verbunden.

Erwartungsmanagement zwischen Neutralität und politischer Positionierung

Christian Aid sah sich also mit fundamental divergierenden Erwartungen an ihr humanitäres Handeln konfrontiert. Ein Großteil der eigenen Mitarbeiterinnen und Mitarbeiter und der Unterstützenden forderte die politische Parteinahme auf der Seite derer, die sie als die Opfer von Unterdrückung und Ausbeutung identifiziert hatten. Die Gegner einer solchen Politisierung fanden sich ebenfalls in den eigenen Reihen, aber vor allem in der Charity Commission, Teilen der Öffentlichkeit und der konservativen Presse. Für sie schlossen Wohltätigkeit und humanitäres Handeln jedwede Äußerung politischer Inhalte aus.

Die NGO lavierte jahrelang zwischen diesen divergierenden Erwartungen an ihr humanitäres Engagement. Statt eine klare Entscheidung zwischen den beiden Optionen zu treffen, versuchte Christian Aid, gleichzeitig politisch Stellung zu beziehen und politisch neutral zu bleiben.

---

[33] Diese Passage des Jahresberichts der Charity Commission wird hier zitiert nach: ebenda, The British Council of Churches. Christian Aid. Minutes of the Meeting of the Board held on 4 July 1979, S. 2.
[34] Charity for Whom?, in: Daily Express, 20. 6. 1979.

Um diesen Spagat zu vollführen, lagerte Christian Aid das politische Engagement aus. So versuchte Christian Aid Möglichkeiten zu finden die politische Kritik an den bestehenden Verhältnissen zu fördern, ohne selbst direkt involviert zu sein. Ein Beispiel dafür war die Gründung der Pressure Group Action for World Development, an der die christliche Organisation teilnahm. Christian Aid beteiligte sich daran finanziell und unterstützte die landesweite Unterschriftensammlung gegen weltweite Armut, die ein Jahr nach der Gründung durchgeführt wurde.[35] Christian Aid benutzte die Organisation fortan als eine Art Feigenblatt für die ambitionierteren Unterstützer, die die Erwartung hegten, die christliche NGO solle sich stärker in die Politik einmischen.

„We can support joint educational projects like Action for World Development. But we can also encourage relatively independent pressure groups such as the body known as the AWD Trust. Such groups can afford to be partisan, for their job is to speak up for the electorally voiceless Third World. They may not speak in the name of God, nor even in the name of Christian Aid, but in the name of the poor."[36]

Ihren Unterstützern empfahl die NGO hierbei eine Art doppelten Aktivismus:

„Give. Pledge part of your income for world development through Christian Aid or some other agency of your choice. [...] Act. Join (or form) a World Development Action Group in your community in order to tell people about your concern, to make your views known to your MP [Member of Parliament; M. K.], and to engage in other forms of community action."[37]

Auf diese Weise sollte die eigene Organisation neutral gehalten und gleichzeitig denjenigen, die sich eine stärkere politische Ausrichtung wünschten, ein Angebot dazu gemacht werden. Von einem Mitarbeiter darauf angesprochen, dass dieses Manöver von vielen durchschaut würde, zeigte sich der damalige Direktor Alan Brash zurückhaltend. „[W]e started talking in September 1968 about the need to give a national and even political orientation to the work of Christian Aid, and to destroy its image purely as a charity in the narrow sense [...] Let me say immediately, I don't regret anything that has happened in the interval".[38] Er machte sich jedoch Sorgen darüber, ob die Gründung der Pressure Group nicht zu forsch gewesen sei. Er schlug vor, die Unterstützenden mit verschiedenen Stellungnahmen zu beruhigen, in denen er den neutralen Charakter von Christian Aid betonen wolle. „I hope you won't feel that I'm getting cold feet; I don't think I am, but I am trying to protect my home-base."

Schwierig gestaltete sich auch die Frage, wie sich die christliche Organisation gegenüber Befreiungsbewegungen verhalten sollte, und ob es möglich sei, diese publizistisch zu unterstützen oder in von ihnen kontrollierten Gebieten humanitär

---

[35] Material zur Gründung und der National Sign-In-Kampagne, darunter Anschreiben an lokale Kirchenvertreter und Laien, findet sich in: SOAS, CA/I/19/6. Aus Action for World Development wurde später das World Development Movement, das in Großbritannien maßgeblich an Jubilee 2000, der Fairtrade Foundation sowie dem Trade Justice Movement beteiligt war.
[36] Booth, The Faith and Politics Debate, 1970.
[37] Jay, Twenty Questions on World Development, 1970.
[38] Die nachfolgenden Zitate in: SOAS, CA2/I/46/2, Memorandum Alan Brash to Hugh Samson, 11. 12. 1969.

tätig zu werden. Eigentlich falle die Antwort sehr einfach aus, wie Brashs Nachfolger als Direktor, Alan Booth, 1972 auf einer Mitarbeiterkonferenz kundtat. „First of all let me answer the question ‚What stand does Christian Aid take with regard to Liberation Movements?' The answer can be very brief-none."[39] Es sei jedem Einzelnen selbst überlassen, sich eine Meinung zu dem Thema zu bilden. Allerdings könne die Kirche – und mit ihr Christian Aid als kirchliche Organisation – eine solche Wahl nicht treffen, denn „What the church says, then, ought to have the character of a universal truth that all honest and good men can recognise. The church ought not to commit its authority to judgements which arise from a complicated set of calculations that might equally perhaps have come out another way." Zwar sei es angebracht, Missstände an der gegenwärtigen Situation zu kritisieren, eine politische Empfehlung abzugeben, sei jedoch nicht möglich. „Quite clearly the church can and ought to tell the truth about the evils of oppression and exploitation in parts of Africa today. Equally clearly, in my view, it should leave it to its members to determine precisely what type of political activity holds the greatest promise of resolving the situation at the minimum cost." Der Direktor erteilte der Hilfe für Befreiungsbewegungen damit zwar eine Absage. Gleichzeitig postulierte er im Widerspruch dazu, dass seine Organisation durchaus eine politische Position entwickeln und Missstände ansprechen müsse.

Konkret wurde die Debatte um die Unterstützung von Befreiungsbewegungen als 1974 die Frage im Raum stand, wie die NGO mit der marxistischen FRELIMO umgehen sollte, die in Mosambik gegen die portugiesischen Kolonialherren kämpfte. Die offizielle Linie besagte, nicht zwischen verschiedenen Regimen zu unterscheiden, sondern unabhängig von deren politischer Orientierung zu helfen. Daraus folgerte Booth, es sei erst legitim, Freiheitsbewegungen zu unterstützen, sobald diese den Kampf gewonnen und die Führung im jeweiligen Staat übernommen hätten. Diese Überlegungen waren im Fall Mosambiks akut geworden, da sich für Christian Aid im Sommer 1974 abzeichnete, dass FRELIMO den Kampf zeitnah gewinnen könnte. „I have expressed my view earlier that there was at least a possibility that before long Frelimo would be in legal control of Mozambique as an independent country, in which case the whole situation becomes totally different."[40] Mit anderen Worten, Christian Aid machte seine Unterstützung von der völkerrechtlich oder zumindest faktisch anerkannten Regierungsgewalt abhängig und nicht von der politischen Orientierung. Diese „legalistische" Position war der erkennbare Versuch, zwischen den beiden Polen der Politisierung und der Neutralität zu vermitteln.

Eine ähnliche Haltung nahm Christian Aid in Bezug auf Chile und das Pinochet Regime ein. Die Organisation beteiligte sich an der Solidaritätskampagne für Chile, kritisierte die dortigen Menschenrechtsverletzungen und arbeitete gleichzeitig

---

[39] Die folgenden Zitate in: SOAS, CA2/D/5/1, Speech Alan Booth, National Staff Conference, September 1972 (Herv. i. Orig.).
[40] SOAS, CA2/D/5/1, Memorandum Alan Booth to Vernon H. K. Littlewood, Aid to Guerilla Movements, 30. 7. 1974.

mit der Pinochet-Regierung bei bestimmten Hilfsprojekten zusammen.[41] Zudem bestanden einige Mitarbeiter der Organisation darauf, die Kritik an den Menschenrechtsverletzungen in Chile mit einer ebenso deutlichen Kritik an Kuba zu verbinden, um nicht den Eindruck zu erwecken, die NGO befasse sich nur mit rechtsgerichteten Regimen.[42] All dies diente eindeutig dazu, die divergierenden Erwartungen an das Engagement der christlichen Organisation miteinander in Einklang zu bringen. Das komplizierte Lavieren zwischen den unterschiedlichen Positionen kann somit als Erwartungsmanagement bezeichnet werden.

Diesen Spagat gab die Organisation erst Mitte der 1980er Jahre im Zuge ihres Engagements in der Anti-Apartheid-Bewegung auf. Das war der erste Fall, bei dem Christian Aid sich ausdrücklich auf eine Seite stellte. Dass die NGO hier in einer politischen Auseinandersetzung für eine Seite Partei ergriff und die andere ohne Wenn und Aber ablehnte, hing eng mit ihrer Beziehung zum South African Council of Churches (SACC) zusammen. Seit Jahren unterstützte sie Hilfsprojekte unter dessen Ägide und berichtete über die Rassentrennung am Kap.[43] Meist handelte es sich dabei um Berichte und Reportagen aus dem Alltag der Schwarzen, der mit dem der Weißen kontrastiert wurde. Hierbei kam das oben beschriebene Empathie-Dreieck zum Tragen, bei dem das Mitgefühl mit den Schwarzen mit negativen Emotionalisierungen gegenüber den Praktiken des Apartheid-Regimes einherging.[44] Offene Kritik äußerte Christian Aid insbesondere ab Mitte der 1980er Jahre, als die südafrikanische Regierung ihre Repressionsmaßnahmen verschärfte und zunehmend auch gegen die Kirche richtete. So hieß es in einem öffentlichen Rechenschaftsbericht von 1984:

„In South Africa the Christian Council had to defend itself in a public inquiry set up by the government which maintained that political considerations rather than Christian compassion motivated the Council's activities and expenditure. The hearing was spread over 10 months and resulted in a recommendation that the SACC should be brought to heel by means of existing controls and new laws. Bishop Desmond Tutu, its General Secretary, totally rejected the Commission's findings, describing its judgement as ‚blasphemous'. To his dying day, he said, he would continue to castigate apartheid as evil and immoral."[45]

Zentral hierbei war der enge Kontakt zu Funktionären des SACC, die Christian Aid immer wieder mit Informationen über die Situation in Südafrika versorgten.

---

[41] Unterlagen zur Teilnahme an der Chile-Solidaritätskampagne finden sich in: SOAS, CA3/LA/C 56.
[42] PDM, CA/DIR 28 (Box 8 of 15), The British Council of Churches. Christian Aid. George Gerber, Study of Human Rights in Cuba. Memorandum to the Board, 15. 2. 1978.
[43] So nannte beispielsweise der Jahresbericht 1979/80 explizit Südafrika als Beispiel für empörende Propagandatätigkeiten von Regierungen, die dazu gedacht seien, eigene Menschenrechtsverletzungen zu kaschieren. Zudem kritisierte Christian Aid die Reisebeschränkungen für Desmond Tutu. SOAS, CA/J/1, What a Year. Report on financial year 1st April 1979 to 31st March 1980.
[44] Vgl. exemplarisch: SOAS, CA/J/5, Our Lives. Stories of South African Families No. 4, Christian Aid, August 1983.
[45] SOAS, CA/J/1, Christian Aid. A present help in trouble. Report on the financial year 1st April 1983 – 31st March 1984.

Besonders im Fokus stand in diesen Korrespondenzen die Inhaftierung von Pfarrern und hochrangigen Mitgliedern der Kirchenführung. Ein Beispiel dafür ist der Brief einer SACC-Vertreterin von 1985 über die Folgen des Ausnahmezustandes. Sie berichtete über willkürliche Verhaftungen, Folter und die omnipräsente Aura der Gewalt, die die Soldaten in den Townships verbreite. Zudem schilderte sie die Lage von inhaftierten Priestern, die auf ihre Prozesse warteten. Ihre Ausführungen gipfelten in der Feststellung, „[W]e are living in times of an unacclaimed civil war."

> „I am sharing the aforementioned out of a feeling of helplessness in the situation in this country. [...] [M]ore leaders are imprisoned, detained, Prayer meetings banned, more brutality by the police and army. Meaningless visits are made by government officials to homeland leaders, more oral attacks on people like Bishop Tutu, Beyers Naudé, Allan Boesak (climaxed by his detention!)."[46]

Gleichzeitig verstärkte dies die Empathie mit den südafrikanischen Glaubensbrüdern. In den Jahren 1984 und 1985 entwickelte sich eine umfangreiche Korrespondenz zwischen Christian Aid und südafrikanischen Kirchenvertretern, in der sich beide Seiten ihrer Solidarität und Verbundenheit versicherten. So schrieb der Direktor von Christian Aid an den Generalsekretär des SACC Desmond Tutu, dass ihm die britischen Kirchen beistünden.[47] Es blieb jedoch nicht bei bloßen Lippenbekenntnissen. Die christliche Kirche intensivierte ihre Spendentätigkeit und übersandte mehr Geld denn je.[48] Das ging sogar so weit, dass Christian Aid neue Mitarbeiter rekrutieren musste, um den Mehraufwand durch die Südafrika-Solidarität zu bewältigen.[49]

Der weitreichendste Schritt jedoch war eine Anzeigenkampagne, die die Organisation in mehreren großen Tageszeitungen schaltete. Darin rief sie zum Boykott südafrikanischer Produkte auf. Zudem forderte die NGO von den Lesern, sich bei ihren Unterhaus-Abgeordneten für Sanktionen gegen das Apartheid-Regime stark zu machen. Unter dem Titel „If Our Government Won't Respect the Majority, Will

---

[46] SOAS, CA4/A/23/1, Sophie Mazibuko (Co-Director, Dependents' Conference) to Christian Aid, 6. 9. 1985.

[47] „300 representatives of the British Churches at Christian Aid's national conference wish me to convey their heartfelt greetings. We were all deeply saddened by your absence and the reasons which nade [sic!] this necessary. [...] You remained with us in spirit and the struggle of your people was echoed in our prayers. Our love was expressed [sic!] tangiably [sic!] and results will follow. Your courage and steadfastness are an example to us all of the grace of God in action. God's blessings to you, your family and all the staff of the SACC. May you abound in hope." SOAS, CA4/A/6/7, Telex Charles Elliot to Desmond Tutu, 6. 7. 1983.

[48] Im Laufe der 1980er Jahre hatte Christian Aid mehrere Zahlungen an den SACC bewilligt, etwa für Programme zur Unterstützung der Familien von Inhaftierten oder zur Betreuung der Armen in den Townships, aber auch dafür, dass der SACC seine Arbeit überhaupt auf hohem Niveau weiterführen konnte. Zwischen 1979 und 1985 hatte Christian Aid etwa 310.000 £ an den SACC überwiesen. SOAS, CA4/A/23/1, Humanitarian and Legal Aid Administered by the South African Council of Churches, September 1985. Im Jahr 1986 hatte ein Emergency Appeal der NGO nochmals etwa 467.000 £ für Südafrika eingebracht. Darüber hinaus hatte Christian Aid einen EEG-Grant für den SACC eingeworben, der nochmals 600.000 £ umfasste. PDM, CA/DIR/28 (Box 12 of 15), Jenny Borden, South Africa, September 1986.

[49] PDM, CA/DIR/28 (Box 12 of 15), Jenny Borden, South Africa, September 1986.

You?"⁵⁰ wies Christian Aid zunächst darauf hin, dass im Apartheid-Staat Tausende Opfer von willkürlicher Inhaftierung, Folter und Mord würden, während der Ausnahmezustand weiter anhalte. Angesichts dessen sei die überwiegende Mehrheit der schwarzen Südafrikaner für Sanktionen gegen das eigene Land. „The South African Council of Churches – Christian Aid's main partner in South Africa – representing many million Christians, has called for targeted economic sanctions before it is too late, and has singled out Britain as major investor in South Africa."

Wenige Tage, nachdem die Anzeige erschienen war, lud die Charity Commission die Führung von Christian Aid vor. Die Behörde beschuldigte Christian Aid, geltendes Recht zu verletzen, da sie öffentlich Maßnahmen gegen Südafrika gefordert habe. „I am writing to you about the advertisement […] urging the public to take action against South Africa and to approach Members of Parliament. The Commissioners are not a little surprised that the trustees should have acted in a fashion so clearly in breach of the guidelines on political activity laid down by the courts."⁵¹

Die NGO argumentierte dagegen, dass es ihr keineswegs darum gehe, Maßnahmen gegen Südafrika zu ergreifen, sondern sich für das Land stark zu machen.⁵² Das mag auf den ersten Blick nach dem verzweifelten Versuch aussehen, einer Anklage zu entgehen. Tatsächlich brachte es jedoch das gewandelte Verständnis der Christian Aid-Mitarbeiter von humanitärem Handeln auf den Punkt. Aus Empathie und Solidarität mit den Unterdrückten in Südafrika forderten sie politisches Handeln, das ihrer Meinung nach elementar war, um den Menschen in Südafrika zu helfen.

Die Anzeigenkampagne war somit ein Höhepunkt eines bereits mehr als ein Jahrzehnt andauernden Aushandlungsprozesses. Bemerkenswert war, dass es im Fall der Südafrika-Solidarität zwar Kritik aus der Charity Commission gab, jedoch nicht wie zuvor intern oder aus der Öffentlichkeit. Einer der Gründe dafür war sicherlich die breite gesellschaftliche Koalition, die sich in der Anti-Apartheid-Bewegung versammelt hatte. Insbesondere kirchliche Gruppen waren hier aktiv, sodass das Engagement von Christian Aid wohl nicht als außergewöhnlich wahrgenommen wurde.⁵³ Zudem waren im Fall der Unterstützung für den SACC die Rollen der „Guten" und der „Bösen" vergleichsweise einfach kommunizierbar. Schließlich handelte es sich beim South African Council of Churches nicht um

---

50 Im Folgenden: If Our Government Won't Respect the Majority, Will You?, Advertisement by Christian Aid, in: The Guardian, 28. 11. 1985.
51 PDM, CA/DIR/28 (Box 12 of 15), S. Smith (Charity Commission) to Michael Taylor, 29. 11. 1985.
52 PDM, CA/DIR/28 (Box 12 of 15), Draft Reply to the Charity Commission by Christian Aid, December 1985.
53 Auch wenn der BCC sich lange Zeit nicht zu einem eindeutigen Engagement in der Bewegung durchringen konnte, hatte er die Apartheid immer wieder verurteilt. Zudem hatten einige der Mitgliedskirchen, etwa die Methodisten, und einige der Missionary Societies auf verschiedene Weise die Bewegung unterstützt. Roger Fieldhouse, Anti-Apartheid. A History of the Movement in Britain, London 2005, S. 356–362.

eine gewalttätige Befreiungsbewegung, sondern um friedlich protestierende Kirchenvertreter, die gewaltsamen Repressionen ausgesetzt waren. Christian Aid forderte somit zwar zum Protest gegen die südafrikanische Regierung auf, beteiligte sich jedoch nicht an Aufrufen, gewaltsam gegen jene vorzugehen oder etwa den African National Congress (ANC) mit Waffen zu versorgen.

Gleichwohl verabschiedete sich Christian Aid hierbei nahezu vollständig vom Ideal politischer Neutralität. Die Solidaritätskampagne für den SACC bedeutete damit einen radikalen Einschnitt im bisherigen Erwartungsmanagement von Christian Aid. Die Organisation hatte ansonsten stets versucht, beide Positionen zu befriedigen. Nun hatten sich jene durchgesetzt, die ein deutliches politisches Engagement von der NGO forderten. Dass die Äußerung von Enttäuschung darüber weitgehend ausblieb, deutet darauf hin, dass in diesem Fall die meisten geschlossen hinter der nun eindeutigen Ausrichtung standen.

Fazit

Zeitgleich zur Südafrika-Kampagne diskutierte Christian Aid intern, ob es an der Zeit sei, das Gebot politischer Neutralität generell aufzugeben und auch in anderen Fällen eindeutig Stellung zu beziehen. So schlug Direktor Michael Taylor „[a] tougher approach to education of promoting the will and the understanding necessary for solidarity with the poor"[54] vor. Diese Linie setzte sich in der Folge durch und die Organisation kommunizierte ihr politisches Engagement fortan als integralen Teil ihrer humanitären Arbeit. Dies legt den Schluss nahe, dass sich in einem Aushandlungsprozess, der über eine Dekade andauerte, die internen wie externen Erwartungen an das humanitäre Handeln der christlichen NGO fundamental veränderten. Die Südafrika-Solidarität fungierte als Testfall, bei dem diese kompromisslose Haltung zum ersten Mal erprobt wurde.

Dadurch, dass Christian Aid in den 1970er Jahren damit begann, Armut und Hunger nicht mehr als endogene Faktoren der Entwicklungsländer zu begreifen, sondern auf Ausbeutungs- und Unterdrückungsverhältnisse zurückführte, veränderte sich die Art, wie die NGO Empathie herstellte. Im Kampf zwischen Unterdrückern und Unterdrückten forderte sie Mitgefühl für letztere und entwickelte Ablehnung gegenüber ersteren. Dadurch weckte sie Erwartungen an ihre eigene Handlungsweise, die eine deutlichere politische Stellungnahme forderten. Damit kollidierten jedoch ältere Vorstellungen, die von humanitären Akteuren politische Neutralität erwarteten. In jahrelangen Konflikten und Aushandlungen verschoben sich dabei nach und nach die Grenzen dessen, was als humanitär gelten konnte. Der gute Samariter, um dieses Bild noch ein letztes Mal zu bemühen, bekam nach Ansicht der Aktivisten einen schnelleren Esel, intervenierte vor Ort und durfte sich bei seinen guten Taten zunehmend politisch äußern.

---

[54] PDM, CA/DIR/29 (Box 12 of 15), Michael Taylor, Christian Aid Policy – An Agenda, May 1986.

Seit Ende der 1960er Jahre hatten sich in den Erwartungen an das Handeln der NGO zwei diametral entgegengesetzte Pole gebildet, zwischen denen die Führung mehr als zehn Jahre zu vermitteln versuchte. Im Zuge der Solidaritätskampagne für den SACC hatte Christian Aid sich erstmals konsequent für einen der beiden Pole entschieden. Obwohl dies gewisse Kritik von Seiten der Charity Commission nach sich zog, regte sich intern und in der Öffentlichkeit wenig Gegenwind. Dies unterstreicht, dass sich in der Anhängerschaft der NGO die Erwartungshaltung nach und nach zugunsten einer eindeutigeren politischen Positionierung verschoben hat.

Auch gesamtgesellschaftlich trat in den folgenden Jahren und Jahrzehnten dieses gewandelte Verständnis von Humanitarismus zutage. Das vielleicht deutlichste Indiz dafür ist, dass die Novelle des Charities Act von 2006 eine weitaus großzügigere Definition von Wohltätigkeit zugrunde legte, die Organisationen wesentlich mehr Spielraum im politischen Bereich gewährt.[55]

---

[55] Hilton u. a., Historical Guide, S. 3. So fasst das Gesetz nun beispielsweise ausdrücklich „the advancement of human rights" als wohltätiges Handeln auf. Zuvor hatte es zahlreiche Auseinandersetzungen zwischen der Charity Comission und NGOs über die Kritik an Menschenrechtsverletzungen gegeben. http://www.legislation.gov.uk/ukpga/2011/25/section/3 (14.3.2017).

Christian Helm

„Zwischen Wunsch und Wirklichkeit"

Erwartungsmanagement in den westdeutschen Solidaritätsbewegungen mit Chile und Nicaragua

„Zwischen Wunsch und Wirklichkeit"[1] titelte im Frühjahr 1982 eine kritische Bestandsaufnahme der Nicaragua-Solidarität in der Bundesrepublik.[2] Die zwischenzeitlich nachlassende Unterstützung sahen die beiden Verfasser in den überhöhten Erwartungen vieler Aktivistinnen und Aktivisten an die dortige Revolution unter Führung der Frente Sandinista de Liberación Nacional (FSLN) begründet, die an den Bedingungen vor Ort zwangsweise scheitern müssten. Ironisch bemerkten sie:

„Eigentlich wäre es uns am liebsten, wenn die Frente Ökosozialismus machen würde, wie auch immer man sich das vorstellen mag, zumindest müßte sie aber Produktionsmittel vergesellschaften, Entfremdung beseitigen, Frauen befreien, Indianer und Homos selbstredend auch, (...) und Petersilie in den Barrios statt Baumwolle mit Pestiziden hochzüchten. Wenn die comandantes Fahrrad fahren würden, wär auch nicht schlecht."[3]

Das überspitzt formulierte Zitat verdeutlicht das Enttäuschungspotential, mit dem Solidaritätsbewegungen in der Bundesrepublik zu kämpfen hatten, wenn die unterstützte Befreiungsbewegung die Hoffnung auf gesellschaftlichen Wandel nicht erfüllte. Große Erwartungen, die anfangs die Mobilisierung befeuert hatten, konnten so schnell in Enttäuschung mit entgegengesetzter Wirkung umschlagen.

Am Beispiel der bundesdeutschen Chile- und Nicaragua-Solidarität der 1970er und 80er Jahre untersuche ich im Folgenden, welche Erwartungen die heterogenen Unterstützergruppen zusammenhielten und wie diese mit Enttäuschung umgingen. Dabei führe ich Argumente für die These an, dass die Kontinuität beider Bewegungen während des Untersuchungszeitraums auf einem effektiven Erwartungsmanagement fußte, um die desintegrierende Wirkung von Enttäuschung einzuhegen.

Um die Rolle von Erwartungen in Solidaritätsbewegungen zu konzeptualisieren, greife ich auf Erkenntnisse aus der sozialwissenschaftlichen Bewegungsforschung zurück. In sogenannten „Distant Issue Movements", zu denen der Protestforscher Dieter Rucht die Solidaritätsbewegungen zählt, sind Bilder und Imaginationen für die Mobilisierung besonders wichtig, da andere Mobilisierungsmomente wie die persönliche Betroffenheit und der konkrete Bezug zu Politik und Gesellschaft im

---

[1] Niña Boschmann/Willibald Fredersdorff, Nicaragua Solidarität. Zwischen Wunsch und Wirklichkeit, in: blätter des iz3w 101 (1982), S. 43–46.
[2] Ich danke Anna Ullrich und Bernhard Gotto für Kommentare zu früheren Versionen des Beitrages.
[3] Boschmann/Fredersdorff, Nicaragua Solidarität, S. 44.

eigenen Land fehlen bzw. erst konstruiert werden müssen.[4] Da sich nur wenige Aktivistinnen und Aktivisten selbst vor Ort ein Bild der Lage machen können, ist die große Mehrheit auf die von der Presse oder durch bewegungsinterne Medien transportierten Informationen und Bilder angewiesen. Die jeweilige Darstellung bzw. das Framing der Informationen begünstigt eine bestimmte Interpretation und Deutung der Ereignisse, auf deren Basis Erwartungen an die weitere Entwicklung formuliert werden.[5] Bilder, welche die brutale Repression in Chile nach dem Putsch visualisierten, General Augusto Pinochet mit verschränkten Armen und verspiegelter Sonnenbrille zeigten oder die Menschenmassen einfingen, die den siegreichen Sandinistinnen und Sandinisten in Managua am 20. Juli 1979 zujubelten, bildeten einen Ansatzpunkt für die breite Mobilisierung. Sie weckten und beglaubigten Erwartungen einer Wiederkehr des Faschismus in Chile bzw. einer Revolution „mit menschlichem Antlitz"[6] in Nicaragua, die weiteres Engagement mit Sinn füllten.[7] Das jeweilige Framing der Ereignisse beförderte Emotionen wie Hoffnung oder Empörung und schuf die Grundlage für eine Identifikation mit den fernab im Globalen Süden stattfindenden Ereignissen – mit Nicaragua als revolutionärem Modell oder mit Opfern und Widerstand gegen die Pinochet-Diktatur.[8]

Deutung von und Erwartung an die Entwicklung in beiden Ländern waren eng aufeinander bezogen. Neben einer mobilisierenden hatten beide auch eine vergemeinschaftende Wirkung. Sie stärkten die kollektive Identität der Bewegung.[9] Ge-

---

[4] Dieter Rucht, Distant Issue Movements in Germany. Empirical Description and Theoretical Reflections, in: John A. Guidry/Michael D. Kennedy/Mayer N. Zald (Hrsg.), Globalization and Social Movements. Culture, Power and the Transnational Public Sphere, Ann Arbor 2000, S. 76–105.

[5] Zum Konzept des Framing in der Bewegungsforschung vgl. Robert Benford/David Snow, Framing Processes and Social Movements. An Overview and Assessment, in: Annual Review of Sociology 26 (2000), S. 611–639. Für eine kritische Perspektive auf die Anwendung in der Geschichtswissenschaft vgl. Janosch Steuwer, Fremde als „Problem". Skizze des Framing der fremdenfeindlichen Bewegung der frühen 1990er Jahre, in: Jürgen Mittag/Helke Stadtland (Hrsg.), Theoretische Ansätze und Konzepte der Forschung über soziale Bewegungen in der Geschichtswissenschaft, Essen 2014, S. 167–187.

[6] So der Tübinger Theologe Norbert Greinacher im Anschluss an Reformer des Prager Frühlings von 1968: Norbert Greinacher, Kaffeepflücken für die Revolution. Impressionen einer Reise durch Nicaragua, in: Frankfurter Hefte. Zeitschrift für Kultur und Politik 39 (1984), H. 2, S. 7.

[7] Vgl. allgemein Reinhart Koselleck, „Erfahrungsraum" und „Erwartungshorizont" – zwei historische Kategorien, in: ders, Vergangene Zukunft. Zur Semantik geschichtlicher Zeiten, Frankfurt am Main 1979, S. 349–375.

[8] Zur Rolle von Emotionen in sozialen Bewegungen vgl. Bernhard Gotto, Enttäuschung als Politikressource. Zur Kohäsion der westdeutschen Friedensbewegung in den 1980er Jahren, in: VfZ 62 (2014), S. 1–33; Christian Koller, Soziale Bewegungen. Emotion und Solidarität, in: Jürgen Mittag/Helke Stadtland (Hrsg.), Theoretische Ansätze und Konzepte der Forschung über soziale Bewegungen in der Geschichtswissenschaft, Essen 2014, S. 403–422; Jeff Goodwin/James M. Jasper/Francesca Polletta (Hrsg.), Passionate Politics. Emotions and Social Movements, Chicago/London 2001.

[9] Zum Forschungsstand und Konzept der kollektiven Identität in der Bewegungsforschung vgl. Priska Daphi, Soziale Bewegungen und kollektive Identität. Forschungsstand und Forschungslücken, in: Forschungsjournal Soziale Bewegungen 24 (2011), H. 4, S. 13–26.

teilte Deutungen und Erwartungen, selbst wenn auf einen Minimalkonsens reduziert, fungierten als sozialer Kitt in beiden Solidaritätsbewegungen, die sich jeweils durch ideologische Heterogenität auszeichneten.

Dass diese Erwartungen keineswegs uni-direktionale Projektionen waren, sondern in einem transnationalen Konstruktionsprozess entstanden, an dem neben den Solidaritätsaktivistinnen und -aktivisten auch die Zielgruppe der Solidarität maßgeblich beteiligt war, illustriert schon der eingangs zitierte Kommentar zur Nicaragua-Solidarität. Einer der beiden Autoren war der gebürtige Nicaraguaner Willibald Fredersdorff. Er lebte seit den 1960er Jahren in West-Berlin, hatte dort eine Solidaritätsgruppe mitbegründet und war mit den Erwartungen bundesdeutscher Unterstützerkreise bestens vertraut.[10] Wie ich im Folgenden zeige, flossen Informationen also in beide Richtungen. Sowohl die FSLN als auch der chilenische Widerstand (im Exil) hatten eine Vorstellung von den Erwartungen der Solidaritätsbewegten und konnten diese in ihrer Selbstrepräsentation berücksichtigen.[11]

In den Fokus der zeitgeschichtlichen Forschung gerückt sind die bundesdeutschen Solidaritätsbewegungen mit Chile und Nicaragua erst seit Kurzem. Zuvor wurde die Historisierung von ehemaligen Aktivistinnen und Aktivisten dominiert,[12] die ihre Aufmerksamkeit ebenso wie neue Untersuchungen fast ausschließlich auf die Aktivitäten in der Bundesrepublik richten.[13] Nur für die Nicaragua-Solidarität liegen bereits erste Studien mit transnationalem Fokus vor, die auch der Handlungsmacht der Sandinistinnen und Sandinisten und ihrem Einfluss Rechnung tragen.[14]

---

[10] Interview des Verfassers mit Willibald Fredersdorff Madrigal, Managua, 11. 4. 2013.
[11] Zur Agency und Selbstrepräsentation von Akteuren aus dem Globalen Süden innerhalb transnationaler Solidarität vgl. Clifford Bob, The Marketing of Rebellions, Cambridge 2005.
[12] Vgl. Werner Balsen/Karl Rössel, Hoch die Internationale Solidarität. Zur Geschichte der Dritte Welt Bewegung in der Bundesrepublik, Köln 1986; Klaus Hess/Barbara Lucas, Die bundesdeutsche Solidaritätsbewegung, in: Otker Bujard/Ulrich Wirper (Hrsg.), Die Revolution ist ein Buch und ein freier Mensch. Die politischen Plakate des befreiten Nicaragua 1979–1990 und der internationalen Solidaritätsbewegung, Köln 2007, S. 306–317; Rosemarie Karges, Solidarität oder Entwicklungshilfe? Nachholende Entwicklung eines Lernprozesses am Beispiel der bundesdeutschen Solidaritätsbewegung mit Nicaragua, Münster/New York 1995.
[13] Zur Chile-Solidarität vgl. Benjamin Huhn, Internationalismus und Protest. Solidarität mit Lateinamerika in der Bonner Republik der 1970er/1980er Jahre, St. Ingbert 2019; Barbara Rupflin, Kirche in Bewegung. Die Chile-Solidarität der katholischen Studentengemeinde Münster, in: Cordia Baumann/Sebastian Gehrig/Nicolas Büchse (Hrsg.), Linksalternative Milieus und Neue Soziale Bewegungen in den 1970er Jahren, Heidelberg 2011, S. 191–209; Georg Dufner, West Germany. Professions of Political Faith, the Solidarity Movement and New Left Imaginaries, in: Kim Christiaens/Idesbald Goddeeris/Magaly Rodriguez Garcia (Hrsg.), European Solidarity with Chile, 1970s–1980s, Frankfurt am Main 2014, S. 163–186; Jan Eckel, Die Ambivalenz des Guten. Menschenrechte in der internationalen Politik seit den 1940ern, Göttingen 2014.
[14] Vgl. Christian Helm, Botschafter der Revolution. Das transnationale Kommunikationsnetzwerk zwischen der FSLN und der bundesdeutschen Nicaragua-Solidarität 1977–1990, Berlin 2018; José Manuel Ágreda Portero/Christian Helm, Solidaridad con la Revolución Sandinista. Comparativa de redes transnacionales: Los casos de la República Federal de Alemania y España, in: Naveg@merica. Revista electrónica editada por la Asociación Española de Americanistas 17 (2016), online verfügbar; Kim Christiaens, Between Diplomacy and Solidarity. Western

Mein Beitrag gliedert sich in zwei Teile. Zunächst werden Aspekte der Assoziationen und Erwartungen diskutiert, die bundesdeutsche Unterstützerinnen und Unterstützer mit den beiden lateinamerikanischen Ländern verbanden. Dabei argumentiere ich, dass es sich bei den beiden Solidaritätsbewegungen trotz ihrer Heterogenität um Deutungsgemeinschaften mit geteilten Erwartungsmustern handelte, die auf kollektiven, sinnstiftenden Interpretationen bzw. Imaginationen basierten und sogar beide Fallbeispiele untereinander verbinden. Im zweiten Teil soll es um die Mechanismen des jeweiligen Erwartungsmanagements gehen. Meine These lautet hier, dass besonders die FSLN und ihre Unterstützergruppen bemüht waren, durch ein geschicktes Erwartungsmanagement etwaige Enttäuschungen über die sandinistische Revolution möglichst gering zu halten.

Gemeinsame Vorstellungen und Hoffnungen – Solidaritätsbewegungen als Erwartungsgemeinschaften

Als Initialzündung für den sprunghaften Anstieg von Solidaritätsaktivitäten wirkte in beiden Fällen die Empörung über das brutale Vorgehen der Streitkräfte – gegen die Anhängerinnen und Anhänger des Präsidenten Salvador Allende in Chile 1973 bzw. gegen sandinistische Aufständische und ihre Unterstützerinnen und Unterstützer in der Zivilbevölkerung in Nicaragua im September 1978. Bei Chile waren die von den internationalen Medien verbreiteten Bilder laut Jan Eckel „weit mehr als bloße Illustrationen".[15] Sie wirkten als Appelle, die „tief verwurzelte kulturelle Bezugssysteme aktivierten", also eine kollektive, emotionale Reaktion hervorriefen und zum Handeln aufforderten.[16] Wie später in Nicaragua half die klare Unterscheidung von Tätern und Opfern, Gut und Böse dabei, den politischen Konflikt zu vereinfachen und eine bemerkenswert breite Solidaritätsbewegung in Westdeutschland zu mobilisieren. Für die Chile- wie für die Nicaragua-Solidarität wird von Zeitzeugen herausgestellt, dass sie Gruppen aus dem gesamten linken Spektrum umfasste und in Einzelfällen sogar Teile des liberalen bzw. bürgerlichen Milieus einschloss.[17] Dies war ein bedeutender Erfolg, denn ur-

---

European Support Networks for Sandinista Nicaragua, in: European Review of History 21 (2014), S. 617–634. Ein Überblick zum sandinistischen Nicaragua und der Solidaritätsbewegung, der neue Forschungsergebnisse leider kaum rezipiert, findet sich auch bei Frank Bösch, Zeitenwende 1979. Als die Welt von heute begann, München 2019, S. 95–140. Zur hier nicht behandelten Nicaragua-Solidarität in der DDR vgl. Stefanie Senger, Getrennte Solidarität? West- und ostdeutsches Engagement für Nicaragua Sandinista in den 1980er Jahren, in: Frank Bösch/Caroline Moine/Stefanie Senger (Hrsg.), Internationale Solidarität. Globales Engagement in der Bundesrepublik und der DDR, Göttingen 2018, S. 64–92.

[15] Eckel, Ambivalenz, S. 598.
[16] Ebenda.
[17] Vgl. Balsen/Karl, Hoch, S. 323; Rupflin, Kirche, S. 191, Anm. 4 und S. 204; Gerhard Breidenstein, Nicaragua. Bröckelt die Solidarität ab? Überlegungen zum Verhältnis von Kritik und Solidarität, in: blätter des iz3w 86 (1980), S. 14–16, hier S.14; Hess/Lucas, Solidaritätsbewegung, S. 306.

sprünglich hatten sich nur vereinzelte linksintellektuelle universitäre Zirkel und Politiker für Allendes Chile oder die Somoza-Diktatur in Nicaragua interessiert.[18]

Lateinamerikanische Studierende an bundesdeutschen Hochschulen konnten sich bereits seit dem Wahlsieg Allendes 1970 kontinuierlich über Erfolge und Probleme seiner Regierung informieren. Lateinamerika Heute, das Organ der linkspolitischen Vereinigung Lateinamerikanischer Studierender in der Bundesrepublik (AELA), veröffentlichte immer wieder Artikel und ab Sommer 1973 auch erste Aufrufe zu Solidarität. Nur eine Woche nach dem Putsch am 11. September 1973 erschien dazu eine Sondernummer des AELA-Magazins und bereits an den ersten Protestkundgebungen in der Bundesrepublik waren auch Studierende aus Chile und Lateinamerika beteiligt.[19]

Allerdings spalteten sich viele lokale Unterstützergruppen bald an der Frage, ob dem Putsch in Chile besser mithilfe eines breiten Volksfrontbündnisses begegnet werden solle oder mit bewaffnetem Widerstand. Dies führte zu einer Doppelstruktur in der Bewegung. Während DKP und JUSOS wie ihre chilenischen Schwesterparteien eher für gewaltfreien Protest eintraten, identifizierten sich Anhänger aus K-Gruppen, Trotzkisten und Linke aus dem undogmatischen Spektrum oft mit der bewaffneten Strategie, die vom chilenischen Movimiento de Izquierda Revolucionaria (MIR) vertreten wurde.[20]

In beiden Lagern lassen sich jedoch größere Gemeinsamkeiten bei der Interpretation der Ereignisse in Chile feststellen: Allendes Politik, die Eckel „als transnationales Ereignis"[21] bezeichnet, entfaltete erst ex-post große Resonanz in der bundesdeutschen Solidaritätsbewegung. Angesichts von Staatsterror und radikalem Kurswechsel hin zu neoliberaler Wirtschafts- und Sozialpolitik unter Pinochet leuchteten das Chile Allendes und seine Reformpolitik umso heller. Zum ersten Jahrestag des Putsches druckte ein Dortmunder Chile-Komitee Plakate, auf denen die sozialen Errungenschaften während der Regierung von Allendes Parteienbündnis Unidad Popular (UP) den Maßnahmen der Militärjunta gegenübergestellt wurden. Unter der Überschrift „Chile – neuer Terror" wurde zu Solidarität mit den Opfern der Diktatur aufgerufen.[22] Barbara Rupflin spricht in diesem Zu-

---

[18] Zur Chile-Solidarität vgl. Balsen/Rössel, Hoch, S. 310; Georg Dufner, Partner im Kalten Krieg. Die politischen Beziehungen zwischen der Bundesrepublik und Chile im Kalten Krieg, Frankfurt 2014, S. 255; zu den Anfängen der Nicaragua-Solidarität vgl. Helm, Botschafter der Revolution; Hess/Lucas, Solidaritätsbewegung, S. 306.

[19] Vgl. u. a. die beiden Sonderhefte von Lateinamerika heute. Organo editado por AELA/München zur aktuellen Lage in Chile vom Juli 1973 sowie zum Militärputsch in Chile vom 18. 9. 1973.

[20] Balsen/Rössel, Hoch, S. 324–326.

[21] Eckel, Ambivalenz, S. 592. Laut Dufner und Balsen/Rössel rief der chilenische Weg bis zum Putsch 1973 in der Bundesrepublik nur beschränktes Interesse hervor. Erst nach dem 11. September entstand eine breite Protestbewegung, vgl. oben Anm. 17; Huhn beginnt seine Untersuchung zur Chile-Solidarität entsprechend erst mit dem Putsch: Huhn, Internationalismus und Protest.

[22] Chile-Komitee Dortmund, Chile – Neuer Terror, 1974, in: HKS 13 (Hrsg.), hoch die kampf dem. 20 Jahre Plakate autonomer Bewegungen, Hamburg u. a. 1999, CD-ROM, Film 265 Plakat 05.

sammenhang von einem komplexitätsreduzierenden „stark dichotomisch geprägten Narrativ",[23] das die Formierung der Chile-Solidarität maßgeblich beeinflusste und als gemeinsamer Nenner der Bewegung fungierte. Es kontrastierte die Reformpolitik der UP-Regierung bzw. Allendes sogenannten „chilenischen Weg", also einen friedlichen und durch demokratische Wahlen legitimierten Übergang zum Sozialismus zu finden, mit einem als „faschistisch" bezeichneten Militärregime, das als skrupelloser Vertreter kapitalistischer Interessen fungiere.[24] Für den renommierten Schriftsteller Heinrich Böll war es in einer öffentlichen Stellungnahme offensichtlich, dass der Putsch allein für Ruhe und Ordnung im Sinne der besitzenden Teile der chilenischen Gesellschaft gesorgt habe.[25]

Der Tod Allendes am Tag des Putsches prädestinierte ihn zum Märtyrer und zu einer positiven Identifikationsfigur für weite Teile der bundesdeutschen Solidaritätsgruppen – trotz aller Differenzen über das strategische Vorgehen der UP und ungeachtet der Konflikte in Chile zwischen 1970 und 1973.[26] Sein Konterfei als Repräsentant eines anderen Chile blieb ein prominentes Motiv auf Plakaten.[27] Der Protest gegen die Militärdiktatur war in den ersten Jahren also immer auch ein Protest für ein Wiederanknüpfen an die Politik vor dem Putsch.

Damit ist ein zweites Element angesprochen, das die heterogene Chile-Solidarität verband: Der Glaube an einen aktiven, andauernden Widerstand in Chile selbst, der solidarisch unterstützt werden sollte. „Wir müssen weiter vorwärts marschieren, Chile bleibt nicht so, das ist nicht von Dauer", wurde eine anonyme Arbeiterin aus Santiago in großen Lettern auf einem Plakat unter dem Titel „Der Kampf geht weiter" zitiert.[28] Pinochets Diktatur erschien aus dieser Perspektive zumindest auf lange Sicht als nur eine von mehreren Zukunftsoptionen des Landes. „Widerstand" blieb bis zum Beginn der demokratischen Transition Chiles Ende der 1980er Jahre ein Kernbegriff der Öffentlichkeitsarbeit auf Seiten der Unterstützungsgruppen. Symbolisiert durch eine erhobene Faust oder Gruppen von Demonstranten war aktiver Widerstand gegen die Diktatur ein Leitmotiv auf Plakaten der Solidaritätsbewegung. Dort brachten stilisierte Menschengruppen noch in der zweiten Hälfte der 1980er einen Uniformträger zu Fall oder stellten sich mit dem Transparent „Y va a caer!" („Sie [die Diktatur] wird fallen") einem Panzer entgegen.[29]

---

[23] Rupflin, Kirche, S. 199.
[24] Vgl. ebenda, S. 199 f.; Dufner, Professions, S. 170; Eckel, Ambivalenz, S. 594 f. Vgl. auch die inhaltlichen Gemeinsamkeiten der unterschiedlichen Aufrufe zu den Großdemonstrationen zum ersten Jahrestag des Putsches 1974, abgedruckt in: Balsen/Rössel, Hoch, S. 340–345.
[25] Vgl. Balsen/Rössel, Hoch, S. 321.
[26] Vgl. Eckel, Ambivalenz, S. 594 f.; Balsen/Rössel, Hoch, S. 324.
[27] Vgl. u. a. die Plakate des DKP-nahen Anti-imperialistischen Solidaritätskomitees, o. D., des Chile-Komitees Dortmund, 1974, der Naturfreundejugend, o. D. oder der chilenischen Frauengruppe West-Berlin, o. D., in: HKS 13 (Hrsg.), hoch die kampf dem, Film 264 Plakat 26, Film 265 Plakat 05, Film 261 Plakat 18, Film 191 Plakat 03.
[28] O. V., Der Kampf geht weiter, o. D., in: HKS 13 (Hrsg.), hoch die kampf dem, Film 189 Plakat 03.
[29] O. V., Plakat der Chile-Tage 1986 an der Technischen Universität Berlin sowie DGB, Chile im 15. Jahr der Diktatur, 1988, in: HKS 13 (Hrsg.), hoch die kampf dem, Film 191 Plakat 10 bzw. Film 256 Plakat 35. Vgl. auch Huhn, Internationalismus, S. 200–202.

„Zwischen Wunsch und Wirklichkeit" 161

Beide Idealbilder, vom Chile Allendes und vom aktiven Widerstand, lösten Erwartungen in den Solidaritätsgruppen aus und wurden von den politischen Flüchtlingen, die seit Ende 1973 in der Bundesrepublik eintrafen, weiter bestärkt und konserviert.[30]

Für die einzelnen ideologischen Gruppierungen der Nicaragua-Solidarität lassen sich ähnliche gemeinschaftsstiftende Idealisierungen konstatieren. Wie das Chile Allendes bedeutete Nicaragua für viele Aktivisten „eine gemeinsam geteilte Utopie"[31] bzw. ein „sozial- und nationalemanzipatorisches Gesellschaftsmodell [...], das wegweisend für den gesamten Subkontinent hätte sein können",[32] wie ein Kommentar zur Wahlniederlage der FSLN 1990 retrospektiv zusammenfasste. „Hoffnung" und „Modell" waren Begriffe, die von den verschiedenen Teilen der Solidaritätsbewegung im Laufe der 1980er Jahre immer wieder in Zusammenhang mit der als „sandinistische Revolution" bezeichneten Regierungszeit der FSLN genannt wurden.[33]

Nach dem Sturz der Somoza-Diktatur im Juli 1979 nahm die von der FSLN dominierte Übergangsregierung ein Reformprogramm in Angriff, das neben positiven Auswirkungen für große Teile der nicaraguanischen Bevölkerung auch eine starke Symbolkraft besaß: Sie lehnten Gewalt gegenüber dem politischen Gegner ab, schafften die Todesstrafe ab, starteten eine Alphabetisierungskampagne, begannen mit dem Aufbau eines flächendeckenden, kostenlosen Gesundheits- und Bildungssystems und machten erste Schritte zu einer Agrarreform.[34] Da diese Politik und ihre bald greifbaren Erfolge sehr erfolgreich an die internationale Öffentlichkeit kommuniziert wurden, gelang es der FSLN gleich in den ersten Monaten ein Image ihrer Revolution zu etablieren, an dem sich die Erwartungen bundesdeutscher Solidaritätsgruppen orientierten und das bis 1990 relativ stabil blieb.

„Mit Nicaragua unterstützen wir den Versuch eines Dritte-Welt-Landes soziale Menschenrechte (Gesundheit, Erziehung, lebenswürdige Existenz) für die gesamte Bevölkerung zu verwirklichen",[35] rechtfertigte eine Gruppe ihr Engagement 1986. Reiseberichte, in denen bundesdeutsche Besucherinnen und Besucher ihre Eindrücke von Nicaragua schilderten, bestätigten die positiven Erwartungen. So hob der Theologe Norbert Greinacher nach seinem Aufenthalt im Jahr 1984 hervor,

---

[30] Dufner, Professions, S. 175 f.; Eckel, Ambivalenz, S. 605; Balsen/Rössel, Hoch, S. 354 u. 358 f.
[31] Hess/Lucas, Solidaritätsbewegung, S. 309.
[32] Gerth Eisenbürger/Gernot Wirth, Die Stunde des Imperialismus?, in: ila-extra Nicaragua, Beilage zu ila 133 (1990), S. 3.
[33] Vgl. Helm, Botschafter der Revolution. „Sandinistische Revolution" hat sich mittlerweile auch in der historischen Forschung als Bezeichnung für die Zeit zwischen 1979 und 1990 durchgesetzt. Vgl. Thomas Walker/Christine Wade, Nicaragua. Living in the Shadow of the Eagle, Boulder ⁵2011; John Coatsworth, The Cold War in Central America, 1975–1991, in: Melvyn Leffler/Odd Arne Westad (Hrsg.), The Cambridge History of the Cold War, Bd. 3: Endings, Cambridge u. a. 2010, S. 201–221.
[34] Zur sandinistischen Reformpolitik vgl. Walker/Wade, Nicaragua.
[35] Editorial, in: Cobrisa informiert. Gesundheitsbrigaden international, April 1986, S. 1.

unter den Sandinisten leide zum ersten Mal in der Geschichte Nicaraguas „kein Nicaraguaner mehr Hunger. Die Grundbedürfnisse (Essen, Kleidung, Wohnung, Gesundheit, Ausbildung) können befriedigt werden."[36] Eine andere Aktivistin erklärte, ihre zwei Monate in Nicaragua seien zwar zu kurz, um sich ein vollständiges Bild zu machen, aber es sei deutlich zu erkennen, „dass dort versucht wird, eine menschliche Gesellschaft aufzubauen".[37] Ähnliches bezeugte ein für mehrere Monate in Nicaragua als Krankenpfleger tätiger Bremer Gewerkschafter im Frühjahr 1985: „Heute, sechs Jahre nach der Revolution gibt es für den Campesino [Kleinbauer] Gerechtigkeit, Freiheit, Land, Arbeit, Schulen und Hospitäler."[38] Selbst nach der Abwahl der FSLN im Februar 1990 hoffte eine langjährige Unterstützerin, die Nicaraguaner möchten sich erinnern, „mit welchem Enthusiasmus sie jahrelang für die Verwirklichung ihres Modells gekämpft haben, das für die Völker Lateinamerikas Vorbild und Ansporn war, den Glauben an eine Befreiung aus Unterdrückung und Ausbeutung nicht aufzugeben".[39]

Der sandinistische Fokus auf soziale Gerechtigkeit und bislang benachteiligte Teile der Bevölkerung, die Diversität der Regierungsmitglieder und ihre diffuse Rhetorik eines „Dritten Wegs" zwischen den beiden ideologischen Blöcken des Kalten Krieges gaben allen ideologischen Strömungen der Solidaritätsbewegung Anknüpfungspunkte für eigene Projektionen.[40] Für eine JUSO-Gruppe lag die Hoffnung, die von Nicaragua „für viele Lateinamerikaner und für viele Linke in aller Welt" ausging, gerade im Versuch des Landes „seinen eigenen Weg zu gehen" und „sich aus der Abhängigkeit des US-Imperialismus zu befreien".[41]

Wie im Falle Chiles musste auch in Nicaragua ein Widerstand unterstützt werden, der den gesellschaftspolitischen Reformkurs der FSLN nach innen und gegen einen übermächtigen Gegner nach außen verteidigte. Die sandinistische Revolution geriet wie die chilenische UP-Regierung bald zwischen die Fronten des Kalten Krieges. Nach der Wahl Ronald Reagans zum US-Präsidenten forcierte seine Administration aus sicherheitspolitischen Motiven die Destabilisierung der sandinistischen Regierung mit diplomatischen, ökonomischen und militärischen Mitteln. Aktionsmaterial der Solidarität aus dem Jahr 1983 stellte vor diesem Hintergrund eine direkte Beziehung zwischen beiden Fallbeispielen her und beschrieb sie als Opfer von US-Aggression. Nachdem 1973 in Chile das Militär „im Auftrage der

---

[36] Greinacher, Kaffeepflücken, S. 7.
[37] Archiv Informationsbüro Nicaragua Wuppertal (künftig: IBN), Brigadenprotokolle 1982/83, Manuskript der Brigadistin Claudia D., o. D. (ca. 1984).
[38] Jochen Killing, 8. Rundbrief, Matiguas 16. 5. 1985, abgedruckt in: Nicaragua-Solidarität Bremer DGB-Gewerkschaften (Hrsg.), Briefe aus Nicaragua. Berichte und Erfahrungen aus dem Gesundheitswesen, Bremen 1987, S. 42.
[39] Marianne Stockinger, Die Hoffnung ist das letzte, was verloren geht ... Fünf Wochen im Norden Nicaraguas. Ein Reisebericht von Marianne Stockinger, o. O. 1990, Vorwort o. S.
[40] Vgl. Helm, Botschafter der Revolution, S. 224–236. Ähnliches ließe sich auf für Allendes Chile anführen; vgl. Eckel, Ambivalenz, S. 607 f.; Dufner, Professions, S. 172 f.
[41] Zitiert nach: Thomas Himmesbach u. a., Solidarität ist die Zärtlichkeit der Völker. Berichte aus Nicaragua, hrsg. vom Bundesvorstand der Jungsozialisten, Bonn 1985, S. 93.

USA und internationaler Konzerne" geputscht habe, solle nun auch „der Hoffnung in Nicaragua ein Ende gesetzt werden".[42] Versuche, einen unabhängigen Weg einzuschlagen, würden von der Hegemonialmacht schlicht nicht geduldet. Man wolle aber nicht einfach zusehen, „wie die USA Nicaragua mehr und mehr zerstören",[43] so ein Redner der Evangelischen Studentengemeinde Heidelberg auf einer Protestveranstaltung im Herbst 1983. Ähnlich stellte zwei Jahre später eine Besuchergruppe aus den Reihen des Kölner DGB in ihrem Reisebericht zum Konflikt zwischen Sandinisten und US-Regierung klar: „Nicaraguas wichtigstes Exportgut ist nicht die ‚Gefährdung der Region', wie Reagan behauptet, sondern die Hoffnung, die von diesem Land ausgeht: Ein Land befreit sich selbst aus wirtschaftlicher und militärischer Abhängigkeit und Unterentwicklung."[44]

Die vehemente Kritik an US-amerikanischer Unterstützung für den Putsch in Chile 1973 und Pinochets Diktatur bzw. für die bewaffnete Opposition in Nicaragua („Contra"), verband beide Solidaritätsbewegungen sowohl intern als auch untereinander. Die Ereignisse in Chile und Nicaragua bzw. ihr Framing wirkten wie ein weiterer Beleg für die bei vielen Aktivistinnen und Aktivisten vorhandene Kritik gegenüber den USA, die als Vormacht eines imperialistischen Kapitalismus begriffen wurde.[45] Das Handeln der Supermacht in beiden Ländern bestätigte gewissermaßen die auf amerika-kritischen Weltbildern fußenden negativen Erwartungen.

Diese Kritik wurde auch auf die Politik der jeweiligen Bundesregierung ausgeweitet. Aus Sicht der Solidaritätsbewegten distanzierte sich diese nicht entschieden genug vom Vorgehen der Diktaturen in Chile bzw. Nicaragua, zögerte bei der Aufnahme politischer Flüchtlinge aus Chile oder begegnete der US-Intervention in Chile und Nicaragua mit zu wenig Protest.[46] Viele Aktivistinnen und Aktivisten wollten ihr Engagement daher dezidiert nicht als Eskapismus, sondern als Teil ihres politischen Engagements für Veränderungen in der Bundesrepublik verstanden wissen.[47]

Die hier skizzierten Deutungs- und Erwartungsmuster in Bezug auf Chile oder Nicaragua wurden über die bewegungsinterne Kommunikationsinfrastruktur ge-

---

[42] Plakatmappe „Chile kämpft, Nicaragua lebt", in: Hans Seus/Malte Ristau (Hrsg.), Juso-Info Hochschulgruppen. Aktionsleitfaden, Bonn 1983, S. 14.
[43] IBN, Brigadenprotokolle 1982/83, Hans-Joachim Kahlke, Manuskript einer Rede zu Nicaragua, o. D. (Ende 1983).
[44] Reisegruppe der DGB-Jugend Köln, Nicaragua hat Zukunft. Kölner Gewerkschaftsbund in Nicaragua, hrsg. vom Deutschen Gewerkschaftsbund Kreis Köln, Köln 1985, S. 20.
[45] Rupflin, Kirche, S. 199; Dufner, Professions, S. 168–170; Christian Helm, Guns, Doves and Utopia. Cartoons and Posters in West German Nicaragua Solidarity, in: Jan Hansen/Christian Helm/Frank Reichherzer (Hrsg.), Making Sense of the Americas. How Protest Related to America in the 1980s and beyond, Frankfurt am Main 2015, S. 197–221, hier S. 206–210.
[46] Vgl. Balsen/Rössel, Hoch, S. 326 u. 346; Dufner, Partner, S. 283–285; ders., Professions, S. 174–177; Hess/Lucas, Die bundesdeutsche Solidaritätsbewegung, S. 312.
[47] Vgl. Barbara Lucas, „Solidarität ist die Zärtlichkeit der Völker". Überblick über die bundesdeutsche Solidaritätsbewegung, in: Erika Harzer/Willi Volks (Hrsg.), Aufbruch nach Nicaragua. Deutsch-deutsche Solidarität im Systemwettstreit, Berlin 2008, S. 56–62, hier 58; Dufner, Professions, S. 173–177.

teilt und reproduziert. Sie zirkulierten auf Bundestreffen der Komitees, auf Postern, in den bewegungsnahen, alternativen Periodika und den Erfahrungsberichten der chilenischen Exilanten und Nicaraguareisenden. Als Kernimage entfalteten sie eine gemeinschaftsstiftende Wirkung. Nicht zuletzt die erfolgreiche Vermittlung der gruppenübergreifenden Vorstellungen spricht dafür, die Solidaritätsbewegungen als Deutungsgemeinschaften mit den oben geschilderten Erwartungsmustern zu begreifen.

Inwiefern beides auf geteilten politischen Überzeugungen und Werten basierte, ist allerdings eine Frage des Maßstabs. Ideologische Differenzen in der Bewegung wurden überbrückt, aber nicht aufgelöst. Je nachdem, ob der „Befreiungskampf" in Chile und Nicaragua auf der Basis von befreiungstheologischen Überlegungen oder orthodoxem Anti-Imperialismus interpretiert wurde, ergaben sich im Detail ebenso Unterschiede wie in der Radikalität der Amerikakritik.[48] Diese unterschiedlichen Zugänge konnten untereinander durchaus in Abgrenzungsversuche münden. Solidaritätsgruppen aus dem autonomen und linksradikalen Spektrum nahmen für sich in Anspruch, statt bloßem humanitärem Engagement „politische" Solidarität zu üben. Im Rückblick mussten aber auch sie feststellen, dass sich die damals postulierten Unterschiede im Engagement bei genauer Betrachtung kaum aufrechterhalten ließen.[49] Trotz gemeinsamer Hoffnungen nahmen sich die beteiligten Akteursgruppen als verschieden war, was sich nicht nur in den Lagern der Chile-Solidarität äußerte, sondern auch in parallelen Aufrufen verschiedener Gruppierungen der Nicaragua-Solidarität.[50]

Dass im Falle der Ländersolidarität trotzdem punktuell Kooperation möglich war, hoben bereits zeitgenössische Quellen als ein positives Merkmal hervor.[51] Zwar waren die politischen Überzeugungen der Unterstützungsgruppen nicht deckungsgleich, aber doch kompatibel genug, um Zusammenarbeit für dasselbe Ziel zu ermöglichen. Wenn man davon ausgeht, dass ein Großteil der Solidaritätsaktivistinnen und -aktivisten aus dem Umfeld des alternativen Milieus stammte, lässt dies ebenfalls auf einen weiter gefassten Werte- und Deutungskonsens schließen.[52]

---

[48] Als Beispiel für eine solche unterschiedliche Interpretation seitens eines evangelischen Pfarrers und einer Gruppe Autonomer vgl. IBN, Rundschreiben Aktivitäten 1983–87, Hermann Bergengrün, Presente. Ein Versuch, die „Theologie der Kirche des Volkes" in Nicaragua zu verstehen, Sarstedt 1984; IBN, Intern Geschichte, Marburger Brigadisten, Matagalpa ist nicht Mutlangen. Nicaragua verteidigt die Revolution, o. D. (ca. 1984).

[49] Vgl. Eckel, Ambivalenz, S. 608; Anke Spiess/Armin Stickler, Die Wirklichkeit als größte anzunehmende Unannehmlichkeit. Plakate der Solidaritätsbewegung, in: HKS 13 (Hrsg.), Hoch, S. 82–108, hier S. 99.

[50] Ein Beispiel unter vielen stellen die unterschiedlichen Aufrufe zu den Großdemonstrationen zum ersten Jahrestag des Putsches 1974 oder die parallel erschienenen Aufrufe zur Bildung von Solidaritätsbrigaden für Nicaragua Ende 1983 dar. Alle zitiert in: Balsen/Rössel, Hoch, S. 340–345 u. 431–435.

[51] Vgl. Balsen/Rössel, Hoch, S. 323; Rupflin, Kirche, S. 191 f., Anm. 4; Klaus Hess, Nicaragua – Arbeitsbrigaden, in: blätter des iz3w 117 (1984), S. 3.

[52] Vgl. Dieter Rucht, Linksalternatives Milieu und Neue Soziale Bewegungen in der Bundesrepublik. Selbstverständnis und gesellschaftlicher Kontext, in: Baumann/Gehrig/Büchse (Hrsg.), Milieu, S. 35–59; Sven Reichardt/Detlef Siegfried, Das alternative Milieu. Konturen einer Le-

Im Anschluss an Anthony Giddens und Detlef Siegfried ließe sich sogar argumentieren, dass das Interesse und Engagement für Chile oder Nicaragua Teil der *lifestyle politics* in diesem Milieu war.[53]

Gemeinsam war allen Solidaritätsgruppen, dass sie ihren Einsatz als Teil eines Engagements für eine andere Gesellschaftsordnung verstanden, sei es auf globaler oder lokaler Ebene. Der Blick nach Chile und Nicaragua lieferte dafür einen Ansatzpunkt und neue Motivation. Auch auf transnationaler Ebene gingen die bundesdeutschen Unterstützergruppen also von geteilten Überzeugungen und Werten zwischen ihnen und der Zielgruppe ihrer Solidarität aus. Bereits die Bezeichnung „Solidarität" bzw. „Solidaritätsbewegung", die die Aktivistinnen und Aktivisten damals für ihr Handeln wählten, implizierte entsprechende Erwartungen. Ein Großteil der Solidaritätsbewegten ordnete sich damit dezidiert in internationalistische Traditionen der Linken ein.[54] Wie für Allendes UP und die FSLN gehörten Internationalismus und Anti-Imperialismus für Mitglieder linkspolitischer Gruppierungen, Parteien und Gewerkschaften in der Bundesrepublik häufig zum Selbstverständnis, was sich organisationsintern in entsprechenden Arbeitskreisen manifestierte.[55]

Unterstützergruppen aus dem christlichen Spektrum operierten ebenfalls mit dem Solidaritätsbegriff, für den sich sowohl in der christlichen Soziallehre als auch in der zeitgenössischen progressiven politischen Theologie Anknüpfungspunkte boten.[56] Sie zogen ihre Motivation für Chile oder Nicaragua oftmals aus Sympathie mit der Befreiungstheologie und der dort formulierten „Option für die Armen", die sowohl in Allendes Chile als auch im sandinistischen Nicaragua in die Praxis umgesetzt schien.

---

bensform, in: dies. (Hrsg.), Das Alternative Milieu. Antibürgerlicher Lebensstil und linke Politik in der Bundesrepublik Deutschland und Europa 1968–1983, Göttingen 2010, S. 9–24.

[53] Zu Giddens Konzept der *lifestyle politics* und seiner Anwendung in der Geschichtswissenschaft vgl. Detlef Siegfried, Pop und Politik, in: Alexa Geisthövel/Bodo Mrozek (Hrsg.), Popgeschichte. Bd. 1: Konzepte und Methoden, Bielefeld 2014, S. 33–56, hier S. 42–44.

[54] Vgl. z. B. die Einordnung der Chile- und Nicaragua-Solidarität in Traditionen internationalistischen Aktivismus in der Bundesrepublik bei Rosemarie Karges, Solidarität oder Entwicklungshilfe. Nachholende Entwicklung eines Lernprozesses am Beispiel der bundesdeutschen Solidaritätsbewegung mit Nicaragua, Münster 2005; Balsen/Rössel, Hoch. Die Autoren waren selbst in Solidaritätsbewegungen aktiv.

[55] Für die Solidaritätsbewegung von größerer Bedeutung waren auch überregionale, organisationsübergreifende Netzwerke wie das DKP-nahe Anti-Imperialistische Solidaritätskomitee, die Nicaragua-Arbeitsgruppe der DGB-Jugend Hessen mit ihrem bundesweiten Rundbrief Nicaragua-Info für die Solidaritätsarbeit in den Gewerkschaften oder die beim Bundessekretariat der JUSOS angesiedelte Koordination der Internationalismusarbeit mit der Zeitschrift „Venceremos".

[56] Vgl. Rupflin, Kirche in Bewegung; die Untersuchung einer kirchlichen Nicaragua-Solidaritätsgruppe bei Michael Förch, Zwischen utopischen Idealen und politischer Herausforderung. Die Nicaragua-Solidaritätsbewegung in der Bundesrepublik. Eine empirische Studie, Frankfurt am Main/Berlin/Bern 1995, S. 215–246; oder aus zeitgenössischer Sicht: Max Kaiser, Warum Solidarität mit Nicaragua in der Evangelischen Jugend, in: Informationen für die evangelische Jugend Berlin-West (1984) H. 1, S. 4–8.

Angesichts der bis hier angeführten Argumente ist davon auszugehen, dass gemeinsame Erwartungen und kompatible Werte auch die Mitglieder der Chile- und Nicaragua-Solidarität untereinander verbanden. Ein weiterer Hinweis dafür ist das Engagement von Exil-Chilenen und ihren bundesdeutschen Mitstreitern bei der Gründung und den späteren Aktivitäten der Nicaragua-Solidarität.[57] Der bislang in der Forschung vernachlässigte Einfluss der Exil-Chileninnen und -chilenen und Sandinistinnen und Sandinisten auf die jeweilige Solidaritätsbewegung und ihre Imaginationen wird im zweiten Teil des Beitrags genauer analysiert. Schließlich war sich die FSLN der Leistungen und Probleme bisheriger Solidaritätsbewegungen nicht nur bewusst, sondern sie versuchte, darauf mit einem geschickten Erwartungsmanagement zu reagieren.

Erwartungsmanagement und Realitätsabgleich – der Umgang mit Enttäuschung

Die Hoffnung der Chile-Solidarität, mit ihrem Protest zu einer Isolation und Schwächung der Militärjunta in Santiago beitragen zu können, erfüllte sich nur teilweise. Obwohl Pinochets Chile sein globales Negativ-Image nicht mehr abwenden konnte und für mehrere Jahre den Status eines Parias in der Weltgemeinschaft innehatte, stabilisierte sich die Diktatur.[58] Eine Rückkehr zu den zunehmend idealisierten Verhältnissen vor dem Putsch erschien damit immer unrealistischer. Ab 1975 schwächte sich die organisierte Unterstützung für die chilenische Opposition in der Bundesrepublik ab. Sowohl die Stabilisierung der Diktatur als auch die politischen Zänkereien und endlosen Diskussionen in den Komitees ließen viele Aktivistinnen und Aktivisten enttäuscht bzw. entnervt das Handtuch werfen.

Ein einzelner Diskussionsbeitrag aus den Reihen der Solidaritätsbewegung hatte bereits Anfang 1975 prognostiziert, dass spektakuläre Erfolge des Widerstands in Chile auf absehbare Zeit nicht zu erwarten seien. Man solle diesbezüglich keine Illusionen hegen, die letztendlich zu einer Demoralisierung der Bewegung führen müssten.[59] Dass die Militärjunta den Widerstand in Chile durch Mord, Gefängnis oder Exil bereits weitgehend ausgelöscht hatte, wurde in den meisten Solidaritätsgruppen aber kaum diskutiert. Viele pflegten dank der politisch aktiven Exil-Chileninnen und -Chilenen unter ihnen stattdessen das mythisierte Image von Allendes Chile und imaginierten eine im Untergrund fortbestehende Widerstandskultur.[60]

---

[57] Vgl. Hess/Lucas, Solidaritätsbewegung, S. 306; Kim Christiaens, Globalizing Nicaragua? An Entangled History of Sandinista Solidarity Movements in Western Europe, in: Hansen/Helm/Reichherzer (Hrsg.), Making Sense, S. 151–173, hier S. 157.

[58] Vgl. Eckel, Ambivalenz, S. 586 u. 605; Dufner, Partner, S. 276.

[59] Das Diskussionspapier stammte aus der trotzkistischen Gruppe Internationaler Marxisten, vgl. Balsen/Rössel, Hoch, S. 348.

[60] Dufner, Professions, S. 175 f.; Huhn, Internationalismus, S. 161 f.

„Chile kämpft, Nicaragua lebt" lautete der sprechende Titel einer Kampagne, mit der im Sommer 1983 unter anderem Gewerkschaften und die SPD für Solidarität warben. Teil der Kampagne war eine Mappe mit Reproduktionen chilenischer Plakate aus der Regierungszeit Allendes, die einmal mehr „das Modell der Hoffnung der Unidad Popular"[61] repräsentierten und in Wanderausstellungen gezeigt wurden.

Umso enttäuschender konnte die Konfrontation einzelner Reisender mit der chilenischen Realität vor Ort ausfallen. Zwei solidaritätsbewegte Journalisten, die sich vor ihrer Abreise in exilchilenischen Kreisen kundig gemacht hatten, fanden dort Anfang der 1980er Jahre entgegen ihren Erwartungen weder ein ausgehungertes Land vor, noch eine waffenstarrende Präsenz von Militär und Polizei im öffentlichen Raum. Statt auf eine sichtbare „breite linke Volksfront mit proletarischer Kultur und sozialistischen Traditionen" zu stoßen, mussten sie erkennen, dass „längst nicht jeder Chilene oder Poblador [Bewohner eines Armenviertels] ein Widerstandskämpfer" war.[62] Eine zweite Enttäuschung erwartete die Journalisten nach ihrer Rückkehr. Weder das chilenische Exil noch die Solidaritätskomitees waren an einer Diskussion ihrer Reiseerfahrungen und einer entsprechenden Neujustierung des Chile-Bildes interessiert.

Im Jahr 1983 bemerkte ein Chilene, der kurz zuvor von einer Reise in seine Heimat in die Bundesrepublik zurückgekehrt war, auf einem Kongress der Solidaritätsbewegung, das hier vorherrschende Chile-Bild entspreche nicht mehr der Realität. Es zeige vielmehr eine konservierte Fassung des Landes im Jahr 1973.[63] Solche Kritik wurde allerdings im Gegensatz zu den Beiträgen zur Bedeutung der UP und den Gräuel der Diktatur nicht in den Kongressreader aufgenommen. Für einen Teil des chilenischen Exils und der da mit verbundenen Solidaritätsgruppen schien jede Abweichung vom Status Quo 1973 und entsprechenden Wahrnehmungsmustern wie Verrat.[64] Von zeitgenössischen Beobachtern als plumpe Realitätsverweigerung verurteilt, war diese Strategie aber nur eine Form von mehreren, sich gegen Enttäuschung zu wappnen. Angesichts einer gefestigten Diktatur gab die Unterstützung eines chilenischen Widerstands der Solidaritätsbewegung ein alternatives Betätigungsfeld. Statt des anfangs erhofften, kurzfristigen Sturzes Pinochets, galt Widerstand nun als unterstützenswerter Zweck an sich.[65] Dies entkonkretisierte die Bedingungen für einen Erfolg der Bewegung und verlagerte letzteren in eine unbestimmte Zukunft. Protest gegen die Repression in Chile blieb weiterhin ein zentrales Element der Bewegung, wobei das Framing als Men-

---

[61] Plakatmappe „Chile kämpft, Nicaragua lebt", in: Hans Seus/Malte Ristau (Hrsg.), Juso-Info Hochschulgruppen. Aktionsleitfaden, Bonn 1983, S. 14.
[62] Balsen und Rössel berichten hier von ihrer eigenen Erfahrung bei einer Reise nach Chile im Jahr 1980. Balsen/Rössel, Hoch, S. 355–357, Zitat S. 356.
[63] Ebenda, S. 358.
[64] Vgl. ebenda, S. 359.
[65] Was Huhn für die 1980er Jahre konstatiert, lässt sich schon früher beobachten. Vgl. Huhn, Internationalismus, S. 200–202.

schenrechtsverletzungen eine wichtige Rolle spielte.⁶⁶ Wie Benjamin Huhn zeigt, konnten Solidaritätsbewegte mit einzelnen Kampagnen oder dem Engagement für chilenische Flüchtlinge durchaus Erfolgserlebnisse erzielen und dem eigenen Tun erneuten Sinn verleihen.⁶⁷ Um Enttäuschung zu vermeiden, wurden in der Chile-Solidarität also ähnliche Mechanismen wirksam wie in der bundesdeutschen Friedensbewegung der 1980er Jahre.⁶⁸

Für viele bundesdeutsche Unterstützergruppen fungierten die gemeinsam mit ihnen aktiven Exilchileninnen und -chilenen zudem als weiterhin greifbare Repräsentanten des Widerstands und eines anderen Chile. Als politisch Verfolgte, die das Land aufgrund ihres Engagements während der UP-Regierung nach dem Putsch verlassen mussten, standen sie für die weiterexistierende Vision eines Chile in der Tradition Allendes. Die enttäuschende Entwicklung in dem lateinamerikanischen Land konnte so in den Hintergrund treten. Im Identifikationspotential, das die politisch aktiven Exilantinnen und Exilanten boten, liegt daher ein weiterer Grund für die Persistenz der Chile-Solidarität bis zum Beginn der Transition.⁶⁹

Die FSLN reflektierte bereits Ende der 1970er die Erfahrungen ehemaliger Solidaritätsbewegungen beim Aufbau transnationaler Unterstützung. Enrique Schmidt-Cuadra, der europäische Repräsentant der FSLN mit Wohnsitz in Köln, sprach eine Frustration innerhalb der europäischen Linken aufgrund enttäuschender Erfahrungen mit anderen Befreiungsbewegungen direkt als Problem an.⁷⁰ Solidarität zu mobilisieren sei deshalb schwieriger als früher. Obwohl die Nicaragua-Solidarität möglichst breit aufgestellt sein sollte, drang er auf Einheit. Ideologische Spaltungen wie bei der Chile-Solidarität sollten als Quelle demotivierender Streitigkeiten unbedingt vermieden werden.⁷¹

Wie wichtig ein kontinuierlicher Informationsfluss zwischen Nicaragua und Westeuropa für die Mobilisierung war, hatte die FSLN bereits unter Beweis gestellt. Seit 1977 versorgte sie die interessierte bundesdeutsche Öffentlichkeit über ein transnationales Kommunikationsnetzwerk mit aktuellen Nachrichten. Erwartungen und Hoffnungen wurden dabei gezielt geschürt. Schon vor dem Sturz der Diktatur im Juli 1979 erschien die deutsche Übersetzung des sozialrevolutionären

---

⁶⁶ Vgl. Eckel, Ambivalenz, S. 609; Huhn, Internationalismus, S. 163–178 u. 198. Wie Felix Jiménez Botta für den Fall der zeitgenössischen Solidaritätsbewegung mit Argentinien zeigt, war das Anknüpfen an den Menschenrechtsdirkurs allerdings kein Automatismus für Mobilisierungserfolge. Vgl. ders., Solidarität und Menschenrechte. Amnesty International, die westdeutsche Linke und die argentinische Militärjunta 1975–1983, in: Bösch/Moine/Senger (Hrsg.), Internationale Solidarität, S. 122–151.

⁶⁷ Ebenda.

⁶⁸ Gotto identifiziert vier Mechanismen: „das Verringern von Erwartungen, die Erweiterung des Zeithorizontes, das Entkonkretisieren von Erfolgskriterien und Schönreden"; Gotto, Enttäuschung, S. 19–24, hier S. 24.

⁶⁹ Zum Einfluss des Exils vgl. Rupflin, Kirche, S. 200 f.; Dufner, Professions, S. 175 f.

⁷⁰ Archiv des Forschungs- und Dokumentationszentrums Chile Lateinamerika, Berlin (künftig: FDCL), Nicaragua-P-Solidarität 1980–86, Actas del Encuentro de Comités de Nicaragua de Europa, Driebergen 30. 3.–1. 4. 1979, S. 5.

⁷¹ Ebenda, S. 2 u. 5.

Programms der FSLN in der zweiten Auflage. Politische Botschafter wie Schmidt-Cuadra oder der bekannte Befreiungstheologe und Poet Ernesto Cardenal warben auf ihren Reisen durch Westeuropa für die FSLN.[72]

Nach der Machtübernahme der neuen Regierungsjunta schienen die ersten, oben erwähnten politischen Maßnahmen die zuvor geweckten positiven Erwartungen zu bestätigen. Diese Agendasetzung, vor allem aber ihre erfolgreiche Kommunikation an die internationale Öffentlichkeit, lässt sich ebenfalls als effektives Erwartungsmanagement von Seiten der sandinistischen Repräsentantinnen und Repräsentanten interpretieren. Gleichzeitig installierten sie damit ein Masterframe für die Interpretation politischer Reformen während ihrer Regierungszeit.

Als sich Nicaragua mit dem Amtsantritt der Reagan-Administration 1981 zu einem Schauplatz des „zweiten Kalten Kriegs"[73] entwickelte, führte das zu einem neuen Schub für die Solidaritätsbewegung, die ihre auf Nicaragua projizierten Hoffnungen durch diese Machtpolitik bzw. „US-Imperialismus" bedroht sah. Zugleich boten die Auswirkungen der Wirtschaftsblockade und der militärischen Aggression durch die US-Regierung den Sandinisten eine plausible Erklärung für Verzögerungen und Missstände innerhalb ihres Reformprogramms. „Die Sandinisten regieren, um die wirtschaftliche, soziale und politische Situation des armen Nicaragua zu revolutionieren. Der Krieg lässt große Teile der sandinistischen Programme zur Illusion werden",[74] erklärte ein Reisebericht der Kölner DGB-Jugend im Jahr 1985. Solche Statements, die sich in vielen weiteren Quellen finden lassen, verdeutlichen den Erfolg des sandinistischen Interpretationsangebotes, das von anderen internen Gründen wie Missmanagement und Korruption ablenkte.

Mithilfe dieser Frames gelang es den Sandinistinnen und Sandinisten, Vorstellungen vom revolutionären Nicaragua zu kanalisieren und effektive Interpretationsmuster für die Ereignisse vor Ort anzubieten. Ihren Erfolg verdankten diese Frames dem nach 1979 weiter professionalisierten transnationalen Kommunikationsnetzwerk. Informationen aus Nicaragua gelangten z. B. über spezifisches, englischsprachiges PR-Material, Berichte revolutionsnaher Institutionen, FSLN-Delegationen und mehrmals im Jahr stattfindende europäische Treffen der Solidarität mit FSLN-Vertreterinnen und -Vertretern in die Bundesrepublik. Hier wurden sie über die zentrale Koordination der Solidaritätsbewegung in Wuppertal und überregionale Solidaritätsperiodika an die Gruppen an der Basis weitergegeben.[75] Das Erwartungsmanagement der FSLN ging aber noch weiter.

Von Beginn an bot sie ihren Unterstützerinnen und Unterstützern die Möglichkeit, selbst am Aufbau ihrer Vision des ‚neuen Nicaragua' teilzuhaben und die

---

[72] Vgl. AELA (Hrsg.), Für was kämpfen die Sandinisten? Das Programm der Sandinistischen Front, München ²1978; Helm, Botschafter der Revolution, S. 50–58.
[73] Vgl. Philipp Gassert/Tim Geiger/Hermann Wentker (Hrsg.), Zweiter Kalter Krieg und Friedensbewegung. Der NATO-Doppelbeschluss in deutsch-deutscher und internationaler Perspektive, München 2011.
[74] DGB-Jugend Köln, Nicaragua (wie Anm. 44), S. 18.
[75] Vgl. Helm, Botschafter der Revolution, S. 146–195.

Validität des Masterframes vor Ort zu überprüfen. Mittels speziell auf die Bedürfnisse der Solidarität zugeschnittener Projekte konnten bundesdeutsche Gruppen die Revolution finanziell und persönlich unterstützen. Im Rahmen von Revolutionstourismus und sogenannten Solidaritätsbrigaden ließen sich sowohl die sozialen Errungenschaften der sandinistischen Reformen als auch ihre Gefährdung durch die Sanktionen der US-Regierung und den Terror der von ihr finanzierten Contras besichtigen und erleben.[76] Da der Fokus der Solidaritätsprojekte sowie das Interesse der Besucherinnen und Besucher und ihr organisiertes Besichtigungsprogramm vor allem auf den Sozialreformen und ihren positiven Auswirkungen auf ärmere Bevölkerungsteile lagen, war die Wahrnehmung der nicaraguanischen Realität selektiv. Die persönliche Erfahrung extremer Armut und der Bedrohung der Zivilbevölkerung durch Überfälle der Contra stärkten nicht nur die Sympathie für die sandinistischen Reformpolitik, sondern auch das Verständnis für zunehmend autoritäre Maßnahmen der FSLN zur Verteidigung ihrer Revolution. Die Sandinistinnen und Sandinisten hofften auf den Multiplikatoreneffekt der Besucherinnen und Besucher im Dienst einer positiven Öffentlichkeitsarbeit – zurecht, wie sich zeigte.[77]

Zusammenfassend lassen sich alle genannten Maßnahmen auch als Versuch eines gezielten Erwartungsmanagements der FSLN begreifen. Enttäuschungen ließen sich dadurch aber nicht verhindern. In den Quellen finden sich immer wieder Beispiele für Kritik an den Entwicklungen vor Ort und persönliche Enttäuschungen über den revolutionären Prozess. Wie gingen die Solidaritätsbewegten damit um und gab es auch von ihrer Seite ein Erwartungsmanagement?

Die Einbindung bürgerlicher Parteien in die Junta, das Festhalten am Konzept einer gemischten Wirtschaft und das harte Vorgehen gegen die Opposition von links sowie gegen die indigenen Völker der Atlantikküste Nicaraguas führten bald nach Machtübernahme der FSLN dazu, dass sich einzelne Gruppen enttäuscht abwandten. Die übrigen Solidaritätsaktivistinnen und -aktivisten waren nun gezwungen, sich mit solchen sogenannten „Widersprüchen der Revolution" auseinanderzusetzen.[78] Als Folge etablierte sich die „kritische Solidarität" als Umgangsform mit problematischen Entwicklungen in Nicaragua. Letztere sollten bei grundsätzlicher Übereinstimmung mit den Zielen der Revolution sowohl in der Bewegung als auch gegenüber der FSLN offen diskutiert und kritisiert werden. Politische Entscheidungen der FSLN sollten nicht kritiklos gebilligt, aber jeweils in den Kontext und die Bedingungen vor Ort in Nicaragua (Krieg, Wirtschaftsblockade etc.) eingeordnet und vor diesem Hintergrund verstanden und bewertet werden.[79] Solidarität und Verständnis kam in diesem Zusammenhang allerdings

---

[76] Vgl. ders., „The Sons of Marx greet the Sons of Sandino". West German Solidarity Visitors to Nicaragua Sandinista, in: Journal of Iberian and Latin American Research 20 (2014), S. 153–170.
[77] Vgl. Helm, Botschafter der Revolution, S. 316–318.
[78] Vgl. Breidenstein, Nicaragua, S. 14–16.
[79] Vgl. Hess/Lucas, Solidaritätsbewegung, S. 313.

meist stärker zum Tragen als Kritik, deren Einfluss auf die FSLN zudem äußerst beschränkt blieb. Von einem Treffen mit einem FSLN-Funktionär berichtete ein Brigadist desillusioniert von „Fragen nach Streikrecht, Pressefreiheit, Frauenrechten, was dem kritischen Geist so einfällt. Der Sekretär strahlt vor Herzlichkeit, hat aber wenig Zeit."[80] Die kritische Solidarität kann aber auch als ein effektiver Mechanismus verstanden werden, enttäuschende Entwicklungen in Nicaragua zu rationalisieren. Von den Chronistinnen und Chronisten der Bewegung wird sie nicht zu Unrecht als Grund für die Langlebigkeit der Bewegung gewertet.[81]

Enttäuschende Erfahrungen zu äußern und Kritik zu üben war durch die zunehmend polarisierte Diskussion um die sandinistische Revolution innerhalb und außerhalb Nicaraguas allerdings nicht immer einfach. Kritische Töne liefen Gefahr, als überhebliche Besserwisserei gegenüber einem mühsamen Lernprozess in der FSLN oder als Argumentationshilfe für die Gegner der Revolution verunglimpft zu werden.[82] Als in den bewegungsnahen „Lateinamerika Nachrichten" 1986 ein anonymer Bericht erschien, in dem sich die frustrierenden Erfahrungen mit der Situation in Nicaragua Bahn brachen,[83] antwortete eine Gruppe westdeutscher Aktivistinnen und Aktivisten aus Managua mit einem Leserbrief. Darin wurde den „Lateinamerika Nachrichten" aufgrund der Veröffentlichung mangelnde Solidarität vorgeworfen. Die Verfasser erkannten die genannten Missstände zwar an, forderten aber gleich zu Beginn, doch bitte den Krieg und die Wirtschaftsblockade als Erklärung mit zu reflektieren. Den negativen Erlebnissen des anderen Berichts wurden eigene, positive Erfahrungen entgegengesetzt.[84]

Gerade den Aktivistinnen und Aktivisten, die sich für längere Zeit in Nicaragua aufhielten, blieben Missstände, Korruption und die mit den Jahren nachlassende Begeisterung der nicaraguanischen Bevölkerung für die Revolution nicht verborgen. Ihre Berichte geben zugleich Aufschluss über Bewältigungsstrategien nach solchen enttäuschenden Erfahrungen. Da diese Reisenden ihre Briefe und Berichte oftmals veröffentlichten, handelte es sich auch hierbei um Erwartungsmanagement. Den Leserinnen und Lesern aus der Solidaritätsbewegung wurde mit dem Realitätsabgleich sofort eine Reinterpretationsmöglichkeit geliefert. Anfang der 1980er quittierte ein Besucher seine Erfahrungen mit der mangelhaften Umsetzung der Reformen und unfähigen FSLN-Funktionären mit den Wor-

---

[80] Michael Steder, Nicaragua ist kein Traumland, in: ila-info 77 (1984), S. 25.
[81] Balsen/Rössel, Hoch, S. 416; Hess, 20 Jahre Solidaritätsbewegung mit Nicaragua. Grund genug zum Feiern?, in: Lateinamerika Nachrichten 26 (1999), H. 301/302, S. 35.
[82] Lisa Luger, Das Dilemma mit der Solidarität, in: Lateinamerika Nachrichten 289/90 (1998), S. 14.
[83] O. V., Nicaragua. Bericht vom Sommer '86, in: Lateinamerika Nachrichten 152 (1986), S. 30–38. Dass der Autor bzw. die Autorin anonym blieb und nicht erkannt werden wollte, deutet ebenfalls darauf hin, dass Kritik mit Verrat gleichgesetzt wurde. Allerdings erschienen in den Lateinamerika Nachrichten zu dieser Zeit generell noch viele Beiträge ohne Autorenangabe.
[84] Einige Mitarbeiter von Dienste in Übersee in Nicaragua an die Lateinamerika Nachrichten-Redaktion, Managua, 6. 12. 1986, abgedruckt in: Lateinamerika Nachrichten 156 (1987), S. 63–68.

ten: „Einen guten Willen kann man den Jungens in Managua auch zweifellos zugestehen, aber […] meist fehlt es an edukativ fähigen Leuten auf der Basisebene."[85] Ende der 1980er Jahre, als Missmanagement und autoritärer Führungsstil die FSLN-Leitung in Managua bereits in Misskredit gebracht hatte, fanden solidaritätsbewegte Reisende Beispiele für die weiter gelebten, ursprünglichen Ideale der Revolution dagegen in den Basisbewegungen und unter lokalen Funktionären.[86] Letztere seien „richtig aus dem Leben, aufgewachsen als Bauernjungs, schon vor der Revolution politisch aktiv und politisch ungeheuer geschult",[87] schrieb ein bundesdeutscher Solidaritätsbrigadist bewundernd 1986 aus dem Norden Nicaraguas. Ob im Gespräch mit lokalen Parteimitgliedern der FSLN, in Staatsbetrieben oder christlichen Basisgemeinden – viele Reisende berichteten von beeindruckenden Begegnungen mit Nicaraguanerinnen und Nicaraguanern, die weiterhin die Ideale der Revolution repräsentierten. Je nachdem auf welcher Ebene die enttäuschende Erfahrung gemacht wurde, ließ sich revolutionäres Ethos also auf der jeweils anderen lokalisieren.

Vor einem weitgehend enttäuschenden Panorama im Nicaragua Ende der 1980er empfahl ein anderer Besucher, auf der Suche nach der Revolution eben genauer hinzusehen. „Für das westeuropäische Auge ist sie nicht überall sichtbar und machtvoll vorhanden, die Revolution. Aber Du beginnst sie zu sehen",[88] beispielsweise in hohen Einschulungsraten oder der Freundlichkeit und Hilfsbereitschaft von Polizei und Soldaten. Bei der Rehabilitierung der sandinistischen Revolution half außerdem die Einordnung in den noch viel enttäuschenderen regionalen Kontext Zentralamerikas.[89] In diesem Vergleich konnte Nicaragua ungeachtet aller Missstände weiter als Modell für eine Politik sozialer Gerechtigkeit interpretiert werden. Trotz Korruption und Resignation seien Agrarreform, kostenloses Bildungs- und Gesundheitssystem „noch immer als ein Pfeiler der sandinistischen Revolution erkennbar",[90] so eine Brigadistin Ende 1986. Oftmals war es also der im Masterframe verankerte und propagierte Glaube an die ursprünglichen Ziele der FSLN sowie die konkreten Ergebnisse ihrer politischen Maßnahmen der ersten Jahre, welche die negativen Erfahrungen überlagerten.

Zusammenfassend lassen sich zu den von Bernhard Gotto identifizierten Mechanismen zur Enttäuschungsvermeidung in der bundesdeutschen Friedensbewe-

---

[85] Briefe aus Mittelamerika. Berichte einer Reise von Manfred Matz, hrsg. von der Aktion 3. Welt Hameln, Hameln 1981, S. 46.
[86] Vgl. Hess/Lucas, Solidaritätsbewegung, S. 313.
[87] Berndt Koberstein, Brief an Irene, Wiwili 13. 7. 1986, in: Rudi Fischer (Hrsg.), Briefe aus Wiwili. Die Solidaritätsarbeit und der Tod des Internationalisten und Brigadisten Berndt Koberstein in Briefen und Dokumenten, Freiburg 1987, S. 74.
[88] Stefan Deitelhoff, Erste Brigade an einer Nica-Uni, in: Verein zu Wissenschaftsförderung Gesamthochschule Kassel-Nicaragua e. V. (Hrsg.), Erste Brigade an einer Nica-Uni, Kassel 1989, S. 4.
[89] Vgl. Verein zu Wissenschaftsförderung Gesamthochschule Kassel-Nicaragua e. V. (Hrsg.), ¡Hola Compañeros!, Kassel 1988, S. 14 f., 33 u. 40.
[90] O. V., Der Alltag ist nüchterner geworden. Nach 2 Jahren wieder in Somoto, in: Cobrisa informiert. Gesundheitsbrigaden international (1986), September-Ausgabe, S. 7.

gung am Beispiel der Nicaragua-Solidarität noch die selektive Wahrnehmung, das Relativieren von Missständen durch Einordnung in einen weiteren Kontext sowie die Verortung von revolutionären Idealen auf einer anderen politischen Ebene oder bei anderen Personengruppen hinzufügen.

Es wäre jedoch verfehlt, das Festhalten am positiven Bild der Revolution allein auf bundesdeutsche Projektionen zurückzuführen. Auf offiziellen Kundgebungen und im Gespräch mit Nicaraguanerinnen und Nicaraguanern erlebten Reisende auch in der zweiten Hälfte der 1980er Jahre noch den großen Rückhalt der FSLN in der Bevölkerung. „Übrigens: Die Menschen können ganz gut unterscheiden: Kritik an der Versorgungssituation heißt nicht gleich Ablehnung der Frente-Politik",[91] spiegelt ein Gewerkschafter die Stimmung im Land 1986 und zwei Jahre später berichteten zwei Besucher zustimmend: „Trotz zunehmender Unzufriedenheit und Kritik an der gegenwärtigen Politik ist den meisten Nicas durchaus bewußt, daß die Misere nicht hausgemacht ist, sondern zum großen Teil auf das Konto imperialistischer Politik hauptsächlich der USA geht."[92] Das wirtschaftliche Embargo der US-Regierung und ihre maßgebliche Unterstützung der oppositionellen Contra wurde auch in der nicaraguanischen Bevölkerung als Hauptursache des wirtschaftlichen und sozialen Notstands ausgemacht. „Sehen sie, wenn dieser Krieg nicht wäre, dann könnte das tatsächlich alles verwirklicht werden",[93] zitierte eine langjährige Solidaritätsbewegte einen Campesino zum Wahlprogramm der FSLN 1990.

Wie der direkte Kontakt mit Exil-Chileninnen und -Chilenen die Idee eines anderen Chile greifbar machte, so ließen auch die hier beschriebenen Kontakte in Nicaragua den Glauben an die revolutionären Ideale aufrecht erhalten und Enttäuschung verdrängen. Ihren Reisebericht veröffentlichte die zuletzt zitierte Aktivistin nach der Wahlniederlage der FSLN unter dem Titel „Die Hoffnung ist das letzte, was verloren geht." Diesen Satz hatte ihr ein befreundeter sandinistischer Funktionär mit auf den Weg gegeben.[94]

Fazit

Die geteilten, gruppenübergreifenden Assoziationen mit Allendes bzw. Pinochets Chile und dem sandinistischen Nicaragua sprechen dafür, die Solidaritätsbewegungen als Deutungsgemeinschaften mit geteilten Erwartungsmustern zu beschreiben. Trotz interner Abgrenzungsversuche ermöglichten die im Falle der Solidaritätsarbeit kompatiblen Überzeugungen und Deutungen eine Kooperation

---

[91] „... kehre ich mit einem Gefühl von Verantwortung zurück." Interview mit Frank Kramer (IGM), in: Nicaragua-Info für die Solidaritätsarbeit in den Gewerkschaften 24 (1986), o. S.
[92] Zitiert nach: Verein zu Wissenschaftsförderung Gesamthochschule Kassel-Nicaragua e. V. (Hrsg.), ¡Hola Compañeros!, S. 36.
[93] Stockinger, Hoffnung, S. 23.
[94] Ebenda, S. 53.

zwischen den ideologischen Strömungen in beiden Bewegungen. Ähnliche Deutungsmuster und das Engagement ehemaliger Chile-Solidaritätsaktivistinnen und -aktivisten in der Nicaragua-Solidarität zeigen zudem, dass die auf Chile und Nicaragua projizierten Erwartungen auch Anhänger unterschiedlicher Solidaritätsbewegungen zusammenschlossen.

Am Framing der Informationen und Bilder aus den beiden lateinamerikanischen Ländern war sowohl das chilenische Exil als auch die FSLN aktiv beteiligt. Deutungen und Erwartungen, die ein solches Framing begünstigte, waren demnach keine einseitigen Projektionen bundesrepublikanischer Aktivistinnen und Aktivisten, sondern wurden transnational von den Zielgruppen der Solidarität beeinflusst und mitgeformt. Deren Fähigkeit, die eigene politische Agenda gegenüber einem potentiell solidarischen Publikum überzeugend darzustellen bzw. im Sinne gemeinsamer Werte und Ideen zu rahmen, war ein wichtiger Faktor bei der Mobilisierung einer erstaunlich breiten bundesdeutschen Solidarität. Ein solches Framing musste die eigenen politischen Anliegen in einen auch im transnationalen Kontext nachzuvollziehenden und sinnstiftenden Begründungszusammenhang stellen.

Die FSLN und ihre Unterstützergruppen versuchten aus den Erfahrungen früherer Solidaritätsbewegungen zu lernen und mit einem effektiven Erwartungsmanagement zu reagieren. Die erfolgreiche transnationale Kommunikation der sozialen Reformpolitik und ihrer Erfolge schuf ein relativ stabiles Masternarrativ der sandinistischen Revolution. Mit ihm konnten nicht nur verschiedene ideologische Gruppierungen angesprochen werden, es ließ sich im Rahmen von individuellem Revolutionstourismus oder Solidaritätsbrigaden auch vor Ort verifizieren. Zudem halfen Mechanismen wie die „kritische Solidarität" vielen Aktivistinnen und Aktivsten dabei, enttäuschende Erfahrungen mit der Entwicklung in Nicaragua zu rationalisieren.

Daneben lassen sich in beiden Fallbeispielen weitere Formen eines Erwartungsmanagements zur Enttäuschungsvermeidung identifizieren, wie sie bereits für die zeitgenössische Friedensbewegung festgestellt wurden. Zusätzlich zur Verlagerung von Zielen in eine fernere Zukunft, dem Entkonkretisieren von Erfolgskriterien, selektiver Wahrnehmung oder der relativierenden Einordnung in einen weiteren Kontext dürfte vor allem der direkte Kontakt mit Repräsentantinnen und Repräsentanten der jeweiligen Zielgruppe ein entscheidender Faktor für die Persistenz der Bewegungen gewesen sein.

In der bundesdeutschen Chile-Solidarität zeigt das kontinuierliche Engagement einzelner Gruppen und Komitees jenseits der großen Mobilisierung der ersten Jahre, dass die lange Zeit enttäuschende Entwicklung in Chile nicht zwangsweise auch das Ende solidarischen Engagements hierzulande bedeuten musste. Neben dem moralischen Impetus, sich gegen die Pinochet-Diktatur einzusetzen, spielten dabei vor allem eine realitätsferne Einschätzung der Lage vor Ort und der Glaube an den anhaltenden, unterstützenswerten Widerstand eine Rolle. Dazu kam der direkte Kontakt mit exilierten Chileninnen und Chilenen, in denen ein anderes Chile persönlich greifbar wurde.

Das persönliche Erleben des revolutionären Nicaraguas wiederum hielt für solidaritätsbewegte Besucherinnen und Besucher oft eine vielschichtige Erfahrung bereit, die sie gegen enttäuschende Erfahrungen vor Ort geradezu immunisierte. Auch hier besaß die Begegnung mit Nicaraguanerinnen und Nicaraguanern, die das revolutionäre Ideal zu verkörpern schienen, neben den sichtbaren Verbesserungen für bislang benachteiligte Bevölkerungsgruppen eine wichtige Funktion bei der Überlagerung enttäuschender Erlebnisse. „Matsch, Flöhe, Langeweile", betitelte das Mittelamerika Magazin Anfang 1984 die Tagebuchnotizen eines Kieler Solidaritätsbrigadisten. Tatsächlich kommt das Wort „Langeweile" dort sehr häufig vor. Trotzdem träumte der Brigadist bereits während seiner Rückreise davon, möglichst bald wieder nach Nicaragua zurückkehren zu können.[95]

---

[95] O. V., Matsch, Flöhe, Langeweile ..., in: Mittelamerika Magazin 36 (1984), S. 20–24; Zurück nach Nicaragua! (?), in: Mittelamerika Magazin 37 (1984), S. 24 f. Der Abenteuercharakter des Aufenthaltes sowie die genuin touristische Erfahrung eines tropischen Landes spielten bei der Überlagerung negativer Erwartungen ebenfalls eine Rolle. Vgl. Helm, The Sons of Marx, S. 163 f.

Anna Greithanner
Erwartete Enttäuschungen?

Zur Geschichte des Sozialistischen Patientenkollektivs Heidelberg (SPK)

Im Februar 1970 verließ eine Gruppe psychisch Erkrankter gemeinsam mit ihrem behandelnden Therapeuten Wolfgang Huber die psychiatrische Klinik der Universität Heidelberg[1] und trat an, gemeinsam die zeitgenössische Psychiatrie[2] zu revolutionieren.[3] Das Projekt, das wenig später als „Sozialistisches Patientenkollektiv Heidelberg" (SPK) von sich reden machte, basierte auf der Überzeugung, jedwede (psychische) Krankheit habe die herrschenden Verhältnisse, das heißt das kapitalistische Wirtschaftssystem, zur Ursache. Gesprächsbasierte Gruppen- und Einzeltherapien, Arbeits- und Diskussionskreise zu Marx und Hegel sowie gemeinsame Unternehmungen sollten die Patientinnen und Patienten dabei unterstützen, diesen Umstand zu erkennen und fortan „[a]us der Krankheit eine Waffe [zu] machen"[4] – so der Slogan des SPK. Das politische Engagement in der Gruppe sollte den Erkrankten zur gewünschten Heilung verhelfen. Die Mitgliederzahl wuchs zu Beginn stark an, da sich insbesondere Studierende aus dem linksalternativen Milieu der Gruppe anschlossen[5] – teils aufgrund psychischer Probleme, teils um das Projekt zu unterstützen. Die Universitätsleitung stellte dem Kollektiv Räume außerhalb der Klinik zur Verfügung, in denen das SPK seine spezielle Form der Therapie praktizierte und – zunehmend radikale – politische Schriften verfasste. Ob-

---

[1] Der vorliegende Aufsatz basiert auf einer Masterarbeit mit dem Titel „Von ,sozialistischer Therapie' und ,therapeutischer Tat'. Zur Praxis der Psychiatriekritik in Heidelberg 1970/71", die im Frühjahr 2017 am Lehrstuhl von Prof. Dr. Margit Szöllösi-Janze an der LMU München eingereicht wurde.
[2] Wenngleich sich in diesem Zeitraum – insbesondere in Heidelberg – eine Reform der Psychiatrie vollzog, waren weiterhin personelle und methodische Kontinuitäten aus der Zeit des Nationalsozialismus spürbar. Vgl. Franz-Werner Kersting, Abschied von der „totalen Institution"? Die westdeutsche Anstaltspsychiatrie zwischen Nationalsozialismus und den Siebzigerjahren, in: AfS 44 (2004), S. 267–292.
[3] Damit knüpfte das SPK an die transnationale Antipsychiatriebewegung an, vgl. K[arl] P[eter] Kisker, Antipsychiatrie, in: ders. u. a. (Hrsg.), Psychiatrie der Gegenwart. Forschung und Praxis. Band 1: Grundlagen und Methoden der Psychiatrie, Berlin/Heidelberg/New York 1979, S. 811–826.
[4] Informationszentrum Rote Volksuniversität (Hrsg.), SPK – Aus der Krankheit eine Waffe machen. Eine Agitationsschrift des Sozialistischen Patientenkollektivs an der Universität Heidelberg. Mit einem Vorwort von Jean-Paul Sartre, München 1972, S. 1.
[5] Der einsetzende „linke Psychoboom", der die zeitgenössische Begeisterung für Psychotherapie und Selbsterfahrung bezeichnet, bildete den Hintergrund für diese Beitritte, vgl. Sven Reichardt, Authentizität und Gemeinschaft. Linksalternatives Leben in den siebziger und frühen achtziger Jahren, Berlin 2014, S. 782–794.

wohl also die Ideen des Kollektivs im zeitgenössischen Heidelberg[6] zunächst durchaus auf fruchtbaren Boden fielen, musste das SPK bereits im Juli 1971 seine Auflösung bekannt geben. Das psychiatrische Projekt, auf dessen innovative Ansätze noch heute verwiesen wird,[7] war gescheitert. In den Monaten zuvor hatte sich das Kollektiv in öffentlich ausgetragenen Konflikten um seine Förderung zunehmend von seinem Umfeld isoliert und radikalisiert. Da sich einige Mitglieder in den Folgejahren der Roten Armee Fraktion (RAF) anschlossen, interpretierte die Forschung das SPK ex post als „Rekrutierungsbasis"[8] der RAF und reduzierte es damit zu einer Fußnote in der Historiographie zum bundesdeutschen Linksterrorismus.[9]

Der vorliegende Aufsatz untersucht die kommunikativen und performativen Praktiken des SPK und fragt ausgehend davon nach den Gründen für das Scheitern des therapeutischen Projektes. Dabei wird die These vertreten, dass die identi-

---

[6] Die linksalternative Heidelberger Studentenbewegung sowie die bestehenden reformpsychiatrischen Projekte in der Stadt bildeten einen spezifischen Handlungsraum, in dem sich das SPK bewegte, vgl. exemplarisch: Heinz Häfner, Die Inquisition der psychisch Kranken geht ihrem Ende entgegen. Die Geschichte der Psychiatrie-Enquete und Psychiatriereform in Deutschland, in: Franz-Werner Kersting (Hrsg.), Psychiatriereform als Gesellschaftsreform. Die Hypothek des Nationalsozialismus und der Aufbruch der sechziger Jahre, Paderborn u. a. 2003, S. 113–140; Reichardt, Authentizität; Klaus-Peter Schroeder, „Tod den Scholaren!" Studentische Kriege, Revolten, Exzesse und Krawalle an der Heidelberger Universität von den Anfängen bis zum Ausgang des 20. Jahrhunderts, Heidelberg 2016.

[7] Vgl. Franz-Werner Kersting, „1968" als psychiatriegeschichtliche Zäsur, in: Martin Wollschläger (Hrsg.), Sozialpsychiatrie. Entwicklungen – Kontroversen – Perspektiven, Tübingen 2001, S. 43–56; Heinz Schott, Geschichte der Psychiatrie. Krankheitslehren, Irrwege, Behandlungsformen, München 2006, S. 212.

[8] Tobias Wunschik, Baader-Meinhofs Kinder. Die zweite Generation der RAF, Opladen 1997, S. 30; siehe auch: Gerd Koenen, Vesper, Ensslin, Baader. Urszenen des deutschen Terrorismus, Köln 2003, S. 327.

[9] Vgl. exemplarisch: Gerd Langguth, Protestbewegung. Entwicklung, Niedergang, Renaissance, Köln 1983, S. 216–218; Stefan Aust, Der Baader-Meinhof-Komplex, Hamburg 1986, S. 163–170; Bernhard Rabert, Links- und Rechtsterrorismus in der Bundesrepublik Deutschland von 1970 bis heute, Bonn 1995, S. 193; Wolfgang Kraushaar (Hrsg.), Frankfurter Schule und Studentenbewegung. Von der Flaschenpost zum Molotowcocktail, Hamburg 1998, S. 527 u. 546; Armin Pfahl-Traughber, Linksextremismus in Deutschland. Eine kritische Bestandsaufnahme, Bonn 2015, S. 168. Demgegenüber stehen nur wenige Publikationen, die sich differenzierter mit dem Patientenkollektiv auseinandersetzen und die einseitige Interpretation als Rekrutierungsbasis der RAF relativieren: Cornelia Brink, (Anti-)Psychiatrie und Politik. Über das Sozialistische Patientenkollektiv Heidelberg, in: Richard Faber/Erhard Stölting (Hrsg.), Die Phantasie an die Macht? 1968 – Versuch einer Bilanz, Berlin u. a. 2002, S. 125–156; dies., Radikale Psychiatriekritik in der Bundesrepublik. Zum Sozialistischen Patientenkollektiv in Heidelberg, in: Kersting (Hrsg.), Psychiatriereform, S. 165–179; Jens Elberfeld, Befreiung des Subjekts, Management des Selbst. Therapeutisierungsprozesse im deutschsprachigen Raum seit den 1960er Jahren, in: Pascal Eitler/Jens Elberfeld (Hrsg.), Zeitgeschichte des Selbst. Therapeutisierung – Politisierung – Emotionalisierung, Bielefeld 2015, S. 49–83; Christian Pross, „Wir wollten ins Verderben rennen". Die Geschichte des Sozialistischen Patientenkollektivs Heidelberg, Köln 2016. Bei Pross findet sich eine ausführliche Darstellung der in diesem Aufsatz skizzierten Ereignisse. Ein Dokumentarfilm aus dem Jahr 2018 lenkte unlängst das öffentliche und mediale Interesse auf die Geschichte des SPK und schürte die Diskussion um den Konnex SPK-RAF erneut an: Gerd Kroske: SPK Komplex, Deutschland 2018, 111 Min.

tätsstiftende Ideologie des Patientenkollektivs einer Verstetigung des Projektes von Beginn an entgegenstand: Obwohl das SPK auf die finanzielle und institutionelle Unterstützung der Heidelberger Universität existentiell angewiesen war, erlaubte das dualistische Weltbild des Kollektivs keine Zusammenarbeit. Man erwartete, im Stich gelassen und enttäuscht zu werden, fußte das Selbstverständnis des SPK doch auf der Überzeugung, „ständige[r] Repression und Hetzkampagnen der Gegenseite"[10] ausgesetzt zu sein. Indem das Kollektiv mit seinen Unterstützerinnen und Unterstützern brach und der Universitätsleitung mit bewussten Provokationen entgegentrat, vermied es, diese Weltanschauung überdenken zu müssen – und beraubte sich damit letzten Endes seiner Existenzgrundlage.

Der Soziologe Heinrich Popitz entwickelte in seinen Ausführungen zum „Realitätsverlust in Gruppen"[11] ein Konzept zur Analyse von Gruppierungen, deren Mitglieder eine zentrale gemeinsame Erwartungshaltung teilen. Wenngleich sich Popitz auf Sekten bezieht und der zeitgenössische Sektenvorwurf[12] gegen das SPK an dieser Stelle nicht gestützt werden soll, können die von ihm entwickelten Begriffe herangezogen werden, um die Praktiken des Patientenkollektivs zu analysieren.[13] Popitz untersucht Gemeinschaften, die weiter an ihrer zentralen Erwartung festhalten, obwohl diese nicht eingetreten bzw. widerlegt worden ist. Er beschreibt eine „abwehrende Enttäuschungsverarbeitung" dieser Gruppen, denen es gelinge, die Widerlegung gemeinsam in eine Bestätigung der Erwartung umzudeuten. Diesen Realitätsverlust fasst Popitz unter dem Begriff „Erwartungsvereisung": Um Enttäuschungen zu vermeiden, werde eine Vorstellung von Realität entwickelt, die nicht korrekturfähig sei. Dies sei möglich, wenn sich die Mitglieder gegenseitig ihre Überzeugungen bestätigten und kritische Stimmen ausschlössen („Selbstagitation und Diskriminierung des Zweiflers"). Eine solche Realitätsverweigerung trete besonders bei Gruppen auf, die sozial isoliert sind, einen großen Einfluss auf ihre Mitglieder haben („Gruppenautorität") und „enttäuschungsoffene Basisprämissen" besitzen – also zentrale Erwartungen formulieren, die widerlegt werden (können).[14]

---

[10] O. V., Widerlegung der Absage der Kommission für die Einrichtung einer psychotherapeutischen Beratungsstelle, undatiert, abgedruckt in: Basisgruppe Medizin Gießen/Fachschaft Medizin Gießen (Hrsg.), Sozialistisches Patientenkollektiv Heidelberg SPK. Dokumentation Teil 2 (Oktober 1970–August 1971), o. O. 1980, S. 180. Im Folgenden wird diese zeitgenössische Quellensammlung als Dokumentation 2 zitiert.
[11] Heinrich Popitz, Realitätsverlust in Gruppen, in: ders., Soziale Normen, hrsg. von Friedrich Pohlmann und Wolfgang Eßbach, Frankfurt am Main 2006, S. 175–186.
[12] Vgl. exemplarisch: IfZ-Archiv, ED 308/9, Teach-in der Roten Hilfe Muenchen zum Prozess gegen das SPK in der Universitaet Muenchen am 20. November 1972. Referat von Peter Brueckner [Kommentierte Mitschrift], S. 4 f.
[13] Popitz deutete an, dass das Konzept auch auf andere Gruppen gewinnbringend angewendet werden kann: Popitz, Realitätsverlust, S. 178. Einen Beweis lieferte unlängst: Sebastian Rojek, Versunkene Hoffnungen. Die Deutsche Marine im Umgang mit Erwartungen und Enttäuschungen 1871–1930, Berlin/Boston 2017.
[14] Popitz, Realitätsverlust, S. 178 f.

Im Folgenden werden die Praktiken des Patientenkollektivs am Beispiel der Verhandlungen mit der Universitätsleitung und dem Umgang mit potenziellen Unterstützern dargestellt und mit Hilfe der von Popitz entwickelten Begriffe analysiert.

Das Scheitern der Verhandlungen mit der Universitätsleitung

Seit Mitte der 1960er Jahre hatte der junge Assistenzarzt Wolfgang Huber Therapiegruppen an der Psychiatrischen Poliklinik der Heidelberger Universität geleitet. Da er politische Themen in seine therapeutischen Gespräche integrierte, besuchten in der Folgezeit insbesondere politisch links stehende Studierende mit psychischen Problemen seine Gruppen. Huber arbeitete mit einer speziellen Form der Gesprächstherapie, die er selbst entwickelt hatte, und entzog sich zunehmend dem Austausch mit Kolleginnen, Kollegen und Vorgesetzen und damit auch deren Kontrolle. Als die Klinikverwaltung Wolfgang Huber am 20. Februar 1970 aufgrund der anhaltenden Konflikte vorzeitig entließ und ein Hausverbot gegen ihn aussprach, verließen einige seiner Patientinnen und Patienten die Poliklinik ebenfalls, um sich nachfolgend für Huber und eine von ihm durchgeführte Weiterbehandlung einzusetzen.[15]

Diese Patientengruppe[16] um Wolfgang Huber, die sich kurze Zeit später als „Sozialistisches Patientenkollektiv Heidelberg" bezeichnete, führte zahlreiche öffentlichkeitswirksame Aktionen in der Universität durch. Am 27. Februar 1970 besetzten Wolfgang Huber, einige seiner Patientinnen und Patienten und mehrere sympathisierende Studierende das Büro des Verwaltungsdirektors der Universitätskliniken und traten in einen Hungerstreik.[17] Ziel dieser Aktion war es, die Klinikleitung dazu zu bewegen, Räume in der Poliklinik zur Verfügung zu stellen, in denen die Therapien fortan stattfinden konnten. Am nächsten Morgen einigte sich die Gruppe der Besetzerinnen und Besetzer mit dem Rektor der Universität Rolf Rendtorff und Klinikleiter Walter Ritter von Baeyer auf einen Kompromiss. Dieser

---

[15] Pross, Verderben, S. 79–85.

[16] Die Krankheitsbilder der Mitglieder waren breit gefächert: Während einige mit schweren psychischen Erkrankungen wie Schizophrenie, Psychosen oder Depressionen (mitunter bis hin zur Suizidalität) zu kämpfen hatten, litten andere unter Prüfungsängsten, sexuellen Störungen oder Partnerschaftsproblemen. Auch Suchtkranke oder Menschen in sozialen Notlagen wandten sich an das Kollektiv. Hinzu kamen linke Studierende, die dem SPK nicht aufgrund psychischer Probleme beitraten, sondern um sich für dessen Fortbestehen einzusetzen und politisch zu arbeiten.

[17] Hungerstreiks waren zu diesem Zeitpunkt ein extremes, aber durchaus verbreitetes Mittel, um öffentliche Aufmerksamkeit und Diskussion zu erzwingen. Vgl. u. a. Dominik Lachenmeier, Die Achtundsechziger-Bewegung zwischen etablierter und alternativer Öffentlichkeit, in: Martin Klimke/Joachim Scharloth (Hrsg.), 1968 – Handbuch zur Kultur- und Mediengeschichte der Studentenbewegung, Stuttgart u. a. 2007, S. 61–72, hier S. 64.

beinhaltete unter anderem die Zusage, dass Huber und seine Patientengruppe befristet bis 30. September 1970 in universitätseigenen Räumen in der Rohrbacherstraße 12 ihre Therapie würden fortführen können, um Gefährdungen für die Erkrankten zu vermeiden. Auch eine finanzielle Unterstützung sagte man dem Projekt zu. Im Gegenzug sollte sich das SPK verpflichten, keine weiteren Patienten mehr aufzunehmen.[18] In einem Flugblatt teilte das Kollektiv mit, es nehme „das Kompromißangebot Rendtorffs und v. Baeyer [sic] grundsätzlich an und interpretiere[...] es als Resultat unseres erfolgreichen Widerstands".[19]

Diese positive Einschätzung des Kompromisses hielt jedoch nicht lange an. Obwohl sich die Universitätsspitze darum bemühte, gelang es nicht, die Eckdaten des Kompromisses in einem Vertrag festzuhalten. Dennoch hielt sich die Universitätsleitung zunächst an ihre Zusagen: So konnte das Patientenkollektiv bereits ab dem 2. März 1970 die Räume in der Rohrbacherstraße 12 für Treffen und Therapiegespräche nutzen und wurde darüber hinaus finanziell gefördert.[20] Das Patientenkollektiv hingegen nahm weiterhin neue Patientinnen und Patienten auf[21] und stellte Bedingungen, die über die ursprünglich ausgehandelten Vereinbarungen hinausgingen: In zahlreichen Flugblättern, die ab Juli 1970 unter dem Namen „Patienten-Info" erschienen, formulierte das SPK gleichermaßen abstrakt-programmatische („Kontrolle der Krankenversorgung durch die Patienten; Abschaffung der Fremdbestimmung des Gesundheitswesens beispielsweise durch Industrie und Bundeswehr") wie praktische Forderungen („sofortige, unbefristete und kostenlose Überlassung eines Hauses mit mindestens 10 Zimmern").[22] Weiterhin forderte das Kollektiv unterzeichnete und gestempelte Blankorezepte,[23] um die medikamentöse Behandlung einzelner Patientinnen und Patienten sicherzustellen – eine kaum erfüllbare Forderung angesichts der Tatsache, dass der behandelnde Therapeut Wolfgang Huber seine medizinische Ausbildung noch nicht abgeschlossen hatte. Das Patientenkollektiv konnte schwerlich davon ausgehen, dass die Universitätsführung diesen Forderungen entsprechen würde, sondern schuf damit Hürden für eine Einigung. Die erhöhten Forderungen können weiterhin als Versuch des SPK gewertet werden, den bereits ausgehandelten Kompromiss abzuwerten und so die Universität als Verhandlungspartner in die Kritik zu bringen.

Trotz dieser weitreichenden und provokanten Postulate zeigten sich die Vertreter der Universität weiterhin diskussions- und verhandlungsbereit[24] und holten

---

[18] Pross, Verderben, S. 93–99.
[19] Undatiertes Flugblatt des SPK, zitiert nach: ebenda, S. 99.
[20] Ebenda, S. 100.
[21] Sozialistisches Patientenkollektiv an der Universität Heidelberg, „Wissenschaftliche Darstellung des laufenden und weitergeplanten Unternehmens" des SPK, abgedruckt in: Basisgruppe Medizin Gießen/Fachschaft Medizin Gießen (Hrsg.), Dokumentation zum Sozialistischen Patientenkollektiv Heidelberg [Teil 1], Gießen 1970, S. 1–11, hier S. 2. Fortan zitiert als Dokumentation 1.
[22] O. V., Patienten-Info Nr. 3, undatiert, abgedruckt in: Dokumentation 1, S. 17–19, hier S. 19.
[23] Pross, Verderben, S. 102.
[24] Exemplarisch: Aussage des Rektors Rolf Rendtorff im Rundfunkinterview mit 5 Mitgliedern des SPK, 7. 11. 1970, abgedruckt in: Dokumentation 1, S. I–V, hier S. V.

mehrere Fachgutachten ein,[25] um die Förderungswürdigkeit des SPK zu prüfen. Zwar hegte die Universitätsleitung wohl keine Sympathie für das Projekt; die kulminierenden Proteste der Heidelberger Studentenbewegung[26] aber nötigten die Entscheidungsträger, im Konflikt mit dem SPK eine zusätzliche Eskalation zu vermeiden. Das Patientenkollektiv jedoch machte deutlich, dass es nicht gewillt war, in Verhandlungen zu treten. Vielmehr versuchte die Gruppe, mit weiteren Besetzungen, Hungerstreiks und Drohungen mit dem Suizid einzelner Mitglieder weiter Druck auf die Universitätsleitung auszuüben. Auch neuartige Protestformen wie „Teach-ins", „Go-ins" und „Sit-ins" wurden erprobt, die ihren Ursprung in der US-amerikanischen Studentenbewegung hatten.[27] Öffentliche Diffamierungen der universitären Entscheidungsträger[28] unterstrichen, dass sich das Patientenkollektiv dem Dialog auf Augenhöhe verweigerte. Zudem ging das Kollektiv in seinen Verlautbarungen äußerst sparsam mit Sachargumenten um und kultivierte stattdessen einen universellen Wahrheitsanspruch, der es Außenstehenden erschwerte, mit dem SPK zu verhandeln. Exemplarisch dafür ist die Reaktion des SPK auf die Aufforderung des Verwaltungsrates der Universität, eine ausführliche wissenschaftliche Selbstdarstellung einzureichen. Anstatt diese „Auflage" als Möglichkeit zu nutzen, der Universitätsleitung Argumente für eine fortwährende Unterstützung des SPK zu liefern, diskreditierte sich das SPK bereits in den einleitenden Sätzen als Verhandlungspartner. So stellten die Verfasserinnen und Verfasser dem Schriftstück ein Zitat von Lenin voran, das sie um folgenden Satz ergänzten: „(Als einführende Lektüre werden sämtliche Werke von Marx und Lenin vorausgesetzt)". Den Fließtext leiteten sie daran anschließend mit folgenden Sätzen ein:

„Auf seiner wissenschaftlichen Basis – Patientenkontrolle – hat das SPK folgende Ergebnisse erarbeitet: [...] Das SPK hat keine Veranlassung zu einer wissenschaftlichen Darstellung, da es sich durch die Praxis bereits legitimiert hat. Den Wissenschaftsbegriff unserer Gegner uns zu eigen zu machen, würde bedeuten, daß wir uns deren falscher Praxis unterworfen haben."[29]

---

[25] Die sechs schriftlichen Gutachten sind abgedruckt in: Dokumentation 1, S. 36–126.
[26] Vgl. Volker Sellin, Auftakt zur permanenten Reform. Die Grundordnung der Universität Heidelberg vom 31. März 1969, in: Armin Kohnle/Frank Engehausen (Hrsg.), Zwischen Wissenschaft und Politik. Studien zur deutschen Universitätsgeschichte, Stuttgart 2001, S. 563–583; Schroeder, Kriege, S. 193–209. Zum Verlauf des Konflikts aus der Sicht der Universitätsleitung siehe: Ekkehard Nuissl/Rolf Rendtorff/Wolff-Dietrich Webler, Scheitert die Hochschulreform? Heidelberg zum Exempel, Reinbek bei Hamburg 1973.
[27] Vgl. Wolfgang Kraushaar, Die transatlantische Protestkultur. Der zivile Ungehorsam als amerikanisches Exempel und als bundesdeutsche Adaption, in: Heinz Bude/Bernd Greiner (Hrsg.), Westbindungen. Amerika in der Bundesrepublik, Hamburg 1999, S. 257–284; Martin Klimke, Sit-in, Teach-in, Go-in. Die transnationale Zirkulation kultureller Praktiken in den 1960er Jahren am Beispiel der direkten Aktion, in: ders./Scharloth (Hrsg.), 1968, S. 119–133.
[28] Vgl. exemplarisch: Sozialistisches Patientenkollektiv an der Universität Heidelberg, Patienten-Info Nr. 29, 26. 1. 1971, abgedruckt in: Dokumentation 2, S. 100–103, hier S. 101; Sozialistisches Patientenkollektiv an der Universität Heidelberg, Patienten-Info Nr. 41, 16. 5. 1971, abgedruckt in: ebenda, S. 140–142, hier S. 140.
[29] Sozialistisches Patientenkollektiv an der Universität Heidelberg, „Wissenschaftliche Darstellung des laufenden und weitergeplanten Unternehmens" des SPK, 20. 7. 1970, abgedruckt in: Dokumentation 1, S. 1–11, hier S. 1.

Mit diesem anmaßenden Lektürehinweis und der scharfen Kritik am universitären Wissenschaftsbetrieb zeichnete das Kollektiv nicht nur ein unangreifbares Selbstbild, sondern schuf gleichzeitig eine unüberbrückbare Distanz zu seinem Gegenüber – der Universität. Eine Kompromisslösung, wie sie anfangs angedacht war, schien nun nicht mehr möglich.

Zeitgleich zu diesen Auseinandersetzungen mit der Universitätsleitung setzte das SPK seine Aktivitäten in der Rohrbacherstraße 12 fort. In Einzel- und Gruppentherapien, die teils von Therapeutinnen und Therapeuten, teils von Laiinnen und Laien geleitet wurden, sprachen die Kollektivmitglieder über ihre individuellen Probleme und versuchten, diese in den Theoriearbeitskreisen in Zusammenhang mit den Schriften von Marx, Hegel und anderen Denkern zu bringen.[30] Die Theorie des SPK, die hinter dieser Form der Therapie steckte, zeichnete sich dadurch aus, dass sie politische und therapeutische Ziele und Ideen miteinander verquickte. Am Beispiel des zugrundeliegenden Verständnisses von Krankheit wird dies besonders deutlich. Das Patientenkollektiv führte das Entstehen von Krankheiten – im Sinne der marxistischen Theorie der Entfremdung – auf die kapitalistischen Herrschaftsverhältnisse zurück. In einem Rundfunkinterview im November 1970 konstatierten Mitglieder des SPK, die Bundesrepublik sei eine Klassengesellschaft, in der es Ausbeuter und Ausgebeutete gäbe. Psychische Erkrankungen seien eine Folge dieser Ausbeutung.[31] Ausgehend von diesem Verständnis der politischen Situation begriff das SPK Krankheit als Protest gegen die bestehenden Verhältnisse, der gleichzeitig durch die Symptome der Krankheit gehemmt würde.[32] Diese Ansichten bildeten die Grundlage für die innerhalb des SPK praktizierte Form der Therapie. In Gruppen- bzw. Einzelgesprächen sollten die Erkrankten die geschilderte Problemlage erkennen und in der Folge ihre Passivität überwinden. Anknüpfend daran sollte gemeinsames politisches Engagement, das darauf abzielte, die Gesellschaft zu verändern, zur Aufhebung der Symptome führen. Den Krankheitsbegriff für die Kritik an politischen und gesellschaftlichen Verhältnissen zu nutzen, stellte zu diesem Zeitpunkt kein Novum dar[33] – neu war jedoch

---

[30] Diese therapeutische Praxis, Personen mit erheblichen körperlichen und psychischen Beschwerden mit Hegels Dialektik oder Marx' Konzept der Entfremdung zu konfrontieren, sollte sich als schwierig erweisen. Die Diskussion von Theorien führte häufig nicht dazu, dass sich die Symptome verbesserten, sondern vielmehr zur Überforderung einiger Patienten. Vgl. dazu die Aussagen verschiedener Zeitzeuginnen und Zeitzeugen bei: Pross, Verderben, S. 225 f.

[31] Rundfunkinterview mit 5 Mitgliedern des SPK, 7. 11. 1970, abgedruckt in: Dokumentation 1, S. I–V, hier S. I.

[32] Exemplarisch: O. V., Beitrag zur Informationsveranstaltung des SPK, 19. 11. 1970, abgedruckt in: Dokumentation 2, S. 22–25, hier S. 22. Obgleich die vorliegende Untersuchung nicht das Ziel einer Ideengeschichte der Theorie des SPK verfolgt, muss in aller Kürze darauf verwiesen werden, dass das SPK mit dieser Verknüpfung von Gesellschafts- und Psychiatriekritik keineswegs neues Terrain beschritt. Exemplarisch ist hier auf die Frankfurter Schule zu verweisen: Herbert Marcuse, Das Veralten der Psychoanalyse, in: ders. (Hrsg.), Kultur und Gesellschaft 2, Frankfurt am Main 1965, S. 85–106.

[33] Vgl. exemplarisch: Silke Mende, „Nicht rechts, nicht links, sondern vorn". Eine Geschichte der Gründungsgrünen, München 2011, S. 315–320.

das positive, emanzipatorische Moment, das das Patientenkollektiv der Krankheit zuschrieb.

Die ständige Bezugnahme auf die vorangehend geschilderten Grundannahmen in den Therapiegesprächen, Arbeitskreisen und politischen Diskussionen prägte das Weltbild der Kollektivmitglieder. Indem sie die politischen und gesellschaftlichen Verhältnisse als Ursache ihrer Erkrankungen ansahen, stilisierten sie sich selbst zu Opfern des Kapitalismus. Im Umkehrschluss ließ diese Sichtweise ein Feindbild entstehen, dem das SPK all jene zuordnete, die sich nicht gegen das kapitalistische „System" stellten. Dieses Freund-Feind-Denken bestimmte das Leben der Kollektivmitglieder derart, dass einige von ihnen begannen, die räumlichen Gegebenheiten als Manifestation dieses Weltbildes zu begreifen. So gab ein ehemaliges Mitglied bei einer polizeilichen Vernehmung zu Protokoll, dass insbesondere bei den gruppentherapeutischen Gesprächen, die in der Rohrbacherstraße 12 stattfanden, „immer wieder festgestellt wurde, daß draußen ‚alles Scheiße' sei".[34]

Dieser radikale Dualismus bildete die enttäuschungsoffene Basisprämisse des SPK und war damit nach Popitz eine „riskante Ideologie".[35] Sie nahm vorweg, von welcher Seite Unterstützung zu erwarten sei und von welcher nicht: Das für die Gemeinschaft des Kollektivs so grundlegende Weltbild erlaubte es nicht, mit der Universität als vermeintlich „kapitalistische[r] Institution"[36] zusammenzuarbeiten. Die Ideologie des SPK sah nicht die Erfüllung seiner Forderungen und damit eine Unterstützung seitens der Universität vor. Vielmehr erwartete man, allein gelassen und enttäuscht zu werden. Diese identitätsstiftende Basisprämisse war enttäuschungsoffen: Das Entgegenkommen der Universität, beispielsweise mit Kompromissvorschlägen, widerlegte den Manichäismus des SPK. Auf ein solches Angebot, das das Bestehen des Projektes fürs Erste gesichert hätte, konnte das Kollektiv also nicht eingehen: Es hätte die sinnstiftende Weltanschauung der Gruppe und damit deren Zusammenhalt ins Wanken gebracht.

Vor diesem Hintergrund erklären sich die Handlungen des SPK gegenüber der Universitätsleitung. Obgleich das Patientenkollektiv von der Universität abhängig und auf deren Unterstützung angewiesen war, versuchte es nicht, das Wohlwollen der universitären Entscheidungsträger zu gewinnen. Mit Besetzungen, Hungerstreiks, Selbstmorddrohungen und Diffamierungen brach das Kollektiv mit den tradierten universitären Konventionen. Gleichzeitig entzog sich das SPK weitestgehend dem Dialog, indem es sich weder diskussions- noch verhandlungsbereit zeigte, sondern vielmehr stichpunktartig formulierte und kaum realisierbare Forderungskataloge an das Rektorat richtete.[37] Auf diese Weise vermied das Patien-

---

[34] Zitiert nach: Pross, Verderben, S. 229.
[35] Popitz, Realitätsverlust, S. 179.
[36] O. V., Wissenschaftliche Darstellung der laufenden Arbeit im SPK, undatiert, abgedruckt in: Dokumentation 2, S. 196–225, hier S. 213.
[37] Exemplarisch: O. V., Patienten-Info Nr. 3, undatiert, abgedruckt in: Dokumentation 1, S. 17–19, hier S. 19; Sozialistisches Patientenkollektiv an der Universität Heidelberg, Patienten-Info Nr. 8, 12. 10. 1970, abgedruckt in: ebenda, S. 31–33, hier S. 33.

tenkollektiv, dass eine Einigung mit der Universität zustande kommen konnte, und verhinderte damit eine Widerlegung seiner Basisprämisse. Es beschwor ein Verhalten der Universitätsleitung herauf, das seinem Weltbild entsprach: Die Erwartungsvereisung hatte Erfolg.

Zwar beraubte sich das Patientenkollektiv letzten Endes mit dieser Taktik, die Forderungen an die Universitätsleitung unerfüllbar hoch zu halten, seiner eigenen Existenzgrundlage, fand jedoch sein geschlossenes Weltbild bestätigt, das von zentraler Bedeutung für den Zusammenhalt der Gruppe war. Peter Brückner, der eines der positiven fachlichen Gutachten über das Patientenkollektiv verfasst hatte, beschrieb Jahre später sehr treffend „diesen ‚Grund-Widerspruch' des SPK: radikal anti-institutionell, aber auf Institutionen lebensdringlich angewiesen".[38]

Die Abkehr (von) der studentischen Linken

Wie aber konnten die Mitglieder des Patientenkollektivs, die eine innovative Therapieform für psychisch Erkrankte mit auf den Weg brachten, ein derart radikales Zerrbild der Realität entwickeln, das in der beschriebenen Erwartungsvereisung erstarrte? Vorangehend wurde gezeigt, dass das manichäische Weltbild des SPK eine enttäuschungsoffene Basisprämisse implizierte. Diese riskante Ideologie mochte gerade auf Personen mit psychischen Erkrankungen eine hohe Anziehungskraft ausgeübt haben, die nach einer Ursache für ihre Leiden fragten und auf therapeutische Hilfe angewiesen waren. Um weitere Bedingungsfaktoren herauszuarbeiten, wird im Folgenden analysiert, wie das Kollektiv mit seinen (potenziellen) Unterstützerinnen und Unterstützern umging.

Da sich die räumliche und finanzielle Situation des Patientenkollektivs über Monate hinweg sehr unsicher gestaltete und sich das Verhältnis zur Universitätsleitung zusehends verschlechterte, war das SPK umso mehr auf eine breite Unterstützerszene angewiesen, die für das Projekt Partei ergreifen würde. Die Vielzahl an Patienten-Infos, die das SPK in den Umlauf brachte, sowie aufsehenerregende Protestaktionen wie der Hungerstreik in der Klinikverwaltung, verdeutlichen, dass das Patientenkollektiv gezielt die Öffentlichkeit suchte. Dass sich das SPK dabei vor allem an Angehörige der studentischen Linken wandte, ist sowohl auf personelle Verbindungslinien zur Studentenbewegung als auch auf inhaltliche Überschneidungen aufgrund beiderseits rezipierter Theoretiker wie Marx[39] zurückzuführen.

Im Laufe des inneruniversitären Konflikts um das SPK ergriffen verschiedene Gruppen der studentischen Linken das Wort. Die Heidelberger Ortsgruppe des

---

[38] Peter Brückner, Anmerkungen zum sozialistischen Patienten-Kollektiv (SPK), in: ders. (Hrsg.), Über die Gewalt. Sechs Aufsätze zur Rolle der Gewalt in der Entstehung und Zerstörung sozialer Systeme, Berlin 1979, S. 54–66, hier S. 56.

[39] Vgl. Philipp Felsch, Der lange Sommer der Theorie. Geschichte einer Revolte 1960–1990, München 2015.

Sozialistischen Deutschen Studentenbundes (SDS), der bis zu seinem Verbot im Juni 1970 eine Mehrheit im Allgemeinen Studierendenausschuss (AStA) der Universität inne hatte, begegnete dem Patientenkollektiv zunächst eher skeptisch. Die Projektgruppe Medizin hingegen, die dem SDS nahe stand, setzte sich schon während der Klinikbesetzung in Verhandlungen für das Patientenkollektiv ein. Zudem engagierten sich Vertreterinnen und Vertreter des Hochschulpolitischen Kollektivs (HoPoKo) auf Seiten des SPK.[40] Bemüht darum, eine Vermittlerrolle in der Auseinandersetzung einzunehmen, um eine Fortführung des Projektes zu ermöglichen, mussten die studentischen Unterstützerinnen und Unterstützer zahlreiche Rückschläge hinnehmen. Dass das Kollektiv den Einsatz der Studierenden gering schätzte, äußerte es in den Patienten-Infos, die beispielsweise „die pseudo-proletarischen Machenschaften von AStA und Studentenparlament in Sachen Rendtorffscher Kirchenturmspolitik"[41] kritisierten, weil sich die studentischen Vertreter um eine Kompromisslösung für das SPK bemüht hatten. Aufgrund der ideologisch begründeten Ablehnung der Universität verurteilte das Patientenkollektiv jedweden Vermittlungsversuch. Nachdem die Bestrebungen, den Kompromiss zwischen SPK und Universitätsleitung vertraglich abzusichern, aufgrund der fordernden Haltung des Kollektivs erfolglos geblieben waren, beendeten einige linke Studierende im Mai 1970 resigniert ihre Zusammenarbeit mit dem Patientenkollektiv, darunter die Mitglieder der Projektgruppe Medizin und des HoPoKo.[42]

Umso mehr galt es in der Folgezeit, neue Unterstützerinnen und Unterstützer zu gewinnen. Bereits wenige Tage nach der Besetzung der Klinikverwaltung hatte das SPK begonnen, sich mit Flugblättern, die Mitglieder des Kollektivs vor der Mensa der Universität verteilten, an die Heidelberger Studentenschaft zu wenden und sie über die Vorkommnisse zu informieren.[43] Im Juni 1970 bezog das SPK in einer seiner Verlautbarungen Stellung zum Verbot des Heidelberger SDS[44] und rief dazu auf, an der geplanten Demonstration teilzunehmen:

„ES LEBE DER SIEG DER ARBEITERKLASSE! Das System hat uns ‚krank' gemacht; geben wir dem kranken System den Todesstoß! Nach dem Anschlag der Stuttgarter Marionetten vom 25. Juni 1970 [= dem Verbot des SDS durch die Landesregierung; A. G.] muß das regionale Etappenziel sein: Zusammenschluß aller Sympathisanten mit den kämpfenden Gruppen! Handelt in diesem Augenblick geschlossen mit dem ehemaligen Heidelberger SDS! DIENSTAG DEMONSTRATIONEN! [K]ommt zu den Vorbereitungen!"[45]

---

[40] Vgl. Pross, Verderben, S. 87 u. 93–95.
[41] Sozialistisches Patientenkollektiv an der Universität Heidelberg, Patienten-Info Nr. 24, 27.11. 1970, abgedruckt in: Dokumentation 2, S. 86–88, hier S. 87. Das SPK spielt hier auf die angebotene Kompromisslösung des Universitätsrektors Rendtorff an.
[42] Vgl. Pross, Verderben, S. 111–114.
[43] Vgl. ebenda, S. 100.
[44] Das baden-württembergische Innenministerium hatte den Heidelberger SDS im Juni 1970 verboten, nachdem es bei einer vom SDS organisierten Demonstration zu Ausschreitungen gekommen war. Vgl. Katja Nagel, Die Provinz in Bewegung. Studentenunruhen in Heidelberg 1967–1973, Heidelberg u. a. 2009, S. 281–308.
[45] Sozialistisches Patientenkollektiv, Patienten-Info Nr. 1, undatiert, abgedruckt in: Dokumentation 1, S. 12 (Herv. i. Orig.).

Die Verfasserinnen und Verfasser des zitierten Patienten-Infos versuchten, grundlegende Gemeinsamkeiten mit anderen (regionalen) linken Akteuren herauszustellen, indem sie auf gemeinsame politische Gegner Bezug nahmen. Wie sich das SPK das geschlossene Handeln bzw. eine gegenseitige Unterstützung vorstellte, offenbarte ein Flugblatt vom 8. Juli 1970. Versuche des AStA, im Konflikt um das SPK eine Vermittlerposition einzunehmen, werteten die Verfasser darin als „Hilflosigkeit eines Teils des ehemaligen Heidelberger SDS", der es aus Angst um seinen linken Führungsanspruch nicht schaffe, sich „auf die progressive Seite seines Widerspruchs zu stellen". Auf Grundlage dieser Ausführungen verweigerte es das SPK, zu einzelnen Kritikpunkten Stellung zu nehmen, die der AStA in einem Flugblatt geäußert hatte, und forderte stattdessen „den AStA auf, sich unverzüglich mit den Patienten solidarisch zu erklären, […] wenn […] er der Arbeiterschaft und schließlich auch sich selbst Patientenqualität – das heißt Bewußtsein schlechthin – zuerkennt".[46] Indem sich das SPK selbst Bewusstsein und damit nach zeitgenössischer Lesart die „richtige" Deutung der gesellschaftlichen und politischen Prozesse zuerkannte,[47] machte es deutlich, dass es sich der studentischen Linken in Heidelberg überlegen fühlte und einen Wissensvorsprung für sich beanspruchte – ein Avantgardegedanke, der die kommunikativen Praktiken des SPK in den folgenden Monaten entscheidend prägen sollte.

Diese Haltung gründete auf dem ideologisch gerahmten Selbstverständnis des Patientenkollektivs, wonach es beim SPK „nicht um die Interessen Dr. Hubers oder einer isolierten Patientengruppe [gehe], sondern um die Vitalinteressen all derjenigen, die den kapitalistischen Arbeitskraft-Verwertungs- und Verschleißmechanismus [sic] unterworfen sind".[48] Derartige Tendenzen, die eigene Bedeutung zu überhöhen, finden sich in vielen Patienten-Infos.[49] Sie stilisierten die Entscheidung für bzw. gegen eine Unterstutzung des SPK zur politischen Grundsatzfrage: Die Studentenschaft stehe „vor der Wahl zwischen Beitrag [sic] zu endgültiger Verstümmelung und Deformierung der Massen oder der Zusammenarbeit mit uns [= dem SPK; A. G.] gegen diese Entwicklung".[50] Überzeugt davon, dass das eigene dualistische Weltbild unbedingt der Wahrheit entspreche, wertete

---

[46] Sozialistisches Patientenkollektiv, Patienten-Info Nr. 4, 8. 7. 1970, abgedruckt in: ebenda, S. 20 f., hier S. 21.
[47] Zur zeitgenössischen Bedeutung von „Bewusstsein" siehe: Heidrun Kämper, Artikel „Bewußtsein", in: dies. (Hrsg.), Wörterbuch zum Demokratiediskurs 1967/68, Berlin 2013, S. 230–249.
[48] Sozialistisches Patientenkollektiv, Patienten-Info Nr. 7, 14. 7. 1970, abgedruckt in: Dokumentation 1, S. 27–30, hier S. 30.
[49] Vgl. exemplarisch: Sozialistisches Patientenkollektiv, Patienten-Info Nr. 5, 8. 7. 1970, abgedruckt in: ebenda, S. 22–24, hier S. 24; Sozialistisches Patientenkollektiv an der Universität Heidelberg, Patienten-Info Nr. 16, 2. 2. 1971, abgedruckt in: Dokumentation 2, S. 51–56, hier S. 56.
[50] Sozialistisches Patientenkollektiv an der Universität Heidelberg, Patienten-Info Nr. 12, 5. 11. 1970, abgedruckt in: ebenda, S. 41–44, hier S. 44; siehe auch: Sozialistisches Patientenkollektiv an der Universität Heidelberg, Patienten-Info Nr. 25, 1. 12. 1970, abgedruckt in: ebenda, S. 88–91, hier S. 91.

das SPK jedwede Kritik als Entscheidung für die Gegenseite. Ein ehemaliges Mitglied erinnerte sich:

„Eine Kritik an seiner Theorie [= der Theorie des SPK; A. G.] wurde wie eine Kriegserklärung genommen. Jede Kritik, schon Sprachwendungen, die andere Ursprünge als die des SPK verrieten, waren Verrat durch die Leute, die zum Problem gehörten, die also per se dem ‚System unterworfen' waren."[51]

Die fehlende Kritikfähigkeit beförderte die Entstehung einer in sich geschlossenen Ideologie des Kollektivs, die nicht zur Diskussion stand. Sie bildete den übergreifenden Bezugsrahmen, in den das SPK gesellschaftliche und politische Entwicklungen einordnete. Die kategorische Einteilung in Freund oder Feind ließ nur eine Form der Unterstützung gelten: eine kritik- und bedingungslose Solidarisierung mit dem SPK.

Gleichzeitig wies das Patientenkollektiv jedoch Solidarisierungsversuche zurück, wie die folgende Aussage des Zeitzeugen Klaus Dörner zeigt. Dörner beschreibt, dass er 1970 bei einer Veranstaltung des SPK seine Zustimmung habe zeigen wollen:

„Doch kaum machte ich den Mund auf, um mich mit den vom Staat verfolgten SPKlern zu solidarisieren, fielen vor allem die SPK-Sprecher selbst über mich her, beschimpften mich als Maulhelden und Verräter – mit dem Versprechen, wenn es so weit sei, mich und meinesgleichen als erste fertigzumachen. Nie in meinem Leben ist ein gutgemeintes Liebeswerben so in den Dreck gezogen worden."[52]

Mit Verweis darauf, dass „[s]olche Solidaritätsgesten […] damals in der ganzen Bundesrepublik selbstverständlich"[53] gewesen seien, ließ Dörner anklingen, mit welcher Erwartungshaltung er zu dem Treffen gegangen und wie irritiert bzw. enttäuscht er dementsprechend von dessen Verlauf gewesen war.[54] In diesem Zusammenhang wird deutlich, dass das Patientenkollektiv ein spezifisches Verständnis von Solidarität entwickelt hatte: Solidaritätserklärungen waren zeitgenössisch ein gängiges Mittel, um Verbundenheit und prinzipielle Zustimmung auszudrücken; schlossen dabei aber Kritik nicht aus.[55] In den meisten Fällen hatten diese „Gesten" eher symbolischen Charakter und sollten moralische Unterstützung signalisieren.[56] Das SPK jedoch verbat sich jede Kritik und knüpfte schließlich einen Handlungsimperativ an seine Solidaritätsforderungen: Nachdem das Patientenkollektiv im Mai 1971 das Räumungsurteil für die Rohrbacherstraße 12 erhalten

---

[51] Zitiert nach: Pross, Verderben, S. 261.
[52] Zitiert nach: ebenda, S. 13.
[53] Ebenda.
[54] Weitere Beispiele für die Zurückweisung individueller Unterstützungsbemühungen finden sich bei: Pross, Verderben, S. 256 f.
[55] Den Ideen und Praktiken von Solidarität wird sich der diesjährige Band des AfS widmen; vgl. dazu: Bastian Högg/Kornelia Rung, „Hoch die Internationale …"? – Praktiken und Ideen der Solidarität. Bericht zur Autorentagung des AfS am 17. 10. 2019–18. 10. 2019 in Bonn, in: H-Soz-Kult (15. 1. 2020) <https://www.hsozkult.de/conferencereport/id/tagungsberichte-8590> (zuletzt aktualisiert am 6. 2. 2020).
[56] Vgl. exemplarisch: Stefanie Pilzweger, Männlichkeit zwischen Gefühl und Revolution. Eine Emotionsgeschichte der bundesdeutschen 68er-Bewegung, Bielefeld 2015, S. 117–137.

hatte,[57] gab das SPK bekannt, dass Solidarisierungen mit dem Patientenkollektiv mittels „Solidaritätserklärungen und Resolutionsverabschiedungen" nicht mehr ernst genommen würden, sofern sie nicht mit einer aktiven Unterstützung einhergingen, beispielsweise im SPK mitzuarbeiten („In dieser Phase des Kampfes gibt es nur eine Solidarität: MITKÄMPFEN!!!"[58]).

Wie jedoch eine aktive Unterstützung nach Meinung des Patientenkollektivs aussehen sollte, darüber ließ das SPK die Heidelberger Linke bereits seit Monaten im Unklaren. So hatte das Patientenkollektiv am 19. November 1970 in einem Hörsaal der Heidelberger Universität ein Teach-in abgehalten, bei dem neben Wolfgang Huber unter anderem die beiden Gutachter Dieter Spazier und Peter Brückner sprachen.[59] Die Mitglieder des Patientenkollektivs verteilten dort Handreichungen, die in einer knappen, gänzlich von den eigenen Theoremen überzeugten Darstellung die zentralen Aspekte des Weltbildes des SPK umrissen.[60] Jedoch schien die Praxis des Diskutierens, die von zentraler Bedeutung für die Aktionsform des Teach-ins war, bei der Veranstaltung des SPK kaum eine Rolle zu spielen. Ein Zeitzeuge schilderte in seinen Erinnerungen zu dieser Veranstaltung: „Gegenkritik, nur spärlich geäußert, wurde niedergebrüllt."[61]

Die fehlende Diskussionsbereitschaft des Patientenkollektivs lässt sich auch an anderer Stelle aufzeigen: Vertreterinnen und Vertreter des Studentenparlaments (StP), die im Rahmen einer Kommission zu entscheiden hatten, ob das SPK für die Leitung einer psychotherapeutischen Beratungsstelle für Studierende geeignet war, richteten das (ablehnende) Ergebnis schriftlich an das Patientenkollektiv. Das Schreiben zeugte davon, dass sich die Verfasserinnen und Verfasser gründlich mit der Arbeit des SPK auseinandergesetzt hatten und sich weiterhin verhandlungsbereit zeigten.[62] Einige Wochen später ließ das SPK verlauten, dass „die Theoretiker ihr ständiges Geschwätz in ihren streng von der Praxis abgeschirmten Diskutierschutzvereinen (StP [...]) als ‚Diskussion' bewusstlos zum Masstab [sic] für die Praxisbewältigung zu machen trachten". Die Diskussion strittiger Punkte sei damit hinfällig, da sie lediglich der Kontrolle und Kritik des Patientenkollektivs diene und deshalb „konterrevolutionär und unmarxistisch"[63] sei. Diese Kritik an der

---

57 Vgl. Pross, Verderben, S. 433.
58 Sozialistisches Patientenkollektiv an der Universität Heidelberg, Patienten-Info Nr. 42, 1. 6. 1971, abgedruckt in: Dokumentation 2, S. 142–145, hier S. 144 f. (Herv. i. Orig.).
59 Vgl. Pross, Verderben, S. 316. Sowohl Spazier als auch Brückner waren zuvor im Konflikt um das SPK als fachliche Gutachter herangezogen worden und hatten das Projekt (mit Einschränkungen) als förderungswürdig beurteilt.
60 O. V., Beiträge zur Informationsveranstaltung des SPK in der Universität HD, 19. 11. 1970, abgedruckt in: Dokumentation 2, S. 17–25.
61 Zitiert nach: Pross, Verderben, S. 318.
62 Kommission für die Einrichtung einer psychotherapeutischen Beratungsstelle, Ablehnung der Bewerbung für die Psychotherapeutenstelle, 19. 4. 1971, abgedruckt in: Dokumentation 2, S. 174–179.
63 Sozialistisches Patientenkollektiv, Einstimmige Solidaritätserklärung des StP mit dem Soz.Pat.Koll. – Kontrolle als Selbstzweck?, 8. 6. 1970, abgedruckt in: ebenda, S. 171–173, hier S. 172.

Arbeit des Studentenparlamentes war von besonderer Schärfe, da das SPK mit Begriffen wie Bewusstsein oder revolutionär auf Leitkategorien des zeitgenössischen Diskurses rekurrierte.[64] Indem es seinem Gegenüber jene Zuschreibungen aberkannte, diskreditierte das Patientenkollektiv dessen Verhandlungsposition und entzog sich der Diskussion.

Betrachtet man diese Verweigerungshaltung des SPK aus dem Blickwinkel von Angehörigen der studentischen Linken, dann zeigt sich, wie problematisch diese war. Die Vermittlungs- und Unterstützungsversuche seitens des AStA oder aus dem Umfeld des SDS verdeutlichen, dass innerhalb der studentischen Linken zunächst durchaus der Wille bestanden hatte, sich für das Kollektiv einzusetzen. Die Flugblätter des Patientenkollektivs waren jedoch häufig für Außenstehende kaum verständlich und riefen deshalb Fragen hervor. Dass das SPK dem Wunsch nicht nachkam, seine Anliegen zu erläutern und zu diskutieren, sondern ein ums andere Mal die bekannten Theorieversatzstücke in herablassender Manier zum Besten gab („daß einige ewig Ehemalige bis heute nicht verstanden haben, daß [...]"[65]), führte zu Unverständnis bei der studentischen Linken. Im Rahmen eines Teach-ins, das die Rote Hilfe München nach der Auflösung des SPK am 20. November 1972 in der Münchner Ludwig-Maximilians-Universität durchführte, notierte ein Besucher nachträglich, dass die Kritik am SPK „auf eine gewisse Ratlosigkeit, auf Verstaendnisschwierigkeiten bei vielen ‚Linken' zurueckzufuehren [gewesen sei], und auf das Beduerfnis nach einem Etikett".[66]

Das SPK jedoch versäumte es, diese Unklarheiten auszuräumen und trat zunehmend kompromisslos auf. Infolgedessen erodierte auch innerhalb der Heidelberger Studentenschaft die anfängliche Solidarität mit dem Patientenkollektiv. Während das Teach-in im November 1970 noch großen Anklang gefunden hatte,[67] ergab sich bei einer Veranstaltung im Juni des Folgejahres ein völlig anderes Bild. In der Vorankündigung schrieben die Organisatoren: „Zur Vorbereitung der Veranstaltung kann sich jeder die Arbeitspapiere im SPK abholen. Wir erwarten fundierte Kritik der Heidelberger Linken." Entgegen der darin anklingenden Diskussionsbereitschaft benannten die Verfasser die Versammlung jedoch bezeichnenderweise als „Agitationsveranstaltung des SPK"[68] und deuteten damit bereits an, dass das Ziel eher in propagandistischer Überzeugungsarbeit für die Sache des SPK denn in kritischer Reflexion derselben bestand. Die in der Einladung formu-

---

[64] Vgl. Kämper, „Bewußtsein"; dies., Artikel „revolutionär", in: dies. (Hrsg.), Wörterbuch, S. 949–975.
[65] Sozialistisches Patientenkollektiv, Patienten-Info Nr. 5, 8. 7. 1970, abgedruckt in: Dokumentation 1, S. 22–24, hier S. 24.
[66] IfZ-Archiv, ED 308/9, Teach-in der Roten Hilfe Muenchen zum Prozess gegen das SPK in der Universitaet Muenchen am 20. November 1972. Referat von Peter Brueckner [Kommentierte Mitschrift], S. 8.
[67] Christian Pross schrieb mit Verweis auf einen zeitgenössischen Zeitungsartikel von über 1.000 Teilnehmern: Pross, Verderben, S. 316.
[68] Sozialistisches Patientenkollektiv an der Universität Heidelberg, Patienten-Info Nr. 45, o. D., abgedruckt in: Dokumentation 2, S. 244–246, hier S. 246.

lierte Prämisse, dass Kritik am SPK „nur erfolgen [könne], wenn das Wesen unserer Praxis, das ist die Bekämpfung der alles bestimmenden Produktivkraft Krankheit = Kapital auf dem Boden der Dialektik von Agitation und Aktion, begriffen wurde",[69] mag der Heidelberger Linken vor Augen geführt haben, wie es um den Gesprächswillen des Patientenkollektivs bestellt war. Angesichts dieser Aussichten und der ständigen Zurückweisungen der Unterstützungsbemühungen in den Vormonaten überrascht es kaum, dass viele Gruppen der studentischen Linken der Veranstaltung fernblieben. Das SPK führte am Folgetag in einem Patienten-Info aus, die Intention der Veranstaltung habe darin bestanden, „einen eindeutigen Trennungsstrich zu ziehen zwischen uns und dem Klassenfeind. Durch die beredte Abwesenheit von AStA, [...] etc. ist dieser Zweck der SPK-Agitation erreicht worden".[70] Diese Abkehr der studentischen Linken kann als eine Art self-fulfilling prophecy begriffen werden, hatte das SPK doch bereits im Aufruf zur Veranstaltung vorausgesagt, dass sich „die Organe der Studentenschaft zum soundsovielten Male als Handlanger der Herrschenden"[71] entlarven würden. Dieser Logik folgend schien es nur konsequent, dass das Patientenkollektiv auf die Solidaritätserklärungen einiger linker Gruppen vom Juli 1971 hin erklärte, „dass es sich zu allen ‚Linken' auf einer nur in Lichtjahren zu messenden Distanz befindet".[72]

Das Patientenkollektiv hatte die Angehörigen der studentischen Linken in Heidelberg, die das psychiatrische Projekt zu unterstützen versuchten, über Monate hinweg kritisiert und deren Engagement abgewertet. Damit distanzierte sich das Kollektiv von seinem Umfeld und verfestigte im Zuge dessen seinen Avantgardeanspruch. Auch soziale Kontakte außerhalb des SPK waren nicht mehr gerne gesehen[73] – ein Hinweis auf die hohe Gruppenautorität innerhalb des Kollektivs. Gleichzeitig wandten sich im Laufe des Jahres 1971 jene Studierenden ab, die zunächst für das SPK Partei ergriffen hatten – sei es aus Enttäuschung, Resignation oder Ratlosigkeit. Dass auf eine Selbstisolierung im „Hochgefühl der eigenen Überlegenheit" häufig eine Gegenisolierung folgte, stellt auch Popitz fest: „Die Tür, von innen zugeschlagen, wird von außen verschlossen."[74]

Indem das SPK seinen Unterstützerinnen und Unterstützern beständig vor den Kopf stieß, vermied es, dass eine Zusammenarbeit zustande kam. Diese hätte bedeutet, seine Außenseiter- bzw. Vorreiterrolle und damit auch das gruppeninterne

---

[69] Sozialistisches Patientenkollektiv an der Universität Heidelberg, Aufruf zur Agitationsveranstaltung des SPK am 26. 6. 1971, 23. 6. 1971, abgedruckt in: ebenda, S. 241 f.
[70] Sozialistisches Patientenkollektiv an der Universität Heidelberg, Patienten-Info aktuell – SPK – aktuell, 27. 6. 1971, abgedruckt in: ebenda, S. 248. Das SPK adaptierte hier ein Zitat Mao Tse-tungs, das auch schon die RAF verwendet hatte. Vgl. O. V., Das Konzept Stadtguerilla (April 1971), in: ID-Verlag (Hrsg.), Rote Armee Fraktion. Texte und Materialien zur Geschichte der RAF, S. 27–48, hier S. 27.
[71] Sozialistisches Patientenkollektiv an der Universität Heidelberg, Aufruf zur Agitationsveranstaltung des SPK am 26. 6. 1971, 23. 6. 1971, abgedruckt in: Dokumentation 2, S. 241 f., hier S. 241.
[72] Flugblatt des SPK vom 12. Juli 1971, zitiert nach: Pross, Verderben, S. 434.
[73] Vgl. ebenda, S. 260.
[74] Popitz, Realitätsverlust, S. 182.

Weltbild zu hinterfragen. Wenngleich die isolierte Position eine Unterstützung des Projektes seitens der Universität zusehends unwahrscheinlicher machte, konnte sie der Binnenintegration des Kollektivs nur dienlich sein. In Therapiegruppen, Arbeitskreisen und persönlichen Gesprächen konnte sich das Weltbild weiter festigen, da sich die Mitglieder kaum mehr mit abweichenden Realitätswahrnehmungen bzw. -erfahrungen auseinandersetzen mussten, sondern sich gegenseitig in ihrer Denkhaltung bestärkten. Auch das gemeinsame Verfassen von programmatischen Texten und Flugblättern kann als Akt der Selbstvergewisserung verstanden werden. Jene, die Kritik oder Zweifel äußerten, mussten die Gruppe verlassen.[75] Diese Praktiken, die Popitz als Selbstagitation und Diskriminierung des Zweiflers bezeichnet, begünstigten, dass das Patientenkollektiv ein Zerrbild der Realität entwickelte, das nicht mehr korrekturfähig war.

Dieser Prozess gipfelte darin, dass sich eine Binnengemeinschaft innerhalb des Patientenkollektivs radikalisierte und schließlich Waffengewalt propagierte – eine Entwicklung, die keinesfalls alle Mitglieder guthießen.[76] Der sogenannte „Innere Kreis" trat zunehmend als Wortführer des SPK auf und dominierte so dessen Außendarstellung.[77] Margrit Schiller, Mitglied des Patientenkollektivs und später der RAF, erinnerte sich rückblickend: „Die Sprache unserer Flugblätter wurde immer schärfer. Die Revolution mußte heute gemacht werden, und wer das nicht verstand, war ein Dummkopf oder ein Ausbeuter. Wir verachteten alle Linken, die das nicht genauso sahen."[78] Schillers Aussagen verweisen darauf, dass sich der Avantgardegedanke des Kollektivs weiterentwickelt und verfestigt hatte. Er fußte nun auf dem schwer fassbaren Argument der „revolutionären Aktion". Bereits im ersten Patienten-Info hatte das Kollektiv den Anspruch formuliert, es dürfe „keine therapeutische Tat geben, die nicht zuvor klar und eindeutig als revolutionäre Tat ausgewiesen worden ist". Ziel sei es, „dem kranken System den Todesstoß"[79] zu versetzen. Dieses propagierte Selbstbild des SPK als Akteur, der die Revolution des „Systems" mitzutragen versuchte, tauchte auch in der Folgezeit häufig in den Veröffentlichungen auf.[80] Damit gab sich das Patientenkollektiv in seinen schriftlichen Selbstdarstellungen radikal und stilisierte sich zur militanten Gruppe. Jedoch verfolgte ein Großteil der Aktionen, die das SPK neben seinen Therapien durch-

---

[75] Vgl. Pross, Verderben, S. 275–278.
[76] Vgl. ebenda.
[77] Zum „Inneren Kreis" gehörten nach Aussage verschiedener Zeitzeugen neben dem Therapeuten Wolfgang Huber insbesondere jene Kollektivmitglieder, die durch besondere Kenntnisse in philosophischen wie politischen Fragen hervorgetan hatten; vgl. Pross, Verderben, S. 238. Im Umkehrschluss mag dies bedeuten, dass die Stimmen derjenigen, die unter schwerwiegenden psychischen Erkrankungen litten und kaum an politischen Diskussionen teilnehmen konnten, zunehmend in den Hintergrund rückten.
[78] Margrit Schiller, „Es war ein harter Kampf um meine Erinnerung". Ein Lebensbericht aus der RAF, Hamburg 2000, S. 55.
[79] Sozialistisches Patientenkollektiv, Patienten-Info Nr. 1, undatiert, abgedruckt in: Dokumentation 1, S. 12.
[80] Vgl. exemplarisch: Sozialistisches Patientenkollektiv, Patienten-Info Nr. 4, 8.7.1970, abgedruckt in: ebenda, S. 20 f.

führte, eigennützige Zwecke, da sie einzig auf das Fortbestehen des eigenen Projektes und dessen finanzielle Förderung abzielten. Die gesellschaftspolitische Relevanz, die das Patientenkollektiv aufgrund seines revolutionären Anspruchs verfolgte, war demnach zunächst nur auf dem Papier gegeben: Einzig die selbst getroffene, verklärende Definition machte die therapeutische Tat zur revolutionären Tat. Indem das SPK also behauptete, auf eine Revolution hinzuarbeiten, konnte es die studentische Linke als „Stehkragensozialisten"[81] diskreditieren, die „mit elitärer Borniertheit und in ständigem Konkurrenzkampf in Institutionen wie Betriebs- oder Projektgruppen, Parteien und Fraktiönchen [sitzen], um dort ihre Theorie des Marxismus als Herrschaftswissen zu verkaufen!"[82] Mit dieser Kritik an der Theoriefixierung der „Neuen Linken" und dem damit einhergehenden Verklären des Handelns nahm das SPK Bezug auf das „Primat der Praxis", das die RAF in seinem „Konzept Stadtguerilla" gefordert hatte.[83] Mittels der radikalen Rhetorik stilisierte sich das Patientenkollektiv zu einer militanten revolutionären Gruppe im Stile der RAF und begriff sich deshalb als der studentischen Linken überlegen.

Im Juli 1971 zeigte sich schließlich, wie weit sich einige Mitglieder des Patientenkollektivs von seiner ursprünglichen Intention entfernt hatten. Nachdem sie auf einer Veranstaltung bekannt gegeben hatten, dass sie sich bewaffnet hätten, und in einem Flugblatt – unterzeichnet mit SPK-RAF – die Auflösung des Kollektivs mitteilten, folgten Hausdurchsuchungen und einige Festnahmen. Als am 22. Juli die Räume in der Rohrbacherstraße zwangsgeräumt wurden, stand fest, dass das Sozialistische Patientenkollektiv Heidelberg gescheitert war. Nur vereinzelte Mitglieder schlossen sich in den Folgejahren tatsächlich dem bewaffneten Kampf an. Die große Mehrheit distanzierte sich nach dem Auseinanderbrechen der Gruppe von den radikalen Auswüchsen des Projektes – nicht jedoch von den Grundzügen des therapeutischen Konzeptes. Viele wurden später selbst als Therapeutinnen und Therapeuten tätig und sind es zum Teil bis heute.[84]

Fazit: Die „Enttäuschungsvereisung" des SPK

Das Sozialistische Patientenkollektiv gründete auf der Annahme, dass Krankheit ein Ausdruck der konstatierten kapitalistischen Herrschaftsverhältnisse sei, die es dementsprechend zu bekämpfen gelte. Darauf basierend schufen Wolfgang Huber

---

[81] Sozialistisches Patientenkollektiv, Patienten-Info Nr. 7, 14. 7. 1970, abgedruckt in: ebenda, S. 27–30, hier S. 30.
[82] O. V., Wissenschaftliche Darstellung der laufenden Arbeit des SPK, undatiert, abgedruckt in: Dokumentation 2, S. 196–225, hier S. 212.
[83] O. V., Konzept (wie Anm. 70), S. 36. Vgl. dazu Herfried Münkler, Guerillakrieg und Terrorismus. Begriffliche Unklarheit mit politischen Folgen, in: Wolfgang Kraushaar (Hrsg.), Die RAF und der linke Terrorismus. Bd. 1, Hamburg 2006, S. 78–102, hier S. 94 f.
[84] Vgl. Pross, Verderben, S. 440–461.

und die ihn umgebenden Studierenden und psychisch Erkrankten ein umfassendes Weltbild, indem sie sich eklektizistisch des Marx'schen Entfremdungsbegriffs, der Programmatik der RAF und anderer Ideenwelten bedienten. Charakteristisch für diese Ideologie war, dass das SPK die anderen zeitgenössischen Akteure und Akteursgruppen manichäisch in Freund oder Feind unterschied. So zählte das Patientenkollektiv die Universität, verstanden als kapitalistische Institution, zu seinen Feindinnen und entwickelte in seiner zunehmenden Isolierung ein avantgardistisches Selbstbild, das eine Zusammenarbeit mit der studentischen Linken ausschloss und diese ebenfalls der Gegenseite zurechnete.

Dieses radikal dualistische Weltbild dominierte den Erwartungshorizont des SPK und bildete nach Popitz die enttäuschungsoffene Basisprämisse des Kollektivs: Nach deren Logik war von den vermeintlichen Feinden kein Verständnis zu erwarten; die Forderungen nach ideeller und materieller Unterstützung konnten nur unerfüllt bleiben. Indem das Patientenkollektiv die Universitätsleitung bewusst provozierte, seine Forderungen erhöhte und sich gleichzeitig von der studentischen Linken isolierte, verhinderte es, dass diese Basisprämisse widerlegt wurde. Schließlich hätten im Umkehrschluss ein Kompromiss und damit eine partielle Förderung durch die Universität oder eine partnerschaftliche Zusammenarbeit mit der studentischen Linken bedeutet, dass man seine Feind- und Fremdbilder hätte hinterfragen und relativieren müssen. Die zunehmende Isolation begünstigte, dass das Kollektiv mittels Selbstagitation und Diskriminierung des Zweiflers ein Zerrbild der Realität entwickeln konnte, dass die beschriebene Erwartungsvereisung möglich machte.

Bedeutete diese im Falle der von Popitz untersuchten Gruppen, enttäuschende Erfahrungen umzudeuten und zu vermeiden, so führte das Patientenkollektiv bewusst „Enttäuschungen" herbei, um die gruppenspezifischen Erwartungen bestätigt zu finden. Wenngleich die Bedingungen dafür, dass seine Forderungen nicht erfüllt wurden, stets auch vom SPK selbst geschaffen worden waren, wusste es seine Enttäuschung darüber zum Ausdruck zu bringen und als Argument dafür zu nutzen, dass das eigene Feind- und Weltbild richtig sei, und stärkte so den Zusammenhalt der Mitglieder. Während es also andere zeitgenössische Initiativen vor Herausforderungen stellte, von seinem Umfeld enttäuscht zu werden, waren die hier beschriebenen erwarteten Enttäuschungen für das Sozialistische Patientenkollektiv konstitutiv, da diese seine identitätsstiftende Außenseiterrolle und sein gruppeninternes Weltbild festigten. Frei nach Popitz kann diese „Enttäuschungsvereisung" als Hauptgrund für das Scheitern des Sozialistischen Patientenkollektivs Heidelberg angesehen werden, da eine Autarkie des Projektes nicht möglich war. Weiterhin bildete sie den Ausgangspunkt dafür, dass sich manche Mitglieder bis hin zur Militanz radikalisierten – und bewirkte so, dass die progressiven therapeutischen Ansätze des Projekts bis heute stigmatisiert werden.

Konrad Sziedat

Umbrüche „nach dem Boom" in den Lebenswegen westdeutscher Linker

Blickt man auf die (west-)deutsche Linke, so trifft man vielfach auf Akteure, die sich nicht nur als Internationalisten verstanden, sondern sich auch stark in Auseinandersetzung mit dem sowjetischen und ostdeutschen Modell definierten – ob nun in Identifikation oder Ablehnung. Die Geschichte der bundesrepublikanischen Linken lässt sich folglich kaum in einer Perspektive fassen, die sich an nationalen Grenzen orientiert oder allein auf den „Westen" bezieht. Schließlich gehört sie in die Jahrzehnte des „Kalten Krieges", in denen die binäre Polarisation der Systemauseinandersetzung nicht nur zur Positionierung innerhalb eines Freund-Feind-Schemas anhielt, sondern auch prägend in die Denk- und damit Erwartungshorizonte der Akteure einging.[1] Insofern können zeitgenössische Wahrnehmungen des „Ostblocks" und der Veränderungen dort, macht man sie zum Forschungsgegenstand, weiterführend Aufschluss geben – auch und gerade über die Hoffnungen westdeutscher Linker für ihr Handeln im eigenen Land. Denn diese Hoffnungen waren prinzipiell eingebettet in Erwartungshorizonte von europäischer und tendenziell globaler Reichweite.

Wenn der vorliegende Beitrag aus dieser Perspektive auf Umbrüche „nach dem Boom"[2] blickt, dann sind damit zwei Zäsuren der jüngsten Zeitgeschichte angesprochen: erstens die „Umbrüche in die Gegenwart", die Frank Bösch um das Jahr 1979 herum ausgemacht hat,[3] und zweitens die Systemtransformationen im sowjetischen Machtbereich etwa zehn Jahre später, die das Ende des „Ost-West-Konflikts" markieren.[4] Beiden Zäsuren lässt sich, so die These, jeweils ein tiefgreifender Wandel auch der westlichen Linken zuordnen. Im Folgenden soll gezeigt werden, dass mit beiden Zäsuren deshalb entscheidend auch Erwartungstransformationen zu verbinden sind. Abschließend wird diskutiert, wie westdeutsche Lin-

---

[1] Zur diskursiven Konstruktion von Grenzziehungen (und Außerhalbstellungen) mittels geographischer Bezeichnungen wie „Osten" und „Westen" vgl. Philipp Sarasin, Die Grenze des „Abendlandes" als Diskursmuster im Kalten Krieg. Eine Skizze, in: David Eugster/Sibylle Marti (Hrsg.), Das Imaginäre des Kalten Krieges. Beiträge zu einer Wissens- und Kulturgeschichte des Ost-West-Konflikts in Europa, Essen 2015, S. 19–44.

[2] Vgl. Anselm Doering-Manteuffel/Lutz Raphael, Nach dem Boom. Perspektiven auf die Zeitgeschichte seit 1970, Göttingen 2008; vgl. auch Thomas Schlemmer, Der diskrete Charme der Unsicherheit. Einleitende Bemerkungen, in: ders./Morten Reitmayer (Hrsg.), Die Anfänge der Gegenwart. Umbrüche in Westeuropa nach dem Boom, München 2014, S. 7–12.

[3] Frank Bösch, Umbrüche in die Gegenwart. Globale Ereignisse und Krisenreaktionen um 1979, in: Zeithistorische Forschungen 9 (2012), H. 1, S. 8–32; ausführlicher ders., Zeitenwende 1979. Als die Welt von heute begann, München 2019.

[4] Hierzu einordnend Andreas Wirsching, Demokratie und Globalisierung. Europa seit 1989, München 2015, S. 15–72.

ke mit diesen Erwartungstransformationen in ihren biografischen Selbsterzählungen umgingen.

Gemeinsame Solidaritätsarbeit

Im Zentrum steht dabei eine heterogene Gruppe von Akteuren, die trotz aller Differenzen eines verbindet: Sie alle unterstützten in den frühen 1980er Jahren die Initiative Solidarität mit Solidarność. Diese Hilfskampagne ist bislang kaum untersucht,[5] obwohl sie für die unabhängige Gewerkschaftsbewegung in Polen Anfang der 1980er Jahre die „wichtigste Unterstützung"[6] aus der Bundesrepublik bedeutete. Initiatoren waren die beiden linkssozialistischen Gewerkschafter Heinz Brandt und Jakob Moneta. Zu den Unterstützern gehörten Iring Fetscher, Peter von Oertzen und Carola Stern vom linken Flügel der SPD ebenso wie damalige oder spätere Führungsfiguren der Grünen, beispielsweise Joschka Fischer, Petra Kelly, Otto Schily und Antje Vollmer – aber auch undogmatische Linke vom Sozialistischen Büro, trotzkistische Gruppen und der maoistische KBW (Kommunistischer Bund Westdeutschland).[7] Solidarität mit Solidarność kann somit als Plattform eines „weitläufig noch immer links orientierten"[8] Unterstützerspektrums gelten, das unterschiedlichste Vertreter der „alten" und der „Neuen" Linken Anfang der 1980er Jahre miteinander verband. Die Mitwirkung (teils ehemaliger) DDR-Intellektueller wie Wolf Biermann, Rudolf Bahro und Stefan Heym verweist darüber hinaus auf die deutsch-deutsche Dimension der Kampagne.[9]

---

[5] Die Initiative wird stets nur kurz erwähnt, so bei Natalie Bégin, Kontakte zwischen Gewerkschaften in Ost und West. Die Auswirkungen von Solidarność in Deutschland und Frankreich. Ein Vergleich, in: AfS 45 (2005), S. 293–324, hier S. 299; Andrea Genest, Die Solidarność aus deutscher Perspektive, in: Potsdamer Bulletin für Zeithistorische Studien 34–35 (2005), S. 17–22, hier S. 19; Gerd Koenen, Von 1968 nach 1989 und zurück. Osteuropa und die westdeutsche Neue Linke, in: Osteuropa 58 (2008), H. 7, S. 5–16, hier S. 5 f. u. 15; ders., Zeitsprünge, Gedankensprünge. Betrachtungen zur Weltgeschichte der letzten dreißig Jahre. Aus Anlass des Abschieds von der Kommune, in: Kommune 30 (2012), H. 6, S. 142–149, hier S. 142 f.; ders., Das rote Jahrzehnt. Unsere kleine deutsche Kulturrevolution, 1967–1977, Frankfurt am Main 2001, bes. S. 494; am ausführlichsten noch bei Friedhelm Boll, Zwischen politischer Zurückhaltung und humanitärer Hilfe. Der Deutsche Gewerkschaftsbund und Solidarinosć 1980–1982, in: Ursula Bitzegeio/Anja Kruke/Meik Woyke (Hrsg.), Solidargemeinschaft und Erinnerungskultur im 20. Jahrhundert. Beiträge zu Gewerkschaften, Nationalsozialismus und Geschichtspolitik, Bonn 2009, S. 199–218, hier S. 205–207.
[6] Genest, Die Solidarność aus deutscher Perspektive, S. 19.
[7] Vgl. Archiv der Forschungsstelle Osteuropa an der Universität Bremen (künftig: FSO), HA-PL: Gp, Solidarität mit Solidarność, W. M. [wohl Werner Mackenbach], Wichtiger Schritt zur gemeinsamen Solidaritätsbewegung, in: Informationsbulletin Solidarität mit Solidarność, Nr. 1 (1981), S. 14.
[8] Koenen, Von 1968 nach 1989 und zurück, S. 15.
[9] Biermann und Bahro waren Erstunterzeichner des Gründungsaufrufs der Initiative, vgl. Solidarität mit Solidarnosc, in: Peter Bartelheimer (Hrsg.), Gewerkschafter fordern: Solidarität mit Solidarność. Reiseberichte, Interviews, Dokumente, Frankfurt am Main 1981, S. 5–8, hier S. 8. Heym wirkte an der zentralen Friedensveranstaltung der DGB-Jugend am Karfreitag 1982 mit, die ein „Benefiz-Konzert [Biermanns] für Solidarność" umfasste und deren Erlös an Soli-

Hauptziel der Initiative war es, den Deutschen Gewerkschaftsbund zu einer offeneren Unterstützung der Solidarność zu bewegen.[10] Gleichzeitig sammelte man Spenden und Hilfsgüter, die man auf teils konspirativen Wegen nach Polen brachte.[11] Auch schrieben prominente Unterstützer einen Brief an die sowjetische Führung, um diese von einer Intervention in Polen abzuhalten.[12] Mobilisierender Leitbegriff der Initiative war die „sozialistische Demokratie".[13] Den Aktivisten diente er zur Distanzierung sowohl von der orthodoxen DKP, die die Solidarność als „konterrevolutionär" verurteilte,[14] als auch von konservativen „Kräften", denen man das Recht absprach, sich hinter Solidarność zu stellen.[15] Der Begriff indizierte zudem Distanz sowohl zu den Regimes des sowjetischen Machtbereichs als auch zur – als kapitalistisch verstandenen – Gesellschaft der Bundesrepublik. So hieß es im Gründungsaufruf der Initiative:

> „Viele Rechte, die Solidarnosc heute wahrnimmt, wie Kontrollrechte in den Betrieben und gegenüber Verwaltung und Wirtschaftsplanung, aber auch uneingeschränktes Streikrecht und Schutz vor Aussperrung, sind in den kapitalistischen Ländern des ‚freien Westens' keineswegs selbstverständlich. Solidarnosc ist für uns auch ein Beispiel sozialistischer Demokratie. Daher: Solidarität mit Solidarnosc!"[16]

Damit lässt sich ein nicht näher bestimmtes Drittes, das eine Alternative zu den bestehenden Verhältnissen in „Ost" und „West" weisen sollte, als Horizont der gemeinsamen Hoffnungen herausarbeiten. Unter dem Leitbegriff der „sozialistischen Demokratie" hofften die Aktivisten auf Veränderungen in beiden Teilen Europas, die sich gegenseitig stimulieren sollten. Die Erwartungen, die ihrer Solidarität mit Solidarność zugrunde lagen, richteten sich somit auf verflochtene Transformationen in Ost und West. Hierin liegt ein Teil der Antwort auf die Frage, woraus sich das Engagement für die polnischen Gewerkschaftsbewegung speiste:

---

darität mit Solidarność ging, vgl. FSO, HA-PL: dok, Solidarität mit Solidarność, Plakat „Ostern '82: Für Frieden durch Abrüstung, Solidarität mit allen unterdrückten Völkern, und deshalb auch: Solidarität mit Polen", undat.

[10] Vgl. Gründungsaufruf „Solidarität mit Solidarnosc", S. 6; sowie marke, Gewerkschaftliche Polen-Solidarität: Halbherzig, bürokratisch, humanitär, in: taz, 15. 1. 1982, S. 4. Zum Humanitarismus in Abgrenzung zum Menschenrechtsdiskurs vgl. Jan Eckel, Die Ambivalenz des Guten. Menschenrechte in der internationalen Politik seit den 1940ern, Göttingen 2015, S. 244–247.

[11] Vgl. etwa APO-Archiv der FU Berlin, S 975, Flugblatt „Solidarität mit Solidarność", o. O. [Marburg], o. D., S. 4.

[12] Vgl. Offenes Antwortschreiben auf den Brief der KPdSU an die polnische Führung von den Unterstützern des Aufrufs „Solidarität mit Solidarnosc", 14. 7. 1981, in: Sozialdemokratischer Pressedienst 36 (1981), H. 130, S. 6–8. Unterzeichnet hatten den Brief Heinz Brandt, Peter Brandt, Ingeborg Drewitz, Ossip K. Flechtheim, Helmut Gollwitzer, Jakob Moneta und Peter von Oertzen.

[13] Dies, obwohl der Begriff sich auch im legitimatorischen Sprachgebrauch etwa des SED-Regimes findet; vgl. Birgit Wolf, Sprache in der DDR. Ein Wörterbuch, Berlin u. a. 2000, S. 208.

[14] Vgl. z. B. Volker Einhorn/Gero von Randow, Polen in der Zerreißprobe, Dortmund 1982, S. 155.

[15] Gemeint waren primär die Unionsparteien, denen die Initiative vorwarf, die territoriale Integrität Polens infrage zu stellen; vgl. FSO, HA-PL: Gp, Gemeinsame Erklärung der Konferenz, in: Informationsbulletin Solidarität mit Solidarność, Nr. 1 (1981), S. 14.

[16] Gründungsaufruf „Solidarität mit Solidarnosc", S. 6.

Wenn sie auf verflochtene Transformationen in Ost und West hofften, mussten Veränderungen im eigenen Land direkt von der Entwicklung in Staaten wie Polen abhängen. Die Bundesrepublik umzugestalten, setzte damit voraus, auch Wandlungen im sowjetischen Machtbereich zu unterstützen. (Dass die damit verbundenen Hoffnungen letztlich enttäuscht wurden, liegt auf der Hand und soll hier nicht weiter vertieft werden.)

Erwartungstransformationen

Entscheidend ist, dass an diesen gemeinsamen Hoffnungen bereits erste (biografische) Erwartungstransformationen deutlich werden. Denn ein Teil der Solidarność-Unterstützer stammte wie erwähnt aus der maoistischen ML-Bewegung, die zu ihren Idolen nicht nur Marx und Mao, sondern auch Lenin und Stalin zählte. (Ablehnung fand bei ihr dagegen Chruschtschow, der die Oktoberrevolution verraten und die Sowjetunion auf den Weg eines „Staatskapitalismus" geführt habe; stattdessen orientierte man sich am chinesischen Modell.[17]) Eine Solidarisierung mit Solidarność mochte Maoisten zwar insofern leicht fallen, als die – von ihnen abgelehnten – Regimes im sowjetischen Machtbereich hier mit einer Protestbewegung konfrontiert schienen, deren Stilisierung zum Subjekt einer „Revolution"[18] mit maoistischen Dogmen durchaus harmonierte. Dennoch ist es erklärungsbedürftig, dass sich Maoisten an einer gemeinsamen Initiative mit Sozialdemokraten, Trotzkisten, Grünen und undogmatischen Linken beteiligten. Es lässt sich wohl auch als Ausdruck jenes Erosionsprozesses verstehen, den die westdeutsche ML-Bewegung bereits seit Ende der 1970er Jahre durchlief.[19] Dieser Erosionsprozess ist als Teil eines tiefgreifenden Wandels der westdeutschen Linken insgesamt aufzufassen,[20] der wiederum mit jenen eingangs angesprochenen „Umbrüchen in die Gegenwart" zusammenfällt, die Frank Bösch um das Jahr 1979 herum ausgemacht hat.[21] Die Verflochtenheit globaler Entwicklungen existierte insofern nicht nur in der Vorstellung der Solidarność-Unterstützer. Sie lässt sich vielmehr auch an diversen Wandlungsprozessen beobachten, die zumindest temporal konvergierten.

---

[17] Vgl. Andreas Kühn, Stalins Enkel, Maos Söhne. Die Lebenswelt der K-Gruppen in der Bundesrepublik der 70er Jahre, Frankfurt am Main/New York 2005, S. 101–136, besonders S. 107–116.

[18] So vielfach die Einordnung der polnischen Entwicklung im Kreis von Solidarität mit Solidarność, etwa bei Ralf Fücks, Vergesellschaftung, Selbstverwaltung, Pluralismus. Sozialistische Umgestaltung des „realen Sozialismus", in: Moderne Zeiten 11–12 (1981), S. 35–40, hier S. 40.

[19] Vgl. hierzu Kühn, Stalins Enkel, Maos Söhne, S. 261–286; autobiografisch Koenen, Das rote Jahrzehnt.

[20] Vgl. zu diesem Wandel insbesondere Michael März, Linker Protest nach dem Deutschen Herbst. Eine Geschichte des linken Spektrums im Schatten des „starken Staates", 1977–1979, Bielefeld 2012; Silke Mende, „Nicht rechts, nicht links, sondern vorn". Eine Geschichte der Gründungsgrünen, München 2011.

[21] Vgl. Bösch, Umbrüche in die Gegenwart.

Den genannten Erwartungstransformationen soll im Folgenden lediglich am Beispiel zweier Aktivisten nachgegangen werden. Die Wahl fällt, erstens, auf Ralf Fücks, der für individuelle Absetzbewegungen auf dem Weg aus dem Maoismus steht. Fücks war – politisch sozialisiert in der Studentenbewegung – in den 1970er Jahren Mitglied im maoistischen KBW; von 1997 bis 2017 leitete er die Grünennahen Heinrich-Böll-Stiftung. Bereits Ende der 1970er Jahre war er wegen seiner „Stalinismuskritik" aus dem KBW ausgeschlossen und bei den Komitees für Demokratie und Sozialismus aktiv geworden. Diese suchten dem niedergehenden Maoismus ab 1979 eine neue „Plattform" zu bieten.[22] Für die Zeitschrift der Komitees und für das von ihm mitgegründete Periodikum „Moderne Zeiten" kommentierte Fücks Anfang der 1980er Jahre auch die Vorgänge in Polen. Die unabhängige Gewerkschaftsbewegung sah er dabei auf einem „3. Weg jenseits von Kapitalismus und irrealem Sozialismus", der jedoch keineswegs eine Abkehr vom Sozialismus (wie Fücks ihn verstand), sondern eine „sozialistische Umgestaltung" des „irrealen Sozialismus" bedeute.[23] Mit dieser Erwartung lag er einerseits auf der Linie der Initiative Solidarität mit Solidarność, die ja ebenfalls eine Alternative zu den bestehenden Verhältnissen in „Ost" wie „West" erhoffte. Andererseits bediente er sich mit dem „dritten Weg" ausdrücklich eines Begriffs, der in der Gründungsphase der Grünen eine wichtige Rolle spielte.[24] Auf die komplexe Ideen- und Begriffsgeschichte des „dritten Weges" – oder „dritter Wege" im Plural[25] – kann hier nicht näher eingegangen werden. Festzuhalten ist aber, dass damit ein Leitkonzept angesprochen war, das Fücks auch nach dem Ende von Solidarität mit Solidarność bei den Grünen weiterhin propagierte.

Denn Ende der 1980er Jahre, unter dem Eindruck Gorbatschows, plante Fücks mit Unterstützung der Grünen-Bundestagsfraktion einen großen Perestrojka-Kongreß, der der „Suche nach dritten Wegen"[26] in Europa gelten sollte und mit eintausend Teilnehmern[27] als „‚Highlight' der Grünen im Bundestagswahljahr"[28] 1990 gedacht war. Die Planungen konnten jedoch mit dem rasanten mittel- und osteuropäischen Umbruch nicht schritthalten und der Kongress musste letztlich

---

[22] APO-Archiv der FU Berlin, S 462, W. M., [Vorwort], in: Dokumente der Konferenz über Komitees für Demokratie und Sozialismus, Mannheim, Ostern 1979, S. 2 f., hier S. 2.
[23] Fücks, Vergesellschaftung, S. 40.
[24] Vgl. Mende, Geschichte, S. 141–145.
[25] Vgl. hierzu grundlegend die Beiträge in Dominik Geppert/Udo Wengst (Hrsg.), Neutralität – Chance oder Chimäre? Konzepte des dritten Weges für Deutschland und die Welt 1945–1990, München 2005; speziell mit Blick auf den Umbruch 1989/90 vgl. Martin Sabrow, Der vergessene „Dritte Weg", in: APuZ 60 (2010), H. 11, S. 6–13.
[26] Archiv Grünes Gedächtnis (künftig: AGG), B.II.3 1035, Rundbrief von Ralf Fücks, 12. 12. 1989.
[27] AGG, B.II.1 2278, Protokoll der Sitzung der Vorbereitungsgruppe Perestroika-Kongress am 10. Oktober 1989, S. 4.
[28] So Gerd Nowakowski, Von Perestroika wollen die Grünen nichts wissen, in: taz, 21. 4. 1990, S. 4.

abgesagt werden.[29] Anfang der 1990er Jahre verabschiedete sich Fücks denn auch vom „dritten Weg". Mit geradezu ironischem Unterton monierte er jetzt, die Grünen hätten sich 1989/90 „an die Kopfgeburt des ‚Dritten Weges'" geklammert, zumal wo ihn „ausgerechnet die ökonomisch, politisch und moralisch ruinierte DDR gehen sollte". Demgegenüber empfahl er seiner Partei nun eine Rückbesinnung auf ihr Gründungsmotto: „Nicht rechts, nicht links, sondern vorn".[30] Dies markiert eine erneute Erwartungstransformation.

Wir haben es bei Fücks also mit einem Aktivisten zunächst im Übergang vom Maoismus zu den Grünen zu tun, der sich um 1979 von marxistisch-leninistischen Dogmen löste und sich in der Solidarność-Solidarität der Suche nach Alternativen zu „Kapitalismus" und „irrealem Sozialismus" anschloss. Dies stellt, wie erwähnt, die erste (biografische) Erwartungstransformation dar. An der Suche nach einem „dritten Weg" hielt Fücks bis Ende der 1980er Jahre fest, wenngleich er in dieser Zeit bereits eher zu den „Realpolitikern" innerhalb der Grünen zählte und der Gebrauch des Begriffs durchaus Veränderungen erlebte. Dass Fücks sich dann nach dem Zusammenbruch des „real existierenden Sozialismus" vom „dritten Weg" löste, markiert demgegenüber eine erneute Erwartungstransformation. Wenn diese erneute Erwartungstransformation mit der Zäsur von 1989 zusammenfällt, so bedeutet das, sie später zu datieren als dies in der Forschung üblicherweise mit der Integration vieler Ex-68er in die bundesrepublikanische Politik (aus primär innenpolitischer Sicht) geschieht.[31] Den Blick westdeutscher Linker nach Osten zum Forschungsgegenstand zu machen, verdeutlicht somit die Zählebigkeit von Erwartungshorizonten, die im Falle Fücks' durchaus maoistische Residuen erkennen lassen und eben erst mit der Zäsur um 1989 weitgehend abschmolzen.

Dass sich Fücks anschließend im Modus der Ironie von seinen früheren Erwartungen absetzte („Kopfgeburt des dritten Weges, den ausgerechnet die DDR gehen sollte"), darf dabei wohl durchaus als symptomatisch gelten. Denn eine humoristische Selbstdistanzierung von früheren Erwartungshorizonten scheint ein narratives Mittel zu sein, dessen sich Linke und ehemalige Linke nach historischen Umbrüchen häufig bedienten (und bedienen). Ralf Fücks tut dies heute vor allem mit Blick auf seine erste Konversion um 1979. So erklärte er vor einigen Jahren in einem Interview, im KBW habe er „nochmal Weltrevolution spielen" wollen, was aber durchaus „ernster gemeint" gewesen sei. Wie in einem „Kostümfest", verkleidet etwa als kommunistische Arbeiter der zwanziger Jahre, hätten die Maoisten

---

[29] Vgl. zu diesem gescheiterten Kongress auch die kursorischen Bemerkungen bei Hermann Wentker, Die Grünen und Gorbatschow. Metamorphosen einer komplexen Beziehung 1985 bis 1990, in: VfZ 62 (2014), S. 481–514, hier S. 507–509.
[30] Ralf Fücks, Ökologie und Bürgerrechte, in: ders. (Hrsg.), Sind die Grünen noch zu retten? Anstöße von Ulrich Beck, Reinbek bei Hamburg 1991, S. 33–43, hier S. 33 und 35.
[31] Vgl. etwa Jeanette Seiffert, Marsch durch die Institutionen? Die „68er" in der SPD, Bonn 2009. Als lokale Fallstudie, die die Integration von Teilen der „68er" in den 1970er Jahren datiert, vgl. bilanzierend Manfred Kittel, Marsch durch die Institutionen? Politik und Kultur in Frankfurt am Main nach 1968, München 2011, S. 459 f.

Klassenkampf letztlich mehr simuliert als tatsächlich praktiziert.³² Solche theatralen Metaphern („Revolution spielen" etc.) ironisieren früheres Handeln, überführen die eigene Biografie in einen halbernsten Raum und ermöglichen es, vergangene Erwartungstransformationen zu überbrücken. Damit erlauben sie es, sich nach historischen Umbrüchen unter veränderten Kommunikationsbedingungen in neue Erwartungsgemeinschaften einzuschreiben. Zentral scheint dabei zu sein, dass sich der Betreffende zunächst aus alten Erwartungsgemeinschaften sozusagen hinausschreibt.

Erwartungsstabilisierung

Ein deutlich abweichendes Bild ergibt sich – und dies ist das zweite Beispiel – bei einem weiteren Unterstützer von Solidarität mit Solidarność. Es handelt sich um Peter von Oertzen vom linken Flügel der SPD (sozialisiert in nationalsozialistischer Zeit und in den Nachkriegsjahren zur SPD gestoßen).³³ Von Oertzen, der über sich selbst meinte: „Wenn man mich einen Marxisten nennt, widerspreche ich nicht; aber ich halte die libertären Traditionen des Sozialismus (Anarchismus, Syndikalismus, Rätesozialismus) für ebenso wichtig",³⁴ galt als „Mentor der linken Sozialdemokraten"³⁵ – nicht zuletzt im Parteivorstand, dem er bis in die 1990er Jahre hinein angehörte. Er engagierte sich wiederholt für Dissidenten im Ostblock,³⁶ so bereits im Kontext des Bahro-Kongresses Ende der 1970er Jahre.³⁷ Innerhalb seiner Partei setzte er sich für eine „stärkere Unterstützung der ,demokratischen und sozialistischen Opposition' in der DDR" ein, wie die DDR-Staatssicherheit ausgangs der 1970er Jahre registrierte.³⁸ Dem MfS galt von Oertzen deshalb als „böswilliger Antikommunist", der im Ostblock die „oppositionellen und antikommunistischen Kräfte stärken und ermutigen" wolle.³⁹ Bei Solidarität mit

---

32 Frank A. Meyer, Vis-a-vis: Ralf Fücks. Vorstand der Heinrich-Böll-Stiftung, 3SAT, 28. 4. 2014, http://www.3sat.de/mediathek/?mode=play&obj=45129 (13. 7. 2015), 00:14:40–00:16:00.
33 Zur Biografie von Oertzen vgl. Philipp Kufferath, Peter von Oertzen (1924–2008). Eine politische und intellektuelle Biographie, Göttingen 2017; Wolfgang Jüttner/Gabriele Andretta/Stefan Schostok (Hrsg.), Politik für die Sozialdemokratie. Erinnerung an Peter von Oertzen, Berlin 2009; Jürgen Seifert u. a. (Hrsg.), Soziale oder sozialistische Demokratie? Beiträge zur Geschichte der Linken in der Bundesrepublik. Freundesgabe für Peter von Oertzen zum 65. Geburtstag, Marburg 1989; Max Reinhardt, Aufstieg und Krise der SPD. Flügel und Repräsentanten einer pluralisierten Volkspartei, Baden-Baden 2011, S. 233–282.
34 Universitätsarchiv der Gottfried Wilhelm Leibniz Universität Hannover (künftig: LUH), Akz. 2009/09, Sign. 48/1, Rundbrief von Peter von Oertzen, undat. (vermutlich Herbst 1989), Anlage „Persönliche Informationen".
35 Archiv der sozialen Demokratie (künftig: AdsD), Dep. Eppler, 1/EEAC000126, ppp Hintergrunddienst 41 (1990), 54 (19. 3. 1990), S. 2.
36 Vgl. Faulenbach, Das sozialdemokratische Jahrzehnt, S. 540.
37 Vgl. März, Linker Protest, S. 353 f.
38 BStU, HVA 82, Äußerungen des SPD-Vorstandsmitgliedes Peter von Oertzen zur Unterstützung „oppositioneller Kreise" in der DDR durch die SPD, S. 235 f., hier S. 236.
39 BStU, HVA 35, Information über die Zunahme rechter und antikommunistischer Aktivitäten in der SPD, 22. 1. 1985, S. 302–307, hier S. 306.

Solidarność fungierte von Oertzen neben Heinz Brandt, Ingeborg Drewitz, Jakob Moneta und Willi Scherer als einer der Schirmherren.[40]

Im deutsch-deutschen Umbruch plädierte auch von Oertzen für einen „dritten Weg" der DDR. Ende November 1989 suchte er deshalb einen Appell Linker aus Ost und West zu initiieren, der sich für eine „wahrhafte soziale Demokratie" aussprach, imaginiert als „antikapitalistisch, antifaschistisch, antibürokratisch, antiautoritär".[41] Zwar harmonierte dieser Appell nicht nur mit ähnlichen Hoffnungen vieler Grüner (siehe Fücks), sondern auch mit dem etwa zeitgleichen Aufruf „Für unser Land" von Christa Wolf und anderen in der DDR.[42] Doch blieb die Resonanz letztlich begrenzt.[43] Das Scheitern seines Appells – wie auch weiterer gemeinsamer Bemühungen Linker aus Ost und West – wiegt umso schwerer, als von Oertzen betont hatte, lang gehegte Hoffnungen stünden zur Disposition: „Wer wie ich sein ganzes Leben von einem dritten Weg zwischen Kapitalismus und Stalinismus geträumt hat, ist in der gegenwärtigen Lage vielleicht nicht so nüchtern, wie er sein sollte."[44]

Anders als Fücks sah von Oertzen nach dem Ende des „real existierenden Sozialismus" jedoch keinen Anlass, seine Erwartungen zu korrigieren. Hierdurch sah er sich Anfang der 1990er Jahre allerdings an den Rand gedrängt, worüber er sich nun wiederholt beklagte. Hatte er in den 1980er Jahren noch mit einem gewissen Erfolg „sozialistische Programm-Positionen"[45] im neuen SPD-Grundsatzprogramm verankern können,[46] musste er in einem Brief an Adam Michnik nun feststellen: „Wenn wir heute an den Ideen der wirklichen sozialistischen Linken [...] festhalten, stellt man uns mit unseren Todfeinden: den stalinistischen Politbürokraten [...] in eine Reihe."[47] Eben noch an der Programmfindung der SPD betei-

---

[40] Vgl. FSO, HA-PL: Gp, Solidarität mit Solidarność, Solidarität mit Solidarność: Pressemitteilung vom 16.12.1981, in: Informationsbulletin Solidarität mit Solidarność, Sonderausgabe, 16.12.1981, S. 3 f.
[41] AdsD, Dep. Iring Fetscher, 1/IFAA000067, Peter von Oertzen, Wann, wenn nicht jetzt? Plädoyer für einen dritten Weg, undatiertes Manuskript, übersandt mit einem Schreiben vom 23. November 1989, S. 16.
[42] Faksimile bei Bernd Lindner: Die demokratische Revolution in der DDR 1989/90, Bonn 1998, S. 188. Der Aufruf plädierte für eine eigenständige DDR als „sozialistische Alternative zur Bundesrepublik".
[43] Im Nachlass von Oertzens sind nur einzelne positive Reaktionen überliefert, so von Iring Fetscher und Peter Brandt aus der ehemaligen Solidarność-Solidarität. Vgl. LUH, Akz. 2009/09, Sign. 48/1, Iring Fetscher an Peter von Oertzen, 25.11.1989, und Sign. 22/1, Peter von Oertzen: Wann, wenn nicht jetzt?, Plädoyer für einen dritten Weg, undatiertes Manuskript, von Peter Brandt mit handschriftlichen Kommentaren zurückgesandte Fassung; dort auf S. 16 der Kommentar: „Einverstanden".
[44] AdsD, Dep. Iring Fetscher, 1/IFAA000067, Rundschreiben Peter von Oertzen, 23.11.1989, S. 1.
[45] Thomas Meyer, Im Kampf um sozialistische Programm-Positionen. Peter von Oertzen als sozialdemokratischer Programmatiker, in: Jürgen Seifert/Heinz Thörmer/Klaus Wettig (Hrsg.), Soziale oder sozialistische Demokratie? Beiträge zur Geschichte der Linken in der Bundesrepublik. Freundesgabe für Peter von Oertzen zum 65. Geburtstag, Marburg 1989, S. 204–214.
[46] Vgl. Kufferath, Peter von Oertzen, S. 580.
[47] LUH, Akz. 2009/09, Sign. 48/1, Peter von Oertzen an Adam Michnik, 3.3.1994.

ligt, sah er sich Anfang der 1990er Jahre in einen „alten und uninteressant gewordenen Mann" verwandelt und berichtete Freunden von seinen Schwierigkeiten, „nicht zu resignieren oder zu verbittern".[48]

Mit Peter von Oertzen greifen wir folglich einen Politiker, der seine Hoffnungen über die beiden Zäsuren von ca. 1979 und ca. 1989 hinweg wiederholt zu stabilisieren suchte – der sich jedoch gerade dadurch zuletzt in einer Minderheitenposition und seiner politischen Wirkungsmöglichkeiten weitgehend beraubt fand. Seine Äußerungen hierzu lassen sich als „Kontinuitätsbemühungen im Modus autobiographischen Erzählens" verstehen und dem „Schreibhabitus des Aus-der-Zeit-Gefallen-Seins"[49] zuordnen (siehe das Wort vom „alten und uninteressant gewordenen Mann"). Hieran zeigt sich deutlich, dass Erwartungsstabilisierung zu Marginalisierung führen konnte, wenn gleichzeitig andere Akteure Erwartungstransformationen vollzogen. Erwartungstransformationen wirkten sich damit gerade auch auf jene aus, die sich gegen sie zu sperren suchten. Denn sie veränderten die Kommunikationsbedingungen in einer Weise, dass bestimmte frühere Erwartungen kaum noch anschlussfähig schienen – und verschoben damit auch die „Grenzen des Sagbaren".[50]

Fazit

Die Geschichte (eines wichtigen Teils) der westdeutschen Linken „nach dem Boom" lässt sich aufs Engste mit den beiden Umbrüchen von ca. 1979 und ca. 1989 und mit den jeweiligen Wandlungen im sowjetischen Machtbereich verknüpfen. Hieraus ergibt sich, dass diese Wandlungen nicht nur den „Osten" betrafen, sondern auch Perzeptions- und Erwartungsgruppen, die auf den „Osten" blickten (und dies gilt nicht nur für DKP-Anhänger, die sich mit den Regimes im „Ostblock" identifizierten, sondern auch für Ostblockkritiker wie die Aktivisten von Solidarität mit Solidarność). Die genannten Zäsuren gingen insofern, zweitens, mit Erwartungstransformationen einher, die jeweils auch die Bedingungen politischer Kommunikation im „Westen" veränderten. Damit forderten sie Anpassungsleistungen auch von Akteuren, die ihre Erwartungen nicht korrigieren mochten. Wer diese Anpassungsleistungen vollzog, gewährleistete Anschlusskommunikation und bewahrte oder erschloss politische Wirkungsmöglichkeiten, stand dafür aber vor dem Problem, seinen Lebensweg als folgerichtigen Lernprozess darstellen zu müssen. Hierbei konnte, wie der Fall Fücks zeigt, eine selbstiro-

---

[48] LUH, Akz. 2009/09, Sign. 48/4, Peter von Oertzen an Wolf-Dieter Narr, 1. 4. 1994.
[49] Volker Depkat, Lebenswenden und Zeitenwenden. Deutsche Politiker und die Erfahrungen des 20. Jahrhunderts, München 2007, S. 512 f.
[50] Vgl. hierzu klassisch Willibald Steinmetz, Das Sagbare und das Machbare. Zum Wandel politischer Handlungsspielräume – England 1780–1867, Stuttgart 1993; zum Ansatz der *political languages* die Beiträge in ders. (Hrsg.), Political Languages in the Age of Extremes, Oxford u. a. 2011.

nische Distanzierung von früheren Erwartungshorizonten helfen. Peter von Oertzen konnte demgegenüber zwar einen geraderen Lebensweg erzählen (weil stabilere Erwartungen vorweisen), geriet jedoch zugleich politisch ins Abseits. Dieser Befund liegt nun allerdings, drittens, quer zu Martin Sabrows Beobachtung, dass in der Memoirenliteratur ostdeutscher Provenienz nach 1989 umgekehrt nicht die Konversionsbiografien, sondern die Kontinuitätsbiografien häufiger und beim Publikum akzeptierter waren.[51] Es bleibt insofern für jedes Fallbeispiel individuell zu klären, unter welchen Bedingungen Selbsterzählungen nach Zäsuren eher anschlussfähig waren: wenn sie sich (etwa selbstironisch) gebrochen präsentierten, oder aber, wenn sie auf Kontinuitäten abstellten.

---

[51] Martin Sabrow, Zäsuren in der Zeitgeschichte, Version: 1.0, in: Docupedia-Zeitgeschichte, 3. 6. 2013, http://docupedia.de/zg/sabrow_zaesuren_v1_de_2013 (13. 1. 2016).

Martin Sabrow

Erich Honecker – vom Hoffnungsträger zum Enttäuschungssymbol

Enttäuschung in der DDR – eine phänomenologische Fehlanzeige?

Am Anfang einer begriffsgeschichtlichen Sondierung zum Stellenwert von Enttäuschung in der sozialistischen Sinnwelt steht notgedrungen eine ihrerseits enttäuschende Feststellung: Für die Frage nach emotionaler Entfremdung in der Systemkonkurrenz gibt der Blick auf Erich Honecker und die DDR der 1970er und 1980er Jahre wenig her. Dieser Befund hat vordergründig damit zu tun, dass an die Herrschaft Honeckers weder in Ost noch West besondere Erwartungen geknüpft wurden, die im Sinne einer Kollision positiver Erwartung mit negativer Erfahrung enttäuschbar gewesen wären.

Nicht zufällig wurde der die Generation der vor 1914 geborenen Altkommunisten modellhaft repräsentierende Erich Honecker, der fast zwei Jahrzehnte die deutsche Variante der kommunistischen Weltordnung repräsentierte, nach 1989 erst mit erheblicher Verspätung zum Gegenstand der wissenschaftlichen Biographie. Sachbuchautoren wie Norbert Pötzl konzentrierten ihr biographisches Interesse auf die Frage, wie „ein äußerlich so unscheinbarer Mensch, ein intellektuell überforderter und rhetorisch unbegabter Politiker die Machtfülle, die er besaß, erringen und über so viele Jahre sich erhalten [konnte]".[1]

Ähnlich nüchtern und erwartungsarm argumentierte aus der Perspektive des Zeitgenossen und Counterparts Helmut Schmidt: „Mir ist nie klar geworden, wie dieser mittelmäßige Mann sich an der Spitze des Politbüros so lange hat halten können."[2]

Der insoweit kaum als Projektionsfläche für Empfindungen der Enttäuschung taugende Honecker errang die Führungsmacht in der SED mit knapp sechzig Jahren, und es gelang ihm, ohne dass der Wechsel von Ulbricht zu ihm mit besonderen Hoffnungen verbunden war. Das *emotional regime* der Ära Honecker folgte weniger dem Paradigma von Enttäuschung und Vertrauensverlust als vielmehr dem der Überraschung und Genugtuung. Erstaunt notierten Beobachter, dass der hölzerne Phrasendrescher in kleiner Runde zu lebendigem Vortrag in der Lage war, dass der konservative Hardliner und Mauerbauer als neuer Generalsekretär von der Autokratie zur Kollektivität zurückkehrte, dass er vom Personenkult zur Bescheidenheit fand und von doktrinärer Härte zu einer pragmatischen Geschmeidigkeit, die mit Breschnew so gut konnte wie mit Strauß und sogar den

---

[1] Norbert F. Pötzl, Erich Honecker. Eine deutsche Biographie, Stuttgart/München 2002, S. 7.
[2] Helmut Schmidt, Weggefährten. Erinnerungen und Reflexionen, Berlin 1996, S. 505.

einstigen Renegaten und Todfeind Herbert Wehner zu seinem Freund erklärte. Der radikale Ansehensverlust, den Honecker in der finalen Krise des SED-Regimes erfuhr, verdeckt nur allzu leicht, dass Honecker Gesprächspartnern in der persönlichen Kommunikation mit einer unvermutet gewinnenden Ausstrahlung begegnen konnte. Zeitgenössische Urteile hingegen lauteten oft anders. Klaus Bölling erinnerte sich in seinen Memoiren, dass der ihm vorgesetzte FDJ-Chef Honecker im Sommer 1946 zwar nicht zu begeistern vermochte; „seine rednerischen Talente sind recht karg. Und doch schien er einen Teil seiner Zuhörer durch die eindringliche Art seiner Argumente zu beeindrucken."[3] Insbesondere die Erinnerungen des 1988 verstorbenen Franz Josef Strauß zeichnen ein Bild Honeckers, das noch ganz unbeeinflusst von Krise und Untergang der SED-Herrschaft war. Über seine erste Begegnung mit Honecker am 24. Juli 1983 im Jagdschloss Hubertusstock am Werbellinsee notierte er:

„Schon nach den ersten Sätzen war ich überrascht, nicht auf jene hölzerne Funktionärsmentalität zu treffen, die der Generalsekretär und Staatsratsvorsitzende bei seinen Fernsehauftritten vermittelt. [...] Honecker tritt nie aus seiner Rolle heraus, aber das Bild maskenhafter Starre, das man sich von ihm macht, stimmt nicht. Im Gegenteil, mein Gedankenaustausch mit ihm [...] war alles andere als eine Aneinanderreihung formelhafter Sprüche."[4]

Strauß berief sich sogar auf seine Frau, um den günstigen Eindruck, den Honecker auf ihn machte, durch ein aller politischen Fassadenkunst unverdächtiges Zeugnis zu unterstreichen:

„Meine Frau war Honeckers Tischnachbarin. Die beiden haben sich gut verstanden. Meine Frau, Schmeicheleien keineswegs zugänglich, war beeindruckt von seiner Wendigkeit, seiner Frische, seiner geistigen Reaktionsfähigkeit. Schade, daß er ein Kommunist ist, meinte sie hinterher. Und: ‚Das ist ein beeindruckendes Mannsbild.'"[5]

Ein zweiter Grund für die analytische Taubheit der Kategorie Enttäuschung im Falle Honeckers ergibt sich aus der Struktur des SED-Herrschaftssystems. Der Begriff Enttäuschung im Sinne von „einer Erwartung nicht entsprechen" setzt den Glauben an die übergreifende Geltungsordnung dieser Erwartung voraus, wie es klassisch für die Sicht einer ihrer selbst gewissen Wissenschaft der Physik Max Planck formulierte: „Auch eine Enttäuschung, wenn sie nur gründlich und endgültig ist, bedeutet einen Schritt vorwärts, und die mit der Resignation verbundenen Opfer würden reichlich aufgewogen werden durch den Gewinn an Schätzen neuer Erkenntnis."[6] Enttäuschung widerlegt Erwartungen und befreit zugleich von Täuschungen; als Falsifikation im Erkenntnisprozess bedeutet sie Gewinn durch Verlust und im menschlichen Umgang die Ersetzung von Erwartung durch Enttäuschung in einer dadurch selbst nicht in Frage gestellten Erfahrungswelt –

---

[3] Klaus Bölling, Die fernen Nachbarn. Erfahrungen in der DDR, Hamburg 1983, S. 16.
[4] Franz Josef Strauß, Die Erinnerungen, Berlin (W) 1989, S. 537.
[5] Ebenda.
[6] Max Planck, Die Stellung der neueren Physik zur mechanischen Naturanschauung (Vortrag, gehalten am 23. September 1910 auf der 82. Versammlung Deutscher Naturforscher und Ärzte in Königsberg), in: Die Umschau 14 (1910), Nr. 44, S. 872. Sowie in: Max Planck, Physikalische Rundblicke. Gesammelte Reden und Aufsätze, Leipzig 1922, S. 38–63, hier S. 63.

Enttäuschung meint eine Kollision legitimer Hoffnung mit exzeptioneller Erfahrung.

Auch die, die Geschichte der DDR von Anfang bis Ende durchziehende, Auseinandersetzung mit einem quantitativ und qualitativ gleichermaßen unzureichenden Konsumangebot schlug sich eher als eine mit fortschreitender Systemkonkurrenz immer fühlbarere Mangelerfahrung nieder als in einer Enttäuschung vorher gehegter Erwartungen. Die geflüsterte Nachricht über die weitere Verlängerung der Wartezeit für eine Trabant Limousine von 12 auf 14 Jahre oder für einen Wartburg Tourist von 14 auf 16 Jahre ließ in der Regel nicht Erwartung in Erfahrung umschlagen, sondern allenfalls Unzufriedenheit in Resignation oder Empörung. So verband sich die Enttäuschung über den Sozialismus in der DDR weniger mit der Person des SED-Generalsekretärs Erich Honeckers als mit der Gesamtgeschichte des Projekts Sozialismus. Der Bau der Berliner Mauer 1961 wurde von vielen als Unheil und von wenigen als Entlastung erlebt, aber doch von kaum jemandem als Enttäuschung, und der Nachweis des Wahlbetrugs bei den Kommunalwahlen 1989 diente den einen als Bestätigung eines längst gehegten Verdachts und den anderen als neuerlicher Beweis für die Wühltätigkeit des Klassenfeindes, aber beiden Lagern nicht im eigentlichen Sinne als Enttäuschung. Darum führte auch die punktuelle Befragung einzelner früherer DDR-Bürger und besonders ehemaliger Bürgerrechtler, die ich zur Untermauerung dieser These unternahm, zu immer derselben achselzuckenden Verneinung – die politische Kultur der Ära Honecker räumte der Kategorie Enttäuschung keinen, etwa mit der Bundesrepublik vergleichbaren, Stellenwert ein.

Das Bild ändert sich, wenn Enttäuschung in begrifflicher Erweiterung als Verarbeitung nicht eingetroffener Erwartungen begriffen wird. Im Folgenden sollen in drei kursorischen Betrachtungen unterschiedliche Aspekte der politischen Kultur in der DDR angerissen werden, an denen die Bewältigung der Kluft zwischen Erhofftem und Erreichtem in besonderer Weise deutlich wird.

Honeckers Politik der Enttäuschungsvermeidung und Erwartungserfüllung

Eine erste Überlegung richtet sich nicht auf das Phänomen der Enttäuschung, sondern auf das Handeln zur Vermeidung von Enttäuschung, und sie zielt nicht auf die Adressaten der SED-Politik, sondern auf deren Träger und Repräsentanten selbst. In der Tat betrieb insbesondere Honecker selbst eine durchgängige Politik der Enttäuschungsvermeidung und Erwartungserfüllung, die sich am deutlichsten in der sogenannten Einheit von Sozial- und Wirtschaftspolitik niederschlug, wie sie der Generalsekretär gegen jede volkswirtschaftliche Vernunft verfolgte. Wie in der Forschung immer wieder herausgearbeitet worden ist, gab Honecker die reformorientierte Wirtschaftspolitik seines abgesetzten Vorgängers Walter Ulbricht auf, gegen die er schon seit Mitte der 1960er Jahre Front gemacht hatte. In der Folge expandierten die konsumorientierten Wirtschaftssektoren, während die Investitionen in die technische Basis der Industrie zurückgenommen wurden.[7] Aus machtpolitischer Sicht war es keineswegs unplausibel, das utopische Gesellschaftsideal zugunsten der pragmatischen Bedürfnisbefriedigung aufzugeben – diese Entwicklung kennzeichnete die Ära des Realsozialismus insgesamt. Der Tauschhandel von politischer Ruhe und sozialer Sicherheit bei relativem Wohlstand[8] beruhte auf der Leitidee einer Enttäuschungsvermeidung, die Honeckers langjähriger Gegenspieler und Vorsitzender der Staatlichen Plankommission nach 1990 so beschrieb: „Honecker hat als Jungkommunist seinen Lebenstraum gehabt, die Menschen brauchen eine trockene Wohnung, die billig ist, sie brauchen Brot, was billig ist, und sie brauchen Arbeit, dann ist der Mensch schon im Sozialismus und ist glücklich."[9]

Diesem Leitgedanken folgte Honecker bis in die finale Krise der 1980er Jahre, wenn er allen Druck, der rasant wachsenden Auslandsverschuldung durch Senkung des Lebensstandards entgegenzuwirken, mit der obersten Maxime abwehrte, die Bürger nicht enttäuschen zu wollen: „Wir brauchen keine neue Theorie für die Entwicklung der Planwirtschaft der DDR. [...] Klar ist, daß wir die Bevölkerung hinter uns haben."[10] Ihm sekundierte ein anderes Politbüro-Mitglied, Siegfried Wenzel, mit dem Satz: „Niemand hat mit sogenannten Wirtschaftsreformen bessere Ergebnisse erreicht. Schulden haben sie alle, aber gleichzeitig wurden die Vertrauensbasis und der Optimismus zerstört. Wir müssen die DDR stabil halten."[11]

Die Politik der Enttäuschungsvermeidung erstreckte sich nicht nur auf die Versorgungsfrage. Schon unter Ulbricht hatte sich ein Eingabensystem entwickelt, in dem die Bürger keineswegs durchweg untertänig auftraten, sondern unter Beteuerung ihres grundsätzlichen Einverständnisses mit den Verhältnissen konkrete Verbesserung einforderten. 1975 wurde ein eigenständiges Eingabengesetz geschaffen, dem zufolge keinem Bürger ein Nachteil entstehen dürfe, der von seinem Eingabenrecht Gebrauch mache. Auf dieser Grundlage entwickelte sich ein Spiel von Enttäuschungsdrohung der Bürger und Enttäuschungsvermeidung der Verantwortlichen, das bis zum obersten Machthaber durchschlagen konnte. Ein Beispiel erzählte Hans Bentzien, unter Ulbricht Kulturminister der DDR und später Dramaturg und Rundfunkmitarbeiter, der keine Drehgenehmigung für einen Film über das Zuchthaus Brandenburg-Görden in der NS-Zeit bekam und sich an einen früheren Mithäftling wandte, der dort lange Jahre zusammen mit Honecker inhaftiert

---

[7] So zuletzt Andreas Malycha, Konsumsozialismus. Kontroversen um die Wirtschaftsstrategie im SED-Politbüro unter Erich Honecker, in: INDES – Zeitschrift für Politik und Gesellschaft, H. 4, 2016, S. 80–87.

[8] André Steiner, Von Plan zu Plan. Eine Wirtschaftsgeschichte der DDR, München 2004, S. 168.

[9] Wir waren die Rechner, immer verpönt. Gespräch mit Dr. Gerhard Schürer und Siegfried Wenzel, Berlin, 25. 2. 1993 und 21. 5. 1993, abgedruckt in: Theo Pirker u. a. (Hrsg.), Der Plan als Befehl und Fiktion. Wirtschafsführung in der DDR. Gespräche und Analysen, Opladen 1995, S. 67–120, hier S. 79.

[10] Erich Honecker in einer Politbüro-Sitzung am 17. November 1987, zitiert nach: Steiner, Von Plan zum Plan, S. 205.

[11] Zitiert nach: ebenda.

war: „Sofort nahm er den Telefonhörer und ließ sich mit Erich Honecker verbinden. [...] Nach wenigen Augenblicken war Honecker am Apparat [...] und fragte nach dem Begehr. Knapp schilderte Frenzel die Ablehnung durch das MdI [Ministerium des Innern], Honecker lachte und sagte: ‚Der ist nur zu faul, die Zellen freizumachen und die Häftlinge umzuquartieren. Verlaß dich drauf, die Sache geht in Ordnung.'"[12]

Die drohende Enttäuschung ihrer Bürger stellte für die SED-Diktatur den Fluchtpunkt des politischen Handelns dar und den häufig mit dem Albtraum-Topos des „17. Juni 1953" umschriebenen Kern des möglichen Legitimationsverlustes, der die Diktatur des Proletariats als Diktatur über die proletarisierte Gesellschaft demaskieren würde.[13] Die Sorge um eine Wiederkehr des Juniaufstandes von 1953 beherrschte das Denken der Mächtigen in der DDR buchstäblich bis zum letzten Tag, und um eine drohende Wiederholung um jeden Preis zu vermeiden, importierte das Regime etwa Westautos, Südfrüchte und Fernsehfilme in der Hoffnung, die grassierende Unzufriedenheit dadurch erfolgreich einhegen zu können. Die Differenz zu der oben diagnostizierten Enttäuschungsunfähigkeit der kommunistischen Avantgardeherrschaft ergibt sich daraus, dass die Parteiführung in ihrer Verblendung von einer breiten Zustimmung der Bevölkerung zu ihrer grundsätzlichen Politik ausging – Enttäuschung konnte nur da eintreten, wo noch tatsächliche Erwartungen bestanden.

Die Enttäuschung der Überzeugten

Die immerhin um die 25 Prozent der DDR-Bürger umfassende Gruppe der ideologisch Überzeugten bildet das zweite Argument, die Kategorie der Enttäuschung für den Bereich des Realsozialismus nicht vorschnell auszusortieren. Hier bestanden eben wirklich Erwartungen und Hoffnungen, die enttäuscht werden konnten. Sie zeigen sich rückblickend exemplarisch in den lebensgeschichtlichen Erinnerungen der Parteieliten: Gerhard Schürer stellte fest, dass seine kritischen Analysen der volkswirtschaftlichen Entwicklung im Politbüro mit primitiver Verständnislosigkeit abgetan wurden, und suchte eine Erklärung, die seine Enttäuschung nicht zur Systemkritik werden ließ: „Ich glaube, daß dann in den achtziger Jahren der Altersstarrsinn doch eine wesentliche Rolle spielte. Die Probleme wurden offensichtlich nicht mehr erfasst."[14] Enttäuscht zeigte sich auch Kurt Hager, dass „die ‚Reserven' für die Entwicklung der sozialistischen Demokratie" in der DDR nicht erschlossen worden waren,[15] und ähnliche Empfindungen des Enttäuschtseins bewegten Günter Schabowski, wenn er über die Kommunikation im Politbüro während der sich zuspitzenden Krise des Realsozialismus bitter notierte (oder

---

[12] Hans Bentzien, Meine Sekretäre und ich, Berlin 1995, S. 253.
[13] Malycha, Konsumsozialismus, S. 87.
[14] Wir waren die Rechner, immer verpönt, S. 79.
[15] Kurt Hager, Erinnerungen, Leipzig 1996, S. 405.

nachträglich gedacht zu haben vorgab), dass man sich lieber mit Nebensächlichkeiten beschäftigte, statt der Wahrheit ins Gesicht zu blicken:

„Wenn der Generalsekretär die Beratung eröffnete, wurde die quälende Hauptsache weggesteckt, und man widmete sich mit ernster Miene den bedeutenden Nebensächlichkeiten der von Honecker komponierten Tagesordnung. [...] Die Tatsachen aber gaben keine Ruhe. Die in uns angestauten Gefühle drängten zur Entladung."[16]

Enttäuscht war Egon Krenz, dass Honecker seine Analyse der Ausreisebewegung vom Tisch wischte und seinen Kronprinzen inmitten der um sich greifenden Krise 1989 wegschickte:

„‚Du kannst in Urlaub gehen. Ich wünsche dir gute Erholung!' Ich bin entsetzt. Überall im Land kriselt es. [...] Und ich soll in Urlaub gehen? ‚Ich kann jetzt keinen Urlaub machen, Erich, zumal du ins Krankenhaus gehst. Ich bleibe in Berlin.' Honecker scheint überrascht, daß ich von seiner bevorstehenden Operation weiß. Nachdrücklich, als wolle er mich zurechtweisen, sagt er: ‚Nimm dich nicht so wichtig. Ich war auch im Urlaub. Du bist hier nicht unentbehrlich.'"[17]

Die vielleicht größte Enttäuschung, die die Herrschenden ihren eigenen Anhängern bereiteten, lag in der Untergangskrise des SED-Staates in dem selbstherrlich von Honecker verfügten Verbot des sowjetischen Digests „Sputnik", dessen Auslieferung im November 1988 gestoppt wurde, weil die Zeitschrift „keinen Beitrag [bringt], der der Festigung der deutsch-sowjetischen Freundschaft dient, statt dessen verzerrende Beiträge zur Geschichte".[18] Die Protestwelle erfasste besonders die parteiverbundenen Teile der Gesellschaft. Parteibücher wurden zurückgegeben; 184 schriftliche Beschwerden registrierte das Staatliche Presseamt bis Jahresende,[19] 510 Eingaben der Zentralvorstand der Gesellschaft für Deutsch-Sowjetische Freundschaft,[20] und das ZK selbst 1000 Briefe. „Ich sage ganz ehrlich, viele von Parteimitgliedern", verriet der zuständige Leiter im ZK.[21]

Tatsächlich stammten von der Flut der Eingaben gegen das Sputnik-Verbot, die im November und Dezember 1988 beim ZK der SED eingingen, nicht weniger als 75 Prozent von SED-Mitgliedern und immerhin 7 Prozent von ganzen SED-Parteigruppen.[22] Ein zusammenfassender Lagebericht des Ministeriums für

---

[16] Günter Schabowski, Der Absturz, Berlin 1991, S. 225.
[17] Egon Krenz, Herbst '89, Berlin 1999, S. 54 f.
[18] Mitteilung der Pressestelle des Ministeriums für Post- und Fernmeldewesen, in: Neues Deutschland, 20./21. 11. 1988, http://www.chronik-der-mauer.de/material/180327/sputnik-verbot-neues-deutschland-20-21-november-1988 (3. 2. 2020).
[19] Vgl. Gunter Holzweißig, DDR-Presse unter Parteikontrolle. Kommentierte Dokumentation, Bonn 1991, S. 341.
[20] BStU, MfS – HA XX, 6321, Aktueller Stand der Eingaben, die im Zusammenhang mit der Streichung des „Sputnik" von der Postzeitungsliste der DDR und der Absetzung der sowjetischen Festivalfilme bis zum 31. 12. 1988 beim Zentralvorstand der Gesellschaft für DSF [deutsch-sowjetische Freundschaft; M. S.] eingegangen sind.
[21] BStU, SED-KL, 4375, Referat des Genossen Werner Müller, Stellvertretender Vorsitzender der Zentralen Parteikontrollkommission, vor Genossen der Parteikontrollkommission des Ministeriums für Staatssicherheit, 15. 2. 1989.
[22] Thomas Klein, Reform von oben? Opposition in der DDR, in: Ulrike Poppe/Rainer Eckert/Ilko-Sascha Kowaclzuk (Hrsg.), Zwischen Selbstbehauptung und Anpassung. Formen des Widerstandes und der Opposition in der DDR, Berlin 1995, S. 125–141, hier S. 138.

Staatssicherheit konstatierte, dass es in den empörten Reaktionen wegen des „Sputnik"-Verbots beachtenswerter Weise „kaum Meinungs- bzw. Argumentationsunterschiede bei den sich äußernden Personen zwischen Mitgliedern der SED und Parteilosen gibt".[23] Dem Bericht ist das Erstaunen darüber anzumerken, daß sich in „diesem Sinne [...] besonders heftig, teilweise außerordentlich aggressiv, Angehörige der wissenschaftlich-technischen, medizinischen, künstlerischen und pädagogischen Intelligenz sowie Studenten an allen Universitäten und Hochschulen" geäußert hätten und die Protestbewegung eine „Vielzahl z. T. langjähriger Mitglieder und Funktionäre der SED sowie befreundeter Parteien u. a. progressiv und gesellschaftlich engagierter Bürger" erfasst habe.[24]

Warum war in diesem Fall die Enttäuschung ungewöhnlich klar fassbar? Das Verbot untergrub den Glauben an eine nach außen elitäre, aber nach innen egalitäre Parteiöffentlichkeit, die wenigstens „unter Genossen" mit dem Freimut und der Offenheit Ernst mache, die nach außen zu tragen die Zurückgebliebenheit der eigenen Bevölkerung oder die Aggressivität des westlichen Gegners immer noch verbiete. Indem sie mit dem sowjetischen „Sputnik" ein Organ der innerparteilichen Meinungsbildung unterdrückte, strafte die Parteiführung selbst die Behauptung Lügen, dass es hinter der nach außen gerichteten Verlautbarungsöffentlichkeit eine gleichsam innere Austauschöffentlichkeit des „kulturvolle[n] Meinungsstreit[s]"[25] gebe, die den politischen Konsens auf dem Wege der erzieherischen und parteilichen Auseinandersetzung, aber nicht der Diskussionsverweigerung suche. Das „Sputnik"-Verbot hatte solche Enttäuschungskraft, weil es den Glauben als Chimäre enttarnte, dass die Mündigkeit der Gesinnungsgenossen die beste Immunisierung gegen alle Behauptungen des „bürgerlichen Gegners" darstelle, der die sozialistische Demokratie fortwährend als kommunistische Diktatur zu diffamieren suche.

Gleiches ließe sich für das Jahr darauf in den Untergangswochen des SED-Regimes von der berüchtigten Textpassage sagen, mit der Honecker persönlich eine publizistische Verurteilung der Botschaftsflüchtlinge im Neuen Deutschland vom 2. Oktober 1989 noch verschärfte: „Sie alle haben durch ihr Verhalten die moralischen Werte mit Füßen getreten und sich selbst aus unserer Gesellschaft ausgegrenzt. Man sollte ihnen deshalb keine Träne nachweinen."[26] Nicht nur

---

[23] BStU, MfS ZAIG 4244, Hinweise zu einigen bedeutsamen Aspekten der Reaktion der Bevölkerung im Zusammenhang mit der Mitteilung über die Streichung der Zeitschrift „Sputnik" von der Postzeitungsvertriebsliste der DDR, 30. 11. 1988. Dass Parteilose und SED-Mitglieder in ihren Protesten dieselben Argumente verwendeten, belegt am Beispiel von Eingaben aus dem Bezirk Leipzig Oliver Werner, Die ‚Sputnik'-Krise, in der SED 1988/89, in: Günther Heydemann/Gunther Mai/Werner Müller (Hrsg.), Revolution und Transformation in der DDR 1989/90, Berlin 1999, S. 117–135, hier S. 123 ff.

[24] BStU, MfS ZAIG 4244, Hinweise zu einigen bedeutsamen Aspekten der Reaktion der Bevölkerung im Zusammenhang mit der Mitteilung über die Streichung der Zeitschrift „Sputnik" von der Postzeitungsvertriebsliste der DDR, 30. 11. 1988.

[25] BStU, MfS – HA XX/AKG, 1485, Information über Reaktionen von DSF-Gruppen und Einzelpersonen zur Streichung des „Sputnik" von der Postzeitungsliste der DDR, 16. 12. 1988.

[26] Sich selbst aus unserer Gesellschaft ausgegrenzt, in: Neues Deutschland, 2. 10. 1989.

Christa Wolf begriff diesen Satz als Inbegriff einer entmenschlichten Sprache und letzte Enttäuschung ihrer Hoffnung auf einen menschlichen Sozialismus;[27] auch Kurt Hager unterstrich mit starken Worten, dass es „für eine derartige Äußerung […] keine Rechtfertigung" gab – sie „zeugte von völligem Unverständnis für die entstandene Lage".[28]

Erkennbar vermag die Kategorie der Enttäuschung hier analytisch zwei unterschiedliche Prozesse zu fassen. Sie verweist zum einen auf den fortschreitenden Verlust des Glaubens an die eigene Sache und die eigene Sinnordnung: Die Enttäuschung der Überzeugten fungierte als wichtiger Erosionsfaktor des Kommunismus an der Macht, und sie kann den plötzlichen Umschlag von Stabilität in Zusammenbruch erklären helfen, der immer noch den wohl größten Überraschungsfaktor in der Konkurrenz der großen Ordnungssysteme des 20. Jahrhunderts darstellt. Zum anderen diente die Kategorie der Enttäuschung als brauchbares Vehikel der Distanzierung vom SED-Regime in den systemverbundenen Teilen der DDR-Bevölkerung, sie erleichterte die lebensgeschichtliche Loslösung vom Projekt des Sozialismus ohne Beschädigung der Ich-Identität, und sie erlaubte den Entmachteten, sich selbst als getäuschte Opfer der eigenen Gutgläubigkeit zu begreifen und durch den Verweis auf die eigene Verletztheit von der eigenen Mitwirkung zu entlasten.[29]

Der enttäuschte Honecker

Das alles lässt sich freilich auch ohne Rückgriff auf die Kategorie der Enttäuschung zureichend analysieren. In einem dritten, bisher noch nicht thematisierten Feld hingegen zeigt sich ein Neuland erschließendes Potential der Kategorie. Es verlangt allerdings, die Blickrichtung umzukehren und von der Enttäuschung über Honecker und das von ihm verkörperte System zur Enttäuschung von Honecker selbst hinüberzuwechseln. Die These lautet schlicht: Im Kommunismus als Denkwelt war kein Platz für Enttäuschung, und dies lässt sich wiederum am Beispiel Erich Honeckers erläutern, der in zahlreichen autobiographischen Auslassungen immer wieder auch die Momente seines Lebens streifte, die Unerwartetes und Widerstände bereit hielten.

Zunächst weiß, wie die kommunistische Autobiographik insgesamt, auch Honeckers Ich-Erzählung nichts von einer irgendwie gearteten Enttäuschung über das eigene Elternhaus zu erzählen: Durch das Ordnungsmuster des Klassengegensatzes bedingt, verlief der biographische Riss in der kommunistischen Ankunfts- und

---

[27] Karsten Timmer, Vom Aufbruch zum Umbruch: die Bürgerbewegung in der DDR 1989, Göttingen 2011, S. 117.
[28] Hager, Erinnerungen, S. 416.
[29] „Mit Sätzen wie ‚Ich bin enttäuscht von dir' oder ‚Es verletzt mich, dass du …' werden Opferemotionen artikuliert und wird der andere in die Täterrolle gezwungen." Barbara Höfler, Achtung sensibel – bitte nicht schütteln!, in: Neue Zürcher Zeitung, 13. 9. 2015.

Bewährungsbiographie nicht zwischen Erfahrung und Erwartung wie im bürgerlichen Erziehungsroman, sondern zwischen der Familie in gedrückten Verhältnissen und der Ausbeuterwelt. Vater und Mutter werden in Honeckers lebensgeschichtlichen Erinnerungen wie in denen vieler anderer der vor 1914 geborenen Altkommunisten stets und stereotyp als sorgende Begleiter des eigenen Wegs zum Sozialismus geschildert; der zu Hitler übergegangene und in der HJ eine bescheidene Karriere machende Bruder Erich Honeckers hingegen bleibt beispielsweise weitgehend ausgeblendet oder wird biographisch uminterpretiert.

Platz für Enttäuschungen bietet in dieser Denkwelt auch der Gang der Geschichte nicht, beanspruchte die kommunistische Weltanschauung doch ein umfassendes Verständnis für die geschichtliche Gesetzlichkeit. Weder die nationalsozialistische Machtergreifung im Januar 1933 noch die unerwartet vernichtend verlorene Abstimmung über die Zukunft des Saargebiets im Januar 1935 oder auch der Hitler-Stalin-Pakt 1939 und schließlich der siegreiche deutsche Vormarsch gegen die Sowjetunion 1941 lösten bei Honecker autobiographisch erkennbare Reaktionen der Enttäuschung aus. Immer ließ sich ein etwaiger Anflug von Irritation über die Lage im Klassenkampf oder ein flüchtiger Moment des sinkenden Mutes ob des eigenen Schicksals rasch durch die Festigkeit des Glaubens und die Gewissheit der Erkenntnis überwinden, dass die Sache des Sozialismus siegen werde – wenn nicht in der einsamen Zuchthauszelle, so doch im flüsternden Gespräch der Genossen und im Kontakt mit „der Partei": „Heimlich wurde mir ein Stück Brot zugesteckt, eine Information über die internationale Lage, die Situation im Land oder über Vorgänge im Zuchthaus zugeflüstert. Das gab Kraft und ließ die Einzelhaft leichter ertragen. Vor allem aber wurde ich in der Gewißheit bestärkt, daß die Partei auch hinter Zuchthausmauern lebte und kämpfte."[30] So blieb es in Honeckers Denkwelt auch über die Zäsur von 1989/90 hinaus. Lediglich sieben Mal benutzte er den Begriff „Enttäuschung" in seinen langen, aufgezeichneten und transkribierten Gesprächen mit Reinhold Andert Anfang 1990, die schließlich zu dem Buch „Der Sturz. Honecker im Kreuzverhör" führten, und fast nie tat er es, um eine eigene Empfindung zu charakterisieren, sondern ganz überwiegend nur, um abgrenzend die Haltung anderer zu kennzeichnen. Mit zwei Ausnahmen: In dem Moment, als er 1956 von Stalins Verbrechen erfuhr, wollte er im autobiographischen Rückblick ein entsprechendes Gefühl des getäuschten Ideals, den Schmerz über einen Göttersturz entwickelt haben – und nahm es doch rasch wieder zurück:

„Das führte natürlich zu einer großen Erschütterung [...], so daß ich damals ein großes Bild von der Wand herunterriß, was ich aber später sogar bedauert habe. Aber das war eben meine erste emotionale Reaktion auf die ganzen Ereignisse, denn man muß verstehen, ich hatte ein sehr sauberes Bild [von] der Oktoberrevolution und dem sozialistischen Aufbau. Wir haben es mitgetragen, und das Bild kam dadurch ins Wanken. Wir waren nicht untreu gegenüber unserer Grundüberzeugung, doch wir waren schon erschüttert von dem, was damals veröffentlicht wurde."[31]

[30] Erich Honecker, Aus meinem Leben, Berlin 1980, S. 95 f.
[31] Reinhold Andert, Interview mit Erich und Margot Honecker, Lobetal, 1990, Tonbandabschrift (im Besitz des Verfassers), Äußerung Erich Honecker.

Eine vergleichbare Erschütterung durchlebte Honecker erst wieder bei seiner Abwahl im Politbüro am 17. Oktober 1989 und empfand es als „eine schwere Enttäuschung [...], daß also hinter meinem Rücken, das habe ich dann sofort gefühlt, eine Einigung erreicht worden war in dieser Sitzung des Politbüros, einen solchen Antrag für die nächste Tagung des Zentralkomitees zu behandeln".[32] Doch auch diesmal war das Gefühl der Enttäuschung nur von kurzer Dauer, wie Honeckers Frau noch am selben Tag feststellte:

> „Aber ich habe es ihm angemerkt, und ich muß sagen, am Abend als er mir sagte, was sein wird auf dem neunten Plenum, war er nicht nur gefasst, auch enttäuscht über den Vertrauensbruch, den er darin sah, daß nicht mal jemand vorher gesagt hatte, du paß mal auf, die wollen das heute in der Sitzung behandeln. Aber er hatte schon am Abend gesagt, ich bin regelrecht erleichtert, ich könnte das nicht mehr."[33]

Von diesen beiden Zäsuren abgesehen, stellte Enttäuschung in Honeckers Leben lediglich ein Gefühl vom Hörensagen dar; es war für andere reserviert, und dies galt sogar in Bezug auf den Untergang seines eigenen Staates:

> „Und ich meine überhaupt, Enttäuschung und Depression dominiert bei vielen jetzt, aber es ist auch erkennbar, zunehmend erkennbar, das gilt wahrscheinlich für alle Schichten, aber erfreulich ist, daß es vor allem auch junge Leute sind, die bereit sind, für das Erhaltenswerte zu kämpfen. Und wenn man also sieht, obwohl sie unterlegen sind zur Zeit, da es nur wenige sind, wie diese jungen Leute sich für die DDR schlagen und prügeln lassen, wie sie selbst unter der Hetze mit der DDR Fahne auf die Straße gehen, das macht Hoffnung."[34]

Die kommunistische Weltordnung, wie sie Honecker durchlief und später repräsentierte, substituierte die Enttäuschung, die immer auch das Eingeständnis der eigenen Täuschung implizierte, in ihrer politischen Bewegungs- und Herrschaftskultur durch andere Verhaltensmuster. Sie kannte den Verrat des abgefallenen Genossen; sie kannte das Versagen vor einer gestellten Aufgabe, und sie kannte die Heimtücke des sich verstellenden Gegners. Aber sie kannte nicht die Enttäuschung als getäuschte Erwartung, weil sie dies ihr Selbstverständnis als Avantgarde gekostet hätte. Die Generation der vor dem Ersten Weltkrieg geborenen Altkommunisten wie Erich Honecker hatte nicht zuletzt infolge der Lebenserfahrung der furchtbaren Niederlage gegen die faschistischen Ordnungskonkurrenten eine nie versiegende Skepsis gegen die von Anfechtungen, Schwankungen und Schwächen beeinflussten Massen ausgebildet. Diese Skepsis schloss Enttäuschung grundsätzlich aus, weil sie in einem strukturellen Misstrauen gegenüber dem nicht fürsorglich und aufklärend geleiteten Volk bestand, in das der Glaube an die Unzulänglichkeit der sich selbst überlassenen *volonté de tous* schon immer eingepreist war: „Das Volk ist als Masse leicht manipulierbar, aber in erster Linie zu schöpferischen Fähigkeiten in der Lage. Ohne eine klare Führung durch eine marxistische Partei geht das nicht! Es ist die über Jahrhunderte gereifte Erkenntnis, daß ‚Freiheit die Einsicht in die Notwendigkeit' ist!"[35] Entsprechend las der Kommunist Erich

---

[32] Ebenda.
[33] Ebenda, Äußerung Margot Honecker.
[34] Ebenda.
[35] Ebenda, S. 420.

Honecker nach der Hitlerschen Machtergreifung von 1933 auch die ostdeutsche Volkserhebung von 1989 als Ausdruck einer furchtbaren Irreführung, die ihn gleichwohl nicht enttäuschen konnte, sondern nur in seiner Skepsis gegenüber dem führungslosen Volk bestätigte: „‚Wir sind das Volk'? Schön und gut, ich liebe das Volk. Aber um welches Volk handelt es sich? Um ein manipuliertes oder eines, dessen Handeln von der Vernunft bestimmt ist? [...] Ist es ein aufgeklärtes Volk, ein mündiges Volk? Oder ein Volk, das den Rattenfängern nachläuft?"[36]

In einem Wort zusammengefasst: Der Begriff Enttäuschung bezeichnet eine Kategorie, die dem Untersuchungsgegenstand DDR nur partiell gerecht zu werden vermag, und er birgt die methodische Gefahr, der sozialistischen Sinnwelt Denkhorizonte und Ordnungsmuster beizumessen, die auf einem ihr fremden Individualitätskonzept fußten und dem kollektivistischen Selbstverständnis ihrer leninistischen Herrschaftseliten fremd waren.

---

[36] Ebenda, S. 419.

Abkürzungsverzeichnis

AdsD	Archiv der sozialen Demokratie
AELA	Asociación de Estudiantes Latinoamericanos/Vereinigung Lateinamerikanischer Studierender in der Bundesrepublik
AfD	Alternative für Deutschland
AfS	Archiv für Sozialgeschichte
AGG	Archiv Grünes Gedächtnis, Berlin
AMT	Archives Municipales de Toulouse
AN	Archives Nationales, Paris
APO	Außerparlamentarische Opposition
APuZ	Aus Politik und Zeitgeschichte
ARD	Arbeitsgemeinschaft Deutscher Rundfunkanstalten
AStA	Allgemeiner Studierendenausschuss
AWD	Action for World Development
BArch	Bundesarchiv, Berlin/Koblenz
BArch-MA	Bundesarchiv-Militärarchiv, Freiburg
BCC	British Council of Churches
BGB	Bürgerliches Gesetzbuch
BGBl.	Bundesgesetzblatt
BRD	Bundesrepublik Deutschland
BStU	Archiv des Bundesbeauftragten für die Unterlagen des Staatssicherheitsdienstes der ehemaligen Deutschen Demokratischen Republik
CAJ	Verband Christlicher Junger Arbeitnehmer
CC	Centre d'archives d'architecture du XXe siècle, Paris, Fonds Georges Candilis
CCPD	Commission on Churches' Participation in Development
CV	Centralverein deutscher Staatsbürger jüdischen Glaubens
CVA	Archiv des Centralvereins deutscher Staatsbürger jüdischen Glaubens
CVZ	Central-Vereins-Zeitung
DDR	Deutsche Demokratische Republik
DFG	Deutsche Forschungsgemeinschaft
DGB	Deutscher Gewerkschaftsbund
DKP	Deutsche Kommunistische Partei
DSF	Deutsch-sowjetische Freundschaft
FAO	Food and Agricultural Organization
FDJ	Freie Deutsche Jugend

FDP   Freie Demokratische Partei
FFHC   Freedom from Hunger Campaign
FRELIMO   Frente de Libertação de Moçambique
FSLN   Frente Sandinista de Liberación Nacional
FSO   Forschungsstelle Osteuropa an der Universität Bremen
FU   Freie Universität Berlin

GSG   Grenschutzgruppe
GuG   Geschichte und Gesellschaft

HJ   Hitlerjugend
HZ   Historische Zeitschrift

IBN   Archiv Informationsbüro Nicaragua Wuppertal

JUSOS   Arbeitsgemeinschaft der Jungsozialistinnen und Jungsozialisten in der SPD

KBW   Kommunistischer Bund Westdeutschland
KPD   Kommunistische Partei Deutschlands
KPD/AO   Kommunistische Partei Deutschlands (Aufbauorganisation)

LArch   Landesarchiv Berlin
LMU   Ludwig-Maximilians-Universität München
LUH   Universitätsarchiv der Gottfried Wilhelm Leibniz Universität Hannover

MfS   Ministerium für Staatssicherheit
ML   Marxisten/Leninisten
MV   Märkisches Viertel
MVZ   Märkisches Viertel Zeitung

NGO   Non-Governmental Organization
NS   Nationalsozialismus

PDM   Pinnacle Data Management

RAF   Rote Armee Fraktion

SACC   South African Council of Churches
SDS   Sozialistischer Deutscher Studentenbund
SED   Sozialistische Einheitspartei Deutschlands
SOAS   School of Oriental and African Studies, London
SPD   Sozialdemokratische Partei Deutschlands

SPK	Sozialistisches Patientenkollektiv Heidelberg
StGB	Strafgesetzbuch
StP	Studentenparlament
UP	Unidad Popular
USA	United States of America
VfZ	Vierteljahrshefte für Zeitgeschichte
WHL	Wiener Holocaust Library, London
ZDF	Zweites Deutsches Fernsehen
ZdK	Zentralkomitee der deutschen Katholiken
ZK	Zentralkomitee

Autorinnen und Autoren

Carla Aßmann studierte den Masterstudiengang Historische Urbanistik an der TU Berlin und war Teil der Leibniz-Graduate-School „Enttäuschung im 20. Jahrhundert" des Instituts für Zeitgeschichte München-Berlin und der LMU München. Von 2016 bis 2019 war sie als wissenschaftliche Mitarbeiterin im Leitprojekt „Konfliktfeld ‚autogerechte Stadt'. Innerstädtische Freiraumgestaltung als Urbanisierungsstrategie seit 1945 in Ost und West" in der Historischen Forschungsstelle am Leibniz-Institut für Raumbezogene Sozialforschung beschäftigt. Aktuell arbeitet sie für die Partei DIE LINKE. Letzte Publikation: Konsequent modern? Margarete Schütte-Lihotzky als Beraterin der Deutschen Bauakademie in der DDR, in: Marcel Bois/Bernadette Reinhold, Margarete Schütte-Lihotzky. Architektur. Politik. Geschlecht. Neue Perspektiven auf Leben und Werk, Basel 2019, S. 168–181.

Belinda Davis ist Professorin für Geschichte an der Rutgers University (New Jersey/USA) und Direktorin des Rutgers Center for European Studies. In Kürze erscheint ihr neues Buch The Internal Life of Politics: Extraparliamentary Opposition in West Germany, 1962–1983 bei Cambridge University Press. Sie veröffentlichte außerdem: Alltag – Erfahrung – Eigensinn. Historisch-anthropologische Erkundungen, Frankfurt am Main/New York 2008 (als Hrsg. zusammen mit Thomas Lindenberger und Michael Wildt); Changing the World, Changing Oneself. Political Protest and Transnational Identities in West Germany and the U.S. in the 1960s and the 1970s, New York 2010 (als Hrsg. zusammen mit Martin Klimke, Carla MacDougall und Wilfried Mausbach).

Bernhard Gotto ist wissenschaftlicher Mitarbeiter am Institut für Zeitgeschichte München–Berlin. Zu seinen Forschungsschwerpunkten zählen Verwaltungs- und Emotionsgeschichte sowie Geschlechter- und Demokratiegeschichte im 20. Jahrhundert. Er veröffentlichte u. a. Enttäuschung in der Demokratie. Erfahrung und Deutung von politischem Engagement in der Bundesrepublik Deutschland während der 1970er und 1980er Jahre, Berlin/Boston 2018; Männer mit „Makel". Männlichkeiten und gesellschaftlicher Wandel in der frühen Bundesrepublik, Berlin/Boston 2017 (als Hrsg. zusammen mit Elke Seefried); Visions of Community. Social Engineering and Private Lives in the Third Reich, Oxford 2014 (als Hrsg. zusammen mit Martina Steber).

Anna Greithanner ist wissenschaftliche Mitarbeiterin im DFG-Projekt „Politische Gewalt in der Bundesrepublik" am Lehrstuhl von Prof. Dr. Margit Szöllösi-Janze an der LMU München und beschäftigt sich in ihrem Promotionsprojekt mit den Revolutionären Zellen und der Roten Zora. Zuvor war sie als wissenschaftliche Mitarbeiterin in der Dokumentation Obersalzberg am Institut für Zeitgeschichte München–Berlin tätig.

Isabel Heinemann ist seit 2019 Professorin für Neueste Geschichte an der Westfälischen Wilhelms-Universität Münster. Von 2009 bis 2019 war sie Juniorprofessorin für Neuere und Neueste Geschichte und leitete die Emmy Noether-Nachwuchsgruppe der DFG „Familienwerte im gesellschaftlichen Wandel: Die US-amerikanische Familie im 20. Jahrhundert" ebendort. Ausgewählte Publikationen: Wert der Familie: Ehescheidung, Frauenarbeit und Reproduktion in den USA des 20. Jahrhunderts, Berlin/Boston 2018; Vom „Kindersegen" zur „Familienplanung"? Eine Wissensgeschichte reproduktiven Entscheidens in der Moderne, 1890–1990, in: HZ 310 (2020), S. 23–51.

Christian Helm promovierte an der Leibniz Universität Hannover zu transnationalen Beziehungen zwischen den Sandinisten und der bundesdeutschen Nicaragua-Solidaritätsbewegung. Seine Dissertation mit dem Titel Botschafter der Revolution erschien 2018. Aktuell forscht er zur Geschichte des Basler Pharmaunternehmens F. Hoffmann-La Roche in den Amerikas.

Matthias Kuhnert war von 2012 bis 2016 wissenschaftlicher Mitarbeiter am Lehrstuhl für Zeitgeschichte an der LMU München und hat sich intensiv mit der Geschichte des Humanitarismus, der Entwicklungszusammenarbeit und des zivilgesellschaftlichen Engagements britischer NGOs auseinandergesetzt. Zu seinen Publikationen zählt: Humanitäre Kommunikation. Entwicklung und Emotionen bei britischen NGOs 1945–1990, Berlin/Boston 2017.

Sebastian Rojek ist seit 2016 akademischer Mitarbeiter am Historischen Institut der Universität Stuttgart, Abteilung Neuere Geschichte. Von 2012 bis 2015 war er wissenschaftlicher Mitarbeiter in der Leibniz Graduate School „Enttäuschung im 20. Jahrhundert. Utopieverlust – Verweigerung – Neuverhandlung" des Instituts für Zeitgeschichte München–Berlin und der LMU München. Ausgewählte Publikationen: Versunkene Hoffnungen. Die Deutsche Marine im Umgang mit Erwartungen und Enttäuschungen 1871–1930, Berlin/Boston 2017; Landmilitärische oder seemilitärische Expertise? Transformationen der Legitimationsbasis der Kaiserlichen Marine, ca. 1871–1900, in: Technikgeschichte 86 (2019), S. 281–296.

Martin Sabrow ist seit 2004 Direktor des Leibniz-Zentrums für Zeithistorische Forschung Potsdam und Professor für Neueste Geschichte und Zeitgeschichte an der Humboldt-Universität zu Berlin. 2007 erhielt er den Golo-Mann-Preis für Geschichtsschreibung. Ausgewählte Publikationen: Erich Honecker. Das Leben davor. 1912–1945, München 2016; Die versammelte Zunft. Historikerverband und Historikertage 1893–2000. Zwei Bände, Göttingen 2018 (als Hrsg. zusammen mit Matthias Berg, Olaf Blaschke, Jens Thiel und Krijn Thijs).

Konrad Sziedat ist Referent bei der Bayerischen Landeszentrale für politische Bildungsarbeit in München. Nach dem Ersten und Zweiten Lehramtsexamen war er im Stifterverband für die Deutsche Wissenschaft tätig. Als wissenschaftlicher

Mitarbeiter hat er in Projekten der Musikhochschule Dresden und in der Leibniz Graduate School „Enttäuschung im 20. Jahrhundert. Utopieverlust – Verweigerung – Neuverhandlung" des Instituts für Zeitgeschichte München–Berlin und der LMU München, die ihn auch promovierte, geforscht. Ausgewählte Publikationen: Erwartungen im Umbruch. Die westdeutsche Linke und das Ende des „real existierenden Sozialismus", Berlin/Boston 2019; „Friedliche Revolution" – ein umkämpfter Begriff, in: Einsichten und Perspektiven. Bayerische Zeitschrift für Politik und Geschichte 4 (2019), S. 12–19.

Anna Ullrich ist wissenschaftliche Mitarbeiterin des Zentrums für Holocaust-Studien am Institut für Zeitgeschichte München–Berlin und Projektkoordinatorin der EU-geförderten European Holocaust Research Infrastructure (EHRI). Von 2012 bis 2016 promovierte sie in der von IfZ und LMU München getragenen Leibniz Graduate School „Enttäuschung im 20. Jahrhundert". Ausgewählte Publikationen: Von „jüdischem Optimismus" und „unausbleiblicher Enttäuschung". Erwartungsmanagement deutsch-jüdischer Vereine und gesellschaftlicher Antisemitismus 1914–1938, Berlin/Boston 2019; Alte Konflikte und neue Allianzen im Kampf gegen den Antisemitismus – Zur Rolle der Aufklärungsarbeit in Centralverein, Zionistischer Vereinigung und Jüdischen Frauenbund 1928–1933, in: Lisa Sophie Gebhard und David Hamann (Hrsg.), Deutschsprachige Zionismen. Verfechter, Kritiker und Gegner, Organisationen und Medien (1890–1938), Berlin 2019, S. 75–89.

www.ingramcontent.com/pod-product-compliance
Lightning Source LLC
Chambersburg PA
CBHW020344170426
43200CB00006B/498